历史教师专业发展丛书

丛书主编：何成刚

史学阅读与微课设计
中国现代史

徐永琴　沈为慧　何成刚◎主编

北京师范大学出版集团
BEIJING NORMAL UNIVERSITY PUBLISHING GROUP
北京师范大学出版社

图书在版编目（CIP）数据

中国现代史／徐永琴，沈为慧，何成刚主编. —北京：北京师范大学出版社，2015.12（2019.8重印）
（历史教师专业发展丛书. 第2辑：史学阅读与微课设计）
ISBN 978-7-303-18991-5

Ⅰ. ①中…　Ⅱ. ①徐…②沈…③何…　Ⅲ. ①中国史课—教学设计—中学　Ⅳ. ①G633.512

中国版本图书馆CIP数据核字（2015）第090195号

ZHONGGUO XIANDAISHI

出版发行：北京师范大学出版社 www.bnupg.com
　　　　　北京市西城区新街口外大街12-3号
　　　　　邮政编码：100088
印　　刷：三河市兴达印务有限公司
经　　销：全国新华书店
开　　本：787mm×1092mm　1/16
印　　张：23.75
字　　数：382千字
版　　次：2015年12月第1版
印　　次：2019年8月第3次印刷
定　　价：46.00元

策划编辑：唐正才　　　　责任编辑：唐正才　徐　杰
美术编辑：王　蕊　纪　潇　装帧设计：楠竹文化
责任校对：陈　民　　　　责任印制：孙文凯

前　言

随着基础教育改革的不断发展，中学历史教学改革的深入推进，以及对历史教学专业性与学术性要求的不断提高，历史教师的史学素养就显得更为关键。从整体上看，广大中学历史教师的史学素养现状不容乐观。北京市历史特级教师、中国人民大学附属中学李晓风老师对此深有感触："许多年来，我接触和指导了许多青年教师，我发现，大部分青年教师成长过程中的最大问题，就是在大学毕业以后，就中断了系统的专业学习和知识更新，随着教学年头的增长，知识日益陈旧，知识面日益狭窄，只剩下与中学教材相关的知识。这种情况严重地制约了中学历史教学的水平，制约了素质教育目标的落实。"体现在历史教学实践中，以历史教科书为本的"教教材"现象还比较普遍，知识传授型的浅表层教学还大行其道，教科书中的观点被顶礼膜拜，等等。这些问题的存在，大多与历史教师的史学素养不高有关。换句话说，历史教学的三维目标能否有效实现，学生的史学素养能否得到发展提高，在根本上取决于历史教师史学素养的高低。

提高历史教师的史学素养，最重要的途径，就是要重视和加强史学阅读，努力做到密切关注史学的最新发展，广泛汲取史学研究成果，及时了解史学界关于相关历史教学内容的新观点、新论述、新材料，基于历史课程标准、历史教科书和学生的实际情况，将史学研究成果、优质史学资源与历史教学进行深度融合。这一点，实事求是地说，恰恰是目前中学历史课堂教学和历史教师专业发展过程中最欠缺的。虽然广大历史教师对先进的教育教学理念较为熟悉，但是，如果没有高质量的史学研究成果和有价值的史学资源作支撑，先进的教育教学理念只会给历史教学带来"花拳绣腿"，并可能将历史教学引向形式主义的歧途。其实，这已被大量的课堂实践所证实。

为此，我们依据教育部颁布的历史课程标准，依照北京师范大学出版社修订后的历史教科书，遴选历史教学核心内容，组织北京市，江苏省昆山市、苏州市，广东省东莞市、深圳市，安徽省淮北市、阜阳市、怀远县，陕西省西安市，河北省石家庄市，福建省福州市等地的历史教学专家、优秀教研员和优秀教师，通过分工合作的方式，开展了为期一年多大量有深度的史学阅读。据不完全统计，我们共阅读了700多本著作、2000多篇论文。在此基础上，精选史学研究成果，编撰成"学术引领"，旨在帮助历史教师了解学术研究前沿，提高对教学内容的认知水平，增强驾驭教科书的能力，切实推动历史教学由"教教材"向"用教材教"的根本转变。同时，我们围绕历史教学核心内容，从不同视角进行了基于史料（材料）教学的微课设计，重视将历史研究的思想方法融入历史教学之中，以培养学生的历史思维能力，并希望能为广大历史教师的日常备课和教学提供专业支持。我们还搜集整理了大量有价值的史学资源，特别是史料资源，供历史教师日常教学选用，进而增强历史教师的课程资源意识，树立开放多元的内容观，不断拓展历史教学的视野。

总之，深化历史教学改革，必须重视和加强历史教师的史学阅读，必须坚持史学研究成果与历史教学的深度融合。这是我们从事此项研究的深刻体会，也是我们始终坚持的基本理念。在长期的教学实践中，我们亦以此为指导，并取得了显著成效。在此基础上，承蒙北京师范大学出版社的大力支持，我们编著了这套丛书，以与全国同仁交流，更希望大家不吝指教。

教育部基础教育课程教材发展中心

何成刚

目录

开国
大典

　　1949年10月1日下午2时，经中国人民政治协商会议选举产生的中央人民政府委员会举行第一次会议，中央人民政府宣告成立。随后，首都30万军民在天安门广场隆重举行庆祝中华人民共和国中央人民政府成立典礼，通常称为"开国大典"。开国大典标志着新中国的正式成立。新中国的成立，是中国现代历史上划时代的大事件，也是20世纪世界历史进程中重大的事件之一，对国际国内都产生了深远而广泛的影响。

一、国内评价

　　金冲及在《二十世纪中国史纲（第3卷）》（690～694页，北京：社会科学文献出版社，2009）一书中论述新中国成立的伟大历史意义时指出，新中国的成立，不仅是一个政权代替另一个政权，一种政治力量代替另一种政治力量，而且是中华民族历史上前所未有的大变革，它结束了一个旧时代，开始了一个新时代，中国的命运，从此发生了根本性的变化。这种变化，表现在以下三个方面。第一，民族的独立。近代中国受尽列强的欺凌和宰割，被看作世界上的"劣等民族"，国家已濒临灭亡的边缘。新中国成立前夜，中国人民解放军所到达的地方，驻扎在中国领土上的外国军队被迫完全撤走。北京、天津、上海等地先后收回美国、英国、法国和荷兰兵营的地产权。中国的海关管理权完全回到中国人的手里，并禁止外轮在中国内河航行。帝国主义列强在中国土地上的各种特权，被一一取消。屈辱的历史从此翻了过去，中国人重新找回了自己的尊严。第二，人民的解放。在两千多年的专制统治和一百多年的半殖民地半封建社会中，劳动人民处于社会最底层，毫无政治权利可言。新中国结束了这种状况，人民当家做了自己国家和社会的主人，工人、农民、知识分子以及其他各阶级阶层的人民，享有政治、经济和文化上的民主权利，能够通过各种途径和形式管理国家事务。第三，国家的统一。近代中国处于一盘散沙的局面，新中国在全国范围内将社会各阶层人民以空前规模组织起来，建立起各级工会、农民协会、青年团、学联、妇联、街道居民委员会等，深入到社会的基层，形成一个巨大的几乎无所不包的网络，从根本上改变了过去那种散漫的状态，大大提高了国家的组织和动员能力。新中国的成立，使已解放的广大地区实现前所未有的统一。国家成为统一的整体，在全国范围内可以通盘筹划，密切协作，一致行动。实现了民族团结，各族人民都成为新中国的主人。

张宪文在《中华民国史（第4卷）》（287页，南京：南京大学出版社，2013）一书中认为，近代中国的先进分子，带领广大民众，英勇奋斗，前仆后继，就是要建立一个独立、自由、民主、统一、富强的新中国。中华人民共和国的成立，标志着中国已经摆脱了帝国主义、封建主义的压迫，并由一个贫穷落后的旧中国，转向一个新的历史时代。

何沁在《中华人民共和国史》（第2版，16～17页，北京：高等教育出版社，1999）一书中认为，新中国的成立，沉重打击了世界殖民体系，大大增强了人民民主和社会主义阵营的力量，将帝国主义在东方的战线打开了一个大缺口，对于改变世界政治格局，维护世界和平、正义，推动世界走向进步和光明，具有深刻而久远的影响。同时，也鼓舞了亚、非、拉被压迫民族的反殖反霸和争取民族独立的斗争。新中国的诞生，证明了一条真理：中国必须走自己的路。西方资产阶级共和国的方案在中国行不通，照搬别国无产阶级革命的经验也不会使中国走向新生。中国革命是沿着中国共产党人所创造的具有中国特色的革命道路取得胜利的。按照这一逻辑，新中国成立后进行的现代化建设，也应该将马克思主义普遍原理和苏联建设经验与中国的具体国情相结合。

马克垚在《世界文明史（下册）》（1257页，北京：北京大学出版社，2004）一书中指出，为实现中国的现代化，近代中国在经历了种种思潮和运动的激烈碰撞以后，中国人民否定了西方资本主义发展的道路。新中国的成立，中国开始了新的现代化建设的道路。

虞和平在《中国现代化历程（第3卷）》（959～962页，南京：江苏人民出版社，2007）一书中更明确地指出，这条新的现代化建设道路就是，从新民主主义到社会主义。新中国的成立，标志着以夺取政权为主要内容的新民主主义革命的基本结束，标志着新民主主义的工业化建设时期的开始。中国共产党七届二中全会所确立的建国方略是：在中国革命之后，继续走新民主主义之路，实行新民主主义的社会制度，以调动全国各阶层及各种有利于国计民生经济成分的积极性，共同建设新中国，实现从农业国到工业国的转变，为将来进一步走向社会主义奠定物质基础。《中国人民政治协商会议共同纲领》规定的政治、经济、文化等政策，都是属于新民主主义性质的。

二、国际评价

美国学者斯塔夫里阿诺斯（Leften Stavros Stavrianos）在《全球通史：从史前史到21世纪（下册）》（第7版修订版，吴象婴、梁赤民、董书慧、王昶译，757页，北京：北京大学出版社，2006）一书中指出，新中国成立之前，社会主义和资本主义两大阵营，在东方和西方都形成均势。新中国成立之后，远东的均势被共产党在中国的胜利所打破，社会主义阵营的力量大大加强。1950年，"冷战"的焦点从欧洲转移到远东。

美国学者杰里·本特利（Jerry Bentley）、赫伯特·齐格勒（Herbert Ziegler）在《新全球史（下册）：文明的传承与交流（1000—1800年）》（第3版，魏凤莲、张颖、白玉广译，1139～1141页，北京：北京大学出版社，2007）一书中也认为，共产主义中国的诞生，进一步改变了美苏两国的"冷战"局势。新中国的成立，结束了帝国主义对中国的长期侵略，并建立了与世界上最强大的社会主义国家的密切关系，以毛泽东为首的中国领导人，开始仿效苏联的社会主义制度。当时的中苏两国，拥有共同的对手，即在亚洲寻求建立反共产主义堡垒的美国。最令中苏两国领导人感到不安的是，美国实施的是复兴他们以前的敌人——日本、韩国，以及中国台湾的政策。这使中苏两国结成了同盟关系，从而壮大了社会主义阵营的力量。

微课设计

微课设计一：五星红旗，你是我的骄傲

设计意图

国旗是国家和主权的象征，第一面五星红旗在天安门广场上冉冉升起，标志着新中国的诞生。以解说词的形式，营造历史场景，激发学生的想象，回到开国大典升旗仪式的现场，感受激动人心的时刻。阅读和复述有关第一面五星红旗的故事，感悟国旗给新中国的人民带来的自豪和喜悦。

设计方案

教师讲述： 1949年10月1日下午，随着响彻云霄的国歌声，礼炮轰鸣，毛泽东庄严地按下升旗电钮，新中国第一面鲜艳的五星红旗在天安门城楼前的旗杆上冉冉升起。"国旗已经升到旗杆的尖顶，开始在人民首都的晴空里迎风招展。她象征着中国的历史已经走入一个新的时代，我们的国旗——五星红旗将永远飘扬在人民祖国的大地上。"[1]

教师设问： 今天，飘扬在天安门广场上的五星红旗，已成为全国人民心目中一道独特亮丽的风景。同学们，你们知道国旗对于国家的意义吗？（参考答案：国旗代表国家的尊严，象征着国家的主权，是国家的主要标志之一。）

（课前已下发故事阅读资料）四组同学分别选派代表，脱稿复述关于第一面五星红旗的四则故事，教师设问引导，思考故事背后的意义。

故事一：第一面国旗的诞生

9月27日，全国政协第一届全体会议通过决议："中华人民共和国的国旗为红底五星旗，象征中国革命人民大团结。"由曾联松设计的五星红旗被正式确定为新中国的国旗。……就在国旗图案通过的当天，周恩来指示政协会务处赶制一面国旗，这个光荣

---

[1] 金敏求：《开国大典升旗仪式轶闻》，载《党史纵横》，2009（7）。

的任务交给了北京美术供应社的赵瑞文，这位苦大仇深的女工甚感惊喜。她跑到前门外的最好的瑞蚨祥绸布店，买回了红绸料和黄缎料及红丝线与黄金线等，将布料铺在床上，按照国旗图案的尺寸精心地剪裁着，然后趴在床上千针万线的缝制着，半天、一天，为了赶制新中国的第一面国旗，她废寝忘食地整整干了三天两夜。9月30日下午1时许，当她缝完最后一针时，她拥抱着长460厘米，高338厘米的特制五星红旗，激动万分，热泪夺眶而出。10月1日下午3时10分，毛泽东主席亲手将赵瑞文缝制的新中国第一面国旗升起在天安门广场的上空，成为了新中国的特有象征与标志。如今，这面国旗已与曾联松设计的国旗图案原稿都珍藏在中国革命博物馆里，人民共和国不会忘记新中国国旗的设计者和新中国第一面国旗的缝制者。

——高士振：《开国大典纪实》（上），载《统一论坛》，1999年第4期

教师设问：赵瑞文通过缝制国旗的行动，表达了怎样的情感？（参考答案：十分感动，无上光荣。）

故事二：赶制五星红旗的热潮

当国旗图案在政协会议上通过后，"许多机关、团体、学校、商号以至民宅，立即自发去订新式国旗。光永茂实业公司一家，三天就做了四千多面。包揽做国旗的新建被服厂各单位，连日连夜地赶，也还是不能满足顾客的要求。顾客们成排地挤在门前急着买，一定要想在十月一日中央人民政府成立盛典时挂出来，或挂得更早一些"。

——杨兆麟：《时间开始了——从当年新闻报道看开国大典》，
载《北京日报》，2009-09-28

教师设问：人们为什么争相赶制、购买五星红旗？（参考答案：迎接新中国的诞生。）

故事三：升旗装置的研制

有人提出一个方法，设计一个电动升降器，把控制开关放在天安门城楼上，开国大典时开动电钮，启动马达，就可以将国旗升起来。林治远接受了这个任务，安排由工程师梁昌寿具体负责。

按照升国旗和奏国歌必须同步进行的要求，梁昌寿搞出个方案，然后经过安装调试，升旗时间完全符合要求。9月30日下午，一面特大号国旗送到广场。有关领导要亲自验收升旗设施。国旗一遍遍地升降，运行正常。有关领导走后，技术人员又进行最后

一次试验，谁想电动升旗装置却出了故障，马达停不下来，把旗子绞到旗杆顶。由于周围的脚手架已拆除，一时无法上去排除故障，在场的人们焦急万分。国庆筹备领导小组负责人与市建设局的领导闻讯立即赶了回来，副局长、国庆工程现场指挥赵鹏飞当机立断，从市消防大队调来1架3节木质摇梯，但仍差几米够不到旗杆顶。他又安排找来两名熟练的工人，冒着危险从云梯顶爬上去，把塞住的旗子取了下来。经过紧张地检查、调试，10月1日凌晨4时，终于排除了故障。整个电动升旗装置研制成功。

……

由于升旗仪式至关重要，聂荣臻市长也亲临现场，再一次做了仔细的检查。他指示："明天的升旗仪式全世界都在瞩目，要做到万无一失，绝对不能出现丝毫差错。我建议再制定一套人工升旗方案，一旦停电或电动装置失灵可以弥补。要做到有备无患，才能立于不败之地。"

按照聂荣臻的指示，张致祥立即部署成立人工升旗预备队。

……

升旗仪式一切顺利，备用方案没有启用，但两名战士成了第一任国旗卫士。

——金敏求：《开国大典升旗仪式轶闻》，载《党史纵横》，2009年第7期

教师设问：为保证升旗仪式万无一失，筹备组做了哪些准备工作？（参考答案：反复试验，精心调试，并准备预案。）

故事四：对升旗仪式的新闻报道

10月2日《人民日报》第一版，登载了新华社记者李普采写的报道开国大典的文章。

见报前，分管新华社的胡乔木审看了这篇报道。当他看到有关升旗部分内容时说："电钮升旗的那句，要加上一根电线连着的细节，否则虽然你懂我也懂，但有些读者可能不明白这是怎么回事呢？"

40年前的中国百姓，还有不少人相信神灵。本来就流传着解放军能飞檐走壁、神仙保佑之类的故事。如果再亲眼见到毛主席远离旗杆竟能把国旗升起来，那又不知道要编出多少带有传奇色彩的故事来。因此，胡乔木觉得，还是应该不嫌累赘，写细一些，明白无误地告诉大家：是用电线连着的。

于是，《人民日报》便有了这样的特别报道："毛主席亲自按动有电线通往广场中央

国旗旗杆的电钮，使这一面新国旗在新中国首都徐徐上升。"

——于江:《开国大典6小时》，227页，沈阳：辽海出版社，1999

教师设问：胡乔木对于升旗仪式新闻报道初稿的补充有没有必要？为什么？（参考答案：有。破除迷信；密切党与群众的关系。）

小组活动：清政府、中华民国南京临时政府、中华人民共和国政府，分别使用了怎样的国旗？请给这三面国旗分别设计一个介绍词。

师生共同介绍：黄龙旗作为中国正式确立的第一面国旗，是在清朝晚期出现的。1888年《北洋海军章程》颁布与确定本为海军旗的"黄底蓝龙戏红珠图"为清国旗，俗称"黄龙旗"。黄色及龙都是清皇帝的象征，以黄龙旗作为国旗有"朕即国家"的意思。1912年1月10日，临时参议院通过专门决议，使用五色旗作为国旗，含"五族共和"之意。红、黄、蓝、白、黑五种颜色，分别象征中国汉、满、蒙、回、藏五大民族。

1949年9月27日，中国人民政治协商会议筹备会第一届全体会议决定，中华人民共和国的国旗为五星红旗。红色象征革命，五星呈黄色，有象征中国人为黄种人之意。大星代表中国共产党，四颗小星代表工人、农民、知识分子、民族资产阶级。四颗小星环拱于大星之右，并各有一个角尖正对大星的中心点，象征中国共产党领导下的革命人民大团结和人民对中国共产党的拥护。

✎ 设计点评

本微课教学形式丰富多样，运用讲述、解说、复述等手段，有助于活跃课堂气氛，进而调动学生学习的积极性。以五星红旗的设计、制作，以及第一次升国旗为线索，引导学生体会新中国的成立给人民带来的巨大影响，从而有助于对学生进行情感教育。

微课设计二：大阅兵——威武雄壮之师

✎ 设计意图

学生一般对军事方面的问题比较感兴趣。开国大典上的阅兵式，是开国大典过程中的亮点，留下了大量的感性材料。教师如何呈现这些材料，与学生的兴趣和已有认知形成共鸣是教学的关键。本微课意在引导学生进入开国大典阅兵式的现场，感受中国人民解放军这支威武雄壮之师，给人民带来的自豪感、安全感，对新中国的信心，和对未来和平、美好生活的期待。

设计方案

教师介绍：新中国的开国大典堪称中国革命史册上最为精彩眩目的一页，而开国大典中的大阅兵则是其中浓墨重彩的一笔。这次阅兵，受阅部队人员总数达到1.9万多人，其中不但有陆军和海军，新中国的空军更是完成了自己的首次精彩亮相。

教师设问：开国大典上的阅兵式是空前的，没有经验，怎么搞起来？

教师讲述：副总指挥杨成武为此走访中国人民解放军高级领导人的趣闻。

刘伯承早年留学苏联，知悉莫斯科红场阅兵的情况，成为杨成武请教的第一人。刘伯承大致回忆了目睹苏联红场阅兵的盛况，然后对杨成武详谈了有关阅兵的细节，他还通俗而又具有概括性地说：阅兵无非就是展示一种特定内容的礼仪，一种形式。这种形式搞好了，目的也就达到了。归根到底一句话，马粪外面光。他的这一诙谐比喻引得大家都笑了。

杨成武又访问了陈毅。陈毅留学国外，见多识广，但他没有见过国庆盛典规模的阅兵。不过，一提起阅兵，陈毅马上豪气干云，富于鼓动性地对杨成武说：没有什么了不起。多少仗都打胜了，还愁搞不好一次阅兵？不就是队列嘛！通过队列把我们的军威显示出来，让中国老百姓看看，这就是自己的军队，这就是新中国的人民的军队。

教师设问：从上述的两则趣闻，中国人民解放军的高级领导人认为，在开国大典上的阅兵主旨是什么？（参考答案：通过特定的礼仪和形式，展示新中国人民解放军威武雄壮的形象。）

教师介绍：开国大典上的阅兵式，得到了党和国家领导人的高度重视。

材料呈现：

材料一　毛泽东指示："我们历来主张慎重初战，这次阅兵也是初战。开国第一次嘛。告诉同志们，一定要搞好，不许搞坏。"

　　　　——张二平、余支政：《聂荣臻与开国大典》，载《党史天地》，1999年第6期

材料二　聂荣臻提前站在了寂静的天安门城楼上，一动不动地看完受阅部队的全部

预演，并仔细纠正了存在的问题。忽然，聂荣臻威严的声音划破夜空，在受阅部队每一个指战员耳边震撼："在这里，我要向大家发布一道死命令：正式阅兵那天，万一发生空袭，不能动，下刀子也不能动！天安门广场20万人民群众在看着我们，我们能做到吗？"

"能—做—到！"干脆、响亮、整齐的回答地动山摇，聂荣臻的脸上露出了一丝欣慰的笑意。

——张二平、余支政：《聂荣臻与开国大典》，载《党史天地》，1999年第6期

材料三　……8月的北京，酷暑难当，烈日炎炎。指战员们头顶烈日，不怕暴晒，在训练场上反复练习着每一项规定的动作。他们白天争分夺秒，晚上还要加班点，平均每天训练15个小时。

听说受阅部队的训练非常艰苦，爱兵如子的朱德总司令再也坐不住了，他亲自赶到受阅部队的驻地，去看望正在训练的指战员。回到中南海，他吩咐有关部门给参加受阅的官兵每人每天增加一个鸡蛋。在短短的两个月时间里，受阅部队不仅完成了训练任务，而且做到了严要求和高标准。

——孟红：《开国大典阅兵筹备始末》，载《福建党史月刊》，2009年第13期

教师设问：国家领导人为什么高度重视开国大典上的阅兵式？（参考答案：开国第一次，阅兵式是否成功，关乎百姓对新中国的信心。）

教师讲述：受阅官兵想尽各种办法，圆满完成任务。

材料呈现：

材料一　战车团把训练场摆在了北平西郊的荒地里，指战员们跟一辆辆缴获的日本坦克较上了劲。练不了一阵，坦克开不动，要马上回去抢修。最不好办的是通讯工具，坦克与坦克之间，指挥是靠电台的，有的坦克当中的电台全坏了，有的电台不灵了，部队又找不到日本原装的电台，怎么办？指战员们摸索出了行之有效的土办法，那就是用动作沟通彼此之间的联系，具体方法是：车长站在坦克炮塔里的上面，驾驶员在下面，车长用脚踩驾驶员的肩膀，踩一下，方向往左，踩两下往右，用这种办法来修正坦克之间前后左右的距离。

——孟红：《开国大典阅兵筹备始末》，载《福建党史月刊》，2009年第13期

材料二　因为当时人民解放军武器装备大多是从战场上缴获来的，所以战士手中的枪械五花八门，严重影响受阅时的持枪动作，也有碍观瞻。为了整齐划一，阅兵指挥部

规定，受阅部队统一使用"三八大盖"（日本制造，明治三十八年定型生产，由于枪身上有一防尘盖板，故称"三八大盖"）。

——徐平：《开国大典阅兵的若干历史细节》，载《北京日报》，2009-04-06

材料三　尽管开国大典时的防空准备了各种预案，但还是决定部分受阅的飞机带弹飞行，以便为空中拦截国民党袭扰飞机争取更多的时间。

按照世界阅兵的惯例，为安全起见，阅兵时任何兵种都不能携带实弹。……为了确保万无一失，聂荣臻亲自来到南苑机场挑选了带弹飞行的飞机和飞行员。

在参加开国大典的17架受阅飞机中，有4架飞机带着实弹，开创了世界阅兵史的先例。

……

受阅飞行训练开始前，每名飞行员都向组织上立下了"生死状"："我参加检阅，一旦飞机出现故障，宁愿献出生命，也不让飞机落到城内、掉在广场和附近的建筑物上。"每个人都在上面郑重地签上了自己的名字。

——杨振侠：《年轻共和国的永恒记忆——1949年10月1日开国大典幕后轶事回眸》，

载《中国检察官》，2009年第10期

材料四　……而当时我们的空军尚未正式组建，只在京郊南苑机场拥有一支"南苑飞行队"，仅有42架飞机。

……

南苑飞行队的飞机不仅旧，而且杂……军委航空局最后敲定，开国大典那天，将安排17架飞机飞过天安门上空。

……

九架领航的战斗机飞过天安门上空后，又重新返回再次掠过。由于配合紧密，天衣无缝，使很多人都以为开国大典受阅的飞机共有26架。这个事先曾经被苏联顾问认为有危险，连声否定过的二次飞过天安门上空的方案，给从未见到自己的飞机的中国军民带来了巨大的欢乐和鼓舞。40年后，为《当代中国》（空军卷）撰写文章的陆文至大校曾坦言："开国大典的空中阅兵是个奇迹。别说当时，就是现在也做不到。"

——舒亦颖主编：《影响中国历史进程的60个重大事件》，3～4页，

北京：中国少年儿童出版社，2009

教师设问：结合材料，回答开国大典上的阅兵式有哪些"创举"？它的成功举办，有什么意义？（参考答案：海陆空三军立体国防力量的总检阅；在通信系统不完善的情况下，靠"人工"修正坦克之间的距离；统一枪械；飞机带弹接受检阅；飞机二次飞过天安门等。展示强大的国防力量，增强人民统一中国、保卫新中国和平稳定，安居乐业的信心。）

设计点评

本微课以"大阅兵"切入教学，抓住了学生的兴趣点。大量感性的、细节化的材料的运用，从国家领导人、阅兵总指挥、参加的士兵、苏联专家等多个侧面展现大阅兵的威武雄壮，丰富多彩。同时，不乏创新，营造了具体的历史场景，易于学生接受和理解。

教学资源

资源1：……首都三十万军民在天安门广场隆重举行庆祝中华人民共和国中央人民政府成立典礼，通常称为"开国大典"。接受检阅的人民解放军有一万九千二百七十三人。新华社在当天报道了大典盛况。此时此刻的历史性情景值得在这里转录下来：

"下午三时，中央人民政府秘书长林伯渠宣布典礼开始。中央人民政府主席、副主席、各委员就位，乐队奏义勇军进行曲，毛泽东主席宣布说：'中华人民共和国中央人民政府已于本日成立了。'毛主席亲自开动有电线通往广场中央国旗旗杆的电钮，使第一面新国旗在新中国首都徐徐上升。这时，在军乐声中，五十四门礼炮齐鸣二十八响。毛主席宣读了中央人民政府公告。

毛主席宣读公告完毕，阅兵式开始。阅兵式由中国人民解放军朱德总司令任检阅司令员，华北军区司令员兼京津卫戍区司令员聂荣臻将军任阅兵总指挥。朱总司令驱车检阅各兵种部队回到主席台上宣读人民解放军总部命令。受阅部队随即分列经主席台前由东向西行进，前后历时三小时。受阅部队以海军两个排为前导，接着是一个步兵师、一个炮兵师、一个战车师、一个骑兵师，相继跟进。空军包括战斗机、蚊式机、教练机共十四架在全场上空由东向西飞行受阅。在阅兵式中，全场掌声像波浪一样，一个高潮接着一个高潮。

阅兵式接近结束时，天色已晚。天安门广场这时变成了红灯的海洋。无数的彩色火炮从会场四周发射。欢呼着的群众在阅兵式完毕后开始游行。当群众队伍经主席台附近走出会场时，'人民共和国万岁'、'毛主席万岁'的口号声响入云霄。毛主席在扩音机前大声地回答着：'同志们万岁！'毛主席伸出身子一再地向群众招手。群众则欢呼鼓掌，手舞足蹈，热情洋溢，不能自已。当游行的队伍都已有秩序地一一走出会场时，已是晚间九点二十五分。举着红灯游行的群众像火龙似地穿过全城，使新的首都浸在狂欢里直到深夜。"①

——金冲及：《二十世纪中国史纲》（第3卷），695～696页，

北京：社会科学文献出版社，2009

资源2：1949年7月，新政协筹备会向全国及海外发出了征求国旗等方案的启事。上海滩一位33岁的青年从报纸上得到消息后激动得彻夜难眠。他的名字叫曾联松，在上海一家经济通讯社当编辑。7月，曾联松在一间斗室里设计出一张又一张国旗草稿。他从人们常说的"盼星星，盼月亮"中得到了灵感，又联想到红军头顶的五角星，脑海中闪现出一幅画面：以一颗大五角星象征伟大的中国共产党，以四颗小星象征广大人民群众，每颗小星各有一个角对准大星的中心，形成"众星拱北辰"的格局，寓意中国共产党是全中国人民的领导核心，各族人民围绕在党的周围。旗面为红色，五星呈金黄色，体现出中国人民的文化特征，犹如红霞一片，金光灿烂……

——王晓莉：《开国大典中的若干个"第一"》，载《档案天地》，2011年第9期

资源3：阅兵，是开国大典的重头戏。

阅兵，不为炫耀武力，而为展示人民解放军的风采形象。

1949年10月前，毛泽东、朱德等中央领导至少有3次较大的阅兵：

1931年，中华苏维埃共和国临时政府成立时的阅兵；

1937年，八路军3个师开赴抗日战场前的阅兵；

1949年初，中央机关进驻北京后在西郊机场的阅兵。

这些阅兵显然无法与开国大典的阅兵相比，无论规模、人数，参加的军种、兵种都

---

① 参见《人民日报》，1949-10-02。

无法相比。

开国大典的阅兵是空前的。

开国大典的阅兵第一次将中国人民解放军陆海空三军展现在国人面前，展现在世界面前。

——于江：《开国大典6小时》，301页，沈阳：辽海出版社，1999

资源4：水兵方队之后是陆军的步兵师、炮兵师、战车师、骑兵师诸方队。担任步兵方队领队的是两位"老"红军——32岁的步兵199师师长李水清和他的搭档、年仅30岁的师政委李布德。30岁出头当师长，这在今天简直是不可想象的，但战争造就人才，他俩十三四岁就参加红军，身经百战，功勋卓著，1955年都被授予少将军衔，成为开国将军。

据说李水清将军是影片《打击侵略者》中志愿军李军长的原型。李将军回忆说："开国大典头天晚上，我与两千多名受阅官兵几乎一夜无眠，崭新的军装整了又整，手中的武器擦了又擦，许多人还用鸡油擦拭枪械钢盔，使锃亮的装备更显威武。"

——徐平：《开国大典阅兵的若干历史细节》，载《北京日报》，2009-04-06

资源5：让坦克和飞机同时出现在阅兵场上，是苏联顾问的主意。这是显示中国人民解放军强大军威的最好时机，苏联在红场阅兵时就这么做过。站在观礼台上的苏联顾问，看着他们的意图得以圆满实现，高兴得连连点头。此刻，天安门前空中、地面行进着中国人民的钢铁队伍，浑然一体，形成雄伟壮观的立体武装阵容。

——李虹：《开国大典若干"第一"逸事》，载《党史天地》，2009年第10期

资源6：共青团北平市委筹委会和北平市学联，要求各校在9月10日星期六下午组织4300名学生到天安门广场义务劳动。消息在报上和各学校一公布，两天时间内，就有18000人报名。各校只好采取抽签办法决定谁能参加。抽到的笑逐颜开，没抽到的很着急，有的同学忍不住哭了。

9月10日下午3点，劳动开始。《人民日报》发表《新的开始——记北平学生参加修筑天安门广场》一文，对此进行了生动的描述。文中写道：

在欢乐的锣鼓声中，"北平青年建设队"、"星期六义务劳动队"、"劳动服务队"、"建设人民首都"的旗帜在迎风矗立，几千只手愉快地举起锄头、锹、镐，挖松了泥土，拉起了石头，拔除了青草。尘土在飞扬，歌声在飘荡，抬土的人用赛跑的速度在飞奔。一个个土坑迅速填平，几千只脚把土踏实。不到3小时，方才两片面积占了19980平方米，

高出马路半米的满是青草乱石、七高八低的荒地，已变成了几乎和马路一样平、略微向两旁倾斜的一片光滑眉眼舒展的广场了。

在广大学生的影响下，北平市各界群众纷纷来到广场，参加义务劳动，广场很快就旧貌换新颜了。

——李颖编著：《共和国历史的细节》，3～4页，北京：人民出版社，2009

资源7：当战车师进至天安门广场时，新中国空军分别以双机、三机编队，一批批接连飞临上空。现场气氛达到高潮。

1949年9月1日，阅兵总指挥聂荣臻在传达中央关于开国大典阅兵的指示时说："中央决定在新中国成立之日，除地面部队以外，空军也要出动。"本来，阅兵指挥部报给中央的阅兵方案中没有安排空军参加。但是在8月中旬情况有了变化，人民军队的第一个飞行中队已经在北平组建了，通过半个多月的试飞、训练，已经完全具备了升空作战能力。8月下旬的一天，阅兵总指挥聂荣臻在听取关于北平安全的汇报时，突然向在座的空军代表提出：你们能不能够组织一个飞行队？通过天安门，接受毛主席、朱总司令和新中国领导人的检阅？当时军委航空局常乾坤局长肯定地答复：可以组织一个小队，小一点的，大队也组不起来。

这样，就增加了飞机通过天安门上空的精彩内容。一开始只安排9架"野马式"战斗机参加开国大典。9月上旬朱德、周恩来等中央领导在南苑机场观看完飞行表演后，朱总司令用企盼的口吻说："能不能再多几架飞机，什么飞机都行。"后来，又有两架"蚊式"战斗轰炸机、三架刚修复的运输机、一架通讯机和两架教练机加入了受阅飞行队。军委航空局最后敲定，10月1日那一天，将有17架飞机通过天安门上空。这几乎是当时人民空军的全部家底。

开国大典那天，为了显示人民空军的力量，第一批9架战斗机飞过天安门之后，兜了一个大圈，跟在教练机后面，又飞过天安门一次，给人感觉是共有26架飞机。而在场的外国记者也没能看出个中奥秘，他们在随即发出的报道中声称"一共有26架飞机参加了编队飞行"，并惊呼"中共一夜之间有了自己的空军"。

——徐平：《开国大典阅兵的若干历史细节》，载《北京日报》，2009-04-06

资源8：周恩来的侄女周秉德是中国新闻社的原副社长，担任过第九届、第十届全国政协委员。谈到开国大典，周秉德兴致勃勃向记者披露了许多鲜为人知的事情。

她说："1949年，我12岁了，就住在中南海伯父那里。9月1日我刚刚上中学，为迎接开国大典，学校除了正常的课程外还安排了国庆游行的准备活动。我们唱的歌曲是《团结就是力量》、《解放区的天是明亮的天》等等红歌。我们自己动手制作了五角红灯，每天课余时间练习红灯舞，那时，我就盼望10月1日早早到来。"

"周末回到家时我看到，伯父为筹备开国大典，整天都在忙，开会研究事情，人来人往不断。我们小孩子不打听，伯父也不和我们说开国大典的事情。后来我听说一件事情，至今难忘：毛主席与周总理是几十年的老战友，多少年来，两人出现时，都是主席在前面走总理跟在后面，总理从来没有走在主席的前面。但在开国大典的时候，就在两人马上要到天安门城楼的那一刻，伯父第一次快主席一步抢在前面，他对播音员挥手示意，毛主席已经来到天安门城楼了，让播音员马上播报。播音员立刻广播：告诉大家一个好消息，毛主席已经登上了天安门城楼！这时，广场上几十万人齐声欢呼，一片欢腾。"

——淮黎霞：《建国元勋后代忆述开国大典》，载香港《镜报（月刊）》，2009年10月号

资源9：周秉德说，开国大典当天，政府官员需要先在中南海宣誓，然后再去天安门。为了准确计算时间，伯父还亲自测量从中南海到天安门的时间，经测量得知，这段路程需要35分钟。开国大典是下午3点开始，所以他安排就职宣誓两点开始，2点25分前必须结束。9月29号，伯父又到天安门城楼检查毛主席休息的位置是否安全，广播员的位置，播音器材好不好，国旗旗杆的高度，升旗按的电钮灵不灵，等等。伯父还考虑到年长者登上城楼，需要年轻人搀扶，需要担架抬等问题。伯父就是这样一位非常细心、周到的"开国大典筹委会主任"。

——淮黎霞：《建国元勋后代忆述开国大典》，载香港《镜报（月刊）》，2009年10月号

资源10：毛泽东宣读《中华人民共和国中央人民政府公告》的时候，李普站在他后排，宣读完毕，李普走上前去拿稿子。毛泽东当时伸手给李普，公告上多出一张纸条，是一份中央人民政府全体委员的名单，毛泽东指着那张字条一再叮嘱李普："你小心这张字条，千万不要弄丢了。照此发表，不要漏掉了。"

原来铅印的《公告》稿并没有这个委员的名单，只开列主席和6位副主席的姓名，接着写"陈毅等56人为委员"，其他55人都省略了。但10月1日上午，在中央人民政府委员会举行的第一次会议上，张治中临时建议在《公告》里公布56名中央人民政府委员的

名单，这样更能体现中央人民政府是真正实行新民主主义的联合政府。

——吴志菲：《一位记者眼中的开国盛典》，载《人民政协报》，2012-02-23

资源11：京沪路龙头房内外的机车汽笛齐鸣，以表示庆贺与传播中央人民政府成立的消息，停泊在长江江面上的轮船也一齐唱和起来，清脆的汽笛声持续达20分钟之久。

……

南京大学用6个扩音器转播中央人民政府成立的喜讯时，同学们冒雨立在扩音器前静听，声音一停，一百多支爆竹即陆续爆炸起来。四时许，六百余师生员工冒雨向新街口出发游行。在新街口广场，师生员工们尽情地扭起了秧歌，雨伞被扭坏了，帽子在空中上下飞舞，师生们真是如醉如狂。

——杨兆麟：《时间开始了——从当年新闻报道看开国大典》，

载《北京日报》，2009-09-28

资源12：1949年10月3日的英国《泰晤士报》第4版刊登了来自香港记者的北京报道，说：

"这是亚洲一个划时代的历史时刻，虽然不是所有的中国都在共产党的手中，但毫无疑问，无论好坏，这是拥有近5亿人民、目前世界上最大的单一同质种族群体的政府。"

报道还别有用心地说："除了苏联，没有外国代表参加北京的开国典礼。"当然，《泰晤士报》也有一些客观报道，它称：

"共产党的新闻机构报道，约二百万人聚集在一起收听这个历史性的宣告，所有人的目光都聚集在毛泽东升起的那面新中国的标志——五星红旗，乐队演奏新国歌《义勇军进行曲》。其后，举行游行仪式。军队接受朱德将军的检阅，编队经过天安门，有的配备最新的美国大炮、坦克以及从国民党手中缴获的装甲车。共产党空军轰炸机编队飞行，烟花爆竹和其他游行活动直至深夜。有报道指出，这种欢庆活动将持续3天左右，与推翻清政府统治的'双十节'共庆。"

——杨兆麟：《时间开始了——从当年新闻报道看开国大典》，

载《北京日报》，2009-09-28

走向
国际舞台

中华人民共和国成立后，需要有一个稳定的国内、国际环境。因此，外交工作显得非常紧迫。但是，对于新生的人民政权来说，外交工作是非常陌生的。新政权根据实际情况，另辟蹊径，树立起了独立自主的鲜明特点。

一、独立自主的和平外交政策

章百家在《论独立自主的和平外交政策的实践与经验》（载《光明日报》，2004-10-26）一文中指出，中华人民共和国自成立时起就奉行和平外交政策，1955年提出的和平共处五项原则是中国和平外交政策发展的里程碑。和平外交政策的主要任务是维护国家独立、主权和领土完整，为国内建设创造良好的国际环境。"独立自主"与"和平"这两个词集中体现了中国在外交方面最基本的诉求，它既是基于历史的经验，也是基于现实的需要。章百家在《独立自主的和平外交五十年》（载《百年潮》，1999年第10期）一文中指出，中国革命的重要任务之一是实现民族独立，恢复国家领土主权完整，恢复民族尊严。因此，新中国外交方针首先要解决两个根本问题：第一，洗刷掉半殖民地政治地位留下的烙印，才能在平等、互利和互相尊重领土主权的基础上建立起新型对外关系。第二，"冷战"中的美苏两国对中国都有很大影响，选择什么样的对外战略才有利于新政权的建立和巩固十分关键。具体地说，就是要使新政府尽快得到国际上的承认，取得外国的必要援助，恢复国内经济和通过结盟保障新生国家的安全。

章百家又指出，随着朝鲜战争的结束，国际局势的缓和，中国进一步推行了和平外交政策。参加日内瓦会议是新中国第一次以大国姿态登上国际舞台，第一次开展多边外交活动，第一次尝试以和平协商的方式来解决国际争端。在这次会议上，中国以积极灵活的姿态促成了印度支那停火，为缓和亚洲地区的紧张局势作出了重大贡献。日内瓦会议期间，周恩来总理访问印度和缅甸，并分别与印、缅两国总理签署联合声明，共同倡导以和平共处五项原则作为指导相互关系的原则。1955年4月，以周恩来为首的中国代表团又出席了在万隆举行的亚非会议，再次取得巨大成功。新中国从此打开了与亚非国家广泛交往的大门。

章百家还指出，和平共处五项原则是一个有机体，它言简意赅地概括出新型国家关系的总体特征。这五项原则虽然首先是为处理与周边国家和亚非民族独立国家的关系而提出的，但中国领导人很快将它作为处理一般国际关系的准则，不仅用于处理包括资本主义各国在内的不同社会制度国家的关系，也用于处理同社会主义各国的关系。从当时中国对外关系的全局来看，和平共处五项原则是新中国在国际舞台上开展活动、突破美国的孤立和遏制政策、扩大对外交往的有力武器。从长远来看，和平共处五项原则不仅包含了处理政治关系的原则，同时也包含了处理经济关系的内容。

二、"一边倒"的外交方针

在实践独立自主的和平外交政策之初，毛泽东先后提出了"另起炉灶""打扫干净屋子再请客"和"一边倒"的方针。学者对"一边倒"方针的研究尤为引人注目。

1. "一边倒"方针的内涵

"一边倒"方针主要包含两大内容：一是与苏联结盟、倒向社会主义阵营；二是对帝国主义国家"不承认"。此外它还有更深层的非外交含义。牛军在《新中国外交的形成及主要特征》（载《历史研究》，1999年第5期）一文中指出，从概念提出的过程看，

"一边倒"被赋予了双重含义：一是新中国的外交方针；二是新中国的发展战略。第一重含义要回答的是，在两大阵营的格局中，新中国站在哪一边。第二重含义要回答的是，新中国选择怎样的发展道路。作为国家发展战略的"一边倒"，其核心是建立人民民主政权和走社会主义道路。孔寒冰在《"一边倒"与苏联社会主义模式》（载《国际政治研究》，2001年第3期）一文中认为，"一边倒"政策所表明的实际是，把中国社会发展道路锁定在苏联的社会主义模式上面。新中国成立前后向苏联学习的高潮，苏联专家指导之下制定与实施的"一五"计划，差不多将苏联模式全盘搬到中国。此后，苏联模式在中国又不断得到强化。

另外，李政敏在《略论建国初期毛泽东"一边倒"的外交策略》（载《陕西社会主义学院学报》，2006年第1期）一文中认为，从外交政策的角度考察，"一边倒"是坚持独立自主基础上的外交策略。胡礼忠在《中国学术界关于建国初期的"一边倒"外交研究述评》（载《历史教学问题》，2005年第6期）一文中指出，"一边倒"并不意味着中国在"冷战"中成为苏联的"卫星国"，丧失独立性。在建立和维护中苏友谊、中苏同盟的同时，新中国领导人始终坚持捍卫国家独立、主权和民族感情的原则。

2. 选择"一边倒"方针的原因

概括起来，主要有以下三个方面：国际格局和美苏的对华政策产生的影响；意识形态与国家利益产生的影响；中共自身的革命逻辑和判断产生的影响。

丁明在《战后国际关系与我国建国初"一边倒"方针的形成》（载《当代中国史研究》，2003年第2期）一文中指出，在雅尔塔体系建立、"冷战"的开始、两大阵营形成的背景下，中间道路是行不通的。邓小玲在《从"一边倒"到"新型伙伴关系"——三代领导核心的国际战略思想》（载《学术论坛》，2005年第9期）一文中指出，新中国诞生之时，正是东西方"冷战"升级，社会主义阵营和资本主义阵营尖锐对立的时候，美苏两国都不可能允许新中国在它们之间采取某种较为平衡的政策，必须在两大阵营中作出抉择，也就是选择"一边倒"，关键是倒向哪一阵营的问题。

李海燕、潘正祥在《新中国为什么"一边倒"——评〈剑桥中华人民共和国史〉的有关论点》（载《史学月刊》，2000年第6期）一文中指出，"一边倒"既是包括安全利益和经济利益在内的国家利益的需要，也是意识形态吸引的结果。新中国在建立前后面临的国际环境较为恶劣，国家的安全利益必须得到首要的考虑与保障，在此基础上，经济利益也是国家对外政策追求的主要目标。此外，中苏两党都以马列主义为指导思想，以实现共产主义为奋斗目标。而且中苏两党关系在历史上就很密切，尽管也有矛盾，但两党之间的向心力远远大于离心力。张衍霞在《建国初期"一边倒"外交战略的形成及其成因》（载《泰山学院学报》，2007年第2期）一文中认为，安全上和经济上的利益，以及中共作为一个标准的马克思主义政党，强调阶级斗争与无产阶级专政，认定中国革命属于无产阶级世界革命的一部分的看法都促成了"一边倒"的形成。

孔寒冰在《并非一方选择的结果——论新中国初期"一边倒"外交政策的产生》（载《俄罗斯研究》，2003年第2期）一文中指出，"一边倒"从深层次讲是中、美、苏三方选择的结果，但其中最关键的是中国共产党自己作出的选择。抗日战争胜利时，中共"既不反苏，也不反美"；新中国成立前夕，中共向苏联"一边倒"。这是一个很不轻松的变化过程。杨彩娟在《论新中国"一边倒"的外交方针》（载《福建党史月刊》，2007年第4期）一文中认为，中共与美国之间的关系以对抗为主，但双方都谋求过合作。中共与苏联之间虽有意识形态上的亲缘关系，但也存在恩恩怨怨，这些恩怨使毛泽东对能否获得苏联的支持是没有把握的。在复杂的形势及其变化下，中共最终选择了向社会主义阵营"一边倒"。王国学在《对建国初期毛泽东"一边倒"战略方针的再探讨》（载《毛泽东思想研究》，2005年第4期）一文中认为，发端于1840年中英鸦片战争的中国民主革命的道路，一直在追求民族的独立与自强。而在新中国成立前夕，以毛泽东为代表的中国共产党人倒向以苏联为首的社会主义阵营，正是中国民族民主革命发展的归宿。

3. 对"一边倒"方针的评价

总体来说，在当时选择"一边倒"是合理的，但也有一定的消极性。陈再生在《"一边倒"外交战略的得失评析》（载《福建省社会主义学院学报》，2006年第2期）一文中，从四个方面分析了"一边倒"方针的积极影响：第一，政治方面，为新中国获得国际承认，发展对外关系，粉碎帝国主义的孤立政策起了积极的作用；第二，经济方面，为我国迅速医治战争创伤，促进国民经济的恢复与发展，提供了全方位的援助和强有力的支持；第三，军事方面，为我国挫败美国的包围与挑衅，提供了坚强的后盾，维护了国家安全和民族尊严，提高了我国的国际地位；第四，国际共产主义运动方面，壮大了社会主义阵营，为世界和平与民主注入新鲜血液。颜永琦在《新中国"一边倒"外交战略评析》（载《党史研究与教学》，2005年第4期）一文中认为，在苏联的帮助下，新中国取得了社会主义经济建设的重大成就，为建立比较完整的工业和国民经济体系奠定了基础；吸收了苏联社会主义建设的经验，完成了社会主义改造，在新中国建立了社会主义制度。胡礼忠在《中国学术界关于建国初期的"一边倒"外交研究述评》（载《历史教学问题》，2005年第6期）一文中指出，"一边倒"在外交上为新中国赢得了主动地位和一个相对有利的国际环境，成功地建立和巩固了同苏联等社会主义国家的同盟关系，突破了以美国为首的西方阵营孤立、遏制和封锁的图谋，并与一批新兴国家建立了新型的外交关系；在经济上为新中国争取到了国际援助，进而促进了国民经济的恢复和社会主义改造的顺利进行，并奠定了中国现代工业体系和国民经济体系的基础。章百家在《从"一边倒"到"全方位"——对50年来中国外交格局演进的思考》（载《中共党史研究》，2000年第1期）一文中认为，"一边倒"方针既有弊也有利。章百家认为，总的来看，这个决策是成功的。新中国成立初期在这一格局下，中国政府所寻求的主要外交目标都基本达到了：同苏东建交，通过同盟关系解决了安全和经济援助问题，清除了帝国主义在大陆的残余。就短期而言，"一边倒"无疑有助于新生政权的巩固；就长期发展而言，造成了外交上的不平衡，不利于中国开展同世界各国的普遍交往。

三、和平共处五项原则

和平共处五项原则的提出可以说是中华人民共和国外交发展的一个阶段性界碑，它是从革命运动外交向国家外交过渡的一次关键性转变，标志着新中国外交的最终形成。牛军在《新中国外交的形成及主要特征》（载《历史研究》，1999年第5期）一文中，着重探讨了和平共处五项原则产生的特殊背景，及其与新中国外交的过渡性的内在联系，从而揭示其在新中国外交中的历史地位。

牛军指出，新中国外交具有与生俱来的过渡性。作为外交决策主体的中国共产党，经历了从革命政党到执政党的转变；毛泽东、周恩来等中共领袖，经历了从革命运动的领导人到国家领导人的角色转变。新中国外交的指导思想形成于革命时期，而中共长期以来是一个有自己控制的地域、自己的政权和军队的非执政的政党，党的领导人有时是从政权领导人的角度考虑和处理有关问题的，并从中积累了独特的经验。

牛军强调，新中国在安全方面面临两个主要问题。第一是朝鲜战争，它严重地消耗了中国的人力、物力和财力资源；第二是周边安全环境恶化，主要是因为美国在亚洲的扩张,以及实行遏制中国的政策。因此,朝鲜停战后,改善周边环境已经成为维护国家安全的最迫切的任务。

正是在上述背景下,从1952年开始酝酿,到1954年间基本形成了新的被称之为"和平统一战线政策"的对外政策。作为这项政策的两个重要目标——"扩大和平中立趋势"和"推广和平中立地带",首先落实到中国的周边地区。

牛军认为,新中国成立后,亚洲国家中首先与中国建交的是社会主义类型的朝鲜民主主义人民共和国和越南民主共和国,随后是资本主义类型的印度和缅甸。中国领导人是从与印度等国的交往中和从这类国家在重大国际事务中的立场、态度中,逐步获取经验并确定了新中国处理国家关系的基本原则。和平共处五项原则就是在中国与印度的协议中首先提出的,而1954年4月召开的日内瓦会议是和平共处五项原则的关键性实践。

微课设计

微课设计一:《中苏友好同盟互助条约》的签订

✎ 设计意图

围绕《中苏友好同盟互助条约》的签订,采用全球视角,着力刻画在这一事件中中、苏、美所扮演的不同角色,讲述一个完整的故事,并注重细节的描述,情境的设置,悬念的设计,以激发学生学习兴趣,引导学生身临其境,感受其中的民族大义和爱国精神,理解其给新中国带来的影响。

✎ 设计方案

教师介绍:新中国成立初期就宣布,全面废除此前列强强迫中国所签订的一切不平等条约。但在旧中国的众多不平等条约中,1945年8月14日国民政府和苏联签订的《中苏友好条约》备受国人诟病。

材料呈现：1945年的《中苏友好条约》，让中国方面感到最不平等之处有三：第一，是强使中方同意外蒙古独立；第二，是迫使中方同意其在旅顺港驻军；第三，是把在1935年已经卖给日本的中东铁路迫使中方同意在各占百分之五十资产的基础上共同经营与管理，而经常管理权又为苏方所有。

——杨奎松：《毛泽东与莫斯科的恩恩怨怨》，见《杨奎松著作集：革命（2）》，

304页，桂林：广西师范大学出版社，2012

教师设问：这一条约破坏了中国的哪些权益？（参考答案：领土主权、国防安全、经济主权。）

教师讲述：根据1896年6月签订的《中俄密约》，沙俄获得在中国东北地区筑路的权利。据此，俄国建成了由满洲里至绥芬河全长1481公里的中东铁路干线（历史上又称东省铁路、东清铁路），以及自哈尔滨经长春至大连、旅顺的987公里中东铁路支线。两条铁路合称中长铁路。

如果承认1945年的《中苏友好条约》继续有效，中长铁路则继续为苏联所控制，苏联将继续在旅顺驻军。那么，中国共产党"废除一切不平等条约"的承诺就无法兑现，"一边倒"政策的合理性也必将遭到质疑，甚至还会危及到中国共产党政权的合法性。当时，已经有民主党派和青年学生对此议论纷纷，要求废除这一条约。

1949年12月21日，将是斯大林70岁生日。趁此机会，毛泽东一行于1949年12月16日到达莫斯科，6个小时之后便与斯大林举行了正式会谈。会谈中当毛泽东提出修改1945年的《中苏友好条约》时，遭到了斯大林的强烈反对。

材料呈现：所以苏联领导人"决定暂时不改动这个条约的任何条款，因为哪怕改动一条，都可能给美国和英国提出修改条约中涉及千岛群岛、南库页岛等等条款的问题提供法律上的借口"。

——沈志华、［俄］谢尔盖·冈察洛夫（Serguei Goncharov）：《〈中苏友好同盟互助条约〉的签订：愿望和结果》，载《中共党史研究》，1998年第2期

教师设问：

（1）斯大林的解释合理吗？（参考答案：合理。《中苏友好条约》有《雅尔塔协定》作为依据，另订新约会使苏联在中国以外的利益受到损失。或：不合理。是对中国权益

赤裸裸的侵犯。）

（2）你认为，毛泽东听到斯大林的解释，心情会怎样？为什么？（参考答案：不满、失望、难堪、屈辱。如果不能改订新约，访苏的目的将无法达到。）

材料呈现：毛泽东出席斯大林70大寿晚宴时的照片。

教师设问：生日晚宴上的毛泽东开心吗？（参考答案：不开心。）

教师讲述：通过1945年的中苏条约，苏联取得了中长铁路的经营权、旅顺海军基地的租赁权和大连行政管理的实际控制权，从而实现了自沙皇时期俄国人就一直梦寐以求

毛泽东访问苏联期间和斯大林在一起

的远东战略，而这一战略的基点就是获取在太平洋的出海口和不冻港。这涉及苏联在亚洲的基本安全利益和重大经济利益，所以，斯大林从一开始就对此异常警惕，始终不愿松口。在12月24日举行的第二次会谈中，毛泽东重提这一问题，斯大林还是找借口拒绝了。毛泽东对此大失所望。

材料呈现："后来斯大林避而不见我。我曾给他的住所打过电话，但得到的答复是斯大林不在家，建议我去见米高扬。"毛泽东说："这种做法使我很生气，我决定呆在别墅里，什么也不干。"

——［苏］帕·尤金（Pyotr Yudin）：《毛泽东谈共产国际的中国政策与斯大林》，

见沈志华、［俄］谢尔盖·冈察洛夫：《〈中苏友好同盟互助条约〉的签订：

愿望和结果》，载《中共党史研究》，1998年第2期

教师设问：毛泽东为什么"很生气"？（参考答案：因为苏联领导人不愿意就1945年的中苏条约进行谈判。）

教师讲述：毛泽东还拒绝了苏联方面关于游览的建议，而是"在别墅里睡大觉"①。1950年元旦，苏联驻华大使罗申②奉命前来拜访，毛泽东告诉罗申，自己身体不适。

———————————

① ［苏］帕·尤金：《毛泽东谈共产国际的中国政策与斯大林》，见沈志华、［俄］谢尔盖·冈察洛夫：《〈中苏友好同盟互助条约〉的签订：愿望和结果》，载《中共党史研究》，1998（2）。

② 尼古拉·瓦西里耶维奇·罗申（1901—1960），1949—1952年任驻华大使，是新中国成立后第一个派驻中华人民共和国的外国大使。

材料呈现："准备完全静养一周，彻底恢复正常的睡眠"。毛泽东还强调，他"不想参观工厂，不想作报告，也不想发表公开演讲"，并且取消了在苏联各地旅行的计划。最后，毛泽东提出"想提前一个月，即在1月底离开莫斯科回国"。在谈话中，毛泽东还向苏联方面透露了一个消息：最近几天，"收到北京的报告，说缅甸和印度政府表示他们愿意承认中华人民共和国"。中国政府在这一问题上的立场是，只要缅甸和印度政府接受中国政府的条件，"他们可以派代表到北京进行谈判"。毛泽东还告诉罗申："不久英国和其他英联邦国家也将在承认中华人民共和国的问题上采取明显步骤。"

——《罗申与毛泽东会谈纪要》，见沈志华、［俄］谢尔盖·冈察洛夫：《〈中苏友好同盟互助条约〉的签订：愿望和结果》，载《中共党史研究》，1998年第2期

教师设问：对于毛泽东所谈，苏联方面最感到紧张的是什么？（参考答案：英国等西方国家，打算与新中国建立外交关系。）

教师讲述：事情很快发生了转变。1950年1月初，斯大林通过《答塔斯社记者问》表示，不仅准备同中国签订有关贷款、通商等项协定，而且首先就准备讨论中苏条约问题。这很出乎毛泽东的意外。

杨奎松通过研究认为，比较合乎逻辑的解释是，斯大林这时已经越来越清楚地了解到了毛泽东极度失望的情绪，并且了解到中国国内对毛泽东此行的批评和讥讽。再不与中国订立新约，中国有可能远离苏联，苏联有可能失去中国这样一个盟友。这样的结果，对于"冷战"中的苏联来说是很不利的。

教师设问：关于此次中苏谈判，美国又扮演了什么角色呢？对中苏谈判产生怎样的影响呢？

教师讲述：美国在千方百计地离间中苏关系，并策动新中国摆脱苏联的控制和影响。美国间谍机构在华的主要任务就是"破坏中苏之间的友谊"，美国政府经过内部讨论决定采取拉拢中国、离间中苏的策略。杜鲁门①以总统名义发表声明，承认中国对台湾的主权。国务卿艾奇逊②发表长篇演讲，介绍俄国在中国历史上对中国的侵略和危

---

① 哈里·S. 杜鲁门（Harry S. Truman，1884—1972），美国民主党政治家，第32任副总统（1945），随后接替因病逝世的罗斯福总统，成为第33任美国总统（1945—1953）。

② 迪安·古德哈姆·艾奇逊（Dean Gooderham Acheson，1893—1971），曾参与制定杜鲁门主义和马歇尔计划，1949—1953年任美国国务卿。

害，并声称台湾不在美国的防御范围之内。艾奇逊还散布谣言说，毛泽东遭到了斯大林的软禁，苏联要求控制中国的战略要地等。这些消息也不断刺激着斯大林，迫使他做出选择：失去中国，还是与中国结盟？斯大林认为，失去中国将是对苏联远东安全的更大威胁。

紧接着，中苏之间就如何订立新的条约展开实质性的谈判。

教师引导学生小结：1950年2月14日，《中苏友好同盟互助条约》签订。根据新订的条约和协定，苏联截至1952年年末，将交还它通过《雅尔塔协定》和1945年的《中苏友好条约》在中国东北取得的权益。通过新的中苏条约，中国还获得了3亿美元的低息贷款，以及苏联关于军事援助的承诺。可以说，这个条约，使新中国在物质上得到了实惠，精神上扬眉吐气，国民党办不到的事，共产党办到了。至此，毛泽东访苏取得了巨大的成功，新约签订的消息传到国内，举国欢腾，被称作是献给中国人民1950年农历新年的大礼！

📝 **设计点评**

本微课生动地介绍了中苏两国领导人就修改1945年《中苏友好条约》的谈判，以及1950年《中苏友好同盟互助条约》的签订过程，这有助于学生认识到，中苏结盟体现了中国外交"一边倒"的方针，中国收回铁路和港口体现了"打扫干净屋子再请客"的方针，缔结新约体现了"另起炉灶"的方针。

微课设计二：和平共处五项原则的提出

📝 **设计意图**

详细讲解"和平共处五项原则"的提出、发展和影响；将"和平共处五项原则"与之前的"一边倒"外交政策进行对比，重在帮助学生理解这一原则提出的重要意义；最后提出"和平共处五项原则在此之后的命运"，为将来学习中美关系的正常化埋下伏笔。

✏ 设计方案

材料呈现： 缓和国际紧张局势，不同制度的国家可以和平共处，这是苏联提出来的口号。

——毛泽东：《同一切愿意和平的国家团结合作（一九五四年七月七日）》，见中共

中央文献研究室编：《毛泽东文集》（第6卷），334页，北京：人民出版社，1999

教师介绍： 1953年3月5日，力主在亚洲向美国示威、对西方推行进攻性强硬策略的斯大林去世。继任的苏联领导人提出了新的外交策略，即和资本主义国家可以"和平相处"，并且劝告中国、朝鲜和越南等国家的共产党，停止武装斗争，尝试着与美国为首的资本主义阵营"和平共处"。

教师设问： 中国会接受苏联提出的"和平共处"的原则吗？（参考答案：会。）

教师讲述： 1953年，对于中国的外交来说是非常艰难的一年。朝鲜战争进入第三个年头，中国提出举行停战谈判，但美国方面不断节外生枝、干扰谈判，甚至单方面宣布中止谈判；周边部分国家与中国存在边界领土纠纷，这些国家有资本主义的印度，也有社会主义的苏联。这些都极大地制约着国内经济建设的开展。而第二次世界大战后的新兴民族独立国家，大多数确立了资本主义制度，应如何与这些国家打交道呢？显然，对这些国家不能执行"一边倒"的政策。另外，1953年7月，《朝鲜停战协定》的签署，为中国外交政策的调整提供了契机。

那么，新中国是如何从艰难的外交中走出来的？这与中印关系是不可分的。

印度曾经是英国的殖民地。1914年，英国外相亨利·麦克马洪（Henry Mac-Mahon）派出一支探险队考察西藏。根据探险队所划定的界线，非法占据了中国9万多平方千米的藏南地区。1947年印度独立后，继承了英国的政治遗产，控制了这一地区，并还向西藏反动势力提供武器，以策动西藏地区实现自治。

教师设问： 对于印度的这一举动，新中国该怎么办呢？（参考答案：打，武力收回。或：谈，新中国还很贫弱，应当以谈判争取和平的方式解决。）

教师介绍： 1953年12月31日，中印两国就西藏问题展开谈判。周恩来接见印度代表团时说：

材料呈现：中印两国的谈判在今天——12月的最后一天开始了，我们说过要在1953年开展这一谈判，现在实现了。我们相信，中印两国的关系会一天天好起来，中印两国关系的原则是从新中国建立时确立的，它就是互相尊重领土主权、互不侵犯、互不干涉内政、平等互惠及和平共处的原则。

——高飞：《"和平共处五项原则"是如何提出来的》，

载《中国报道》，2011年第7期

教师设问：这五项原则最关键和最基础性的一条是什么？（参考答案：互相尊重领土主权。）

教师介绍：这是第一次正式提出"和平共处五项原则"这个概念。1954年6月25—27日，周恩来总理访问印度。印度总理尼赫鲁高度评价了和平共处五项原则："我们两国相处的五项基本原则，可以说是国家之间相处的五条戒律。"

6月28、29两天，中印、中缅分别发表联合声明，同意将和平共处五项原则作为指导两国关系的原则。

1954年10月，中苏两国政府发表联合宣言，将两国关系建立在此原则基础上。

材料呈现：1954年10月，在会见日本议员访华团时，周恩来即明确指出："五项原则不应只限于处理中印和中缅关系，它也可以适用于全亚洲，甚至全世界各国"，"美国如果愿意和平共处，我们也欢迎。"

——高飞：《"和平共处五项原则"是如何提出来的》，

载《中国报道》，2011年第7期

教师设问：和平共处五项原则和之前的"一边倒"的外交政策有什么不同呢？（参考答案："一边倒"，主要是指倒向苏联和社会主义阵营一边，意识形态明显；和平共处五项原则的提出，意味着新中国愿意与一切遵守此原则的国家发展友好关系，更多地体现了对国家利益的考虑。）

教师小结：从带有浓厚的意识形态的"一边倒"政策，到更多地考虑国家利益的"和平共处五项原则"，标志着新中国外交政策的成熟。从此，新中国的外交方向不再局限于社会主义阵营，而是全世界。紧接着，中国开始步入世界外交舞台，先后参加了1954年的日内瓦会议和1955年的万隆会议。尤其是在万隆会议期间，各国代表共同制定并通过了包括和平共处五项原则全部内容的关于国与国之间和平共处、友好合作的十项原则，和平共处五项原则也由此成为公认的处理国际关系的基本原则。

设计点评

本微课具体介绍了和平共处五项原则出台的背景以及实施的情况，有助于学生认识到，和平共处五项原则的提出是中华人民共和国外交发展的一个阶段性界碑，它是从革命外交向国家外交过渡的一次关键性转变，标志着新中国外交政策的成熟。

教学资源

资源1：所谓1950年的中苏条约，是相对1945年8月14日的《中苏友好同盟条约》以及关于中国长春铁路、旅顺口、大连的协定而言的。在第二次世界大战后期，斯大林确定了战后苏联在远东的两个战略目标：把外蒙古从中国的版图中独立出来，形成广阔的安全地带；恢复沙皇俄国在中国东北的势力范围，以确保苏联在太平洋的出海口和不冻港。苏联的这些要求通过1945年2月8日斯大林与罗斯福会晤以及雅尔塔协定得到了美国方面的保证。为了迫使中国政府接受苏联的条件，美国和苏联两面夹击，软硬兼施。在苏联军队已经大举进入中国东北之后，蒋介石终于被迫同意签订了这个"城下之盟"。

......

中国革命的胜利发展从根本上改变了远东的格局，也迫使苏联重新调整对华政策。为了在"冷战"的国际环境中加强与美国对抗的实力，斯大林无疑需要新中国加盟苏联的东方集团。即将夺取全国政权的中国共产党，从意识形态、安全利益，以及恢复国民经济、未来国家的经济建设等各方面考虑，显然也要求与苏联保持密切的联盟关系。在这一点上，斯大林与毛泽东有着目标一致的共同愿望。然而，如何以法律条文的形式实现这一愿望，中苏之间却有不同的设想。斯大林希望与新中国结盟的方式和表现形式不致破坏雅尔塔体系及损害苏联在中国东北的既得利益；而毛泽东考虑的则是如何树立新中国独立自主的外交形象，如何以新型中苏关系的表现形式为榜样废除旧中国的一切不平等条约。这一分歧集中反映在是否需要签订一个新的中苏同盟条约的问题上。

……

毛泽东等一行于1949年12月16日到达莫斯科，6个小时之后便与斯大林举行了正式会谈。根据俄国档案中的会议记录，这两位领导人的第一次对话便在中苏条约的问题上发生了分歧。当毛泽东谈到刘少奇访苏后中共中央研究了《中苏友好同盟条约》的问题时，斯大林立即接过来说："这个问题可以讨论和解决"，但他强调，"苏中之间是根据雅尔塔协定缔结这个条约的"，所以苏联领导人"决定暂时不改动这个条约的任何条款，因为哪怕改动一条，都可能给美国和英国提出修改条约中涉及千岛群岛、南库页岛等等条款的问题提供法律上的借口。"……

……

1950年元旦这一天，苏联驻华大使罗申奉外交部长维辛斯基①之命拜访了毛泽东。毛泽东向他声明，因身体不适，"准备完全静养一周，彻底恢复正常的睡眠"。毛泽东还强调，他"不想参观工厂，不想作报告，也不想发表公开演讲"，并且取消了在苏联各地旅行的计划。最后，毛泽东提出"想提前一个月，即在1月底离开莫斯科回国"。在谈话中，毛泽东还向苏联方面透露了一个消息：最近几天，"收到北京的报告，说缅甸和印度政府表示他们愿意承认中华人民共和国"。中国政府在这一问题上的立场是，只要缅甸和印度接受中国政府的条件，"他们可以派代表到北京进行谈判"。毛泽东还告诉罗申："不久英国和其他英联邦国家也将在承认中华人民共和国的问题上采取明显步骤。"

——沈志华、［俄］谢尔盖·冈察洛夫：《〈中苏友好同盟互助条约〉的签订：愿望
和结果》，载《中共党史研究》，1998年第2期

资源2：米高扬②（化名安德列耶夫）于1949年1月26日从莫斯科出发，30日到达西柏坡……到2月8日离开中国……斯大林非常重视这次访问，米高扬在西柏坡期间，苏共中央政治局每天都开会研究和讨论米高扬的电报。会谈结束后，斯大林要求米高扬尽快返回莫斯科，详细汇报与中方会谈的各种情况。……

……

除了对苏共表示感激、亲近和友好外，在涉及与苏联的关系问题时，中共领导人谈

---

① 安德烈·亚努阿列维奇·维辛斯基（Andrei Y Vyshinsky, 1883—1954），苏联法学家、外交家。
② 阿纳斯塔斯·伊凡诺维奇·米高扬（Anastas Ivanovich Mikoyan, 1895—1978），苏联政治家、外交官。

得最多的就是要求莫斯科给予援助。为此，他们讲述了中共所面临的困难。这些困难主要不是来自军事方面——毛泽东称，中国革命的军事阶段实际上已经结束，打败蒋介石只用缴获的武器就够了——而在于中共完全没有管理城市和发展经济的经验。刘少奇谈到了这样的情况：进入大城市的初期，中共按照在农村打土豪、分田地的做法，把资本家的企业分给了工人，结果工人们把企业全部拆光卖掉了；有的地方强迫企业主提高工人的工资，以致他们无法经营，不得不关闭店门，结果反而造成大量工人失业。毛泽东反复强调，中共十分缺乏懂得城市工作和经济工作的干部，为此，甚至不得不推迟对上海、南京、西安等大城市的进攻和占领。刘少奇和任弼时也多次谈到，中共不知道应该如何制止通货膨胀，如何对待外国企业，如何在盐业、烟草和酒类方面实行国家垄断，也不知道如何对四大家族和大买办的资产实行国有化，如何对外贸实行垄断。这给米高扬留下了深刻印象，他在给斯大林的报告中写道：中共领导人对一般政治问题、党务问题、国际问题、农民问题和经济问题，都"非常内行，很有自信"，但是对经营管理问题却"知之不多"，"对工业、运输业和银行的概念模糊"，对中国的企业和经济状况不了解，也不知道应该如何去做。总之，"他们处在闭塞的农村，脱离现实"。

——沈志华：《从西柏坡到莫斯科：毛泽东宣布向苏联"一边倒"——关于中苏同盟建立之背景和基础的再讨论（之二）》，载《中共党史研究》，2009年第4期

资源3：1950年2月14日《中苏友好同盟互助条约》的签订，标志着新中国正式加入以苏联为首的社会主义阵营。然而，中苏之间历经两个月的外交谈判并非一帆风顺，在他们之间，最核心的利益冲突就表现为如何处理1945年的《中苏友好同盟条约》。毛泽东虽然在政治上尽量表现出对斯大林的顺从和依赖，但是在涉及国家和民族根本利益的重大问题上，却不敢掉以轻心。……

斯大林最担心的就是新政权不承认国民政府签订的那个最令莫斯科感到满意的条约——《中苏友好同盟条约》。他向北京派遣的第一任大使竟然是原来派给南京政府的大使，其用意显然在暗示苏联的看法：中国这两个政权在政治上对立，在法统上却应有继承性。毛泽东三番两次来电，直接或间接说明他访苏的主要目的就是讨论1945年条约的问题，并请求苏方给予答复，斯大林对此就是置之不理。尽管如此，毛泽东还是在与斯大林第一次会面时便直截了当地提出了这个问题。面对斯大林强硬拒绝的态度，毛泽东不为所动，既不回国，也不露面，以至西方盛传他被斯大林软禁的谣言。无可奈何的

斯大林只好让步，同意重新签订中苏条约。但斯大林心思缜密，为新条约做了充分准备。在毛泽东游览冬宫、周恩来尚在路途之时，苏联便组织外交和法律专家起草了一系列条约、协定和议定书，其实质在于形式上废除旧条约，而内容上保留大部分旧条款，这主要反映在有关中长铁路、旅顺港和大连的问题上。1月26日收到苏方的草案后，毛泽东毫不犹豫地给以全盘否定，并很快提交了中方重新起草的完全对立的协定文本。斯大林最初怒不可遏，但很快就平静下来，两天后苏联外交部返回的修改本已经非常接近中方的草案了——斯大林再次做出了让步。

通过1945年的中苏条约，苏联取得了中长铁路的经营权、旅顺海军港的租赁权和大连行政管理的实际控制权，从而实现了自沙皇时期俄国人就一直梦寐以求的远东战略，而这一战略的基点就是获取在太平洋的出海口和不冻港。这涉及苏联在亚洲的基本安全利益和重大经济利益，所以，斯大林从一开始就对此异常警惕，始终不愿松口。对于中共而言，如果不能废除1945年条约、收回东北的主权，那么就无法向党内说明苏联共产党的国际主义情操体现在哪里，也无法实现"废除一切不平等条约"的承诺，更难以对国人解释中共采取向苏联"一边倒"政策的合理性。所以，毛泽东千方百计也要逼迫斯大林作出让步。

斯大林之所以两次被迫做出让步，固然与毛泽东毫不退让的强硬态度和周恩来机动灵活的外交手段有关，但更主要的因素不是来自中国，而是来自美国的压力。在中国内战的最后关头，美国采取了消极观望的态度，不仅陆续撤走了在青岛和上海的军事力量，而且同意司徒雷登大使留在南京与中共接触，直到1949年底，美国对华政策仍然处于"等待尘埃落定"的摇摆之中。国民党政府迁台和毛泽东访苏后，美国对中国问题做出明确表态已经迫在眉睫。……12月30日通过的国家安全委员会第48/2号文件规定，"美国应当通过适当的政治、心理和经济手段利用中共和苏联之间，以及中国斯大林主义者和其他分子之间的分歧，同时谨慎地避免给人以干涉的印象"。至于台湾，其"重要性并不足以采取军事行动"。……1950年1月5日和12日，杜鲁门和艾奇逊分别发表了声明和演讲，公开宣布了美国刚刚确定的对华新政策。

中苏结成同盟对于毛泽东和斯大林来说都是既定方针，是必须实现的目标。中共政权的稳定，特别是在经济恢复和发展方面，离开苏联的帮助是很难实现的，而苏联的远东安全则有赖于中国的加盟。在这种态势下，当中苏之间出现了分歧和矛盾时，美国的态度和立场就发挥了关键性影响。……

——沈志华：《无奈的选择：中苏同盟建立的曲折历程（1944—1950）》，
载《近代史研究》，2010年第6期

资源4：和平共处五项原则是在处理中印、中缅关系的实践过程中提出的。印度和缅甸是中国的近邻，但是他们与中国社会制度不同，而且与中国之间有许多历史遗留下的悬而未决的问题，他们对新中国充满疑虑。1947年独立的印度保留着许多英国殖民者遗留的在中国西藏地区的特权，他们关心如何维持特权，并以西藏为缓冲区保障印度的长期安全。

……

……1951年西藏和平解放以后，中印关系开始变得敏感和复杂。

1953年12月31日，历尽周折，中印两国就中国西藏地方的关系问题谈判终于开启。当日下午1点，周恩来在中南海西花厅会见了印度谈判代表。周恩来对客人们说，"中印两国的谈判在今天——12月的最后一天开始了，我们说过要在1953年开展这一谈判，现在实现了。我们相信，中印两国的关系会一天天好起来，中印两国关系的原则是从新中国建立时确立的，它就是互相尊重领土主权、互不侵犯、互不干涉内政、平等互惠及和平共处的原则。"这个当时写在红格纸上的竖排记录，就是现在我们所能看到的中国领导人最早谈及和平共处五项原则的记载。

4个月后，中印两国达成协议签订了《中印关于中国西藏地方和印度之间的通商和交通协定》。协定开头有这样一段话："双方同意基于（一）互相尊重领土主权，（二）互不侵犯，（三）互不干涉内政，（四）平等互惠，（五）和平共处的原则缔结本协定。"这就是和平共处五项原则首次在外交文件上的出现。

——高飞：《"和平共处五项原则"是如何提出来的》，载《中国报道》，2011年第7期

资源5：1953年7月朝鲜停战协定签字以后，美国不甘心在朝鲜和印度支那战场的失败，积极酝酿签订《东南亚集体防务条约》以此实现"亚洲人打亚洲人"的阴谋。为了挫败美国的阴谋，尽早实现印支和平，1954年4月24日，周恩来总理率领中国代表团参加了日内瓦会议。在4月26日的大会发言中周恩来指出："亚洲国家应该负起处理亚洲问题的责任，我们并不是要垄断为亚洲国家说话的权利，但讨论到亚洲人民被压迫的问题时，亚洲人民的精神与看法就不容忽视。所有亚洲国家都有权关切亚洲大陆的事情，亚

洲各个国家之间的集会磋商，才是解决问题的重要步骤。"

印度总理尼赫鲁非常赞赏周恩来对亚洲问题的表态，他委托出席日内瓦会议的印度代表梅农向周恩来转达敬意，并希望他在日内瓦会议结束后能到印度访问，实现两国总理尽早会晤。

为了尽快解决中印之间的分歧，实现两个亚洲大国的紧密合作。1954年6月25—27日，周恩来总理利用日内瓦会议休会期间访问了新德里。短短三天内，周恩来在印度与尼赫鲁进行了6次会谈。在会谈中，尼赫鲁用佛教经典高度评价和平共处五项原则，他说："……我们两国相处的五项基本原则，可以说是国家之间相处的五条戒律。我们两国将五项基本原则作为国家关系准则肯定下来，就是对美国人搞的东南亚条约组织最好的答复。"

……

6月28日上午，在周恩来离开新德里飞往缅甸仰光之前，中印发布了两国总理亲自审定的联合声明，郑重宣布和平共处五项原则为指导两国关系的准则。在表述方式上，将以前"平等互惠"的提法改为"平等互利"。现在一般都将这一天作为和平共处五项原则提出的纪念日。

6月29日，中缅两国总理发表联合声明，同意将这五项原则作为指导两国关系的原则。

1954年9月，由赫鲁晓夫和布尔加宁率领的苏联政府代表团访华。10月12日两国领导人发表了中苏两国政府联合宣言，指出：中华人民共和国和苏联将继续把它们同亚洲和太平洋区域的各个国家以及其他国家的关系，建立在严格遵守互相尊重主权和领土完整、互不侵犯、互不干涉内政、平等互利、和平共处各项原则基础之上。《宣言》将"互相尊重领土主权"改为"互相尊重主权和领土完整"。至此，和平共处五项原则得到了最完整、最科学的表述，并开始成为中国处理与所有国家关系的基本准则。1954年10月，在会见日本议员访华团时，周恩来即明确指出："五项原则不应只限于处理中印和中缅关系，它也可以适用于全亚洲，甚至全世界各国"，"美国如愿意和平共处，我们也欢迎。"

——高飞：《"和平共处五项原则"是如何提出来的》，

载《中国报道》，2011年第7期

资源6：新中国成立以后"打扫干净屋子再请客"清除帝国主义在华特权是主要的外交方针。在日内瓦会议期间，周恩来总理注意到国际关系格局的变化使中国的外交方针必须从"打扫干净屋子再请客"转变到"走出去"。他说："原想再关一年的门，现在看来是关不了的！新中国的声誉是很高的，苏联也很希望我国能参加国际事务，有欲关不能之势。"毛泽东十分同意这个看法，说："关门关不住，不能关，而且必须走出去。"

1954年10月20日，当来华访问的尼赫鲁在会谈中兴致勃勃地提到召开亚非会议问题时，引起了周恩来的高度重视。周恩来敏锐的观察到：召开这样一次会议不仅在亚非历史上，而且在现代国际关系史上都是一次划时代的创举，标志着亚非国家自己掌握自己命运的历史时代已经来临，中国应该积极出席这次会议。这是打开中国外交局面，增进国际交往和广交朋友的一个好机会。因此，周恩来立刻明确表示："我们愿意参加这个会议。"

1955年4月18日上午，亚非会议在印尼万隆独立大厦隆重开幕。会议期间，周恩来总理提出的"求同存异"，不仅表明了中国代表团的诚意，也为解决亚非之间的某些分歧提供了有效的办法。4月24日，各国代表经过反复磋商，终于制定并通过了包括和平共处五项原则全部内容的关于国与国之间和平相处、友好合作的十项原则，并写进《亚非会议最后公报》中，成为《促进世界和平和合作的宣言》最重要的基本内容。和平共处五项原则也由此成为公认的处理国际关系的基本准则。

——高飞：《"和平共处五项原则"是如何提出来的》，

载《中国报道》，2011年第7期

资源7：6月26日，刘少奇等人到达莫斯科，8月14日离开苏联，其间高岗于7月30日先行回国。这次中共代表团出访的主要目的，其一是通过双方高级领导人的会晤，直接向斯大林表明中共在国内外重大问题上的立场，并听取苏共中央的意见；其二是了解苏共对中共的立场和态度；其三是寻求苏联的帮助和支援。……

苏联为刘少奇的访问已经做好了充分准备。在6月27日夜晚的第一次会谈中，斯大林几乎同意了此前中共提出的所有要求，甚至中方没有谈到的事情，斯大林也主动提出帮助解决。首先是贷款问题，鉴于中国新政府尚未成立，斯大林决定由苏共中央向中共中央提供3亿美元贷款，年利率1%，以设备、机器和各种类型的材料、商品的形式提供给中国，平均每年6000万美元，为期5年，分10年偿还。斯大林说：由两党签订贷款协议，在历史上尚属首次。关于专家问题，斯大林说：苏联已经准备好在最近按照中方的要求派出第一批专家。专家的待遇只需按照中国优秀专家的高水平报酬标准提供，如果需要，差额部分将由苏联政府补足。如果苏联专家在中国有不良行为，交由苏方处理。斯大林强调，"我们不容许苏联专家对待中国专家和中国人民采取傲慢和轻视的态度"。至于中国急需的派往上海的专家，斯大林说：苏联已经挑选了15名专家，可以随时派去。斯大林主动提到了新疆问题，他认为中共不应当拖延占领新疆的时间，并表示苏联可以提供40架歼击机，帮助中共迅速地驱散和击溃拦在途中的敌骑兵部队。斯大林还建议，为了巩固国防，应当让汉族人向边境地区迁移，把汉族在新疆所占的人口比例从现在的5%提高到30%。关于海军建设，斯大林说：苏联准备帮助中国建立自己的舰队，首先可以帮助打捞沉船，还同意派遣一支分舰队去青岛港，以帮助中国巩固海防。对于中共提出的建立莫斯科与北平之间航线的请求，斯大林说：苏联已经准备好，现在就可以着手组建，还答应帮助中国建立飞机装配和修理工厂，向中国提供最新型的歼击机。最后，斯大林提出，苏联准备在所有中国需要的方面提供全面帮助，但为了使代表团能够广泛和公开地进行参观和开展各种活动，建议使用东北贸易代表团的名义。

斯大林如此主动和慷慨的行为表明，苏共已基本确定了以中共政权为盟友的对华政策，至少要让毛泽东明白苏联是有此意向的。

——沈志华：《从西柏坡到莫斯科：毛泽东宣布向苏联"一边倒"——关于中苏同盟建立之背景和基础的再讨论（之二）》，载《中共党史研究》，2009年第4期

资源8：几年以后，毛泽东回忆到他的莫斯科谈判时透露，斯大林"不愿意签，经过两个月的谈判，才最后签了"。当代观察家中广泛流传的意见是，《中苏友好同盟互助条约》标志着中国和苏联这两个社会主义国家之间的兄弟般的友谊，很明显，这只说对了一部分。

……

俄国人起草了这个条约的草稿；虽然中国人没有或不能改动任何原则，但他们做了大量的字斟句酌的工作。周恩来命令他的班子"一项一项地、一句一句地、一字一字地加以研究、推敲和修改"。据伍修权说，这位中国总理兼外长"要弄清楚，草稿中确实没有任何疑点，以免给我们留下后患"。其中有一条原来写成："一旦缔约国任何一方受

到第三国之侵袭，缔约另一方即给予援助。"为了加强语气，周恩来坚持在末尾加上这样几个字："尽其全力。"

——R. 麦克法夸尔（Roderick MacFarquhar）、费正清（John King Fairbank）编：
《剑桥中华人民共和国史（上卷）：革命的中国的兴起（1949—1965）》，
谢亮生等译，244页，北京：中国社会科学出版社，1990

资源9：莫斯科谈判的一个结果是，中国成功地使苏联在它们之间的某些争端上获得了让步，与国民党政府同苏联1945年的条约相比，现在处境要好得多了。俄国人同意在1952年底以前无偿地把中国长春铁路移交给中国，在签订对日和约以后和最迟不超过1952年底从旅顺口撤退苏联军队并将其设施无偿地移交给中国（附文说，在战争时期设备由两国共同使用），将苏联经济机构在北京所获得的财产无偿地移交给中国。

——R. 麦克法夸尔、费正清编：《剑桥中华人民共和国史（上卷）：革命的中国的兴起（1949—1965）》，谢亮生等译，245页，北京：中国社会科学出版社，1990

资源10：另外，毛泽东虽然在莫斯科尽力地争取苏联的援助，但答应给中国人的总数只是在五年内贷给3亿美元的有息贷款。这甚至比一年以前波兰得自苏联的4.5亿美元贷款还要少。更糟糕的是，1950年2月28日宣布卢布贬值，这又进一步使贷款贬值了1/4，同时俄国人还要坚持不公正的卢布—人民币比价，因而又损害了中国人的贸易利益。

中苏条约签订一个月以后，美国国务卿艾奇逊在华盛顿评价了这一事件的意义。他从心底里惋惜北京最后采取的亲苏步骤：他也谈到卢布贬值问题："因此，中国人民会发现，苏俄的贷款每年不过为4500万美元。他们可以把这数字跟美国国会在1948年一年就投票决定给中国4亿美元的赠款——而非贷款——作一比较。"正如艾奇逊预料的那样，中国人确实认识到了这一点。

——R. 麦克法夸尔、费正清编：《剑桥中华人民共和国史（上卷）：革命的中国的兴起（1949—1965）》，谢亮生等译，247页，北京：中国社会科学出版社，1990

第一个五年计划的实施

学术引领

　　新中国成立之初，经过三年经济恢复后，开始了大规模的经济建设，第一个五年计划即是为此而制定，这是中国经济建设实施五年计划的开始。第一个五年计划计划的完成，为新中国经济发展奠定了初步基础。

一、中国第一个五年计划的编制

　　金冲及在《二十世纪中国史纲（简本，下册）》（537～538页，北京：社会科学文献出版社，2012）一书中指出，开始大规模经济建设，把中国建成一个繁荣富强的现代化国家，是几代中国人一百多年来梦寐以求的理想。中国近代的民族民主革命，新中国最初几年的社会改革和经济恢复，都在为实现这个目标创造必要的前提。中国的大规模经济建设，是在经济十分落后的情况下起步的，而且缺乏必要的资金、人才、经验。但国际、国内的局势又不允许等到条件更好、更有经验时，再开始大规模建设。因此，中央政府下定决心、迎难而上，从1953年起，开始实行第一个五年计划。

金冲及指出，进行大规模的经济建设，对中国人来说是一件非常陌生的工作：对全国资源情况缺乏调查；抗美援朝战争仍在进行；没有编制中长期经济建设计划的经验；苏联援助建设的一些重大项目还存在许多不确定因素。所以，第一个五年计划只能在编制过程中实行，不可能在有了完善的计划后再起步。

张洪秋、王久高在《新中国"一五"计划编制工作的历史考察》（载《湖南行政学院学报》，2010年第6期）一文中指出，新中国成立后，迅速恢复国民经济，适时着手开展大规模经济建设，是中国共产党巩固执政地位面临的首要问题之一。1951年2月，毛泽东在中共中央政治局扩大会议上提出"三年准备、十年计划经济建设"的思想。会议根据经济开始好转的局面，决定自1953年起实施发展国民经济第一个五年计划，并要求着手编制工作的准备。中共决定编制五年计划，有以下三个方面的具体考量。

第一，向苏联学习和外交上的需要。新中国在外交上实行"一边倒"的方针后，与苏联建立紧密关系，并在各个领域向苏联学习，是新生的政权现实的选择。至1938年第二个五年计划完成时，苏联已成为欧洲第一强国。因此，对于正在思考如何实现工业化的新中国领导人而言，苏联的五年计划方案是最佳模式。

第二，便于争取和落实苏联的援助计划。中苏两国于1950年签订的《中苏友好同盟互助条约》，包含了经济合作的框架性协议，但没有具体的援助办法和合作项目。大规模的经济建设即将开始之际，争取和落实苏联援助成为当时的重要任务。"一五"计划的编制便成为准备性的工作之一。

第三，维持过渡时期经济建设稳定局面的需要。大规模的经济建设正式启动之时，中国正处于新民主主义阶段，五种经济成分并存，而且抗美援朝战争正在进行，如何在严峻而又复杂的形势下保持国民经济建设的正常进行，成为中国共产党面临的主要问题。中共领导人认为，保持国民经济高度的组织性、计划性是重要的应对之策，因此有必要编制国民经济发展计划。

张洪秋、王久高指出，"一五"计划从1951年初开始酝酿，至1955年2月基本定案，历时4年多，共编制了五次。第一次，从1951年2月至6月。中央政治局扩大会议成立了由周恩来、陈云、薄一波、李富春、聂荣臻等人组成的五年计划编制工作领导小组，在李富春的具体组织下进行了第一次粗线条的试编工作，提出了五年计划的初步设想。

第二次，1952年3月至8月，由中央财经委员会主持。财经委员会要求全国各大区分别提出本区五年计划的主要指标及轮廓计划。在此基础上，财经委员会起草了五年建设的任务的草案，形成了今后五年建设方针的报告提纲，提出了五年建设的基本任务、指导方针和主要经济指标。

第三次，从1952年底至1953年初。中央成立了国家计划委员会，领导经济计划的编制及实施工作。中共中央发出编制1953年计划及长期计划纲要的指示，明确了投资、速度、重点、分布和比例等诸多方面的编制原则。中央财经委员会与国家计委在广泛收集资料的基础上，对1952年的计划轮廓草案进行了充实和调整。

第四次，1953年6月开始，由国家计委独立承担。访苏代表团正式完成与苏联关于"一五"计划草案，以及相关援助项目的谈判。计委根据中央的要求，参考苏联对我国"一五"计划的意见，把工业年均增长速度由原来的20%降至14%～15%。

第五次，1954年2月开始至1955年2月结束，完成"一五"计划的编制工作。苏联的援助项目已确定，朝鲜战争已经停止，过渡时期总路线已经宣布并执行，对社会主义改造有了明确的政策。中央成立了以陈云为组长的领导小组，并编制完成了计划纲要初稿。初稿形成后，编制小组召开了三次讨论会议听取意见，中共中央召开政治局扩大会议还进行了讨论。后来，毛泽东、刘少奇亲自参加审议、修改，形成草案后下发各地区、各部门征求意见。1955年2月"一五"计划最终确定，7月由全国人大一届二次会议通过。

张洪秋、王久高认为，"一五"计划编制工作具有以下三个特点。第一，持续时间长，态度谨慎。编制工作前后历时超过四年。出现此状况的原因是多方面的，一是编制中长期计划的经验不足，且数据缺失、机构缺乏、人才缺口。二是前四次编制是在抗美援朝背景下展开的，中央提出"边打、边稳和边建"的方针，因此，计划的编制要服从中央的方针及战事的变化。三是"一五"计划是新中国首个中长期经济计划，其好坏直接关系到能否顺利完成。

第二，年度计划与五年计划并行。"一五"计划的编制与1953年和1954年的年度计划的编制和执行是并行的，编制和执行年度计划是编制"一五"计划的重要组成部分。陈云在1954年2月国家计委召开的研究编制五年计划纲要草案问题会议上说，第一个五年计划的大规模建设经过1953年的实施，已经取得一年多的实践经验，经济生活中存在的问题已经暴露得比较明显，这是编制五年计划的有利条件之一。

第三，编制过程始终贯穿着同保守和冒进思想斗争的思想教育。国民经济建设之初，既防保守又防冒进是一个重要原则。有些部门和同志缺乏实事求是的精神，贪功冒进的思想成为经济计划工作中的主要危险。随着"一五"计划的编制在全国范围内展开，反对保守和冒进思想也在全国范围内铺开，从而形成了较为普遍的思想教育运动。

代红侠、徐家林在《一五计划的实施及其启示》（载《淮北煤炭师范学院学报（哲学社会科学版）》，2003年第1期）一文中指出，"一五"计划是党和国家花费时间最长、投入精力最多的五年计划。"一五"计划的编制，从1951年开始，到1955年7月一届全国人大二次会议通过，历时四载，五易其稿。章向平在《"一五"计划：中国工业化的起点——纪念中国共产党建党90周年》（载《北京政法职业学院学报》，2011年第3期）一文中指出，第一个五年计划是边实施边编制的，有人形象地称为"五年计划，计划五年"。

二、优先发展重工业是正确的选择

金冲及在《二十世纪中国史纲（简本，下册）》（539页，北京：社会科学文献出版社，2012）一书中指出，第一个五年计划以苏联援助中国设计的156个项目为中心，有限额以上的建设项目694个。它的中心环节是重工业，其中主要是能源（煤炭、电力、石油）、原材料（钢铁、有色金属、基本化学工业）、机械制造（机床、重型机床、钢炉、电机、汽车、飞机、船舶、兵器）等空白和薄弱工业。

叶扬兵在《论"一五"时期优先发展重工业的战略》（载《社会科学研究》，2002年第5期）一文中指出，"一五"时期优先发展重工业的原因有三个方面。第一，受苏联工业化战略的影响。苏联只用了十多年的时间就实现了工业化，其模式在当时被视为成功的典范。作为社会主义的中国，把优先发展轻工业的战略视为资本主义的工业化道路，而把优先发展重工业的战略视为社会主义的工业化道路。第二，为了尽快改变中国重工业严重落后的状况。近代中国经济结构畸形，重工业非常落后，且门类残缺不全。第三，国际环境的制约。新中国成立后，遭到以美国为首的西方国家的经济封锁。朝鲜战争爆发后，中国被迫卷入与美国的直接对抗，从而面临着巨大的军事威胁。

杨近平在《中国共产党领导制定五年计划和规划的历史启示》（载《广西社会科

学》，2011年第8期）一文中指出，世界形势和国内情况是制定"一五"计划的基本依据。旧中国的能源、原材料和机械工业极端落后，在国际上受制于人；在被以美国为首的西方国家严密封锁的环境中，农业、轻工业也难以发展。当时百废待兴，用于五年计划建设的有限财力，如果平均使用，可能一事无成。为了对付战争威胁，也需要建设强大国防力量。中共中央经过反复权衡和深入讨论，作出了优先发展重工业的决策。

金冲及在《二十世纪中国史纲（简本，下册）》（540页，北京：社会科学文献出版社，2012）一书中指出，把重工业作为五年建设的中心环节，并不意味着忽视农业和轻工业。1953年9月，周恩来在全国政协常委会上曾作了说明："所谓集中主要力量，不是集中一切力量，不是要冒进；不是搞重工业，其他问题都不搞了。"并且指出，轻工业是保证人民需要的，而且，发展轻工业还便于积累资金；解决粮食问题，就必须发展农业。这种思路同苏联是有明显区别的。

三、苏联援助与中国"一五"计划的实施

美国学者杰里·本特利、赫伯特·齐格勒在《新全球史（下册）：文明的传承与交流（1000—1800年）》（第3版，魏凤莲、张颖、白玉广译，1141页，北京：北京大学出版社，2007）一书中指出，20世纪50年代初期，是中苏伙伴关系的成熟期，并且呈现为一种独特的形式，即中国承认苏联在世界共产主义事务中的领导地位，条件是苏联向中国提供军事设备和经济援助。在中国开始工业化进程时，苏联以经济援助和技术顾问的形式，向中国提供了援助。

美国学者R. 麦克法夸尔、费正清在《剑桥中华人民共和国史（上卷）：革命的中国的兴起（1949—1965）》（谢亮生等译，161～163页，北京：中国社会科学出版社，1990）一书中指出，苏联不仅向中国提供了进行经济建设的机器设备，还提供了大量的技术援助。而且，技术援助在重要性方面，超过了与这些工厂有关的机器设备。十年中，约有一万苏联专家在中国工作，他们勘探和调查地质状况，选择厂址，提供技术数据，训练中国技术人员。在此期间，2.8万名中国的技术人员和熟练工人前往苏联受训。156个苏联援助的工厂中有厂长、总工程师和大批工人在苏联的工厂接受专门训练；长春汽车制造厂派500人前往莫斯科—利哈切夫汽车厂受训；洛阳拖拉机厂的173名行政人员和技术人员在莫斯科的哈伊科夫拖拉机厂受训。此外，苏联国内的工程设计院大力投

入了可行性研究、工程设计以及准备蓝图和制作图样等工作。

R. 麦克法夸尔和费正清还指出，苏联技术援助和资本货物的重要性无论如何估计也不为过。它转让设计能力的成果被描述成技术转让史上前所未有的。在苏联援助的最重要的部门钢铁工业中，由苏联人操作着当时世界上最好的高炉。苏联人设计的武汉和包头的中国钢铁工厂吸收了苏联的高炉和平炉以及大规模铁矿石富集方面的最新技术。当然，这些援助并不是无偿的。在有的援助项目中，苏联在中国享有一定的特权，这影响了两国经济合作关系的发展。

四、中国"一五"计划时期的农业政策

美国学者费正清、赖肖尔（Edwin Reischauer）在《中国：传统与变革》（陈仲丹、潘兴明、庞朝阳译，454～456页，南京：江苏人民出版社，2012）一书中指出，伴随着战争的不断胜利，解放城市的数量日益增加，中央政府便着手制定工业化的计划。而且，城市人口的增长，又使城市对农产品的需求不断扩大。在当时的情况下，实现工业化就有必要从苏联等社会主义国家进口主要货物，这又需要用农产品来偿还。为了从农业经济中获得更多的产品，一种强迫性征收的机制必须以真正集体化的形式来建立。为此，在农村掀起了农业合作化运动。

农业对工业的依附关系，在第一个五年计划的目标中是显而易见的：钢增加3倍、电力和水泥增加1倍，但布匹将只增加不到1/2，粮食增加不到1/5。农民的收成被用间接的方法或直接征收的方法拿走。当时农业的发展，不得不将重点放在诸如防洪坝、灌溉渠这样的资本构成低、劳动密集型的工程项目上。化肥生产是有限的，增加养猪不仅能提供食品，还能增加肥料。

R. 麦克法夸尔、费正清在《剑桥中华人民共和国史（上卷）：革命的中国的兴起（1949—1965）》（谢亮生等译，145～151页，北京：中国社会科学出版社，1990）一书中指出，当时的中国在编制工业发展计划时，没有充分考虑到农业与工业之间的关系。工业的增长速度被假定只受制于生产资料这一部类的能力，对工人所需的食品供应，或纺织工业所需的纤维作物等原料的增长率，则没有进行认真研究。1953年秋季，农业方面的危机出现了：粮价在许多农村集市大幅度上涨；有的城市缺粮现象明显；国家的粮食库存量很低；中央政府可以调动的供应粮也非常少。当时中央采取的解决危机的应急

办法是，以固定价格强制收购粮食，并加快合作化的步伐。为了加强对农村的控制，以确保其不断地向国家交粮，合作化的步伐逐渐加快。为了达到组成农业生产合作社数字的指标，地方干部普遍违背了作为规划基础的自愿互利的原则。

五、中国实施"一五"计划的重大意义

唐日梅在《"156项工程"与新中国工业化》（载《党史纵横》，2009年第11期）一文中指出，"一五"时期，以苏联援建的"156项工程"为契机，中国开始了全面的社会主义工业化建设。"156项工程"建设时期，中国提出要向现代化科学技术进军，彻底改变中国科学技术的落后状况，实现中国科学技术的腾飞。这主要表现在以下三个方面。

第一，为中国工业技术的发展奠定了基础。"156项工程"填补了中国现代工业的空白，建立了完整的国民经济特别是工业经济体系。由于一系列大型工业项目，特别是一批新型的、现代化设备的建成，使中国工业生产的技术结构发生了显著的变化。电力工业已建成高温、高压热电站；在钢铁生产方面，各项经济技术指标也都有突飞猛进地提高，有的突破了设计能力，有的接近或达到当时世界先进水平。机械工业能独立制造大型精密磨床、重型矿山设备、蒸汽机车；化工工业能生产聚氯乙烯、金霉素、丙酮等，使中国开始有能力自行制造过去依赖进口的高级染料、航空油漆、塑料、抗菌素、飞机轮胎以及特种橡胶制品等化工产品。1956年，随着经济建设高潮的到来，中国制定了第一个长期科学技术发展规划，拟订的57项任务中包括基础研究、应用研究和发展研究等一系列重要课题，其中最重要的有发展半导体技术、自动化技术、无线电技术、核技术、喷气技术等六大紧急措施。中国的新兴技术也从无到有地发展起来，并促进了新兴产业的发展。

第二，为中国工业化建设提供了设计力量。在经济建设的起步阶段，首先需要的技术支持就是基建工程的设计力量。而在这方面中国确实无能为力。1953年大规模建设开始时，全国总共只有78个设计单位，每个单位一般不足五百人。如此单薄的力量根本无法满足中国全面恢复经济和建设的需要。中国地质工作的技术力量薄弱，存在没有正确的勘察设计就盲目勘探，以致造成人力物力的浪费，延误时间等现象。于是，应中国政府要求，苏联给予技术设计力量的支持，其中包括水力资源的勘测规划、煤矿工程设

计、电力工业工程设计等。

第三，为中国工业化建设培养和锻炼了技术人才。新中国成立初期，中国的科技人才在数量和质量上都不能适应建设的需要。为了实施第一个五年计划，苏联派出了5个综合专家组，另外派遣200名设计专家、50名地质专家来华帮助进行设计和勘探，并帮助培训专业技术人员。苏联专家同中国技术人员一道，在生产技术领域为中国各行各业改进工艺、提高效率、节约成本、增加产量等方面作出了重要的贡献。为了配合工业化建设，培养更多的专业技术人才，当时在高等院校任教的苏联教师近600人；到1956年，从俄文译成中文的教科书约有1400种，中国派往苏联的留学生达7000余人，实习生5000人。同时，苏联专家在援建项目中通过讲授技术课、现场指导工作、翻译讲解文献资料等各种方式，向中国的干部、工人传授知识和经验。在援建的项目中，几乎每个厂的厂长、总工程师以及技术骨干都在苏联接受过专业培训。

唐日梅认为，"156项工程"是新中国首次利用国外资金、技术和设备进行社会主义工业化建设的尝试。特别是在"156项工程"建设中，苏联所提供的技术、设备以及大批苏联专家来华所传授的技术、管理体制、思想文化，为中国社会主义工业化提供了急需的技术支持。

R. 麦克法夸尔、费正清在《剑桥中华人民共和国史（上卷）：革命的中国的兴起（1949—1965）》（谢亮生等译，141～142页、159～160页，北京：中国社会科学出版社，1990）一书中指出，第一个五年计划用传统的标准来衡量，是非常成功的经济发展规划。从经济增长的角度来衡量，第一个五年计划是一个令人吃惊的成功。国民收入年平均增长率为8.9%，农业和工业产量的增长每年分别为3.8%和18.7%。中国人均寿命从1950年的36岁延长至1957年的57岁，比当时低收入国家的平均寿命多15岁。学龄儿童的入学率从25%增至50%，进入大中学校的人数也大量增加。随着国家完成了近一亿平方米的职工宿舍，城市居住条件得到了改善。私人消费支出以不变价格计算也大大增加。工人工资增加了40%以上，而生活费只上升了10%，实际收入增加了近三分之一。由于增加产量和适度地改善了农产品与制成品的交换，农民的收入增加了约五分之一。

R. 麦克法夸尔、费正清指出，第一个五年计划期间的工业发展还着手解决地区的不平衡问题。中共领导人深思熟虑地把人力和投资资源从先进的地区重新分配到较贫困的地区。对这些地区的投资项目包括重要的基础事业投资，特别是铁路和公路；开采和提炼自然资源的工业，如煤炭、有色金属和石油工业；以及生产国内市场货物的工业企业。内地的运输和其他形式的基础事业的发展，是地区发展政策中的一个特别重要的组成部分。在1950年，中国的铁路系统位于京广铁路以西的不到五分之一，新疆、青海、宁夏和四川等内陆省份根本没有铁路。在第一个五年计划期间，总计铁路线长度翻了一番以上，几乎所有的新线都建于内地。到1957年，这些内陆省份都有铁路通到中国其他地区。

微课设计

微课设计一：邮票上的"一五"计划

✏️ 设计意图

"一五"计划成果显著，武汉长江大桥的落成是其成就之一。本微课以纪念邮票为切入口，围绕武汉长江大桥的设计、建造和建成等史实，培养学生学习历史的兴趣，并使学生深刻感悟武汉长江大桥落成的艰难和人们投身建设的激情、欢欣。

✏️ 设计方案

材料呈现：武汉长江大桥纪念邮票。

——康鹏：《武汉长江大桥纪念邮票55年涨232倍》，

载《长江日报》，2012-10-16

教师介绍：1957年10月1日，为了展示社会主义建设巨大成就，庆祝武汉长江大桥建成通车，邮电部发行了此套邮票。邮票从侧景和鸟瞰的不同角度展现了大桥的风貌和雄姿。

武汉长江大桥，被称为"万里长江第一桥"，全长1670米，是中国第一座横跨长江的公路、铁路两用桥。大桥不仅是我国桥梁史上的丰碑，更是"一五"计划辉煌成果之一。

材料呈现：滕代远说："铁路运输业的重要性必须写进去。因为铁路运输业是一个物质生产部门，是工农业生产的继续。"

——中央讨论五年计划草案会议简报，第8号，1954年11月22日下午，见

中共中央文献研究室编，金冲及、陈群主编：《陈云传》（下卷），911页，

北京：中央文献出版社，2005

教师设问：为什么说铁路运输业是非常重要的？（参考答案：铁路运输是工农业生产的继续，可以促进工农业生产的发展。）

教师介绍：在讨论"一五"计划时，铁道部副部长王首道认为，五年计划草案在次序上，把交通运输放在商业之后是不合适的。他认为，按照生产秩序，应该是工、农、交、商，而不是工、农、商、交。也就是说，没有交通运输业的发展，商业是很难发展的。与会者同意了这一观点。

教师设问：刚刚诞生的新中国，百废待兴，是否具备兴建"万里长江第一桥"的条件呢？

教师介绍：1949年，李文骥、茅以升等科学家向中央人民政府倡议建设武汉长江大桥作为"新民主主义革命成功的纪念建筑"。1949年9月21日至30日，在中国人民政治协商会议第一届全体会议上通过了建造长江大桥的议案。1950—1953年曾多次召开武汉长江大桥会议进行研讨。在国家优先发展重工业的背景下，铁路运输的重要性凸显，建造大桥跨越长江天堑被提上了议事日程。武汉长江大桥成为第一个五年计划的重点工程项目之一。

材料呈现：在"集全国优秀人才，建长江第一大桥"的动员令下，各地的优秀桥梁专家、技术人员汇聚武汉。他们有的来自铁道部北京桥梁事务所，有的来自茅以升先生的中国桥梁公司，有的来自南方的广州铁路局，有的来自东北的哈尔滨铁路局。

——舒亦颖主编：《影响中国历史进程的60个重大事件》，38～39页，

北京：中国少年儿童出版社，2009

教师设问：从材料中可以看出，武汉长江大桥的建设力量有何特点？（参考答案：

来自全国。）

教师讲述：不仅人员力量来自全国各地，大桥所需要的重要物质也是全国支援的。比如，武汉长江大桥采用的钢梁全部由山海关、沈阳桥梁厂制造，而钢材由鞍山钢铁公司提供。

另外，长江大桥的建设，也与苏联的帮助密不可分。1950年2月14日，《中苏友好同盟互助条约》签署，两国关系在西方人的"情人节"这一天开始了"蜜月期"。根据条约规定，苏联对我国的经济建设给予一定的援助。

1953年9月，铁道部派出代表团携带武汉长江大桥全部设计图纸资料赴莫斯科，请求苏方协助进行技术鉴定。苏联政府为此派出由25名桥梁专家组成鉴定委员会，进行技术指导。

1955年9月，武汉长江大桥正式开工。在苏联专家的帮助下，我国建桥工人和技术人员攻克无数技术难关，克服重重艰难险阻，苦战两年，万里长江上的第一座大桥终于在1957年10月15日建成通车。

1957年10月，武汉长江大桥通车典礼
——中国革命博物馆编纂：《中国共产党七十年图集》
（下），223页，上海：上海人民出版社，1991

材料呈现：清晨，参加大桥落成通车典礼的人们，穿着最华丽和最漂亮的服装，手里拿着一束束鲜花，渡过长江，跨过汉水，沿着龟山和蛇山，源源不断地来到武汉长江大桥桥头。

长江大桥四周的龟山、凤凰山、蛇山，沿着长江的两岸，汉阳建桥新村的街道上，莲花湖畔和武汉三镇高大的建筑物上，都聚满了人群，等待着大桥正式通车这个伟大时刻的到来。

整个城市都沉浸在深厚的节日气氛里。

……

9时30分，落成通车典礼的前奏曲——桥头音乐会开始了。

听吧！歌颂长江大桥、歌颂共产党、歌颂毛主席、歌颂建桥的人们和歌颂中苏友谊的嘹亮的歌声，响在长江的上空。

10时许……宣布武汉长江大桥落成通车典礼开始。

霎那间，鞭炮声、乐曲声和欢呼声，震撼着大江两岸，回荡在天空中。

站在龟山和蛇山上的人们挥舞着鲜花，使龟蛇二山显得更加年轻、美丽、活泼。

一架飞机出现在桥的上空，散发传单。

大型的彩色气球，带引着巨幅标语：

　　庆祝武汉长江大桥落成通车

　　中苏友好合作万岁

这些巨幅标语升上了长江的上空。

……

一时间，鞭炮声、乐曲声和欢呼声再次掀起高潮。

——王泽坤编：《龟蛇锁江：武汉长江大桥施工建设》，97～99页，

长春：吉林出版集团有限责任公司，2011

教师设问：武汉长江大桥，已成为全国人民心目中一道独特亮丽的风景。同学们，结合通车典礼的现场回顾，你们能概括武汉长江大桥建立的伟大意义吗？（学生思考）

教师总结：这座巍峨的钢架大桥，从勘察到竣工，仅仅用了三年多的时间，开辟了我国桥梁史上新的一页。50多年前，充满浪漫豪情的毛泽东，用"一桥飞架南北，天堑变通途"短短11个字，铭记了这座大桥的伟岸。武汉长江大桥只是"一五"计划伟大成就之一，新中国许许多多个"第一"在神州大地破土而出，激励着人们不断地探索中国特色的社会主义建设。

设计点评

邮票是人们生活中常见的事物，而邮票上的图案则是历史的见证，是那个时期历史的缩影。本微课以《武汉长江大桥纪念邮票》为视角，通过介绍武汉长江大桥的决策与修建过程，引导学生感受"一五"计划成功的喜悦与自豪，这有助于培养学生的自豪感。

微课设计二：从第一辆国产汽车看"一五"计划

✏️ **设计意图**

第一批"解放"牌汽车的下线，标志着新中国汽车工业的真正起步。结合汽车厂的报捷信，以及盛大的庆祝场面，引导学生感受新中国建设者的欢欣，以及建设者的顽强精神。

✏️ **设计方案**

教师讲述： 1956年7月14日上午，在第一汽车制造厂的建厂三周年和先进生产者代表会议上，通过了向党中央、毛主席的报捷信。其中写道：

材料呈现： 敬爱的毛主席和党中央，我们第一汽车制造厂全体职工怀着万分兴奋的心情向您报告：党中央关于力争三年建成长春汽车厂的指示，已经实现了！

——方若梅整理：《第一辆解放牌汽车的诞生》，载《机电兵船档案》，2010年第5期

教师介绍： 1956年7月13日，也就是一汽建厂三周年的前两天，崭新的总装线装配出第一辆解放牌汽车。14日，第一批12辆解放牌汽车在人们的期盼与掌声中驶下装配线，第一辆崭新的绿色解放牌汽车徐徐开出装配车间，万余名工人夹道欢呼。这标志着一汽如期达成了三年建厂的目标，结束了中国被称为"万国汽车博览会"的历史。在此后30年的时间里，解放牌汽车几乎跑遍了中国大地上的每一个角落。这是一项具有历史意义的壮举，人们怎能不由衷地欢欣鼓舞呢！在向党中央、毛主席的报捷信中欢快、兴奋的语言集中体现着中国人无比的自豪感和自信心。

而庆祝现场更是令人振奋不已，激动万分，可谓"举国翘盼尽早建成汽车厂，万人空巷人民争看解放牌"。让我们一起回到庆祝现场：

材料呈现： 这一天，是汽车城的节日，12辆报喜车绕厂一周后，浩浩荡荡驶向市区。长春市也披上了节日的盛装，到处红旗招展，锣鼓喧天。成千上万的人站在道路两旁，争先恐后地目睹国产汽车的风采。人们不断向车队抛洒五彩缤纷的纸花，没有纸花的就拿高粱、苞米、谷子往车上抛洒。在市政府门前，人们的热情达到了更为炽热的程度，路被人海堵住了，连一道缝都没有，汽车走不了啦，只好在维持秩序同志

的指挥下，用最慢的速度前行。许多人都想坐到车上去，有的人站在脚踏板上，有的人坐在翼子板上，就连前保险杠上也坐满了人。7月份是大热的天，晒得大家满头大汗，可谁也不肯下车。一位白发苍苍的老大娘，非要坐一下我们国家制造的汽车，当汽车停下来让她坐一会儿后，她高兴地说，我可坐上咱们国家自己制造的汽车了，活得真值个儿。

——方若梅整理：《第一辆解放牌汽车的诞生》，载《机电兵船档案》，2010年第5期

教师设问：今天看来，解放牌汽车并不是什么先进的汽车，生产这样的汽车为何会给中国人带来如此大的震撼呢？

教师介绍：新中国成立之初，全国仅有10万辆汽车，而且，没有一辆是中国人自己生产的。开国大典时，新中国领导人乘坐的阅兵车，是从国民党军队手中缴获的美式军用吉普车。

建设自己的汽车工业是数代中国人的梦想，新中国成立后这一愿望更加强烈。面对几近崩溃的民族工业，毛泽东一句意味深长的话道出了当时的工业状况："现在我们能造什么？能造桌子椅子，能造茶碗茶壶，能种粮食，还能磨成面粉，还能造纸，但是，一辆汽车、一架飞机、一辆坦克、一辆拖拉机都不能造。"①

教师设问：在没有技术、没有人才等的情况下如何发展汽车工业呢？第一个汽车制造厂在什么地方建设呢？

教师介绍：1949年，共和国开国大典的礼炮声响过不久，56岁的毛泽东乘坐专列抵达莫斯科。毛泽东此行的目的，既是为了中苏结盟，同时也为新中国的经济建设争取外援。12月21日，刚刚到达莫斯科的毛泽东参观了汽车厂，当看到一辆接一辆的汽车驶下装配线时，他对随行的人员说："我们也要有这样的大工厂。"②1950年，中苏两国政府商定，由苏联帮助中国建设一座综合性的汽车制造厂。苏联给予我国一定的贷款，并提供设计等相关技术。

当具备了一定资金、技术条件后，汽车厂建在何地成为中央领导考虑的重要问题。关于汽车厂的选址，曾经有过不少争论。有人提议建在西安，有人提议建在首都北京，

---

① 毛泽东：《关于中华人民共和国宪法草案（一九五四年六月十四日）》，见中共中央文献研究室编：《毛泽东文集》（第6卷），329页，北京：人民出版社，1999。
② 游和平：《毛泽东与中国民族汽车工业》，载《红岩春秋》，2010（3）。

还有人主张设在交通要道武汉。

材料呈现：周恩来总理指示："可将嘎斯装配厂设于北京，吉斯制造厂设于东北长春附近。"

——张柏春、张久春、姚芳：《20世纪50年代苏联援建第一汽车制造厂概述》，载《哈尔滨工业大学学报（社会科学版）》，2004年第4期

教师设问：那么，最后为什么要设在长春呢？

教师讲述：长春地处东三省中心，东北有丰富的矿产资源，扎实的工业基础，且京哈铁路提供了便利的交通条件。将汽车制造厂设于长春，既便于建厂时大量苏联设备的引入，也便于投产后就近利用东北的钢铁、煤炭、木材、水电等资源。

1953年7月15日，第一汽车制造厂举行了隆重的奠基典礼。万名建设者汇聚在会场上，由六名年轻的共产党员抬着刻有毛主席题词的汉白玉基石进入会场，伴随轰鸣的推土机马达声，埋下了中国汽车工业的第一块基石。

材料呈现：

会上，毛泽东、刘少奇、周恩来、朱德、邓小平等一致支持3年建成汽车厂。6月9日，毛泽东亲自签发了我国工业发展史上具有重要意义的文件《中共中央关于力争三年建设长春汽车厂的指示》。6月下旬，周恩来向毛泽东报告了第一汽车制造厂即将破土动工的喜讯。毛泽东听了非常高兴，欣然提笔，在一张8开的

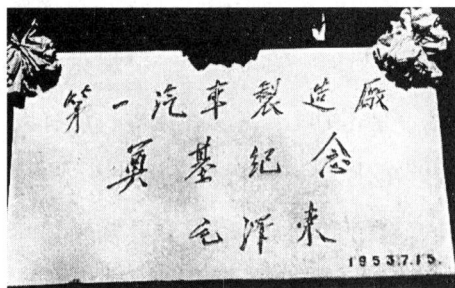
毛泽东题词

宣纸上，写下了11个道劲有力的大字——"第一汽车制造厂奠基纪念"。而中央的指示也促成了举全国之力支援一汽建设的局面，大大加快了建厂进度。

——游和平：《毛泽东与中国民族汽车工业》，载《红岩春秋》，2010年第3期

教师设问：毛泽东亲自题词，中共中央发出指示，这说明了什么？（参考答案：说明中央对长春汽车制造厂的高度重视。）

教师引导学生小结：党中央专为一个工厂的建设发出文件，在党的历史上也是第一次。

为了完成三年建厂任务，举国上下大开绿灯，在人力、物力、财力等方面给予一汽

最大支援。为了加强与苏联专家联系，外交部增设了四名特使，邮电部开通了联系莫斯科的专线电话，还积极抽调人才，赴苏学习。来自祖国各地的建设大军，为实现三年建厂忙碌着、奋斗着。

随着第一批"解放牌"汽车的出厂，中国的汽车工业进入了新时期。大量汽车的生产，又为"一五"计划建设创造了良好的条件。

✎ **设计点评**

本微课以第一汽车制造厂的建设，以及第一批"解放牌"汽车的生产作为切入点，引导学生了解第一个五年计划的执行情况。通过报捷信和庆祝现场细节的呈现，有助于激发学生的学习兴趣。

教学资源

资源1：1949年1月，中国人民解放军转入了战略反攻的伟大时刻，人民军队在各个战场乘胜追击，打过长江占领南京的胜利已指日可待。为了沟通、了解解放战争胜利后中共的任务、苏联对新中国的援助以及未来中苏关系等问题，1月底，斯大林派苏联部长会议副主席米高扬赴当时中共中央所在地西柏坡会见毛泽东及其他中共领导人。

在西柏坡，毛泽东热情接待了米高扬，并向米高扬表达了中共为建设未来新中国而强烈渴望学习苏联国家建设成功经验的意愿。他说，新中国一成立，我们面临的就是马上恢复生产和搞经济建设，而这又不是靠几个口号或几项决定就可以完成任务的，我们必须要有正确的政策。他说："国家建设这个课题对我们来说是生疏的，但是可以学会的，有苏联走过的道路，可资借鉴。"他向米高扬表示，我们正在积极研究苏联经济恢复工作的经验，参考借鉴对我们有益的、成功的经验。

……新中国即将诞生的时刻，5月初，毛泽东致电向斯大林表示，军事任务中共可自己完成，但经济建设任务需要苏联的帮助，并希望斯大林派苏联专家援助。为了更好地同斯大林协商解决苏联援助中国的问题，毛泽东派刘少奇于6月秘密访问苏联。

6月26日，刘少奇为团长的中共秘密代表团抵达莫斯科。刘少奇向斯大林提交了一万多字的书面报告，其中陈述了中共关于建立新中国的构想，希望斯大林能够提供建议和帮助。中共代表团通过与斯大林一个多月的交谈、协商，斯大林终于表示愿意支援中共3亿美元的贷款，并会随后派两百多名技术专家赴中国帮助参加新中国的经济建设。……

——王晓英：《新中国成立初期毛泽东借鉴"斯大林模式"构建新中国建设蓝图的决策过程》，载《世纪桥》，2013年第8期

资源2：新中国宣告成立的第3天[①]，苏联政府发来外交照会，成为世界上第一个承认中华人民共和国的国家。这对新中国而言，无疑是一个巨大的支持。

两个多月后，毛泽东踏上了前往莫斯科的列车。这是他第一次出国，也是他出国访问时间最长的一次，这次访问最大收获便是与苏联签订了《中苏友好同盟互助条约》。

条约下方的落款日期是1950年2月14日。

这个日期在西方人眼里一定不会陌生，因为这是一个充满甜蜜与情调的日子——情人节。

也许源于这个日子，新中国与苏联的友好关系也进入了蜜月期。

……

1952年8月，中央决定组成以周恩来为团长、陈云和李富春为副团长，另有30多名专家随行的政府代表团前往苏联，带着试编出来的《五年计划轮廓草案》25本小册子，征询苏联政府的意见，并且商谈苏联援助我国进行经济建设的具体方案。

周恩来这次专程赴莫斯科与苏联最高领导人斯大林商谈中，一开口就要求增派苏联专家800名到中国。斯大林当时面露难色，数量之多让他感到为难，但他没有拒绝这个要求，千方百计抽调了大量的科技人员到中国。除此之外，中方还希望苏联提供各种工业标准和技术资料，用于"一五计划"的制定和实施。后来有人统计，从1950至1953年间，苏联专家带来的科学文献和技术资料，重达600吨。

周恩来还专门就"一五计划"的编制请教了斯大林。斯大林看后以他的经验告诉周恩来，"一五计划"草案中规定工业总产值每年递增20%，太高了，应降到15%或14%。他还说，计划不能打得太满，要留有余地，以应付意外困难。

……

1953年，这一年是中国经济史上一个重要分水岭，"一五计划"正式实施。从那时

---

① 实际上，苏联承认新中国的时间是10月2日。

起，中国人熟悉了一个经济术语：第一个"五年计划"。

莫斯科方面，苏联计划委员会有14个副主任参加，分成了十几组，分别与中方各行各业对口谈判。又经过两个多月的谈判，中苏两国政府最终商定，今后5年里，苏联给予中国必要的援助，开工建设骨干工程。

苏联援助的项目基本确定以后，留在莫斯科的李富春马上派人回国向毛泽东当面汇报。

毛泽东一听苏联答应援助156个项目，顿时喜上眉梢，连连说：苏联已经花了这么大的力气了，不要要求太高，可以签字了……可以签字了！

协定终于在1953年5月15日签字。

……

这时一个好消息传来——1953年7月27日，板门店停战协定签订了，朝鲜战争全面结束。

战争炮火往往与和平女神携手共进。抗美援朝战争为新中国赢得了一个相对稳定的和平环境。

——顾保孜：《"一五计划"出台前后》，载《湘潮》，2009年第2期

资源3：朝鲜战争的爆发加速了我国优先发展重工业战略的形成。

1950年11月，陈云在第二次全国财经会议上提出："把明年的财经工作方针放在抗美援朝战争的基础之上，与今年放在和平的恢复经济的基础上完全不同。"关于财政工作的部署，陈云提出："战争第一，这是无疑问的。一切服从战争，一切为了战争的胜利。没有战争的胜利，其他就无从说起。现在争执之点，在于何者是第二，何者是第三。这种争执，在过去各个时期未曾发生过，也不会发生。我以为第二应该是维持市场，求得金融物价不要大乱；第三才是其他各种带投资性的经济和文化的支出。"陈云又说："带投资性的支出列在第三，就是说，要在照顾第一、第二之后，剩多少钱，便办多少事。总之，以没有赤字为原则。""经济建设的投资，要规定这样一条原则：对直接与战争有关的军工投资，对财政收入直接有帮助的投资，对稳定市场有密切关系的投资，这三者应该予以满足。除此以外，应加以削减。"陈云在这里把确保军工投资作为1951年全国财经工作的指导方针，这实际上就是把国防工业建设摆到了整个国民经济建设的优先地位。

——储成仿：《新中国优先发展重工业战略的形成背景、主要经验及其现实意义》，

载《天津商学院学报》，2005年第5期

　　资源4：朝鲜战争爆发后，中国被迫卷入与美国的直接军事对抗，从而面临着巨大的军事威胁。这种严峻的国际环境，迫切要求新中国优先发展军事工业和作为军事工业基础的重工业。对此，周恩来曾作出具体说明："有了重工业以后，才能使国防现代化。经过抗美援朝战争，我们的国防力量强大起来了。可是，我们还不能制造一架飞机、一辆坦克、一门高级的炮（如一五二加农榴弹炮、一三〇海岸炮）。在运输上，我们自己也还不能制造一辆汽车。你们曾经在工业展览会上看到有一辆汽车，那是人家的料子，我们装配的，不是真正我们自己制造的。既然我们还不能制造一辆坦克、一架飞机、一门高级的大炮和一辆汽车，那我们的国防力量怎么能算强大呢？我们的这些东西都是从苏联购入的，这等于让苏联在国防上还要背这么大一个包袱。这也是不应该的。我们要自己生产这些东西，就要搞重工业。"[①]

——叶扬兵：《论"一五"时期优先发展重工业的战略》，

载《社会科学研究》，2002年第5期

　　资源5：一条铁带拴上了长江的腰，在今天竟提前两年完成了。有位诗人把它比成洞箫，我觉得比得过于纤巧。一般人又爱把它比成长虹，我觉得也一样不见佳妙。长虹是个半圆的弧形，旧式的拱桥倒还勉强相肖，但这，却是坦坦荡荡的一条。长虹是彩色层层，瞬息消逝，但这，是钢骨结构，永远坚牢。我现在又把它比成腰带，这可好吗？不，也不太好。那吗，就让我不加修饰地说吧：它是难可比拟的，不要枉费心机，它就是，它就是，武汉长江大桥！

——郭沫若：《长江大桥》，载《人民日报》，1957-09-30

　　资源6：任何一个社会的选择都不可避免地要受到当时社会经济和国际环境的影响。建国初期中国共产党所面对的现实是改造旧中国经济体制和医治战争创伤。从当时的国际环境看，自第二次世界大战结束以后，国际上就形成了以苏联为首的社会主义阵营和以美国为首的资本主义阵营。新中国要走社会主义道路，必然向苏联"老大哥"学习。而且，新中国建立前夕，刘少奇秘密访问苏联期间，斯大林表示将在政治上经济上支持未来的新中国政府。1949年12月，毛泽东、周恩来访问苏联，并于1950年2月与苏联签订了《中苏友好同盟互助条约》、《关于贷款给中华人民共和国的协定》、《关于中国长春

---

① 赵士刚主编：《共和国经济风云》（上），211～212页，北京：经济管理出版社，1997。

铁路、旅顺口及大连协定》，同时确定由苏联帮助中国建设和改造50个企业。这些条约及后来签订的苏联援助中国的友好协定，对建国初选择工业化道路，制定"一五"计划以及我国在50年代采用苏联经济模式具有决定性的影响。可以说，中国整个50年代的政治经济都是与苏联的影响分不开的。建国后，在与苏联保持友好关系的同时，中国共产党也曾谋求同西方资本主义国家建立一定程度上的经济关系，然而，1950年6月爆发的朝鲜战争从根本上改变了中国与世界的关系，导致中国与西方世界完全处于敌对状态，社会主义制度与资本主义制度的对立直接影响到建国初期经济体制的形成与演变。

——陈勇勤、和旭超：《"一五"计划与50年代共和国经济》，

载《甘肃省经济管理干部学院学报》，2002年第1期

资源7：……那时新中国成立不久，每一个人都怀有一颗炽热报国之心，恨不得祖国一夜就富强起来，竟提出在第一个5年内要修1万公里铁路，而那时全国铁路一共也就是3万公里，还是从清朝到北洋军阀和国民党时期花了几十年才修起来的。苏联人一听在一五计划里就要修1万公里，瞪着幽蓝的眼珠子，将头摇得像拨浪鼓，连说你们根本做不到。接着，苏联专家连珠炮似的发问：你们要修1万公里，铁路器材谁给？你们需要多少机车，多少车皮，这些机车、车皮谁维修？电动机车少，主要是用蒸汽机车，每个车站都要有上水设备，风、水、煤、电、气，这一套东西，怎么解决？

这一串连珠炮砸来，把大家打懵了，你望望我，我望望你，这么繁琐复杂啊？谁也答不上来了。最后大家重新商量，把计划砍一半，改为修5000公里，苏联方面这才觉得差不多了。

——王树恩：《新中国"一五计划"出台的台前幕后》，

载《档案天地》，2012年第11期

资源8：1954年9月，以赫鲁晓夫为首的苏联政府代表团应邀来我国参加国庆五周年庆典，在苏联代表团访问期间，周恩来、陈云、彭德怀、李富春等同苏联代表团就中苏关系和国际形势举行会谈。10月12日，两国政府签订了关于苏联给予中国5.2亿卢布长期贷款的协定，及关于苏联政府帮助中国重建15项中国工业企业和扩大原有协定规定的141项企业设备供应范围的议定书。至此，中苏双方三次共签订156项援建项目。1955年双方商定再增加16项，后来又口头商定增加2项，前后五次共确定项目174项。经反复核查调整后，有的项目合并，有的项目推迟建设，有的项目取消，有的项目一分为几，最

后确定为154项，因为计划公布156项在先，因此仍称"156项工程"，实际施工150项。

——孙国梁、孙玉霞：《"一五"期间苏联援建"156项工程"探析》，

载《石家庄学院学报》，2005年第5期

资源9：关于厂址的选择更多是从安全角度考虑，据薄一波回忆："一个重要项目的厂址，要有几个甚至十几个方案，经过反复踏勘比较后才能确定下来。""审查厂址时，要把厂址标在地图上，并用直线标出与……日本等美军基地的距离，说明美国什么型号飞机可以攻击到它。"[1]不单是国防工业项目，凡重大项目都要考虑安全因素。在地区布局上，经过"156项工程"的建设，在华北、西北形成新的兵器工业基地，兵器工业的重点也逐步由沿海移到西北地区。

——孙国梁、孙玉霞：《"一五"期间苏联援建"156项工程"探析》，

载《石家庄学院学报》，2005年第5期

资源10：为了保证我国国民经济各部门的互相配合及需要，并根据苏联政府派来我国的5个综合专家组对发展各该部门工业远景计划的研究，中苏双方在10月1日至11月10天的正式会谈中达成了几项协定，内容有：一、苏联通过为150项大型企业设计提供成套设备和给予技术援助的方式帮助中国发展工业；二、苏中两国通过在国民经济的各个领域交换经验之办法实施科技合作；三、建设兰州——乌鲁木齐——阿拉木图铁路；四、关于旅大海军基地；五、建立苏中混合公司。

1954年10月12日，这些协定的签字仪式在北京隆重举行。签订了关于苏联政府向中国政府提供5.2亿卢布二期贷款的协定和关于苏联政府帮助中国政府再增建15个工业企业并为前面签署的协定规定的141项扩大提供设备范围（苏联补充供应的设备总值在4亿卢布以上）的议定书，关于技术合作的协定；关于上述铁路的协定和修建西宁——乌兰巴托直线联络的协定。至此，中苏共签订了156个苏联援助我国的建设项目。

……

在"向苏联学习"的口号下，全国掀起一个广泛的学习苏联的热潮。在建国初就有一个学习俄语的群众运动。在新中国建立的头两年，中国开办了12所俄语专科学校，在校学生有5000人。此外有7所高等院校设有俄语专科校和俄语培训班。中国东北所有的

---

[1] 薄一波：《若干重大决策与事件的回顾》（上卷），299页，北京：中共中央党校出版社，1991。

中学及其它城市共有59所中学教授俄语课。在此期间，以中文出版的俄语书籍达3100多种。从1952年起，开始以苏联高等院校为榜样，改编了中国所有的教学大纲和教学计划，大量翻译苏联高等院校的教材。此外，为更好地学习苏联，中国还向苏联派遣留学生，仅1956年，就有1800多名大学生和研究生被派往苏联留学。

——谭明：《中苏在"一五"计划期间的合作》，载《龙江党史》，1996年第1期

人民代表大会制度的确立

近代以来，许多先进的中国人不断学习外国的政治制度，并提出了多种救国方案，其中有君主立宪制、民主共和制。作为中国根本政治制度的人民代表大会制度，也与学习外国有关，只是它具有既不同于西方、又不同于苏联的特殊性，并在一定程度上反映了中国民主政治的特色。

一、人大制度源于苏维埃制度

陈扬勇在《〈共同纲领〉与新中国三大政治制度的确立》（载《党的文献》，2009年第4期）一文中指出，实行人民代表大会制度是经过比较、思考后的慎重选择，并且有自己的创造。辛亥革命后，中国曾一度效法欧美资产阶级国家，实行三权分立和议会制，但最后都成了政客愚弄百姓的工具。结果，三权分立和议会制失去了国人的信任。以马克思列宁主义为指导的中国共产党，没有采用西方国家的议会制，一开始就以苏联苏维埃①制度为榜样，以广大人民群众当家做主为出发点，给人以全新的感觉。

浦兴祖在《中国为什么选择人大制度？》（载《上海人大（月刊）》，1994年第8期）一文中指出，早在20世纪二三十年代，中国共产党就初步尝试了人民代表大会制度。1927年，中国共产党提出建立工农民主共和国的口号。1931年11月7日，在瑞金选举产生了中华苏维埃共和国临时中央政府。1934年1月，又召开了第二次全国工农兵代表大会，而当时的各级工农兵代表大会都是在民主选举的基础上产生的，而且，享有选举权与被选举权的是年满十六岁的工人、农民、红军指战员及其他劳苦大众。

二、人大制度是长期实践的结果

浦兴祖在《中国为什么选择人大制度？》（载《上海人大（月刊）》，1994年第8期）一文中指出，作为一种民主共和政体，人民代表大会制度是中国共产党人结合中国国情进行探索的结果。土地革命时期，中国共产党建立的红色政权就实行了苏维埃的组织形式，乡村和城市的苏维埃代表由选民直接选出，这体现了人民当家做主的思想。抗日战争时期，中国共产党在陕甘宁边区建立了抗日民主政权，成立了参议会，并实行"三三制"原则。后来，各解放区陆续召开人民代表会议，选举产生各级人民政府。通过初步尝试，中国共产党最终选择了人民代表大会制度。

秦前红、周伟在《人民代表大会制度的历史回顾与宪政思考——写在人民代表大会制度诞生50周年之际》（载《人大研究》，2004年第10期）一文中指出，人民代表大会制度的产生与建立是和新民主主义革命同步进行的。人民代表大会制度的产生经历了萌芽阶段、积累经验阶段和确立运行阶段共长达数十年的历史演变，它是长期的国内民主革命的必然结果，是无产阶级斗争的客观产物。人大制度先后经历了土地革命时期的农民协会制度，中华苏维埃时期的工农兵代表苏维埃制度，解放战争时期的参议会制度和新中国成立后的中国人民政治协商制度。这些制度在新民主主义革命和社会主义革命的进程中，有着深厚的群众基础，得到了广大民众的支持，体现了中国共产党领导下的人民民主，并且最终在此基础之上形成了人民代表大会制度。

---

① 苏维埃，俄语Совет的音译，意为"会议"或"代表会议"。

三、实行人大制度是现实的需要

陈家刚在《制度资源与制度选择：第一届人大组建的现实逻辑》（载《理论观察》，2009年第3期）一文中指出，实行人民代表大会制度是中国共产党的革命理想。新政权建立后，实行了以政治协商制度为根本的政治制度，但经过三年多的努力，政治、经济、国内外环境等都发生了重大变化：土地改革基本完成，地主阶级退出历史舞台，农民阶级获得解放；国营经济的主导地位确立，财政、经济实现了统一，国民经济得到恢复；大规模的军事行动基本结束，镇压反革命运动取得胜利，各级地方政权得以建立并巩固；朝鲜战争结束，周边环境相对稳定。这些为举行全国普选、召开人民代表大会，以及实行人民代表大会制度准备了条件。另外，斯大林指出，有了选举与宪法，国内外敌人就无法指责新中国政权的合法性问题。这一建议有可能是1954年中国推行人大制度的"催化剂"。

秦前红、周伟在《人民代表大会制度的历史回顾与宪政思考——写在人民代表大会制度诞生50周年之际》（载《人大研究》，2004年第10期）一文中指出，人民代表大会制度的产生，有着深刻的历史原因与复杂的政治原因：

第一，巩固社会主义制度的需要和发展社会主义民主的客观要求。新中国诞生后，进行普选、产生各级人民代表大会的时机还不成熟，因此采用了过渡的办法，成立了中国共产党领导的政治协商会议，作为国家的最高权力机关。我国即将进入大规模的经济建设时期，新生的社会主义制度需要有更广泛的群众基础来加以巩固，建立具有社会主义性质的代议机关，体现人民的主人翁地位，有利于调动人民的积极性，保障社会主义制度的稳定。同时，社会主义国家与社会主义制度的本质要求就是人民当家做主，设立民主的制度来保障人民实现自己的各项权利是社会主义的应有之意。民主的代议制度的产生是社会主义民主发展的客观必然，是与基本的经济制度相呼应的。

第二，苏联1936年宪法和斯大林建议的推动。1950年年初，毛泽东访问苏联时，斯大林就新中国的建设问题提出，现在的中央政府是联合政府，因此政府就不能只对一党负责，而应当向多个党派负责，这就很难实现政治保密。1952年刘少奇率团参加联共（布）第十九次全国代表大会时，向斯大林提到，因为政协在全国有很好的信仰，各民主党派也愿意召开人民政协，而不积极要求召开全国人民代表大会，且全国选举的准备工作也未完成。因此，考虑把全国人民代表大会推迟到三年以后再召开。斯大林指出，敌人可用两种说法向工农兵进行宣传：一是没有选举，政府不是选举产生的；二是没有宪法，共同纲领不是全民代表通过的。中共中央根据中国实际情况，在认真考虑斯大林建议的基础上，于1952年年底作出决定：尽快召开全国人民代表大会和制定宪法。并且借鉴苏联的制宪模式和1936年宪法，确立人民代表大会的议行合一体制和最高权力机关地位。

四、人大制度与中国国情相符

刘建军在《中国人民代表大会制度与西方议会制度之比较》（载《学习论坛》，2010年第4期）一文中指出，好的政体形式首先取决于它与该国家诸多特征的匹配程度。中国的人民代表大会制度，既不是古典式的直接民主，也不是西方式的、建立在竞选之上的代议民主。这表现在人大代表的选举（无竞选演说）、人大制度的原则（民主集中制）、人大制度的法律地位（根本政治制度）等方面，其所表现出来的特色与中国的国情以及特定的历史发展阶段是相符的。中国各地区、各民族间都存在着很大的不平衡性，人民代表大会制度的选择与实施，为不同民族、不同职业、不同地区的人民代表提供了对话、讨论和聚会的平台，并有助于将国家观念在短时间内渗透到不同的群体之中。中华人民共和国的建立，不是某一集团的胜利，也不是某一阶层的胜利，而是人民的胜利，实行人民代表大会制度则标志着新中国是人民的国家。同时，中国共产党第一次把中国人民的权利置于首要位置，这也是其政治追求的重要反映。

陈扬勇在《〈共同纲领〉与新中国三大政治制度的确立》（载《党的文献》，2009年第4期）一文中指出，《共同纲领》关于人民代表大会的规定，体现了中国的特殊国情。《共同纲领》作出了"各级政权机关一律实行民主集中制"的规定："人民代表大会向人民负责并报告工作。人民政府委员会向人民代表大会负责并报告工作。在人民代表大会和人民政府委员会内，实行少数服从多数的制度。各下级人民政府均由上级人民政府加委并服从上级人民政府。全国各地方人民政府均服从中央人民政府。"[1]采用民主集

---

[1] 中共中央文献研究室编：《建国以来重要文献选编》（第1册），5～6页，北京：中央文献出版社，2011。

制，是为了保障人民民主得到更合理、有效的实现，民主是最根本的、决定性的，集中是基于民主的要求而形成的。

微课设计

微课设计一："人大制度见证人"申纪兰

设计意图

人民代表大会制度是中国的根本政治制度。但对于这一抽象概念，教师在课堂上很难进行解释，学生也很难理解。申纪兰原为一名农家妇女，却连续担任十二届全国人大代表，这成为中国人大制度史上的一道独特风景。本微课旨在通过申纪兰这位特殊的人物，引导学生来了解中国民主政治的特色。

设计方案

材料呈现：毛主席跟她握过手，周总理向她敬过酒，邓小平多次捎去问候，江泽民竖起大拇指称赞她是"凤毛麟角"，胡锦涛亲自到西沟看望过她。

——张万金：《申纪兰：半个世纪的红色人生》，载《江淮法治》，2004年第Z1期

教师设问：材料反映了申纪兰怎样的地位？（参考答案：申纪兰备受党和国家领导人的重视。）

教师介绍：申纪兰出生在山西省平顺县（原属长治地区，现属长治市）的一个农民家庭。1946年，申纪兰嫁到了西沟村。1951年，西沟村成立农民合作社（类似于生产队），李顺达当选为社长，21岁的申纪兰，当选为副社长。

那时候，当地流传着这样一句话："好男走到县，好女不出院。"即妇女不离锅台、炕台、碾台。可副社长申纪兰心想：全社只有22个男劳力，如果妇女不参加农业生产，在这贫瘠的大山里，增产增收就成为空话。于是，申纪兰就挨家挨户地动员妇女到田间

劳动。但效果很差，因为妇女的工分比男子低得多。申纪兰要求社里实行男女"同工同酬"，可男人们认为，妇女劳动不如男子，因此反对"同工同酬"。

申纪兰不服气，要求男社员教妇女，然后进行劳动比赛。结果，在给小麦锄草的比赛中，妇女战胜了男子。因此，社里最反对男女"同工同酬"的人也服了气。

1952年12月初，长治地区召开农村互助合作会议，平顺县委书记鼓励申纪兰在会上介绍西沟村男女"同工同酬"的事。几天后，记者到西沟村进行了调查。1953年1月25日，《人民日报》登出了长篇报道《"劳动就是解放，斗争才有地位"——李顺达农林畜牧生产合作社妇女争取同工同酬的经过》。报道发表后，全国妇女界展开了讨论。后来，男女"同工同酬"还写进了《劳动法》。

教师设问：申纪兰是因何事而受到关注的？（参考答案：争取男女"同工同酬"。）

教师讲述：由于申纪兰在全国率先举起男女"同工同酬"大旗，1952年，她当选为山西省农业劳动模范、第二次全国妇女代表大会代表、世界妇女代表大会代表。1954年，她又当选为第一届全国人民代表。

材料呈现：

材料一　申纪兰印象最深的还是第一届全国人民代表大会上第一次见到毛主席。"当时我的眼泪一下就流了出来，随后高兴得连饭都吃不下，在旧社会，一个农民怎么能见得到国家领袖，妇女连自己的主都作不了，又怎么能管得到国家的大事！"

——张飞天：《申纪兰：亲历人民代表大会制度50年》，

载《中国人大》，2004年第9期

材料二　我当选全国人大代表后，村里所有人都说：你去了只管选毛主席！当时最大的任务是实现父老乡亲们的殷切嘱托：一定要把毛主席选上！我第一次来北京的时候还不识字，别人告诉我选票上毛主席的名字，我就认认真真地在后面画圈。

——夏莉娜：《申纪兰：人民代表大会的"活化石"》，

载《中国人大》，2009年第10期

教师设问：

（1）作为一个典型的农村妇女，一个地地道道的普通农民，申纪兰能当选为全国人大代表，这说明了什么？（参考答案：新中国成立后，人民的地位大大提高。）

（2）在申纪兰看来，人大代表的主要职责是什么？（参考答案：完成村民的嘱托，选举毛泽东为国家领导人。)

教师介绍：当时的申纪兰并不知道人民代表大会的民主深意。她最初的愿望，只是见见毛主席，其他就不想了。来到北京后，她知道了手中有投票权就是人大代表。在她的潜意识里，民主的思想此刻已经萌发，这就是一定要完成乡亲们的嘱托，要忠实表达他们的诉求。

材料呈现：人民代表大会的"活化石"；"人大制度见证人"；真正意义上的中国民主进程的见证人；中国式民主的传奇；被国际友人称为资格最老的"国会议员"。

——夏莉娜：《申纪兰：人民代表大会的"活化石"》，载《中国人大》，2009年第10期；

张飞天：《申纪兰：亲历人民代表大会制度50年》，载《中国人大》，2004年第9期；

李莉娟：《申纪兰：用半生见证了中国民主进程》，载《对外大传播》，2014年第1期；

张恩：《申纪兰：中国式民主的传奇》，载《中国人大》，2008年第5期；

马社香：《抚今忆往60年：担任历届全国人大代表的经历和感受——申纪兰访谈录》，

载《党的文献》，2009年第6期

教师设疑：申纪兰为什么会有这么多响亮的称呼？

教师讲述：申纪兰自1954年9月起，任第一至第十二届全国人民代表大会代表。她之所以多次当选，一个重要的原因是："文化不高水平高，官职不大贡献大。"[1]

教师补充：随着人大制度的逐步完善和深入人心，申纪兰对这一根本政治制度的认识也不断提高。近年开会，她再也不是"画圈儿了事"了。每次开会前，她都会走访周围群众，把人民的呼声和要求带到会上；开会时，则认真审议各项报告。

申纪兰要为中国最大的群体——农民说话，她感到"肩上的担子很重"。在全国人民中，在全国人大代表中，"申纪兰"的名字是非同一般的，因为"像她这样的农村干部、农村妇女、农民代表实实在在反映的是农村老百姓的切身利益"。[2]

教师设问：从申纪兰作为全国人大代表的成长经历中，可以看出人大代表有什么变化？（参考答案：素质不断提高，民主意识增强。）

教师引导学生小结：1954年申纪兰当选为全国人大代表，反映了中国民主的广泛性。后来，随着申纪兰个人素质的提高，民主意识的增强，她的参政水平也不断提高。

---

[1] 张飞天：《申纪兰：亲历人民代表大会制度50年》，载《中国人大》，2004（9）。
[2] 张飞天：《申纪兰：亲历人民代表大会制度50年》，载《中国人大》，2004（9）。

而申纪兰的成长历程，既反映了中国民主政治的进程，同时也反映了中国民主政治的特色。

设计点评

新中国成立初期，一位不识字的农家妇女申纪兰当选为全国人大代表，这正说明新中国的民主是真正的民主。而她初次参与全国人民代表大会时的想法与表现，生动地体现了中国民主政治与其他国家的不同。本微课把人大制度进一步具体化，从而有助于学生理解中国民主政治制度的特色。

微课设计二：从一届人大会议的筹备来看人大制度

设计意图

"民主"不仅仅是法律的规定，更是具体的执行。本微课拟从全国人大代表的产生过程，以及第一部宪法的起草过程，尤其是广大民众参与宪法讨论过程出发，引导学生了解与认识新中国的民主政治制度。

设计方案

教师介绍：1949年9月召开的政治协商会议，政协委员是推荐产生的，不是选举产生的。召开全国人民代表大会，首先必须选举人大代表。为此，中央制定了人大代表的选举办法，其中包括：

材料呈现：凡年满十八周岁之中华人民共和国公民，不分民族和种族、性别、职业、社会出身、宗教信仰、教育程度、财产状况和居住期限，均有选举权和被选举权。

——《中华人民共和国全国人民代表大会和地方各级人民代表大会选举法》（1953年2月11日，中央人民政府委员会第二十二次会议通过），见刘政：《中国历史上第一次规模巨大的普选》，载《中国人大》，2002年第12期

教师设问：上述规定对选民的限制条件是什么？（参考答案：年龄。）

教师引导学生分析：对于选民的唯一限制就是年龄，也就是说，1953年的中国就

开始实行了普选的办法。这在当时的世界是最先进的，因此它反映了中国民主政治的特色。

许多百姓把选举那天当作节日。天津郭庄子青年妇女蒋宝珍，结婚时正赶上选举，她为了投票，等了两个多小时才上花车。她说："结婚是大事，选举更是大事，结婚是喜事，选举更是喜事。"①南京市一位刚生了孩子的妇女不能参加选举大会，就给孩子起名"选玉"作为纪念。广东省台山县归侨陈聪，参加完选举大会后兴奋地说："我活了90多岁，到过许多国家，从来没有见过这样民主的选举。"②

教师介绍：第一次全国人民代表大会有一项重要议程，就是制定宪法。在全国人大召开前，就已经由宪法起草委员会草拟了宪法初稿，并且组织了大讨论。其中第一次是政协全国委员会组织了17个讨论单位，志愿军和解放军共成立了18个讨论单位，各地区也组织了讨论单位，共8000多人讨论了两个多月，提出意见经过整理后共6000多条。第二则是全国人民大讨论。

材料呈现：全民讨论进行了近三个月，参加讨论的人有1亿五千多万人（当时全国人口只有五亿人，毛泽东在当时说，能动员那么多人来参加讨论，真不容易）。按各省、市报来，宪法起草委员会统计的绝对数字是152387987人，还不包括全国各省、市、县部分人大596万多代表的讨论。提出经过宪法起草委员会整理的意见共138万条③，宪法起草委员会办公室将这些意见编辑成25大本。

——董成美：《制定我国1954年宪法若干历史情况的回忆——建国以来法学界重大事件研究（三十）》，载《法学》，2000年第5期

教师设问：从中可得出怎样的信息？（参考答案：宪法是全国人民智慧的结晶。）

教师讲述：宪法草案初稿规定公民有"言论、出版、集会、结社、游行示威和宗教信仰自由的权利"。毛泽东在"游行示威"边上画了两条线，打一问号，并在上方批示："不写为好。"④但最后通过的宪法仍然肯定了这一公民权利。

教师设问：这说明了什么？（参考答案：一方面可以反映制宪过程的民主性；另一方面也说明，在未通过的"宪法"草案面前，人人都是平等的。）

---

① 阿计：《创建新制——我国人民代表大会制度50年回眸（上）》，载《吉林人大》，2004（10）。
② 刘政：《中国历史上第一次规模巨大的普选》，载《中国人大》，2002（12）。
③ 有学者认为是118万条。
④ 阿计：《创建新制（上）——我国人民代表大会制度50年回眸》，载《吉林人大》，2004（10）。

教师小结： 1954年9月，1000多名全国人大代表再次审议后，通过了这部宪法。正因为这部宪法是全国民众共同参与讨论的结果，民主人士黄炎培由衷地发出感慨："这部宪法，将是中国自有历史以来第一部人民的宪法！"①

设计点评

全国人大代表是通过层层选举产生的，普通的民众也参与了投票；第一部宪法的起草过程中，无数人参与了讨论。从这两个过程可以看出，新中国建立了一种历史上从未有过的民主体制。本微课从具体的事例入手，解读了一个抽象的概念，从而有助于学生理解人民代表大会制度的广泛民主性。

教学资源

资源1：《人民日报》记者袁水拍在《六亿人民心花开》一文中这样写着：

"代表们走进了会场，坐上最高国家权力机关的席位。

他们从车床边来，从田地里来，从矿井来，从海岸的防哨来。放下钳子，放下犁耙，放下镐头，放下笔杆、圆规……同他们所爱戴的党和国家领导人们一起，商议国家的大事。

他们当中有很多是对人民革命事业有杰出贡献的人，有很多是各个民主党派、各个民主阶层的代表者，他们是六亿人民的共同意志的表达者。"

袁水拍采访了坐在这里的来自各方面的代表，他们都兴奋不已，感慨万千。农业劳动模范、山东省代表吕鸿宾回忆了悲痛的历史和解放后当了农业生产合作社社长的情况，说：这次"庄里选到乡里，乡里选到县里，县里选到省里，省里选到中央"，真是不知道该怎样高兴。他轻轻地来回抚摸着那本烫金皮面的代表证书，心中有说不完的话。七十七岁的华侨代表何香凝取出民国元年孙中山先生领导缔造的临时约法，指点上面记载的人民应享有的民主权利，颤声说道："可是几十年来中国人民哪里得到过？从

---

① 阿计：《创建新制（上）——我国人民代表大会制度50年回眸》，载《吉林人大》，2004（10）。

袁世凯到蒋介石，他们做尽了剥夺破坏人民权利的一切罪行。"广东省代表蔡廷锴说，蒋介石的伪国大代表选举，搞了许多鬼事。现在是真正的民主，人民有了各项权利，这是中国开天辟地第一次。

——刘政：《一届全国人大一次会议盛况实录》，

载《中国人大（增刊）》，2013-03-01

资源2：……黄炎培代表说，我万分恳切要求各方面对于宪法予以高度的重视来正确执行，所有领导、管理、监督、检察各方面对于宪法执行工作，予以特别关注，各级人民代表大会代表们更需正确反映人民群众对于国家机关工作的意见，发现了困难或偏差，必须全国上下一致努力来克服，来纠正。……

根据代表们讨论中提出的意见，毛泽东主席又主持召开了一次中央人民政府委员会会议，决定对草案再作两处修改。他在会上谈到宪法起草过程时说："这是一个比较完整的法了。最先是中共中央起草，然后是北京五百多高级干部讨论，全国八千多人讨论，然后是三个月的全国人民讨论，这一次全国人民代表大会代表一千多人又讨论。宪法的起草是慎重的，每一条每一个字都是认真搞了的，但也不必讲是毫无缺点，天衣无缝。"

——刘政：《一届全国人大一次会议盛况实录》，载《中国人大（增刊）》，2013-03-01

资源3：从1953年7月到1954年5月，在全国范围内开展了基层人民代表大会代表的选举。除少数暂不进行选举的地区外，全国进行基层选举的单位共为214798个，进行选举的人口共为571434511人；登记选民总数为323809684人，占18周岁以上人口总数的97.18%；参加投票的有278093100人，占登记选民总数的85.88%。

——刘政：《中国历史上第一次规模巨大的普选》，载《人民日报》，2004-09-08

资源4：回忆55年前第一次进京参加人代会，申纪兰说："1954年首次召开全国人代会，我们村出了两个全国人大代表，我和李顺达。知道了当选为全国人大代表，我心情非常激动，夜里都睡不着觉。我穿着连夜缝制的一身蓝色卡其布新衣裳，骑毛驴走出了西沟村，到了长治就乘上了汽车，到了太原就坐上了火车，到了北京前门火车站有大轿车把我们山西代表组送到东四一个小旅馆。路是一程比一程好，从村里到北京总共要走四天。现在农村的变化可大啦，出门就是公路，一天就能到北京。"

她又说："第一届全国人代会在中南海怀仁堂开的，共有1200多名代表，女代表很少，只有140多人。那年我25岁，当上全国人大代表感觉很光荣，坐在那里开会激动得心里像打小鼓，什么都不敢说，什么都觉得新鲜。"

——夏莉娜：《申纪兰：人民代表大会的"活化石"》，

载《中国人大》，2009年第10期

资源5：她说："那时最大的心愿是见毛主席。毛主席一出来，大家都鼓掌。毛主席走过来了，我和毛主席握手，那眼泪流得……我当时哭得连他的脸都看不清楚，只看到了他脸上的那颗痣，只感觉到他的手是胖嘟嘟的。人家都说，好好瞧瞧毛主席，哭什么呀？哎呀，真没有想到伟大的毛主席竟然接见了个农民。我还记得毛主席问：'这是哪里的女同志啊？'旁边有人说，这是李顺达农业社的女社长申纪兰。我当时光知道流眼泪，不知道说什么。还能说什么呀？什么话都说不出来了。当时就哭啊，和刘胡兰的妈妈胡文秀抱着一起哭。胡文秀也是我们山西代表组的。你想能不哭嘛！在旧社会，一个农民怎么能见得到国家领袖？农村妇女连自己的主都作不了，又怎么能管得到国家的大事！"

——夏莉娜：《申纪兰：人民代表大会的"活化石"》，

载《中国人大》，2009年第10期

资源6：1949年的中国，要实行人民代表大会制度，首先要解决的问题就是要在全国范围内实行普选，召开普选的人民代表大会。但当时的中国各地区情况千差万别。人民解放战争还未结束……还没有条件一下子在全国范围内实行普选，普遍地建立普选的人民代表大会。周恩来坦率地说："关于普选，本来应该做到普遍的、平等的、直接的、不记名的投票，但这对中国现在的情况来说，是非常困难的。""三年后能不能真正做到，还是一个难题。"[①]

……

……各界人民代表会议是向人民代表大会的一个重要过渡。人民代表会议和人民代表大会有什么区别？区别在于代表是通过协商产生还是通过普选产生。"凡是通过普选方式产生出来的会，我们叫做大会，例如人民代表大会。凡是通过协商方式产生的会，我们就叫做会议，例如人民政治协商会议。大会和会议名称的区

[①] 中共中央统一战线工作部、中共中央文献研究室编：《周恩来统一战线文选》，140页、141页，北京：人民出版社，1984。

别就在这里。"①

——陈扬勇：《〈共同纲领〉与新中国三大政治制度的确立》，

载《党的文献》，2009年第4期

资源7：六十年，那些难忘的第一次

◎新中国第一部宪法

1954年9月20日下午，出席一届全国人大一次会议的1197名代表投票表决，全票通过了中华人民共和国第一部宪法，史称"五四宪法"。

"五四宪法"规定，国家的一切权力属于人民。人民行使权力的机关是全国人民代表大会和地方各级人民代表大会。"五四宪法"的制定，开启了新中国社会主义民主法制建设的新纪元。

"五四宪法"由毛泽东亲自主持起草，历时七个多月，随后又进行了三个月的全民讨论，累计有1亿5000多万人提出了118万条修改和补充意见。"五四宪法"的制定是科学立法、民主立法的典范。

◎第一个五年计划和首次批准重大项目

1955年7月30日，一届全国人大二次会议通过我国发展国民经济的第一个五年计划（1953—1957年）。这次会议还通过了关于根治黄河水害和开发黄河水利的综合规划的决议，批准国务院提出的综合规划的原则和基本内容，要求国务院采取措施，保证三门峡和刘家峡两个水库和水电站工程的及时施工。这是全国人大历史上第一次审议和批准重大建设项目。

◎第一次在人民大会堂开会

从1954年一届全国人大一次会议到1959年二届全国人大一次会议，全国人大都没有自己的会议场所，每次开会都在中南海怀仁堂。1958年夏天，为筹备庆祝新中国成立十周年，中央决定修建十大建筑，排在第一的就是人民大会堂。经过来自全国各地的建筑学家和建筑工人十个月的会战，1959年9月24日，人民大会堂落成。1960年3月30日下午3点，二届全国人大二次会议在人民大会堂隆重召开。从此，全国人大开全体会议的地点定在了这里。

---

① 中共中央统一战线工作部、中共中央文献研究室编：《周恩来统一战线文选》，140页，北京：人民出版社，1984。

◎第一次完整提出"四个现代化"

1964年12月21日至1965年1月4日，三届全国人大一次会议在北京举行。根据中共中央的建议，周恩来在政府工作报告中首次提出，今后发展国民经济的主要任务，总的来说，就是要在不太长的历史时期内，把我国建设成为一个具有现代农业、现代工业、现代国防和现代科学技术的社会主义强国，赶上和超过世界先进水平。这是我国首次完整提出"四个现代化"目标。

◎第一次差额选举

1953年，新中国成立后的第一次普选大规模展开，这次选举实行的是等额选举。1979年7月1日，五届全国人大二次会议对选举法和地方组织法做了大幅修改，规定：全国人大代表和地方各级人大代表的选举一律实行差额选举。县乡人大代表在选区里由选民直接投票选出，差额为1/3到一倍；设区的市、省和全国实行间接选举，由下一级人大选举上级代表，差额必须达到1/5到1/2。地方政府领导人员、人大常委会组成人员、法院院长、检察院检察长也开始实行差额选举。

◎第一个省级人大常委会

我国各级人大一般一年只开一次会。1979年之前，地方各级人大没有专门的常设机构，立法、监督、决定重大事项和人事任免等权力得不到及时的行使。1979年7月1日，五届全国人大二次会议通过了关于修正宪法若干规定的决议和修改后的地方各级人民代表大会和地方各级人民政府组织法，规定县级以上地方人大设立常委会。这一年的8月14日，西藏自治区人大常委会宣告成立，这是我国设立的首个省级人大常委会。

◎第一次举行全国人代会记者招待会

1980年8月26日，在五届全国人大三次会议召开之前举行了全国人大历史上首次记者招待会，大会副秘书长曾涛向中外记者介绍了大会议程草案。三十多年来，新闻发布会已经成为外界观察中国全国人代会公开、透明举行的一个重要窗口。

先后担任过全国人代会发言人的有七人：曾涛、姚广、周觉、曾建徽、姜恩柱、李肇星、傅莹。这七位发言人的共同之处是，都在全国人大外事委员会担任主任委员或副主任委员。其中，傅莹是全国人代会历史上首位女发言人。

◎第一次实行议案制度

从1983年6月六届全国人大一次会议开始，全国人大代表提案分开为代表议案与代表建议、批评和意见（简称代表建议）。

1982年通过的全国人大组织法明确规定：一个代表团或者三十名以上的代表，可以向全国人大提出属于全国人大职权范围内的议案。同时，全国人大代表可以向全国人大或者其常委会提出对各方面工作的建议。

1983年六届全国人大一次会议代表提出议案的数量是61件，其中作为议案处理件的为33件，作为建议处理件的为28件。

◎第一部二审通过的法律

1983年9月2日，六届全国人大常委会第二次会议经过第二次审议，表决通过了海上交通安全法。这是我国第一部经过两次审议颁布出台的法律案。

过去全国人大常委会审议法律草案，没有明确一定的审议程序，有些法律草案在常委会举行会议的前一天才送来，就要求该次会议通过，常委会没有时间进行认真研究与审议。这种情况一再发生，引起了彭真[1]的注意，他认为需要考虑规范审议法律草案的程序。

1983年3月，彭真经过考虑在委员长会议上提出：凡向全国人大常委会提出的法律草案，由委员长会议提出是否列入常委会会议议程的意见，经常委会同意列入议程后，先在常委会会议上听取法律草案的说明并进行初步审议，然后将法律草案交法律委员会和有关的专门委员会进行审议，提出修改建议；同时，常委会组成人员将法律草案和有关资料带回，进行研究，在下一次或者以后的常委会会议，再对法律草案进行审议。委员长会议经过讨论，大家表示赞成，于是印发了会议纪要，作为审议法律草案的程序。1987年制定的全国人大常委会议事规则，写进了这一条规定。2000年制定的立法法又进一步规定：列入常委会会议议程的法律案，一般应当经三次审议后再交付表决。我国的法律草案审议程序，经过了逐步完善的过程。

◎第一次挂牌办公

1989年7月15日开始，一块写有"中华人民共和国全国人民代表大会常务委员会"字样、由紫铜铸成的牌子悬挂在人民大会堂南门外的圆柱上。这是我国最高权力机关的常设机构第一次挂牌办公。

---

[1] 彭真，时任全国人大常委会委员长。

新华社报道说，在此以前，曾有群众抱怨，不知道全国人大常委会的办公地点在哪里。根据群众的反映，由万里委员长提议，委员长会议作出在人民大会堂南门挂牌办公的决定。

◎第一个立法规划

1991年11月，《全国人大常委会立法规划（1991年10月—1993年3月）》出台，这是报经中央同意的第一个立法规划。

早在1988年4月，万里委员长在七届全国人大常委会第一次会议上的讲话中提出，要制定出一个五年立法规划。1988年7月1日，七届全国人大常委会第二次会议通过的工作要点明确提出，立法工作要制定规划，抓住重点，有计划、有步骤地进行。在这次会议上，全国人大法律委员会提出了《关于五年立法规划的初步设想》。这是全国人大常委会立法规划工作的初步尝试。

◎第一次用电子表决器

1986年3月举行的六届全国人大常委会第十五次会议首次采用电子表决器进行表决。电子表决器是不记名的，常委会组成人员通过按电子表决器，表达自己对法律案的意见，可以赞成、可以反对、也可以弃权。当时担任全国人大常委会秘书长的王汉斌说，使用电子表决器有利于保护投票人的民主权利，便于代表、委员按照自己的意愿来投票。

从1990年七届全国人大三次会议开始，全国人代会也使用了电子表决器。计算机系统只对赞成、反对、弃权和未按表决器这四种结果进行数字叠加，仅需短短几秒钟，表决结果就会通过会场前方的两个大电子屏显示出来，大大提高了效率。

◎第一次承办议联大会

1996年9月16日，各国议会联盟（简称议联）第96届大会在北京人民大会堂开幕。这是议联首次在中国举行大会，包括124个国家的近70位正副议长、600多位议员在内的1400多名代表和来宾出席会议，与会人员之多，层次之高在当时都是创纪录的。

◎第一次法律草案网上征求意见

2005年6月26日至7月1日十届全国人大常委会第十六次会议对物权法草案进行第三次审议。会议结束后，从7月10日起，中国人大网全文公布物权法草案（三次审议稿），向社会公众征求意见。在一个多月的时间里，共有2249人在网上提出9605条意见。这是全国人大常委会首次在网上公布法律草案全文并向公众征求意见。

◎第一次立法听证会

2005年9月27日，全国人大常委会首次举行立法听证会。来自不同行业、收入水平各异、带着各地口音的20名代表汇聚北京。他们每人分别在8分钟内表达自己的看法，成为全国人大常委会修改个人所得税法、提高个税起征点的重要依据。

◎第一次专题询问

2010年6月，十一届全国人大常委会第十五次会议期间，结合听取审议中央决算报告和审计工作报告首次开展专题询问。专题询问属于询问这一法定监督形式的范畴，但与以往开展的询问相比，专题询问准备充分、重点突出、组织严密，询问和回答更具针对性和实效性。

截至2014年6月，十一届、十二届全国人大常委会先后选择财政决算、国家粮食安全、保障性住房建设、传染病防治工作等一批重大问题，结合听取审议国务院有关专项工作报告，组织开展了12次专题询问，共有217人次常委会组成人员累计提出300多个询问问题。

◎第一次法律出台前评估

2013年4月17日，十二届全国人大常委会第二次会议召开前，全国人大常委会法工委邀请了全国人大代表、有丰富经验的旅游者、旅游企业经营者、专家学者等10名代表进行座谈，请他们对旅游法出台的时机、实施的社会效果和实施中可能出现的问题进行评估论证。这是全国人大常委会历史上首次就法律案进行出台前评估，与会代表畅所欲言，提出了大量宝贵意见。最终，旅游法在十二届全国人大常委会第二次会议上高票通过，成为新一届全国人大常委会通过的第一部法律，并且赢得各界好评。

——殷泓、王逸吟：《17个"第一次"告诉你人大制度如何走来》，

载《光明日报》，2014-09-15

资源8：全民普选第一次

讲述人：杨景宇（十届全国人大法律委员会主任委员，彭真同志秘书，现年78岁）

民主选举是人民代表大会制度的基础。从1952年年底开始，中央就组织力量，着手进行选举法起草和全国普选的准备工作。1953年2月11日，中央人民政府委员会通过了选举法，3月1日公布施行，并决定成立中央选举委员会，刘少奇为主席，彭真等28人为

委员。在中央选举委员会的指导下，从1953年4月开始，全国范围内先后开展了人口普查、选民登记等工作。在此基础上，中国历史上第一次规模空前的普选展开了。全国有三亿两千多万选民参加了投票选举。各地投票之日就像盛大节日，选民们穿上整洁的衣服，兴高采烈地来到选举站，投下了自己神圣的一票。

1954年6月，全国各地基层选举工作相继完成。7—8月，各省、自治区、直辖市先后举行人民代表大会会议，全国45个选举单位（包括台湾，暂未选出代表）共选出全国人大代表1226人，其中共产党员668人，占54.48%；非党人士558人，占45.52%。

——殷泓、王逸吟：《他们，见证了历史——写在全国人民代表大会成立60周年之际》，

载《光明日报》，2014-09-06

资源9：为新中国第一部宪法欢呼

讲述人：胡兆森（国家自然科学基金委员会原常务副主任，一届全国人大代表，现年86岁）

一届全国人大一次会议通过新宪法，这是我最难忘的大事之一，当时我还写在了日记里。记得在1954年9月15日开幕当天，毛泽东作了简短的开幕式讲话后，我们听取了刘少奇代表宪法起草委员会作的关于宪法草案的报告。刘少奇的报告长达3个多小时，代表们对报告不断热烈鼓掌。

9月20日，全体代表以无记名投票的方式进行了表决。那是一个激情燃烧的年代，那是一个重要的历史时刻，会场上每个人都非常激动，都兴奋不已，场面非常热烈。全场的代表都站起来，暴风雨般的掌声和欢呼声经久不息。《中华人民共和国宪法》在代表们的一片欢呼声中通过。

宪法的诞生，受到全国人民的热烈拥护，老百姓都自发地上大街游行，高呼着拥护宪法的口号。

——殷泓、王逸吟：《他们，见证了历史——写在全国人民代表大会成立60周年之际》，

载《光明日报》，2014-09-06

资源10："一波三折"加入议联

讲述人：吕聪敏（九届全国人大常委会副秘书长、十届全国人大外事委员会副主任委员，现年76岁）

议联的全称是各国议会联盟，是当今历史最久（1889年成立）、规模最大（184个成

员）、最具影响力（号称议会界的联合国）的国际议会组织。

全国人大加入议联的经历，可用八个字形容：三波三折，惊心动魄。其实，议联早在新中国成立不久就主动与我国联系，但当时全国人大还没有成立，加入议联的组织条件不具备。1954年9月，全国人大正式成立，组织条件具备了。1955年7月，一届全国人大二次会议召开，大会秘书长彭真致电议联领导人，告知中国全国人大申请加入议联，并将派代表团出席在赫尔辛基举行的第四十四届大会。此后，会议通过了加入议联的有关决定，组成以彭真为团长的代表团，一切准备就绪。当时给人的印象是，中国加入议联是肯定无疑的事情。但之后却突生变故，在议联具有决策权的执委会讨论时，美国委员极力阻挠，甚至威胁说如果同意中国加入，美国就要退出议联。最终，因美国的阻挠和破坏导致申请失利，未能加入议联。赫尔辛基大会之后，议联又多次讨论中国加入的问题，均因美国的阻挠而未取得任何积极结果。

1971年中国恢复联合国的合法席位，议联数次与我方接触，主动提出希望中国尽快加入议联。当时正值"文革"，出于国际国内局势的一些考虑，我方婉拒了议联的邀请。进入20世纪80年代，事情终于出现了转机。1983年12月8日，六届全国人大三次会议正式通过了加入议联的决议，此后不久组成了代表团。1984年4月2日议联举行第七十一届大会，通过了接纳中国全国人大为议联正式成员的决议。……

——殷泓、王逸吟：《他们，见证了历史——写在全国人民代表大会成立60周年之际》，

载《光明日报》，2014-09-06

对资本主义
工商业的社会
主义改造

　　1953年，中共中央全面开始了对资本主义工商业的社会主义改造，私营企业逐渐走上了公私合营的道路。学术界对这场改造运动的研究主要集中在原因与影响两个方面，论述的角度一般是从时代背景和中共政策对私营企业的影响入手，兼顾关注私营企业、私营业主本身的原因，以及在政策改造下私营企业主的变化。

一、从时代背景和中共政策的角度阐述改造原因

　　金冲及在《二十世纪中国史纲（第3卷）》（816～826页，北京：社会科学文献出版社，2009）一书中指出，中国共产党一直以来都把实现社会主义作为自己的政纲，新民主主义社会只不过是向社会主义社会的过渡阶段。到1952年，无论是在工业还是商业上，国营经济已经控制了国民经济的命脉，并在数量上也取得优势，规模较大的私营工厂只有依附国营经济才能生存。这个事实促使中共领导人作出向社会主义过渡的决策，

中国现代史

并考虑走"和平转变的道路"。过渡时期的总路线提出后，全国开展了声势浩大的学习运动，其中也包括私营工商界。通过学习，资本家认识到公私合营是大势所趋，通过公私合营，自己的利益可以得到适当的保护。

杨奎松在《中华人民共和国建国史研究（1）》（460～505页，南昌：江西人民出版社，2009）一书中指出，新中国成立后共产党人的任务，就是要实行以反对资本主义、实现社会主义为目的的社会革命。因此，共产党人对资产阶级的戒备一直存在。后来新中国开展的"三反""五反"等政治运动，对资产阶级造成了巨大冲击。当1953年中共提出对资本主义进行彻底改造时，心有余悸的资本家们便争先恐后地将其工厂送给国家。

美国学者R. 麦克法夸尔、费正清在《剑桥中华人民共和国史（上卷）：革命的中国的兴起（1949—1965）》（谢亮生等译，81～85页，北京：中国社会科学出版社，1990）一书中指出，工商业改造运动的主要目标是使民族资产阶级就范，主要表现在对资产阶级施加强大的心理压力；削弱资产阶级对自己企业的控制力；通过发放新贷款和订立政府合同等方式，加强政府对私营企业的控制。

王敦琴在《建国初私营企业走公私合营之路的历史必然性——以大生、荣氏两大企业集团为侧》（载《社会科学家》，2009年第11期）一文中，从三个方面分析了私营企业走向公私合营的原因。

第一，国际国内错综复杂的形势，促使新中国决心改造私营企业。国际上，以美国为首的资本主义国家对新中国政治上孤立，经济上制裁，军事上挑衅。而新中国采取"一边倒"的外交策略，倒向苏联等社会主义国家，因此允许资本主义在中国存在就不合时宜了。加上国内错综复杂的形势，以及私营工商业界的"五毒"行为，这些都促使中国共产党领导人决心改造私营工商业。

第二，企业内部的困境及政府的扶持预示着公私合营的不可避免。新中国成立之初，由于战争破坏，加上大批资产、原料被国民党卷走，私营企业面临极大困难，人民政府采取各种方法帮助私营企业摆脱困境。在政府的帮助下，私营企业恢复了生产和经营，有些企业感觉到公私合营的优越性，主动申请公私合营，这为后来的全行业公私合营创造了条件。

第三，政府政策的有效引导促使私营企业踊跃参与合营。政府不搞强迫命令，是否合营由资本家自己决定。在公私合营过程中，政府不是"一刀切"，而是让资本家在政策的感召下全面衡量，让他们感到参加公私合营"划得来"。在改造企业的同时改造资本家个人，这种人性化的改造使资本家能够心悦诚服地进行合营。

高晓林在《建国初期私营工商业者追随中国共产党走向社会主义的原因探析——以上海私营工商业者为例》（载《当代世界与社会主义》，2011年第4期）一文中，从改造方——中国共产党方面分析了改造的原因。其原因主要有以下三个方面。

第一，中国共产党成功地运用了政治、经济上的优势，促使私营工商业者走向社会主义。政治上，新中国成立，建立了中国共产党领导的过渡性的新民主主义政权，这是走向社会主义的政治保障。经济上，随着国民经济的恢复和发展，国营经济的力量不断加强，成为走向社会主义的经济支柱。在这种情况下，私营经济的消失只是时间和时机的问题，资本家群体的改造只是方式问题，即和平与否。

第二，中国共产党对私营工商业者进行深入细致的教育和动员。1953年9月，总路线公布前后，政府加强了政策宣传工作。从中央到地方，全社会动员，共同教育。毛泽东等领导人亲自出面，多次邀请工商界代表人物座谈，希望他们认清社会发展方向。

第三，已合营企业的有效示范作用。公私合营后，由于企业性质的改变，国家对企业的领导鼓励着劳方生产积极性的提高，生产不断增长，劳资关系也渐趋正常。同时，已合营企业在政策、资金等方面都得到了国家政策的支持，生产效率也优于私营企业，一些条件差、长期亏损的企业出现盈余，使更多工商业者看到合营的前景，这是他们转变的重要原因。

二、从私营企业主的角度阐述改造原因

高晓林在《建国初期私营工商业者追随中国共产党走向社会主义的原因探析——以上海私营工商业者为例》（载《当代世界与社会主义》，2011年第4期）一文中，从被改造方——私营工商业方面分析了原因。其主要原因有以下四个方面。

第一，私营工商业者在社会历史发展趋势上，认同社会主义方向。中国民族资产阶级在新中国成立初期，明确知道中国共产党领导的新民主主义中国的社会主义发展方向。而社会主义最终是以消灭剥削和资产阶级为目的，就是工商资产阶级也不例外。虽

然总路线公布后他们也曾感到突然，但认识到走向社会主义是大势所趋。

第二，私营工商业者对本阶级认识的转变。新中国成立后，尤其在"三反""五反"运动和社会主义改造运动中，私营工商业者逐渐认识到自身阶级没落的不可避免，社会的巨变促使他们再次思考"做什么人"的问题。他们看到了本阶级的黑暗面，自卑感增强，也强化了他们服从工人阶级领导的意识。尤其是"五反"后，很多私营工商业者感觉有些消沉，即使被定为守法户也觉得没有脸面，在社会上抬不起头。很多资方已厌弃自己的"资本家"头衔。尤其是青年工商业者，他们积极主动地争取早日被改造，愿意把自己改造成为社会主义的劳动者。

第三，工商界上层进步人士的积极响应，促进了一般工商业者接受改造。在中国共产党对私营工商业进行改造的过程中，上海工商界中一批与中国共产党接触密切、在工商界中有着较高威望的工商界上层人士，积极响应政府的号召主动带头申请公私合营，同时也通过各种方式推动其他私方人员接受改造。

第四，接受向社会主义的和平过渡是工商业者爱国的表现。私营工商业者是爱国的。新中国成立初期，上海的工商业者和全国人民一道，努力克服困难，积极地恢复和发展生产，供应全国市场。在私营企业本身处于极端困难的时期，他们积极认购公债，进行爱国捐献，支援抗美援朝和国家建设，表现了他们赤诚的爱国心。在向社会主义转变中，他们是被改造者，是利益受损群体，但由于认识到走向社会主义是大势所趋，他们能够顺应历史的潮流，接受改造，最应该肯定的就是他们的爱国心。

三、资本主义工商业改造给私营企业主带来的变化

满永在《身份转换中的生活重塑——资本主义工商业改造中的"人"之改造》（载《当代世界社会主义问题》，2012年第2期）一文中认为，私营企业主的变化主要有以下三个方面。

第一，从"企业主"到"资方人员"。对资产阶级的改造并非简单的阶级消灭，而是身份转换。在公私合营过程中，政府对原有实职人员采取包下来的政策，但包下来并不意味着其职位和工作内容保持不变，而是采取"量材使用"的办法。在私营企业里，原来人员尤其是企业主，是企业的领导者。但在改造之后，无论职位如何安排，企业主都处于附属地位，还有不少从业主变为了普通工作人员。

第二，从"利润"到"定息"。资方人员对改造的忧虑源于对未来物质生活的担心，尽管中共中央提出对资方实职人员"不降工资"的思路，但现实中所有制的变更对私营企业主的物质收入是有影响的。后来又规定将原来的浮动制利润分配方式固定下来，以年息"1厘到6厘"的固定比例支付股息。此举虽使私营企业主可以在不考虑企业生产情况的条件下，每年都能得到一定收入，但也使其收入不会再随着企业生产情况的好转而改善。在改造实践中，对私股利润的限制以及股息的固定化，还是使不少改造对象的总体收入有所降低。

第三，从"剥削"到"自食其力"。那些原本并不参加劳动的中上层企业主家属，经过改造成为劳动者，就意味着其日常生活的根本改变。过去的依附生活不可能维持了，新的身份要求家属们不仅要逐渐习惯日常的劳动生活，同时在定息逐渐取消之后，也要学会勤俭持家的本领。

微课设计

微课设计一：从"东来顺"看工商业改造

设计意图

本微课通过介绍东来顺饭店在公私合营后所面临的问题，以及政府所采取的应对措施，使学生对公私合营的基本过程有初步的了解，进而从中理解工商业改造的曲折性。

设计方案

教师介绍：东来顺是北京城里一家有着100多年历史的老字号饭馆，以涮羊肉出名，其羊肉投入汤中一涮即熟，吃起来又香又嫩。在创始人丁德山的苦心经营下，东来顺涮羊肉形成了选料精、加工细、佐料全、火力旺等特点。但是，在新中国成立后，东来顺的羊肉再也涮不出原来的鲜美味道了，这到底是怎么回事呢？

材料呈现：原来丁德山于1950年去世后，他的独子丁福亭喜欢唱戏，对经营企业不太上心。再加上有些供应原料的国营商业部门，对于保存和发扬历史遗产的方针认识不够，供应东来顺的羊肉不太好，数量也不太多；对东来顺自制的酱油、糖蒜等原料，也不予照顾，于是东来顺的营业额下降了。

——李自华：《公私合营前后的东来顺涮羊肉》，

载《北京档案》，2013年第3期

教师设问：

（1）东来顺涮羊肉质量下降的原因是什么？（参考答案：经营者投入的精力不够；供应商的原料质量较差，数量有限。）

（2）针对东来顺的困境，应该采取什么措施呢？（参考答案：加强管理；提高羊肉质量等。）

教师分析：东来顺是老字号店铺，属于家族性质的私营企业，管理者一般是继承而来，采取罢免经理的方法不可能实现。因此，必须采取加强经营管理，提高羊肉质量的办法。负责资本主义工商业改造工作的陈云，在一次会议中指出："因为我们没有什么竞争，统统是国家收购的，结果大家愿意生产大路货，不愿意生产数量比较少和质量比较高的东西。"[1]陈云提出，公私合营后，不能把以前好的东西也改掉了，要想尽一切办法保持原来的品种和质量。

材料呈现：北京市东来顺羊肉店……合营后，不适当地变动了这些店的原有货源甚至操作方法，使食品质量下降，顾客不满，这应该引为教训。

——中共中央对目前资本主义工商业改造应注意的问题的指示（1956年1月26日），

见中共中央文献研究室编，金冲及、陈群主编：《陈云传》（下卷），

985页，北京：中央文献出版社，2005

教师设问：材料认为，东来顺涮羊肉质量下降的主要原因是什么？（参考答案：货源与操作方法发生了变化。）

教师讲述：公私合营后，丁福亭从原来的经理变成了第一副经理，经理由政府派

---

[1] 1956年1月25日陈云在第六次最高国务会议上的发言记录，见中共中央文献研究室编，金冲及、陈群主编：《陈云传》（下卷），983页，北京：中央文献出版社，2005。

来的人员担任。这样，东来顺开始由政府来管理经营，餐桌由原来的53张增加到105张。按道理，公私合营后的企业在各方面都会得到政府的有力支持，为什么东来顺的涮羊肉还是不好吃呢？

材料呈现： 它原先只用三十五斤到四十二斤的小尾巴羊，这种羊，肉相当嫩。我们现在山羊也给它，老绵羊也给它，冻羊肉也给它，涮羊肉怎么能好吃？

——中共中央文献编辑委员会编：《陈云文选》（第2卷），第2版，

296页，北京：人民出版社，1995

教师设问： 东来顺涮羊肉不好吃的主要原因是什么？（参考答案：原料质量差。）

教师讲述： 也就是说，国家供应的羊不适合用来涮羊肉。正如陈云所说：

材料呈现： 羊肉价钱原来一斤是一块二角八，合营以后要它和一般铺子一样，统统减到一块零八，说是为人民服务，为消费者服务。

——中共中央文献编辑委员会编：《陈云文选》（第2卷），第2版，

296页，北京：人民出版社，1995

教师讲述： 其实东来顺的涮羊肉好吃，完全是得益于精选羊肉最好的部位，比如后腿、肋条瘦肉等。本来一只羊所用的部位并不多，物以稀为贵，在出售时价格必然要比其他羊肉店贵。合营后，既然价格都一样了，为什么还要精选呢？其他部位也可以用啊。结果，涮羊肉的质量就下降了。

东来顺一贯十分讲究刀工，多少肉切多少片，羊肉片多宽多薄，都是有严格的规矩的。但公私合营后，这些细致的规矩就荒疏了。陈云调查发现：

材料呈现： 本来一个人一天切三十斤羊肉，切得很薄，合营后要求提高劳动效率，规定每天切五十斤，结果只好切得厚一些。羊肉老了厚了，当然就不如原来的好吃了。

——中共中央文献编辑委员会编：《陈云文选》（第2卷），第2版，

296页，北京：人民出版社，1995

教师设问： 为什么会出现这种情况？（参考答案：一味强调提高效率，但工人数量有限。）

教师分析： 因为国家在管理公私合营企业方面缺乏经验，缺少相关的专业知识，没有保留企业原来合理的生产方法和经营方法。针对这些问题，中共中央规定："对一切已经

批准了公私合营的企业中，原有的制度，包括进货办法、销货办法、管理制度、会计制度、工资制度，暂时原封不动地保留下来，不要改变。"①这样，东来顺涮羊肉的优良品质迅速得到恢复。

教师小结：东来顺的公私合营之路，正如陈云在中共八大上所指出的："在农业、手工业、资本主义工商业的社会主义改造高潮中，由于形势发展太快，具体的组织指导工作不容易完全跟上，也产生了一些暂时的、局部的错误。"②所幸的是，这些"错误"被及时改正，东来顺的涮羊肉变得更好吃了。

设计点评

本微课以"东来顺"老字号的兴衰为切入点，分析东来顺的涮羊肉从"好吃"到"不好吃"再到"好吃"的原因，并介绍政府解决相关问题的措施，这有助于学生了解工商业改造的基本过程，进而体会到改造的曲折性。

微课设计二：从"恒源祥"看工商业改造

设计意图

本微课将以恒源祥创始人沈莱舟的心理活动为线索，向学生呈现私营工商业者对社会主义改造的认识，进而从中认识改造的必要性。

设计方案

教师讲述：当今的"恒源祥"是一个全国知名品牌，而恒源祥的发展历程有过荣耀，也有过挫折，可谓历经坎坷。首先让我们一起来了解一下恒源祥的创始人——沈莱舟。沈莱舟是苏州东山人。1927年，与人合伙在上海开办商店，经营人造丝绒线。

---

① 中共中央文献编辑委员会编，金冲及、陈群主编：《陈云传》（下卷），985页，北京：中央文献出版社，2005。
② 中共中央文献编辑委员会编：《陈云文选》（第3卷），第2版，5页，北京：人民出版社，1995。

材料呈现："恒源祥"这三个字来自清末大书法家赵之谦的对联"恒源百货，源发千祥"。恒，取其于恒古长存；源，取其于源源不断、生生不灭；祥，自然是吉祥如意。

——吴基民：《绒线大王恒源祥在公私合营前后》，载《世纪》，2006年第3期

教师设问：以"恒源祥"作为店名，反映了沈莱舟怎样的追求？（参考答案：生意兴隆，财源广进。）

教师讲述：经过沈莱舟20余年的辛勤耕耘，到了1948年年初，他已成为上海滩名副其实的绒线大王。1955年年初，沈莱舟提出愿意进行公私合营，并且动员绒线同业提出全行业公私合营的申请。

以沈莱舟为代表的私营工商业者为何毅然决然地放弃自己一手创办的家业，当时他们是怎么想的呢？

材料呈现：轰轰烈烈的"三反""五反"运动开始了，1952年的小年夜，这一天沈家的上上下下都记得非常清楚。下午沈莱舟难得清闲，独自一个人到街上去买鞭炮。……

沈莱舟买了鞭炮，走到东湖路新乐路口的"马和记"牛肉面馆门口，不由得吃了一惊，只见四周墙上都贴着醒目的大字标语："打退资产阶级的猖狂进攻"、"马和记是黑联络点"、"坦白从宽、抗拒从严"……沈莱舟只觉得一阵冷风忽地朝他吹来，他神情恍惚，三步并着二步急忙朝家里走去，结果不知道在哪儿绊了一下，将脚也崴了。

——吴基民：《绒线大王恒源祥在公私合营前后》，载《世纪》，2006年第3期

教师设问：

（1）请用一个词概括沈莱舟这时的心境。（参考答案：害怕、恐惧、不安或震惊等。）

（2）为什么在原本欢庆的小年夜沈莱舟却是这样的心境呢？（参考答案：看到了"打退资产阶级的猖狂进攻"等大字标语。）

教师介绍："打退资产阶级的猖狂进攻""坦白从宽，抗拒从严"这些标语怎么会有如此大的威力呢？其实从1951年12月开始，一场席卷全国的"三反""五反"运动开始了，其中包括在资本主义工商业者中开展反行贿，反偷税漏税。

沈莱舟在恒源祥的二楼开了一家贸易公司，公司由他的一个远房亲戚打理，这个亲

戚很会做生意，但路子不正，行贿受贿吃拿回扣样样都干。"五反"一开始他就跑得音信全无，于是所有的账都算到沈莱舟头上，沈莱舟终日提心吊胆，担心恒源祥还会出些什么问题。后来，他带头一口气交代了自己偷税漏税的一些问题。为争取过关，他故意夸大其词，将自己违法所得的金额坦白交代为8万元人民币。政府经过反复核查，砍去一半，核准为4万元，收缴国库。

后来，人民政府面对"五反"运动中出现的问题，适度放松政策，工商业又开始渐渐复苏。在1953年，沈莱舟所经营的12家厂基本都处于盈利状态，唯独恒源祥染织厂一度处于倒闭边缘。于是，沈莱舟从其他厂家或店里赚来的钱，都贴到了染织厂里，致使他处于相当困难的境地。

教师设问：请用一个词概括沈莱舟这时的心境。（参考答案：纠结、烦恼、郁闷等。）

教师介绍：如何解决这个问题呢？公私合营很好地帮他解决了，因为合营后企业的经营无须他操心，收入也有一定的保障。实现全行业公私合营后，国家将对原私营工商业者采取发放固定股息的办法，一般是年息百分之五。

材料呈现：按照当时的政策，每年给予沈莱舟定息5万元人民币，他每个月的工资有人民币1000多元……这是一个很大的数目，当时毛泽东主席拿国家干部一级薪水，工资也只有500多元。而当时的一个大学毕业生，经过1年实习，转正后的工资为60元。

　　　　——吴基民：《绒线大王恒源祥在公私合营前后》，载《世纪》，2006年第3期

教师设问：公私合营后，原企业主的收入由哪些部分组成？（参考答案：利息和工资。）

教师讲述：沈莱舟曾对子女说过："现在我把厂都交给了国家，由国家去经营管理，我坐在家里不用花一点心思收股息，这又有什么不好？有财不长福，你们都有自己的事业，我年纪大了，是该享享清福了。"[1]

教师小结："恒源祥"，这个民族工商业的老字号，终于在国家对民族工商业的社会主义改造过程中，走上了公私合营的道路。

---

[1] 吴基民：《绒线大王恒源祥在公私合营前后》，载《世纪》，2006（3）。

✎ **设计点评**

本微课从心态史学的角度出来，通过介绍恒源祥创始人沈莱舟的复杂心情，向学生呈现当时私营工商业者参加公私合营的想法。这一设计有助于引导学生从人物心理的角度来观察、思考历史。

教学资源

资源1：在建国前的半个多世纪中，大生一厂经历过辉煌时期，也经历过艰难时期。到建国前夕，公司经理由张謇之侄张敬礼担任。在解放军进入南通之前，工厂已经宣布停产。人民解放军进驻南通之后，中共南通城市工作委员会职工部委派群众工作组进驻大生一厂，开展党群工作。同时，解放军南通军管会委派工作组分驻大生一公司（一厂、副厂、电厂）、三公司（三厂），帮助厂方恢复生产。于是，在"保护民族工商业"政策的感召下，张敬礼在离开工厂数月后回厂主持厂务，并邀请职工代表开会，提出"克服当前困难的临时办法"。在张敬礼离厂期间，中共大生一厂支部组织了工人纠察队，对工厂进行保护。解放军派工作组到工厂召开职工大会，宣传人民政府对民族工商业实行保护的政策，号召恢复生产。在工厂原棉奇缺的情况下，国营企业为其提供原棉。同时，由于市场萧条，因而工厂产品销路阻滞，"市场是由需求构成的"，在工厂产品需求衰落的情况下，国营企业便收购其产品，帮助其拓展市场。此外，还给予企业资金的扶持。而当张敬礼回厂之后，政府立即撤回了工作组，表现了对企业主管理权的尊重。在进行支持、帮助的同时，还给予其政治上的待遇。建国后，张敬礼当选为南通市工商联筹备委员会主任委员。中国人民解放军总司令朱德还为大生一厂厂报题写了"东方红"报头。进入1951年后，企业逐步步入国家资本主义轨道。在抗美援朝运动中，大生公司积极响应捐飞机大炮的号召，签订协议，将增产节约所得的75%作为捐献。在1951年底，张敬礼通过董事会向政府申请正式建立公私合营体制，并获得批准，公方代表进入大生第一纺织公司。在公私合营一年后，便"扭转了1949—1951年连续三年亏损的局面，盈利60.8万元。"大生一厂是全国最早进行公私合营的企业之一。1956年2月，毛泽东主席设宴招待出席全国政协会议的代表，宴会上特别询问张敬礼关于大生纺织公司公私合营的情况，并说："公私合营的优越性，你是亲身体会了，可以向大家多谈谈。"

——王敦琴：《建国初私营企业走公私合营之路的历史必然性——以大生、荣氏两大企业集团为例》，载《社会科学家》，2009年第11期

资源2：在建国前夕，当国民党逃离大陆时，荣氏企业主要管理者选择了留下，并力排干扰，使得企业厂房设备等得以完好地保存下来，为新中国的建设尽到了自己的一份责任。中华人民共和国成立后，荣德生当选为中国人民政治协商会议全国委员会委员、华东军政委员、苏南人民行政公署副主任等职。由于部分管理者将荣氏企业资金抽走，加之原料严重缺乏，使得其企业运转一度十分困难。在此情况下，政府帮助其渡过了难关，生产得到较快的恢复和发展。"国家通过发放贷款，供应原料，收购产品和委托加工等方式，对荣家企业予以大力扶助。"同时，政府还帮助其内部进行重组，以缓解困境。1951年，荣氏企业中的申新七厂、合丰纱厂（包括缫丝厂、铁厂）、芜湖裕中纱厂、福新七厂等由于巨额亏损，负债过重，政府便将债务背过来，维持各厂的生产，以此抵偿政府的实物债务及人民银行的欠款。荣氏企业公私合营最早的是1951年地住上海的鸿丰面粉厂、地住宝鸡的申新四厂。其他大多企业是在1954年至1955年间实行公私合营的。实现公私合营后，企业性质、管理模式、资本家及工人的地位也发生了变化，企业也呈现出一种前所未有的新的气象，"在经过了社会主义改造的新型企业里，职工群众的劳动积极性异常高涨，各厂普遍开社会主义劳动竞赛，对推动企业生产起了很大的作用，企业面貌焕然一新。"上海申新九厂合营后的第一年，棉纱生产成本比合营前下降了15%，棉布的副次率从20%以上降低到1%~2%，无锡申新三厂的生产成本也比合营前降低15.9%，利润较合营前增加19%。武汉申新四厂1954年的合营时期与1953年的私营时期相比较，总产值增加94.7%，劳动生产率提高40.5%，32支棉纱单位成本降低5.7%，利润增加410.3%。

——王敦琴：《建国初私营企业走公私合营之路的历史必然性——以大生、荣氏两大企业集团为例》，载《社会科学家》，2009年第11期

资源3：私营工商界的总路线学习，成为推动他们接受公私合营的重要动员力量。

他们看到实行公私合营已是大势所趋，自己的利益又得到了适当的照顾。天津启新水泥公司总经理周叔弢表示，实行公私合营"启新一定要起带头作用"。他对启新的股东们说："早晚要合营，晚合营不如早合营。""毛主席问过我，把企业公私合营，你们舍得不舍得？我说现在舍不得也得舍。"南京中国水泥厂总经理姚万炽说："水泥是重工业，在经济建设中作用大，迟早都要公私合营，坐待被动不如主动申请。"他表示："对于企业实行公私合营，心中是又喜又忧的。喜的是合营后生产经营上的许多问题都可由政府解决，不用劳神了；忧的是个人的职位、薪金、股权、股息等怎么解决，心中没有底。"上海信谊药厂总经理陈铭珊说："在党的教育下，我看到公私合营、走国家资本主义的道路势在必行，走在前头总比落在别人后头光彩。"在总路线学习过程中，不少大的私营企业送出了要求公私合营的申请书。

中国最大的民族工商业荣氏集团的代表荣毅仁，谈到他作为一个在旧中国曾饱受帝国主义和官僚资本主义压迫的爱国者对接受社会主义改造的认识过程：

"我们这样大的一个国家，单靠私营企业能搞好吗？我的家庭就是一个证明。""像我们这样一个贫穷落后的发展中国家，要搞企业、搞生产，一定要走社会主义道路，发展以生产资料公有制为基础的国民经济。当然，我也是逐步解除顾虑，逐步懂得这个道理的。正因为我懂得了这个道理，所以在对资本主义工商业的社会主义改造中发挥了主动配合的作用。"

——金冲及：《二十世纪中国史纲》（第3卷），820～821页，

北京：社会科学文献出版社，2009

资源4：民生公司总经理卢作孚是一位爱国企业家，解放战争后期他居留香港，与中共地下党组织取得了联系，坚决拒绝去台湾。为迎接解放，他巧妙周旋，将在台湾和海外的18艘轮船驶回上海和广州，参加新中国的建设事业。这是卢作孚为新中国立下的头功。1950年6月，他应周恩来总理的邀请到北京，这年秋天又从北京返渝，路过武汉，受到刘惠农①的热情接待。卢作孚对刘惠农说："很感激党。正当民生公司债台高筑，发不出工资时，中央政府在财政十分吃紧的情况下，还贷款100万港元使民生渡过难关。"他表示要在长江上大干一场，使民生起飞，为祖国航运事业作贡献。因为胸怀

---

① 刘惠农，时任中国共产党武汉军管会代表。

这一宏愿，卢作孚婉谢了中央请他留京在交通部任职的安排而返回重庆。

1950年初，卢作孚通过何道仁向周恩来总理汇报民生公司情况时，就提出了公私合营问题。作为一个过渡办法，卢作孚提出，请政府定人选，用中国、交通两银行改派股份代表的方式参加民生公司董事会的建议。7月卢作孚抵京后，又直接向周总理提出。

一个私营企业，为什么在1950年春天就主动向中央政府要求公私合营呢？卢作孚是一位精明干练的企业家，长期以来民生公司形成了一套有效的企业管理方法，这套管理方法亦有不足之处，突出问题是机构臃肿、经营不善、生产效率低、事故频发。据不完全统计，民生公司仅建国后18个月就亏损1300多万元，平均每天约亏1400元，加上负债累累（如向加拿大借1275万加元、向香港借150万港币等），内外债务高达800多万元，平均每天增债9000元，以致职工工资都无法支出。中央政府虽借款给予帮助，仍无法使民生公司从根本上摆脱困境。

……

在国营经济的领导下，民生公司获得了新生，很快扭亏为盈。1952年9月至12月缴纳营业费3668万元，所得税8630万元，共12298万元，到1954年为国家积累资金14696万元。劳动生产率如果以1952年为基数的话，1953年增长190%，1954年增长224%以上。职工福利得到了极大的改善，十多年都没有领到股息的股东也分到了红利，高兴异常。公司领导上书党中央和毛泽东，并纷纷用所得红息争购国家公债。有位姓金的股东不光用1953年的全股红息购买公债，还将他在民生公司的60股股金1200元转为公股归全民所有。民生公司的公私合营十分成功，被中央领导称赞为"无痛分娩法"。1953年10月11日，《人民日报》报道了民生公司的合营情况，发表了题为《公私合营企业的一个范例》的短评，予以高度赞扬。

——慕安：《建国初期民生轮船公司的公私合营》，载《钟山风雨》，2009年第3期

资源5：……在"自食其力劳动者"这一改造目标的作用下，过去的依附生活是不可能维持了。新的身份也要求家属们不仅要逐渐习惯日常的劳动生活，同时在定息逐渐取消之后，也要学会勤俭持家的本领。广东省妇联就发现，改造使"家属们劳动观点提高了，节约家庭开支，自己挑水做饭，自己带孩子搞好家务"。北京的孙贵贞则为我们详细描述了改造之后其在家庭生活中的精打细算：

我家连七十多的老婆婆五个孩子共八口人，我爱人每月工资一百三十元，房子是自

己的不用付房租，每月要付买公债二十元，剩下一百一十元，我总是先买好粮食、油、盐、煤，剩下的钱作为买菜和零花，在买菜上我总调剂着买，使我们全家吃得舒服又有营养。后来我又学习记账，把每天所花的钱记上，到十天半个月检查一次，看我是不是有浪费的地方，这样不仅督促自己不乱花钱，还使我心里有底，也知道每月哪样该花多少钱。另外，以前我要出门不管远近都坐三轮，现在我就一般的都坐公共汽车、电车，近的地方就走去，我也锻炼出来了，走道也不累了。比如我的第四个孩子上幼儿园，虽然幼儿园离家很近，完全可以送孩子上幼儿园，但是我不愿送，觉得有钱就可以让孩子坐儿童车。现在我每天早晨送孩子去幼儿园，这样对孩子也有锻炼，每月也节约了四块钱；还有我第五个孩子以前经常闹气管炎，现在我对这个孩子就加倍注意，已经有两三个月没有闹病。又如，以前做衣服都拿到外边做，现在一般的衣服都是自己做，有的旧衣服改改孩子就可以穿了，这样从各方面节约不必要的开支，就节约了一部分钱。

——满永：《身份转换中的生活重塑——资本主义工商业改造中的"人"之改造》，
载《当代世界社会主义问题》，2012年第2期

资源6：……在一次座谈会上，幸免于难的上海大中华橡胶厂资本家洪念祖回忆往事，极为沉痛地说："当我被日本人用枪押着走过外白渡桥的时候，真是悲痛万分，恨不得跳进黄浦江里死去。那时候，我真正体味到，没有强盛的祖国，也就没有我的事业可言，连本人的身家性命都保不住啊！"洪先生的话，道出了许多工商业者的共同感受。这种把自己的命运同国家的命运紧紧地联系在一起的强烈爱国主义觉悟，正是中国民族资产阶级最可贵的东西。

社会主义的大势所趋与祖国的日益强盛（抗美援朝的胜利给了他们很大的教育与鼓舞），使一些工商业者选择了公私合营之路。我曾去访问了一家上海著名的绒线商店，写了篇《上海市第一个公私合营商店的诞生》的通讯（刊登在1955年12月6日人民日报二版），文中就阐述了资方人员的这个思想变化。但变化最显著的，还是我以后采访的一家公私合营不久的新建造船厂。这个船厂由黄浦江边的三家私营小厂合并而成，后来又并进了20家合营小厂。这些散落在黄浦江两岸的所谓船厂，大的百把人，小的三五个人，设备极为简陋，名为船厂，实际上根本造不了船，只能做些拆船，修船的零活。新建船厂刚刚建立，国家就送来了5个月内造10艘装载量为550吨驳船的定货单，把那些小

船厂的资本家吓了一跳，在他们看来，要按期完成这张订货单是根本不可能的。可是奇迹终于发生了！仅仅两个多月，工厂把4条船送进了黄浦江。1月初，寒流袭击上海的一天，我来到这个破破烂烂的船厂，正逢第四条新船下水，用毛巾包着脸，双手冻得红肿的工人们，私方人员们，在刀割似的朔风里四处忙碌，这情景委实让人感动。还是原来的人马，原来的设备（一台新的机器都没有增加），原来的低矮厂房，仅3个月时间，生产面貌竟为之一变，这使他们自己都不敢相信。我根据这个船厂的变化，写了篇通讯《第一张订货单》，发表在1956年1月间的人民日报上。

——季音：《一场震撼世界的社会改革——回忆50年代上海资本主义工商业改造的采访》，载《新闻战线》，1991年第9期

资源7：陈云还以自己家门口的一个小铺子为例，详细阐述了他对个体小商业的看法。他说："那是一个只能站两个顾客的小店，但是它卖的东西适合那个地方群众的需要，有文房四宝、牙刷牙膏、针头线脑，直至邮票，样样都有。这种小铺子看居民需要什么就卖什么，对群众很方便。他们卖的方法也跟百货公司不同。百货公司的信封，是成扎卖的，他们一个也卖。百货公司的信纸是成本卖的，他们一张也卖。售货时间也不一样，百货公司是8小时工作制，到点关门，他们是晚上12点敲门也卖东西。这样的铺子居民很需要，所以能够存在下去。如果他们也跟我们一样，干不干二斤半，做不做二尺五，一律30块、35块发工资，我相信品种就不会那么齐了，半夜12点钟门也敲不开了。全部改变以后，他们的经营积极性就会大为降低，对消费者造成很大的不便。所以，对这些人要继续采取经销、代销的方式。这种小铺子可以向两方面发展，一部分吸收到国营公司里来，或者变成公私合营的商店；还有一部分，在很长时间里要保留单独经营方式。手工业者、摊贩等，更要长期让他们单独经营。比如雕刻，如果这种人也组成合作社，进货是统一的，销路是统一的，那他的手工艺品就做不好。北京的馄饨担怎么办？上海弄堂里的白糖莲心粥怎么办？对他们应该很宽很宽。他要求加入合作社，也只能是挂个牌子，报个名，登记一下就算了。把他们组织起来，每个人要在一个小组，统一进货，统一经营，统一核算，那就有一种危险，即馄饨皮子就不是那么薄，而是厚了；肉不是鲜的，而是臭的了。所以要长期保留这种单独经营的方式。把他们搞掉了，对人民对国家都是不利的。我们是要改组工商业的，但并不是每个小厂统统需要改组，也不是所有的商店都要调整。如果轻率地并厂并店，就会给经济生活带来

许多不便。"

——吴晓波：《跌荡一百年：中国企业1870—1977（下）》，

170～171页，北京：中信出版社，2009

资源8：1956年我国完成社会主义改造以后，以单一公有制和计划经济为特征的经济体制确立下来。但是随之其在微观经济运行中的弊病也暴露出来，而这在农村表现得尤为突出。对此，作为主管财贸和对资改造工作的陈云，率先提出了以开放自由市场方式引入市场机制的办法。但是由于生产环节没有发生相应的变革，自由市场并没有达到预期的目的，反而干扰了统购统销，加剧了粮食供求关系的紧张，并最终不得不关闭。

——武力：《社会主义改造完成后引入市场机制的先声——陈云与1956年农村自由

市场的开放》，载《当代中国史研究》，2007年第5期

资源9：新华、四明、实业、通商四家银行自实行公私合营之后，业务已发生显著变化，与同时期的私营行庄公司相比，存款、放款与汇款业务都呈现出持续的增长趋势。从1949年10月至1950年4月的半年时间里，新四行的存款占全体行庄公司的比重从1949年10月初的11%增长到1950年4月底的48.4%，放款由11.3%增长到35.38%，汇出汇款由9%增长到47.95%。也就是说，到1950年4月底止，四家公私合营银行与近百家私营行庄公司相比，新四行的存、汇业务比重都已占到了将近一半，放款比重也占到了三分之一强。这些进展不是以往散漫、单独的经营方式以及各行个别努力就能达到的，显然与公私合营后获得了其他私营行庄所不具备的有利条件有重要关系。

……

对于四家原官商合办银行来讲，公私合营是在政权更替情况下唯一的选择，是新政府允许其存在和继续经营的前提。而实行公私合营所带来的体制与政策上的优惠，使其能较快地与新的社会转型和制度安排接轨，从而成为私营金融业中最大利益的获得者，并在同业中逐渐取得领先地位。

——张徐乐：《公私合营：制度变迁中的上海私营金融业》，

载《史学月刊》，2007年第11期

资源10：新中国成立初期，对私房所有权和经营权的保护政策曾要长期实行，"人民政府的这种关于城市房屋的政策，不是暂时的，而是要长期实行的"。后来，在全国社会主义改造运动的大环境下，"城市房屋私人占有制与社会主义建设之间的矛盾日益

尖锐，必须在对私营工商业进行社会主义改造的同时，对城市私人房产实行社会主义改造"。于是，"作为社会主义改造重要组成部分"的私房改造已势在必行。

——赵胜：《上海城市私房的社会主义改造》，载《当代中国史研究》，2010年第5期

资源11：上海市是着手私房改造较早的城市。1955年12月出台了《上海市私人占有出租房屋社会主义改造的初步规划》，对改造方式做了具体安排，"对49户私营房地产公司（占有房屋面积为51万平方米）和占有5000平方米以上房屋面积的426户房屋资本家（占有房屋面积为527万平方米）的出租房屋采取公私合营的改造方式；对出租房屋面积在300～5000平方米的大小出租房屋一律由国家经租；对占有出租房屋面积在300平方米以下的小户加强管理，逐步控制其租赁和租金并督促其对房屋进行房屋维修"。这种安排区别了大、中、小三类房主，分别施以公私合营、国家经租和行政管理三种改造方式。实际上，1956年的改造基本上都采用了公私合营的方式，主要原因是受到了当时全行业公私合营高潮的影响，但没想到正是公私合营方式的大规模运用使得后来的私房改造工作陷入了僵局。

——赵胜：《上海城市私房的社会主义改造》，载《当代中国史研究》，2010年第5期

资源12：新华银行在上海刚解放时便与四明商业储蓄银行、中国通商银行、中国实业银行3家银行一起宣布为公私合营银行；到1952年底，所有60余家私营行庄公司合并成立统一的公私合营银行联合总管理处，有11家银行保留了原来名称，新华银行便是其一；再到1958年，统一的公私合营银行完全归并入中国人民银行。……

……

实行公私合营之后，新华银行的公股已占资本总额的60%左右，在政治上受中国人民银行华东区行监督和指导，各地分行的具体业务经营受当地中国人民银行的指导。但新华银行仍以独立经营的形式出现，并不直属中国人民银行。

——张徐乐：《上海新华信托储蓄商业银行公私合营探析——兼论公私合营银行的历史地位与作用》，载《中国经济史研究》，2009年第2期

"大跃进"
运动

学术引领

"大跃进"运动开始于1957年9—10月召开的中共八届三中全会,会后农业领域展开了大规模兴修水利和积肥运动;1958年5月中共八大二次会议后,"大跃进"扩展到工业、交通、文教、卫生等行业,全民大炼钢铁和人民公社化运动全面展开。其后,党和政府虽然也曾尝试纠正"左"倾错误,但1959年"反右倾"运动后,"大跃进"运动"左"的一套再次泛滥,直到1961年1月中旬,中共八届九中全会决定对国民经济实行"调整、巩固、充实、提高"的方针,"大跃进"运动才告结束。

一、"大跃进"运动发动的原因

王军正在《"大跃进"发生的社会历史原因探析》(载《西安联合大学学报》,2001年第3期)一文中,分析了"大跃进"运动发生的社会历史原因。一是社会主义阵营与资本主义阵营的和平竞赛,以及中国的"赶超"战略;二是毛泽东急切地希望中国很快改变贫穷落后的面貌，提出了一些未经过充分论证的任务和目标；三是对马克思主义观点的错误理解及宣传；四是群众对领袖的盲目崇拜。

朱地在《也论"大跃进"的缘起——评〈剑桥中华人民共和国史〉的有关论述》（载《中共党史研究》，2001年第1期）一文中指出，毛泽东发动"大跃进"运动，一方面是基于"走自己的路"的要求，即探索出一条既可以集中资金优先发展重工业，同时又能够维护农民利益，在较少资金投入的条件下，促进农业生产的中国式建设道路；另一方面又是党的历史上大生产运动的再现。毛泽东希望通过发扬革命传统，以人民群众精神力量的发挥，来弥补当时资金、物资的匮乏。

李付安在《"大跃进"运动悲剧命运探源》（载《当代中国史研究》，2003年第3期）一文中认为，"大跃进"运动是一场主观动机与客观效果反差巨大的历史悲剧。当时工作重点的转移受到了"政治统帅经济"的干扰，"以苏为鉴"误入回归革命经验的歧途，解放思想、破除迷信被"唯意志论"所扭曲，"赶超战略"在积极平衡论的支配下走向极端，这些因素是造成"大跃进"运动这场悲剧的根源。

刘家钦在《苏联因素对毛泽东发动"大跃进"的影响》（载《安徽史学》，2005年第5期）一文中，探讨了苏联因素对毛泽东发动"大跃进"的影响。他认为，苏联的建设成就使毛泽东坚信，只要真心实意学苏联，中国经济就能获得高速发展；通过借鉴苏联模式，毛泽东探索出了"大跃进"的发展方针；通过批判苏联领导人的"老子党"和大国沙文主义作风，以及通过打破苏联模式在人们心目中的神圣地位，毛泽东使党和人民清除了民族自卑心理，振奋了民族精神，从而全面投身于"大跃进"运动。

张昭国、黄宗华在《大跃进发动阶段调查研究偏差的历史启示》（载《甘肃理论学刊》，2006年第6期）一文中指出，"大跃进"发动时期的调查研究存在严重偏差，是缺乏典型和一般相结合的调查研究、走马观花式的调查研究、缺乏民主氛围的调查研究，因而不能了解真实情况，导致"大跃进""左"的错误越行越远。

杨俊在《信息失真与决策失误——关于"大跃进"运动的再考察》（载《江西师范大学学报（哲学社会科学版）》，2005年第6期）一文中提出，在"大跃进"发动期间，决策者赖以决策的信息本身有问题，包含着大量虚假的、片面的材料，以此为依据判断形势、做出决策，必然是不正确的。正因为真实地反映决策实施情况的反馈信息严重缺位，使得决策中心在形势日益严重的时候，依然对形势持有过于乐观的估计，没有及时地修正、更改错误的决策，从而导致悲剧性后果的产生。

高心湛在《决策者失误与信息失真——关于"大跃进"时期的信息状况及其失真原因》（载《许昌学院学报》，2007年第6期）一文中认为，是决策者的失误造成了信息失真，而不是信息失真导致了决策失误。"大跃进"时期信息反馈从真假并存到以假为主，虚报浮夸与造假报假日益普遍。造成这一现象的主因有：对形势的看法与估计被上升至阶级斗争与政治斗争的高度；憧憬和激情代替了科学与理智；个人专断与崇拜取代了集体决策与领导；工作方法上的重大失误等。

李先明、毕业蒙在《"大跃进"初期党在农村的宣传动员——兼论农民思想、行为的变化》（载《郑州大学学报（哲学社会科学版）》，2013年第4期）一文中指出，"大跃进"运动伊始，为了扫清农民思想上的疑虑与障碍，党的各级领导干部通过开会辩论、传媒动员、文艺宣传以及典型示范等方式做了大量的宣传动员工作。"大跃进"初期的宣传动员虽然调动了广大农民群众的生产积极性和创造性，但却带有浓厚的"左"倾色彩，最终给国家和人民造成了重大损失。

黄宗华、张昭国在《论政治传播与大跃进运动高潮的形成》（载《成都大学学报（社会科学版）》，2007年第2期）一文中，分析了在"大跃进"运动期间，通过几个方面的传播合力，推动"大跃进"运动迅速发展成为全国性高潮。一是思想政治教育。通过批评经济建设中的"右倾"保守思想，使全党上下形成对加快经济建设速度的认同；号召破除迷信、解放思想，敢想敢做。二是毛泽东通过会议演讲、亲身视察等方式进行的领袖传播。三是组织传播。包括通过会议、文件、电话等方式进行的向地方和基层单位的纵向政治传播；参观访问、现场会议等形式的横向政治传播。四是以《人民日报》、新华通讯社、中央人民广播电台为核心的、全国规模的、集中统一的媒介传播。此外，电影、民歌、壁画等媒介形式在"大跃进"运动中也都成了政治传播的手段和渠道。

王章维、郭学旺在《"大跃进"时期国人社会心态探析》（载《新视野》，2000年第2期）一文中认为，"大跃进"运动的形成并非偶然，它具有浓厚的社会心态基础。主要包括忽视客观规律，贪多求快、急于求成的社会心态；违反科学原则，狂热的权威崇拜的社会心态；缺乏理智思考，巨大的社会遵从和行为依附心态。

姚桂荣在《基于"大跃进"运动中从众行为的社会心理学分析》（载《湘潭大学学报（哲学社会科学版）》，2012年第4期）一文中指出，作为一种群体效应，"从众行为"

广泛见于浮夸风、共产风和办公共食堂的过程，对"大跃进"运动有重要的影响。文章分析了导致人们"从众行为"的主要因素：传统的文化心理、群体压力和群体凝聚力以及新闻传播的影响等。"大跃进"运动中的"从众行为"有利于最大限度地发挥广大干部和民众建设社会主义的积极性，但它在一定程度上影响了毛泽东和中央领导集体的决策，使"大跃进"期间出现的"左"的错误在比较长的时期内得不到根本纠正。

二、"大跃进"的重要表现

李若建在《指标管理的失败："大跃进"与困难时期的官员造假行为》（载《开放时代》，2009年第3期）一文中，从高指标、高压力出发，分析了20世纪50年代末到60年代初的"大跃进"与困难时期的官员造假基础，指出指标考核使造假成为官场的一种游戏规则，趋利避害是官员的正常行为。李若建还分析了几类造假动机和几种官员的造假，最后指出指标考核弊病的危害。

冯庆芳在《"大跃进"时期农业浮夸成风的原因》，（载《文史博览（理论版）》，2010年第1期）一文中指出，毛泽东和中央高层无视经济规律，盲目自信；党内民主制度的破坏，个人专断导致决策失误，反右斗争破坏民主氛围；地方党政机关的盲从和推波助澜，以及新闻媒体的不当宣传等原因，导致了"大跃进"时期农业浮夸成风。

卢晖临在《"卫星"是如何上天的——乡村基层干部和"大跃进"》（载《开放时代》，2008年第5期）一文中，将关注的重点放在最底端，微观分析基层乡村干部在"大跃进"粮食"放卫星"中扮演的角色。首先，在"下级服从上级"的行政体系中，基层乡村干部作为最低行政层级的施压对象，进一步对农民施压；其次，共产党革命改变了乡土社会权力的传统格局，基层乡村干部自身的社会特征，使他们在压力之下，成为推波助澜者；再次，乡村精英人物向城市流动，宗族等民间组织的缺失，基层乡村干部在乡村内部获得了巨大的政治活动空间；最后，最重要的是，因为此时的基层乡村干部面对的是已经与传统小农判若两人的农民——因为财产权利屡受侵犯、利益纽带不断松懈而越来越漠然的农民，在那种特殊的情况下选择了随波逐流。

刘洋在《1958年"教育大跃进"》（载《时代教育（先锋国家历史）》，2007年第19期）一文中，介绍了教育"大跃进"的缘起、概况、调整、结束，分析了教育"大跃进"的教训。为了坚决反对资产阶级的教育方针，教育"大跃进"采取了一系列措施：教育同生产劳动紧密结合，大放"科技卫星"，普及高等教育大办学校，不顾物质条件扩招工农学生等，浪费了青年的时间和精力，也造成一代学人知识结构严重的片面性、封闭型和排他性。

黄莺在《"大跃进"时期国家技术观特点分析》（载《哈尔滨工业大学学报（社会科学版）》，2003年第4期）一文中指出，"大跃进"时期的国家技术观具有明显的意识形态倾向，片面夸大意识形态的重要性，将意识形态狭隘地归结为政治思想与政治意识；力图通过群众运动的方式来进行技术革命，忽视知识分子在技术革命中的重要作用；不考虑客观的物质技术条件，片面强调高速度和数量；片面强调发展重工业，在重工业中又片面发展钢铁工业，造成技术结构的畸形化。

微课设计

微课设计一：从"万斤红薯的试验"看农业"大跃进"

设计意图

通过具体的人——农民在"大跃进"中的所思所见所为，反映特定时代背景下"卫星"满天飞、浮夸风盛行的"大跃进"现象，并借助具体事例反思出现这种现象的原因，以培养学生求真求实的科学精神。

设计方案

教师介绍："大跃进"时期，人们用"放卫星"来指称在各行各业所创造的那些超越常规、超出人们想象的高产纪录。其中，影响最大的是不断刷新的粮食亩产"卫星"。

材料呈现：

表1 小麦高产卫星表

时 间	地 点	亩产（斤）
6月16日	湖北省谷城县星光社	4535
6月23日	湖北省谷城县先锋社	4689
7月12日	河南省西平县和平社	7320
9月22日	青海柴达木盆地赛什克农场	8586.6

表2 水稻高产卫星表

时 间	地 点	亩产（斤）
7月18日	福建省闽侯县连坂农业社	5806
7月25日	江西省波阳县桂湖农业社	9195
7月31日	湖北省应城县春光社	10591
8月13日	湖北省麻城县溪建园一社	36956.7
9月5日	广东省连县	60437
9月18日	广西环江县红旗人民公社	130435

——材料出自卢晖临：《"卫星"是如何上天的——乡村基层干部和"大跃进"》，

载《开放时代》，2008年第5期

教师设问：这是收录的新华社和《人民日报》比较典型的一些报道，观察表中有哪些农业卫星？这些卫星有什么特点？（参考答案：有小麦和水稻，亩产越来越高。）

教师讲述：这些粮食高产卫星是怎么回事？卢晖临在《"卫星"是如何上天的——乡村基层干部和"大跃进"》（载《开放时代》，2008年第5期）一文中记述了这样一件事：在湖北省应城县，长春社放了一个"中稻亩产43869斤"的卫星，邻乡就想放一个红薯大卫星。于是，乡里召开合作社支部书记、社长会议，乡党委书记大讲实验红薯卫星的重大意义，要求一个红薯一万斤。为了激励积极性，号召大家主动"领任务"，培育出来了授予"县、乡劳动模范"称号。与会的150多人，私下里议论纷纷：长这么大，工作这么多年，从没见过一个红薯长一万斤的。大家都不敢领这个"任务"，但在当时的大环境下，也没人敢站出来说不同意见。为什么呢？因为农业"大跃进"以来，亩产指标越定越高，"卫星"越放越大，也有一些干部和农民公开怀疑高产指标，可是这部分干部群众有的被开批斗会，有的受了处分，更严重的甚至被送到监狱，全家都受到牵连。这样一来，违心地顺从上级干部，或者干脆选择沉默，成为当时很多基层干部和农民的现实选择。"万斤红薯"动员大会由早上6点开到次日凌晨5点，而且一天一夜大家没吃饭没休息，饥饿寒冷，筋疲力尽。后来终于有一个性情耿直的日月合作社的张书记揭榜。

教师设问： 从乡政府开会组织"放卫星"这件事，反映出当时农村经济建设中存在哪些不正常现象？

教师分析： 从会议发动上看，干部存在盲目攀比心理；从正常生产来看，存在定指标、下任务等现象。

教师介绍： 张书记接受任务回村之后，连夜召开支委和干部会，决定执行和乡党委书记约定的方案：将日月合作社所在的一个水库放干，发动全社社员，把大麦、小麦、油菜、豌豆的梗子，全部挑到水库，施饼肥五千斤，牛栏粪五千担，栽上一株红薯苗，组织人专班管理培育，保证一个红薯一万斤。

教师设问： 如果照着这样的生产方案，可能会造成哪些影响？（参考答案：浪费人力物力、影响其他作物生产等。）

教师讲述： 村里的农民们认为放干了水库的水，还怎么能栽秧种水稻呢？全村的劳力都围着这个大红薯转，其他的田不都得成荒地么？更重要的是，花费这么大量的人力物力，也绝不可能一个红薯一万斤啊！后来，农民们请张书记的父亲和两个伯伯出面，才强行阻止了此事。

教师设问： "万斤红薯"根本不可能生产出来，前面两个表中的这些农业高产卫星可能吗？反映了当时的什么现象？对我们今天进行经济建设有何启示？（参考答案：当时的"农业高产卫星"全是虚报假报而来，说明当时弄虚作假的浮夸风盛行，启示我们进行经济建设应当实事求是、尊重客观规律等。）

✏️ **设计点评**

本微课以"大跃进"时期"一个万斤红薯的试验"为切入点，围绕"万斤红薯"的"高指标"是怎样制定的、准备怎样生产，最后又是"如何破产"的，试图还原县、乡、村各级干部及农民等，在农业"放卫星"活动中所扮演的不同角色，引导学生思考那些令人震惊的农业"卫星"为什么能被制造出来，这有助于更直观、更感性地认识和理解"大跃进"岁月里的荒唐和无奈，辛酸和悲哀。

微课设计二："大跃进"运动中的"打麻雀"运动

✎ 设计意图

选取"大跃进"运动中"打麻雀"运动这一典型事件，通过打麻雀的发动、打麻雀运动的特点、打麻雀中人的所思所想及这一运动的结束，感悟"大跃进"运动严重违背科学、违背人性的一面，培养学生尊重人性、尊重自然的人文情怀。

✎ 设计方案

材料呈现：

万寿山区的捕雀战斗
——刘鹏：《上世纪五十年代末的"打麻雀运动"》，
载《北京档案》，2012年第8期

教师介绍：图片显示的是在万寿山区，当天的北京颐和园公园内，有人挥着红旗，有人敲锣，有人拿着弹弓，大家正在打麻雀。

教师设问：

（1）从图中能否推测大致季节？（参考答案：学生从人们的衣着及柳树发芽推测，应该是阳光明媚的春季。）

（2）观察并猜测图中人物的身份。（参考答案：从图中可以看出有男有女，都是年轻人，可能是学生。）

教师讲述：1958年4月，北京市全民动员集中打麻雀。为什么呢？20世纪50年代中期，随着社会主义建设的全面展开，毛泽东在一份文件中指示：老鼠、麻雀、苍蝇、蚊子危害人民生活，要在七年内基本上消灭。不久，中央提出从1956年开始，分别在5年、7年或者12年内，在一切可能的地方，基本上消灭老鼠、麻雀、苍蝇、蚊子。虽然有科学家对于把麻雀定性为害鸟表示异议，但随着农业"大跃进"逐渐展开，中共中央、国务院公开发出了"除四害""消灭麻雀"的指示，认为麻雀吃粮食破坏生产，与人争食，应该消灭。指示还公布了计划提前完成"除四害"的省市，如北京定为两年、河南定为三年、上海定为三至五年等。就这样，在全国迅速掀起了消灭麻雀的战斗。

教师提问：

（1）麻雀吃粮食，能否据此断定麻雀是害鸟？即使是害鸟，能否就把它全部消灭？这反映出当时经济建设中存在什么缺陷？（参考答案：教师可引导学生分析如不尊重科学、不尊重自然、破坏生态等。）

（2）观察图中小黑板上的"你守住岗位没有？"，解读文字并思考说明了什么？（参考答案：说明图中几人分配到的岗位就是这块地方、这几棵树。）

教师讲述：每人都有自己的岗位，其他地方可能是别人的岗位，譬如对面的山坡、树林、街道、屋顶、粮囤、草垛等。麻雀不管落到哪里，都会有人哄赶、捕打。这样，麻雀只能在空中飞行，精疲力竭之后，或者"束翅"就擒，或者掉在河中淹死。这就是当时人发明的全民动员、集中消灭麻雀的"大兵团"作战方法。

材料呈现：

《天罗地网》
——郑光路：《1958年围剿麻雀的"人民战争"》，
载《百姓》，2003年第8期

教师讲述：以漫画《三毛流浪记》而享誉海内外的张乐平，当时创作了《天罗地网》这幅漫画，以写实的笔法记录了1958年这场全民动员剿灭麻雀的战斗。同学们可以看到图中战旗飘扬，全民动员，人们爬在屋上、树上，敲锣打鼓，或放鞭炮，或呐喊鼓噪，或枪打雀，或猫咬雀。

4月20日，《人民日报》报道了北京灭雀大战盛况，据称：北京市300万人连续突击三天，共歼灭麻雀40余万只。

教师设问：这样全民动员式的"灭雀大战"，反映出"大跃进"具有什么特点？会带来什么样的影响？

教师结合学生回答分析：当时惯用突击式的群众运动进行经济建设、干工作，造成人力物力的大量浪费，影响各行各业正常工作和生产。

教师设问：北京市在三天时间内就消灭了40万只麻雀，这反映了'大跃进'具有怎样的特点？（参考答案：追求高速度。）

教师讲述：就在"麻雀战"开展得轰轰烈烈的时候，中国科学院动物研究所研究员、鸟类学家郑作新和他的同事们采集麻雀标本，进行专门研究，并在《人民日报》等报刊上发表了他的考察成果——麻雀是林木果树害虫的"天敌"！但是，郑作新为麻雀的辩护没有改变麻雀的命运。1959年的庐山会议上，毛泽东仍然认为："麻雀现在成了大问题，还是要除。"就在毛泽东说"麻雀还是要除"的时候，广大农村传出了"遍地虫灾"的消息。更多的科学家也挺身而出，为麻雀翻案，中科院甚至专门写了一份《关于麻雀问题向主席的报告》。直到1960年3月，毛泽东在一份文件中提出"麻雀不要再打了"。4月，中央才进一步明确：麻雀是益鸟，以后不要再打麻雀了！至此，灭雀大战宣告结束。然而，这场"人民战争"对环境、农业生产所带来的破坏却持续了很长时间。

教师提问：麻雀无辜！"大跃进"运动时期小麻雀的悲惨遭遇给我们今天以怎样的教训和启示？（参考答案：尊重科学，尊重自然规律，进行经济建设不能盲干、蛮干等。）

设计点评

小麻雀是学生日常生活中常见的普通鸟类，当学生看到"万寿山区的捕雀战斗"时，最初可能是抱着好玩和嬉闹的轻松心态。可是，随着教师对图片的深入解读，尤其是当观察漫画《天罗地网》，联想到可怜的小麻雀在全民动员的"打麻雀"运动中无处落脚、最后只能束翅就擒或被毒死或被枪杀时，学生的表情变得严肃、心情变得沉重了。本微课正是通过解读图片引发情感的冲击，进而有助于学生认识到，不尊重客观规律，蛮干、盲干的"大跃进"运动给中国的发展带来了巨大的伤害。

教学资源

资源1：1958年9月份开学不久，我们高三学生停课参加大炼钢铁劳动……

……

……我们来越溪的同学分成四个组：第一组为高炉组。我分在高炉组任鼓风手。一个高炉用一只（后用两只）直径一米的木箱往高炉内鼓风，一只风箱由两位同学拉，每拉半小时左右换下来休息，风箱不停，换人接着鼓风。这个组还有李茂良等几个同学负责配料、上料、观察炉内烧炼情况，他们按时按比例将"钢炭"石灰石、铁矿石等加入炉内，根据出炉熔液情况修改比例配料。第二组为采石组。据说越溪乡地里有铁矿石，同学们也到地里去拾过一些，但主要是开采的"铁矿石"运来炉前供第一组炼铁。第三组是烧炭组。这个组的同学将从山下砍伐的树木，按要求垒在事先挖好的沟内进行燃烧，当这些树木还没有完全燃烧时，就用土将其埋上，若干天后将土刨开，那些埋在沟里的树木若没有氧化完，就成了黑糊糊的"钢炭"，这些"钢炭"与城里涮羊肉用的木炭相差无几。第四组是后勤组，负责做饭、烧水、看住地。

我们高炉组将第三组送来的"钢炭"加入炉内用大风箱不停地吹，吹出很旺的炉火，将炉内材料熔化成红红的液态后放入炉前的槽内。我们二十四小时不停息地炼，炼了很长时间，也无数次地看着炉内红红的熔液流入坯槽内，有几次开炉溶液也迸出一星火花，我们认为这一次一定炼出铁了，喜报也写好了。但溶液冷却后一敲就碎，一丁点铁也没有，不知是铁矿石含铁量低，还是"钢炭"用人工鼓风吹的热量不够或者配比不当，当时没炼铁的师傅和技术人员指导我们，几十天下来始终没从炉渣中找出一星半点铁来。我们这些鼓风手都是十八九岁的壮小伙子，辛辛苦苦几十个昼夜不停地拉风箱，眼看着山上山下原来遮天蔽日的树木，被我们的高炉"吃"光了，只在炉旁堆出小丘似炉渣，可是一两铁也没炼出来，心里很难过！

春节前，我们奉命回校，回校后看到学校原有的数百年乃至上千年的古柏砍伐殆尽，原来古树参天、绿树成荫的校园已光秃秃地了，十分荒凉。……

——梁伯钧：《一个中学大炼钢铁的回忆》，载《书屋》，2011年第8期

资源2：一天清晨，王选经过又一个通宵苦干之后，已经完全进入恍惚状态。回到住处，坐在床上，还没来得及脱衣服躺下，竟然就这么睡着了。过了一会儿，口水流了下来，他才又醒过来，继续刚才没有完成的动作——脱了衣服，一头栽倒在床上。

据王选院士回忆，当时他经常连续很多天工作在十四个小时以上，因为参与了北京大学自主研发中型计算机的任务。当时，中国科学院、清华大学先后设计出了大型和中型电子计算机，于是北京大学也下决心要研制每秒1万次定点预算的电脑。还要争分夺秒争取十一前完成好"为国庆献礼"。他们已经给这台梦想中运算速度可以进入当时世界前20位的计算机，起了一个符合时代特点的名字——"红旗机"。

......

那样的氛围下，各个方面的比赛和竞争也不断升级。北京大学高度重视"红旗机"的研发，全国人民也瞩目着这项攀越科学巅峰的壮举。全国数家高校派出了几十位师生奔赴北京大学，与北大师生会师以后建立了七八十人的科研团队——"红旗营"，张世龙担任"营长"，负责指挥整个"红旗营会战"。

这些来自云南大学、四川大学等高校的老师和学生们，政治上都非常过硬，"苗红根正"，还有许多是党员。可惜，让王选觉得有些遗憾的是，这一大群人中都没几个人懂电路，更别说计算机。这样，他们不但无法参加研制工作，还要让王选等人经常给他们上课，进行相关的培训。

......

张世龙等的严谨态度使得红旗机的研发进度令人失望，但是北京大学还是有很多令人骄傲的跃进成就。1958年8月8日，经过东语系朝鲜语专业师生一周的奋战，一本2万词条、100万字的《汉朝辞典》被作为"特大号卫星"放上了天，而这仅仅是3400多颗"卫星"中的稍微璀璨一点的一颗。

......

1960年冬天过去，王选虽然饿得全身浮肿，累得人不人鬼不鬼，但是他依然坚守在自己的岗位上，为红旗机而奋战。只是"红旗营"却早就已经坚持不下去而悄悄解散了……

——刘洋：《1958年"教育大跃进"》，

载《时代教育（先锋国家历史）》，2007年第19期

资源3：那一年的大学校园里，上下课的铃声虽然像往常一样按时打响，但通往教室的大小路上却很少有人拿着书兜急匆匆行走。教师和学生们各有各的事要做。

某系在宿舍楼前开了一块试验田，夸下海口，亩产小麦数千斤。这个目标是这样实现的：先深挖地，约一米深，然后松土、施肥；下种时，给一张张报纸涂上胶水，再把麦种均匀地撒满报纸，粘着密密麻麻麦种的报纸，一张接一张地铺在地里，上面撒好肥土后浇水。后来有学生回忆起来说，这还算是最精耕细作的。麦苗长出后，齐茬茬一片翠绿，煞是好看！不料，没过几天，麦苗开始发黄，找原因：长得太密，不透风。于是大家搬来鼓风机，给麦地里吹。那真是苦干加巧干，干劲冲破天！最后还

是无奈，只好忍痛间苗。

——刘洋：《1958年"教育大跃进"》，

载《时代教育（先锋国家历史）》，2007年第19期

资源4：1958年4月19日清晨4时左右，首都数百万"剿雀大军"拿起锣鼓响器、竹竿彩旗，开始走向指定的战斗岗位。830多个投药区撒上了毒饵，200多个射击区埋伏了大批神枪手。房上、树上、院里到处是人，千千万万双眼睛防空袭般警惕监视着天空。扎的无数假人、草人随风摇摆，也来助威。不论白发老人或几岁小孩，不论是工人、农民、干部、学生、战士，人人手持武器，各尽所能。全市形成声势浩大的"麻雀过街、人人喊打"的奇特画面。麻雀在天罗地网中乱飞，找不着栖息之所。无辜突遭灭顶之灾的麻雀被轰入施放毒饵的诱捕区和火枪歼灭区；有的吃了毒米中毒丧命；有的在火枪声里中弹死亡……

——郑光路：《1958年围剿麻雀的"人民战争"》，载《百姓》，2003年第8期

资源5：事实上，1959年我国的粮食产量才3393亿斤，远少于当初的计划，计划生产1万亿斤粮食直到1996年才实现；1959年实际炼钢1122万吨，比计划的2700万～3000万吨也大打折扣，预定产钢3000万吨的计划直到1978年才实现。而会议制定的"二五"末年产钢8000万吨的第一方案到1992年才实现，产钢1亿吨的第二方案直到1996年才实现。而产量1.5万亿斤的计划，不知何年才能实现，因为到1996年，我国的粮食产量才突破1万亿斤大关，2008年粮食产量才达到1万零500亿斤。回顾历史，不能不说当年制订的钢产量、粮食产量是多么不切实际，为实现这些根本不可能达到的目标，只能采取片面张扬主体意志的"大跃进"运动。

——周金华：《"大跃进"运动分期再探》，

载《湘潭大学学报（哲学社会科学版）》，2012年第5期

资源6：在文、教、卫和科技等领域，文化部提出群众文化活动要做到人人能读书、人人能写诗、人人看电影、人人能唱歌、人人能画画，人人能舞蹈、人人能表演、人人能创作。1958年9月19日，中共中央和国务院发出的《关于教育工作的指示》提出全国要在三至五年内基本扫除文盲，普及小学教育，十五年时间普及高等教育。科技界提出"苦战三年基本改变我国科学技术面貌"的口号和争取提前五年即在1962年完成十二年科学技术远景规划，以赶上世界科学技术先进水平。有的省提出一年消灭文盲，有的省

提出一年变成文化省,有的地方提出每个县出一个鲁迅和郭沫若,还有的省提出一年消灭"四害"等。

——高其荣:《论大跃进"浮夸风"的表现形式和基本特点》,

载《云梦学刊》,2002年第2期

资源7:在文、教、卫和科研等方面,也有"高产卫星"出现。河南遂平县10个基层公社到1958年8月底,创办了各种"大学"570多所,学员达10万多人,基本上做到了每个社员都上大学;河南登封县竟在两天之内建起了44所"红专大学",入学干部群众达11.7万余人,占全县总人口的三分之一以上。黑龙江省于1958年在全国率先宣布已消灭了文盲。某师范大学一个文学班26个人苦战四昼夜,竟"读"了290部中外名著,编出了一本文学史大纲。湖南华容县对生猪进行"三割催肥法"(割除尾巴、耳朵、甲状腺)试验,居然可使生猪一天长肉14斤。这些成绩和数字也纯粹是编造出来的。

——高其荣:《论大跃进"浮夸风"的表现形式和基本特点》,

载《云梦学刊》,2002年第2期

资源8:其他党和国家领导人也是在调查研究中对"大跃进"运动中的高产确信不疑。1958年9月,刘少奇到江苏视察,在常熟县和平人民公社参观中稻丰产实验田时,他问公社党委书记:亩产可以打多少斤?回答说可以打一万斤。刘少奇说:"一万斤,还能再多吗?你们这里条件好,再搞一搞深翻,还能多打些。"刘少奇的调查得出的结论是期望能有超过亩产一万斤的产量。陈毅到广东番禹县考察回来后,在《人民日报》上发表文章,证明说,自己在广东省番禹县,亲眼看到了亩产100万斤番薯、60万斤甘蔗、5万斤水稻的事实。这一事实同样也是他调查研究的结果。就连以实事求是著称的彭德怀在调查研究中,也为大跃进的情景所激动。1958年8月他考察东北地区、三江平原,"一路上波澜壮阔的全面'大跃进'的生动图画,使他自己的热血也在沸腾。他向部队干部们讲话,激动地说,过去歌唱是'起来!饥寒交迫的奴隶',中国人民几千年来饿肚子的问题,今年解决了!今年粮食产量是7000亿斤到8400亿斤,明年是1.5万亿斤。每人年平均有1吨粮,什么战争、灾害都不怕了。"

——张昭国、黄宗华:《大跃进发动阶段调查研究偏差的历史启示》,

载《甘肃理论学刊》,2006年第6期

资源9:1958年7月底,钢产量累计才380万吨,毛泽东感到钢产量翻一番的计划完成不了。北戴河会议的最后一天，"毛泽东挨个向与会者核实：1070，行不行？首先问上海市副市长马天水行不行，马天水说可以。问鞍山市委书记赵敏行不行，赵敏也说可以。问武汉市委书记，也说行。问太原市委书记行不行，他说可以。又问主要钢铁基地重庆、北京、天津、唐山、马鞍山的工业书记，大家都说行。"

——张昭国、黄宗华：《大跃进发动阶段调查研究偏差的历史启示》，

载《甘肃理论学刊》，2006年第6期

资源10："大跃进"的发动是从掀起农业生产高潮开始的。

1957年9月24日，中共中央和国务院发出《关于在今冬明春大规模开始兴修农田水利和积肥运动的决定》，要求各地掀起农业生产高潮。10月11日，《人民日报》发表题为《在五年内赶上和超过富裕中农的生产水平》的社论，认为"我国农业生产的发展速度应该和可能更快些"，指出："多数地区的多数合作社在五年内赶上和超过富裕中农的生产水平，这是我国农业生产的一个大跃进。"10月25日，经过中共八届三中全会修改的农业发展纲要四十条正式公布。10月27日，《人民日报》发表题为《建设社会主义农村的伟大纲领》的社论，要求"有关农业和农村的各方面工作在十二年内都按照必要和可能，实现一个巨大的跃进"。通过这些社论，中共中央正式向全国人民发出了"大跃进"的号召。修改后的农业发展纲要四十条实际上成为发动农业"大跃进"的纲领。11月和12月，各省市自治区相继召开党的代表大会，反对右倾保守，推动生产建设事业的发展。

11月，为庆祝苏联十月革命40周年并出席各国共产党和工人党代表会议，毛泽东率领中国党政代表团赴莫斯科。在会上，苏联提出15年赶上和超过美国的目标，毛泽东在征得中央其他领导人同意后提出中国15年钢产量赶上或者超过英国。12月，刘少奇在中国工会第八次全国代表大会上代表中共中央致辞中，向全国人民公开宣布了15年在钢铁和其他重要工业产品的产量方面赶上或者超过英国的口号。这年冬天到1958年春，全国农村动员了六七千万人掀起了以兴修水利、养猪积肥和改良土壤为中心的农业生产高潮，这实际上揭开了农业"大跃进"的序幕。

——郭大钧主编：《中国当代史（1949—2007）》，第3版，92～93页，

北京：北京师范大学出版社，2009

资源11：……与高到超出人们想象的粮食亩产相伴随的，各地竞相采用一系列超越常规的"增产"办法。

其一是深翻土地。"翻地的办法是先在地边挖一条深沟，然后再沿沟的一侧挖新沟填老沟，滚动式地前进"，有的地方将土地翻到一米甚至一丈以上。深翻土地不仅耗费大量人力，而且由于将表层熟土埋在下面，深层生土翻到了上面，反而减少了土壤肥力。

其二是多施肥。当时很多地方用狗肉汤浇灌作物，此风盛行之时，乡间狗迹几绝，云南省昭通一个专区就打死13万只狗；还有人拆除老房子用老墙土改造土壤，湖南宁乡一个县就拆除115136间房屋，平均不到两个农户，就被拆除一间房屋。

其三是早插秧。一些地方春节刚过就浸种育秧，由于气温过低，种谷撒在田里不发芽，就让社员将家里的坛坛罐罐装上热水搬到秧田增温，还拆下各户的被面和床单在秧田里挡风。

——卢晖临：《"卫星"是如何上天的——乡村基层干部和"大跃进"》，

载《开放时代》，2008年第5期

资源12：……由合作化到公社化的历程，自农民的角度来说，也是一个财产权利逐渐丧失，利益纽带不断松解，个体责任意识渐行渐远的过程。一个富裕中农是这样来描述这一过程的："高级合作化弄走了土地，牵了牛，公社化卡死粮食拉了猪，下雨天喝凉水，从头冷到脚。"

"大跃进"时期，已经失去土地、农具等重要生产资料的农民家庭，进一步连房屋、生活用品等一般性财产也难以保全。在这种情况下，农民对于任何超出自己直接掌控范围的事情都漠不关心。种田人糟踏农具，这种匪夷所思的现象在"大跃进"时期却普遍发生。安徽南陵县1961年的一份调查报告这样写道："'倒了油罐也不扶'，农具无人管，随用随丢，坏了不修，碰到柴禾不凑手，也就打破农具烧锅，农具遭到极端严重的破坏。……"

——卢晖临：《"卫星"是如何上天的——乡村基层干部和"大跃进"》，

载《开放时代》，2008年第5期

资源13：至此，在如何评价"反冒进"、如何对待"大跃进"的问题上就顺理成章地形成以下两个基本结论：在全国范围内，对这两问题的态度如何，成为敌我斗争的分水岭，成为判断是"人民"还是"敌人"的标尺；在全党和人民内部，如何对待这两个问题，就成为一项事涉建设路线和根本方针的政治斗争，而且这一斗争随时都有可能转化为阶级斗争。如此，对待"反冒进"和"大跃进"的态度如何，就被上升到阶级斗争和政治斗争的高度上来;实际工作中的各项指标的制订和生产任务的完成情况如何,也要用阶级斗争和政治斗争的标准与眼光去观察、分析和判断。

——高心湛:《决策者失误与信息失真——关于"大跃进"时期的信息状况及其失真原因》,载《许昌学院学报》,2007年第6期

资源14:1958年5月29日,《人民日报》发表《把总路线的红旗插遍全国》的社论,批评有些人"精神不够振作,反映了由于我们民族长期被压迫而遗留下来的自卑心理。""他们不知道,解放了的、觉悟了的、团结起来和组织起来的6亿多人口,这才是世界上最伟大的创造力量,有了这个力量,就能够有最多的资金和最大的技术力量,就能够有工业和农业的高速度发展,就能够做到人类所能够做到的一切。在伟大的中国和以伟大的苏联为首的社会主义阵营面前,什么美国英国,什么帝国主义阵营,真正不过是一些侏儒罢了。""我们党深信,只要鼓足6亿多人民的干劲,动员6亿多人民力争上游,我们就一定能够高速度地进行建设,一定能够在一个比较短的时间内赶上一切资本主义国家,成为世界上最先进、最富强的国家之一。"

——高心湛:《决策者失误与信息失真——关于"大跃进"时期的信息状况及其失真原因》,载《许昌学院学报》,2007年第6期

资源15:1959年11月国家统计局召开的省市统计局长会议竟然提出:"对统计数字的准确性,要虚心考虑各方面的意见,特别是党的领导的意见,不能单纯从统计数据出发。"

——高心湛:《决策者失误与信息失真——关于"大跃进"时期的信息状况及其失真原因》,载《许昌学院学报》,2007年第6期

资源16:1959年初,问题开始暴露。而当时毛泽东还是认为1958年农业大丰收,所以对部分地区发生的缺粮、缺油感到百思不得其解,他认为既然粮食产量增长这么多,而现实却出现了"粮食紧张",那么在某些地方一定有大量的余粮存在。正在这时,来自广东的一个材料让他宽下心来,这个报告说广东雷南县在1958年生产大跃进后却出现粮食紧张的不正常现象,是由于生产队和分队进行瞒产私分造成的。这个报告解除了毛泽东的困惑,把实际已经非常严重的问题看成是"广大基层干部和你们惧怕集体所有制马上变成国有制",而导致的"瞒产私分"所致。这个报告使他确信,生产队和分队的粮仓就是存这些粮食的地方。这个信息排除了毛泽东的疑虑,从而也使他失去了解决问

题的时间和机会。

——杨俊：《信息失真与决策失误——关于"大跃进"运动的再考察》，
载《江西师范大学学报（哲学社会科学版）》，2005年第6期

资源17：那是一个热情有余而理智不足的年代，当时的口号是，"一天等于二十年"，"超英赶美"，"跑步进入共产主义"。从生活到艺术都在虚拟一个"乌托邦"式的极乐世界。农民业余作者创作的《共产主义在前头》宣传画，画面配了这样一首诗："跃进起来已很久，一天等于二十秋，打破保守赶快跟着走，共产主义在前头。"不仅绘画如此，其他的文艺也是这样。当时中国科学院院长的郭沫若就创作了《迎春序曲》诗歌，高昂地呼喊："赶上英国只需要十五年，农业纲要七年就可实现；一个大跃进连着一个大跃进，英雄气概可以覆地翻天。看吧，要把珠穆朗玛铲平！看吧，要把大戈壁变成良田！劳动人民历来就是创世主，在今天更表示了他的尊严。"

——吴继金：《"大跃进"时期的政治宣传画》，载《艺海》，2009年第4期

资源18：我见过一则材料，记述毛泽东和武汉大学哲学教授李达的对话，时间便在"大跃进"的1958年，李（武汉大学哲学教授李达）问毛，"人有多大胆，地有多大产"，这句话通不通？当毛表示持肯定态度后，李达说："肯定就是认为人的主观能动性无限大，其实人的主观能动性的发挥离不开一定条件。现在人的胆子太大了，不是胆子太小。你不要火上加油。否则，可能是一场灾难。"此时，有旁听者示意李达不宜再讲下去；或许是当天心情好，或许因为李达是老熟人、老朋友，所以毛发觉后颇为大度地讲，让他说，不划右派。李达就不留情面地批评道："你脑子发热，达到39度高烧，下面就会发烧到40度、41度、42度……这样，中国人民就会遭大灾大难。你承认不承认？"这场争论过去，毛泽东回到北京后曾请人传话给李达，承认是"我的过错"，"过去我写文章提倡洗刷唯心精神，可是这次我自己就没有洗刷唯心精神"。

——乐朋：《"大跃进"岁月的荒诞奇闻》，载《钟山风雨》，2009年第2期

资源19：著名美术评论家毕克官评说"大跃进"时期的漫画道："'大跃进'本身就像漫画中的'夸张法'，经过反右'洗礼'的漫画家，当然乐于运用'夸张法'。人家农民都亩产万斤，我们岂能落伍。记得北京漫画界在编辑部有一次集会，画家们纷纷自报发表数字。有一位画家大放'卫星'，报了一月发表一百幅漫画。而且纷纷表示不拿稿费，既然快到共产主义了还拿什么稿费呢！于是，把小成绩夸大，把错的画成对的。

一个时期，刊物上的玉米棒棒粗得像擎天柱，大南瓜大得像地球，连神通广大的孙悟空也处处甘拜下风，自叹弗如了。真是赞歌唱尽，颂声喊绝。"①

——吴继金：《"大跃进"时期的政治宣传画》，载《艺海》，2009年第4期

资源20：1958年秋季，一些领导人的视察旅行表明了问题正在形成。在某些地方，农民食物短缺的情况证明官方统计提供的几乎所有地方都相当富裕的报告是虚假的。在其他地区，长势极好的庄稼在没有完全而适时收割，因为转移到地方工业或离乡参加城市中的国营大工厂的工人太多。1958年时城市人口的增长简直是直线上升。同时，钢铁部门的成绩表明1959年生产3000万吨钢的理想主义的原目标（1957年的总产量是535万吨！）是不能达到的。因此，到1958年晚期，毛认识到必须进行调整，尽管他仍然认为"大跃进"的基本策略是正确的。

毛在11月的第一次郑州会议上开始主张这种调整，然后在武昌中央工作会议和随后的1958年11月至12月的六中全会上予以贯彻。他要求1959年的钢的指标炎3000万吨减少到2000万吨，他又建议政府公布低于那时内部估计的最高的粮食产量统计数字。毛本人使他自己在这个时期的观点带有将北戴河会议②的革命激情和实事求是的精神结合起来的特征。但是，实事求是精神——令人不安的1958年底国家实际粮食征购的结果所迫切要求的——很快迫使毛泽东采取更有力的措施以抑制"大跃进"中日益明显的过分行动。

这时，中国领导人在2月晚期的第二次郑州会议上聚焦在一起以制订1959年的策略，毛决定需要使用强硬的措辞以防止"大跃进"变成一场灾难。……

——R.麦克法夸尔、费正清编：《剑桥中华人民共和国史（上卷）：革命的中国的兴起（1949—1965）》，谢亮生等译，283～284页，北京：中国社会科学出版社，1990

资源21：1958年《人民日报》报道"第一颗甘薯大卫星——浏阳一亩田产了五十六万多斤"。报道说，这颗卫星是从1.03亩石子黄泥土地发射出来的，90个人共挖了3天才挖完。为了证明报道的真实性，特别说到，县常委、县长亲往验收，参加验收的还有某公社第一书记及农业局干部十余人。以此证明产量不是假的，给中央产生大丰产大丰收的错觉。山西洪赵县委还向中央写了一个"就实论虚"的报告，提出，小麦亩

---

① 毕克官：《漫画的话与画：百年漫画见闻录》，34～35页，北京：中国文史出版社，2002。
② 1958年8月，中共中央在北戴河召开了政治局扩大会议。这次会议重点讨论了1959年的国民经济计划以及工业生产、建立农村人民公社等问题。会议认为，我国农业问题已经解决了，注意力应转移到工业上来。会议决定工业的中心问题是钢铁生产和机械生产。

产究竟可以达到多少？他们以社员的口气说"我们可以改良小麦的习性，比如使他们和谷子嫁接，让每个麦穗有八寸到一尺长，每穗结籽500粒，每亩如果是250万株，还可以产到89000斤，再如果把小麦改良成一株多穗，或麦粒像石榴那样大，产量就无法计量"。对于这样不切实际的想象，中央却表现出极大的兴趣，希望运用这一方法总结各项作物的经验。对于虚假的东西不但没有批评，反而大加赞扬和宣传，结果，粮食产量上弄虚作假的浮夸风到处泛滥。

——冯庆芳：《"大跃进"时期农业浮夸成风的原因》，

载《文史博览（理论版）》，2010年第1期

资源22：陈云在关注人民吃饭问题的同时，也十分重视解决人民穿衣的问题。一九六一年初，在调整经济、削减基本建设投资的方针出台时，陈云致信李富春，希望这方面的投资不要削减。……

六月，陈云又致信李富春，建议成立一个"穿衣问题小组"。……

但是，当吃饭与穿衣、进口粮食与进口棉布发生矛盾时，陈云仍决定坚决地把吃饭、进口粮食放在第一位。他说："现在老百姓的布票已经减少得不像样子了。从前每人每年十八尺，不包括絮棉和针织品，现在都算在里头，实际上真正的布只有六尺，当然不像样子。但是，上次讨论进口粮食的时候，我们还是定下来每人再减少一尺布。每人减少一尺布，就可以多进口十亿斤粮食。五美元一匹布，七千万匹布就是五千五百万美元，恰好是买十亿斤麦子的钱。我看宁肯每人减少一尺布，多进口十亿斤粮食。"[1]

——中共中央文献研究室编，金冲及、陈群主编：《陈云传》（下卷），

1228～1229页，北京：中央文献出版社，2005

资源23：在吃的东西全面紧张的情况下，什么东西都凭票供应，每个人买一份，有钱也不能多买。不少有钱的人愿意多出些钱来买他们需要的东西。上海有一个医生对党委书记说："我和老婆两个人每月工资四百多块钱，但是什么东西都买不到，发给我们没有意思，还不如把工资还给公家。"[2]在农村，农民把核桃、柿子、枣子等拉到自由市场去卖，赚钱很多。保定的农民说："一个鸡蛋可以逛一趟北京城。"因为一个鸡蛋在

① 陈云在中央工作会议上的讲话，1961年1月19日，见《陈云文选》（第3卷），141～142页，北京：人民出版社，1995。
② 陈云在中央工作会议上的讲话，1961年1月19日，见《陈云文选》（第3卷），142页，北京：人民出版社，1995。

自由市场上可以卖五元钱，相当从保定去北京来回的火车票。①这种新的动向，被陈云敏锐地察觉到了。

为了使城里有钱的人能买到他想买的东西，为了有相应的高价商品能同农民手里的"鸡蛋"等高价商品"等价交换"，也为了回笼货币，陈云在中共八届九中全会上提出了一项别人没有想到的措施：在大城市"供给相当数量的比较高级的糖果、点心"和"卖炒肉片"。陈云说：现在要两条腿走路，一条叫定量供应，另一条叫卖高级糖果、点心和炒肉片。"两个办法同时来，目的是这样：第一缓和人心，第二增加热量，第三回笼货币。"②

——中共中央文献研究室编，金冲及、陈群主编：《陈云传》（下卷），

1232~1233页，北京：中央文献出版社，2005

---

① 姚锦整理：《姚依林百夕谈》，见《传记文学》，1995（12）。
② 1961年1月18日陈云在中共八届九中全会上的讲话记录。

人民公社化运动

学术引领

1958年的农村人民公社化运动是在社会主义总路线制定之后，在"大跃进"的高潮中，在农业合作社小社并大社的基础上开展起来的大规模的群众运动。中国共产党设想以此实现由社会主义向共产主义的过渡，但结果却是"左"倾错误的严重泛滥和对农村生产力的巨大破坏。历史证明，这场运动是"左"倾错误的产物，是在生产关系和社会制度的变革等方面的盲目冒进，是探索社会主义道路过程中的一次严重失误。

一、人民公社化运动兴起的原因

肖剑忠在《"大跃进"和人民公社化决策失误探析》（载《中共浙江省委党校学报》，2011年第6期）一文中认为，新中国成立后毛泽东在人民公社化运动决策中出现的失误，其最直接也是最主要的原因是缺乏认真深入的调查研究。进一步追溯根源，则是新中国成立后中国共产党取得执政地位，并效仿苏联模式，建立了高度集权的全能政府。这一方面使许多染上官僚主义作风的领导干部不愿深入基层调研；另一方面，又使得下级干部和群众不敢向上反映真实情况，这些都在相当程度上抵消了毛泽东深入调查研究的主观努力，从而使其最终未能进行深入调查研究。

王礼生、郭天保在《人民公社兴办原因再探》（载《求索》，2002年第6期）一文中指出，农村人民公社产生的原因有三方面：第一，内因与外因，以内因为主。受苏联模式的影响并对其照搬照抄是农村兴办人民公社的外因；而国内普遍萌生的急于求成的思想是其内因。第二，客观原因与主观原因，以主观原因为主。高度集中的计划经济体制和"三大改造"完成后出现的社会问题，反右斗争扩大化及我国"一穷二白"的经济状况，都是与社会主义相违背的，而毛泽东等人认为人民公社可以解决这些问题；主观原因是脱离中国的社会主义实际来认识马克思主义公有制理论，以及对我国主要矛盾的判断错误。第三，上层原因和下层原因，以上层原因为主。下层原因与人民群众急于摆脱贫穷，过上好日子的心理有关；上层原因是与最高领导人的支持分不开。

罗平汉在《农村人民公社兴起的原因》（见罗平汉：《当代历史问题札记》，104～114页，桂林：广西师范大学出版社，2003）一文中指出，人民公社化运动兴起的原因有四点：一是急于实现共产主义。当时党之所以发动人民公社化运动，主要是希望运用人民公社的形式，探索出一条过渡到共产主义的具体途径。不仅如此，党还把实现共产主义的时间估计得短之又短。二是来自国际共产主义运动的影响和经典作家关于公社论述的启示。苏联的一些领导人提出了实现共产主义的时间表，这给了中国领导人压力和启示。至于如何向共产主义过渡，则是深受马克思和恩格斯著作的影响，在他们的著作中，把共产主义社会的基层组织称为公社。三是群众自发性的联乡并社与新闻舆论的推波助澜。作为人民公社化运动前身的并大社运动，具有群众自发的色彩。而一个多月的时间全国就实现人民公社化，又是与舆论宣传的推动分不开的。四是中外空想社会主义的影响。1958年建立的人民公社带有浓重的理想主义色彩甚至说空想主义色彩，这与毛泽东早年接触过的某些政治思想；尤其是中国传统文化中的一些空想主义、日本空想社会主义中的新村主义等旧思想有着或多或少的联系。

宋银桂在《简论农村人民公社化运动的原因》（载《湘潭大学学报（哲学社会科学版）》，2008年第5期）一文中指出，农村人民公社化运动作为一场十分广泛的社会政治运动，主要原因有以下四点：其一，中国传统文化是其深刻的思想文化根源。人民公社化运动实际上是中国传统文化中"大同"思想的现代回应。群众对人民公社化运动的赞同，实则是"大同社会""天下为公"的传统所孕育的一种民族情结的反映。其二，国际共产主义运动的理论和实践是其生动的现实原因。人民公社化运动受国际共产主义运动的直接影响，在国际共产主义运动中，"公社"或"农村公社"依然是科学社会主义学说中的一个重要概念。其三，"大跃进"的发动和试图通过新的生产关系发展生产力是农村人民公社化运动的直接诱因。人民公社化运动是"大跃进"的产物。"大跃进"是生产上的急于求成，人民公社化运动是生产关系上的急于过渡，生产上的急于求成导致了生产关系的急于过渡。其四，中苏关系的恶化、中苏之间的竞赛是人民公社化运动的重要"助剂"。由于中苏关系的恶化，导致了中苏之间的竞赛，由于中苏之间在关系不断恶化背景下的竞赛，导致了非理性的"大跃进"和人民公社化运动。

二、人民公社化运动的突出表现

辛逸在《对大公社分配方式的历史反思》（载《河北学刊》，2008年第4期）一文中指出，人民公社化运动的冒进，突出表现在"乡社合一"的公社所有制在全国的普遍建立，和以"供给制"为核心的农村分配制度的急剧变革。辛逸在《简论大公社的分配制度》（载《中共党史研究》，2007年第3期）一文中进一步指出，在人民公社化运动中，全国农村普遍建立了供给制和工资制相结合的分配制度。它具有空想性、不稳定、不统一、低水平和追求绝对平均等特征。大公社绝对平均分配的尝试，对当时农村生产力造成极大的破坏，从根本上颠覆了社会秩序与动力机制，这直接促成了人民公社化运动的失败，并且是20世纪50年代末60年代初饥荒的制度因素之一。

三、人民公社化运动的反思

美籍华人学者黄宗智在《中国农村的过密化与现代化：规范认识的危机及出路》

（自序第3页、正文第74页，上海：上海社会科学院出版社，1992）一书中认为，新中国成立后的集体化没有导致每劳动日生产率和报酬的发展，亦即是真正的现代化发展。农业总产量提高了约三倍，是了不起的成绩，但这是以劳动力投入增加三至四倍换取的，结果是每个工分值的停滞不前甚至减少。这是"没有发展的增长"。而在一些发达国家，农业则呈现"有发展的增长"，其主要表现是劳动生产率和单位工作日收入的改进，使得极少的农业人口得以养活全体人口，也使农业摆脱了仅够维持生存线的生产的地位，这才是真正的农业现代化。

辛逸在《农村人民公社分配制度研究》（78页、188～189页，北京：中共党史出版社，2005）一书中指出，人民公社存续的20多年间，其作为攫取农业剩余的组织与制度保障，虽然有力地支援了当代中国的工业化建设，但却是以"三农"发展的停滞不前，甚至倒退为代价。而"一个国家的现代化是绕不开农民的职业化、农业的产业化和农村的城镇化的，以牺牲三农的现代化为代价的工业化，不仅不会促进现代化反而使国家的现代化徒增困难、多走弯路"。

涂文涛在《对人民公社化的理论与实践的反思》（载《毛泽东思想研究》，2001年第3期）一文中提出了三点反思：第一，农村生产关系的变化和发展，必然坚持生产关系一定要适应生产力的基本原理。人民公社化运动的主要教训是违背了生产关系一定要适应生产力发展的规律。在运动初期，片面强调生产关系对生产力的反作用，甚至把它夸大成决定性作用，盲目追求"一大二公"，不断地变革生产关系，其后果是阻碍了生产力的发展。第二，生产关系的变革要适应市场经济的发展。人民公社实行政社合一的体制，按行政区域来组建和管理，这种封闭性的自给自足的管理体制，使商品经济难以运转。它不能面向市场独立自主地从事生产经营活动，也就不能充分利用农业资源，建立合理的产业结构。第三，发展农村必须处理好经济与政治的关系。人民公社化运动时期，人们对按照经济规律办事缺乏高度重视，当经济生活中由于违背客观规律而出现困境时，往往用阶级斗争的新动向或其他缘故来加以解释，片面强调政治对经济的反作用，忽视了经济规律。

微课设计

微课设计一：徐水县——共产主义试点县

设计意图

河北省徐水县共产主义试点是1958年人民公社化运动中的一个典型。本微课在交代了徐水作为共产主义试点来龙去脉的基础上，选取全民供给制这一制度，意在通过大量的感性材料向学生再现当时的场景，并通过一些提问引导学生反思这一事件，从而以点带面使学生了解人民公社化运动是急于向共产主义过渡的产物，这场运动完全超越了当时生产力的发展水平。

设计方案

材料呈现："1958年8月，毛泽东在河北徐水县视察"图片。

——中国革命博物馆编纂：《中国共产党七十年图集》（下），273页，上海人民出版社，1991

教师介绍：这张照片是1958年8月毛泽东视察徐水县时留下的。徐水县位于河北省中部，原是个贫穷落后的小县。在1957年年底，全国农村掀起了大办农田水利建设的高潮。在这一高潮中，徐水打破了社、乡界限搞大协作，实行全县劳动力的统一调配。县委提出"行动军事化，作风战斗化"的口号，把全县能调动的劳动力按军事编制组成大队、中队，实行劳动力集体吃、集体住，开始了所谓的"全民军事化"。从1957年11月起，全县人民苦战3个月，实现了农田水利化。1958年4月，根据毛泽东的指示，《人民日报》刊登了徐水的事迹。由此，徐水县成了河北省乃至全国"大跃进"的典型，这使得徐水在1958年8月迎来了共和国最高领袖的亲临视察。

材料呈现：在徐水视察时，毛泽东问农业社社长李江生："你们农业社叫什么名

字？"李江生答："叫第八瀑河农庄。"毛泽东说："还是叫人民公社好！"

当天夜里，毛泽东视察过的大寺各庄公社正式成立。为了纪念领袖的视察，定名为"东方红八四人民公社"……

——罗平汉：《农村人民公社的建立》，见罗平汉：《当代历史问题札记》，97页，

桂林：广西师范大学出版社，2003

教师设问：当时为什么认为"公社"比"农业社"好？（参考答案：成立公社有利于向共产主义过渡。）

材料呈现：8月5日，张国忠在徐水县共产主义思想文化大跃进大会上做了《向共产主义进军》的讲话……张国忠向社员群众讲解说："什么叫共产？共产就是大车、牲口全部归公……除了生活用品和存款是自己的，其余都是公有的，这就叫共产。共产共产，越共越好，一共就富了。"

——何立波：《徐水"大跃进"始末》，载《党史纵览》，2008年第6期

教师引导学生分析：徐水县第一书记张国忠的解释，说明他对共产主义的理解存在误区。共产主义并不是越共越好，因为共产主义的目标是劳动者的自由与解放，而生产资料的公有制只不过是实现这一目标的手段而已。越大越公并不一定能带来富有，譬如说，原始社会实施生产资料公有制，但是生产力水平却极其低下。然而，在那个年代，上至中央下至百姓，许多人都和张国忠一样有着这样的误解。

教师设问：你认为在这一误解下建立的人民公社有什么特点？（参考答案：公有化程度高。）

教师继续点拨：很显然，徐水试图建立公有化程度很高的人民公社，以此向共产主义进军，这深受当时"共产主义是天堂，人民公社是金桥"的思想影响。这在当时具有很大的感召力，因为"一共就富了"。而当时徐水人也好，其他地方的百姓也好，无不迫切希望改变中国贫穷落后的面貌。

教师介绍：8月6日，中共中央农村工作部副部长陈正人来到徐水，传达了中共中央在徐水搞共产主义试点的指示。8月22日，徐水县委草拟了《关于加速社会主义建设向共产主义迈进的规划草案》，提出"1959年基本完成社会主义建设，并开始向共产主义过渡，到1963年即进入伟大的共产主义社会"的奋斗目标。8月23日至9月1日，《人民日报》发表了长篇通讯《徐水人民公社颂》，全文15000字，分6天才刊

完。这篇报道的结尾说：唱不尽人民公社的优越性，颂不完人民公社的灿烂前程，徐水人民公社将会在不远的将来，把社员们带向人类历史上最高的仙境，那就是"各尽所能，各取所需"的"自由王国"。9月20日，《中共徐水县委员会关于人民公社实行供给制的试行草案》公布，徐水就以实际行动向这个"自由王国"迈进了。按照草案规定，全县实行"十五包"：

材料呈现：吃、穿、住、鞋、袜、毛巾、肥皂、灯油、火柴、烤火费、洗澡、理发、看电影、医疗、丧葬，全由县里统一包下来。

——辛逸：《简论大公社的分配制度》，载《中共党史研究》，2007年第3期

教师介绍：实行供给制在当时被很多人认为是分配方面向共产主义社会过渡的理想形式。实行全民供给制是徐水向共产主义过渡的一个具体措施，也是徐水共产主义试点的基本内核。实现了"十五包"的徐水显然走在了全国向共产主义过渡的前列。因为全国绝大部分地区推行的是粮食供给制，也即"吃饭不要钱"。而徐水属于基本生活供给制，也即包括吃饭在内的基本生活的方方面面都由公社统一分配。这样的徐水当然使徐水百姓心生向往，所以草案一公布，"全县欢腾一片，一致热烈拥护"[1]。但让徐水人民始料未及的，却是这样的供给制仅实行了约四个月便夭折了，原因何在呢？

材料呈现：徐水县1958年8月推出供给制，9月干部就停发了薪金改发降低了标准的津贴费；有的干部未领到钱，只到公共食堂免费就餐，就是这样的食堂仅维持3个多月就关门了。11月曾给社员发过一次工资及部分生活用品，用去550万元，当时全县年财政收入不足2000万元，根本无力承担供给制，只好挪用商业资金700万元。

——辛逸：《简论大公社的分配制度》，载《中共党史研究》，2007年第3期

教师设问：材料中的现象，出现的原因是什么？（参考答案：徐水县无法承受沉重的财政负担。）

材料呈现：这期间粮食已全面告急，全县出现饥荒苗头，县政府在全县征购淀粉面条，对甘薯的综合利用实施限制以保证甘薯作为代食品的供给。

——吴志军《一九五八年：变动中的人民公社分配制度——以徐水共产主义试点
为中心》，载《中共党史研究》，2006年第4期

---

[1] 吴志军：《一九五八年：变动中的人民公社分配制度——以徐水共产主义试点为中心》，载《中共党史研究》，2006（4）。

教师设问：以上材料说明原因是什么？（参考答案：粮食告急，出现饥荒苗头。）

材料呈现：商庄公社林水村自实行供给制后有4%整半劳动力，借口家中有病人需要照顾或回娘家而不经常参加生产劳动，更有一些人经常倒插房门在家睡觉……群众中开始流传这样一首诗："干活吃饭，不干活也吃饭，干不干也吃饭，一、二、三。"①

    ——吴志军：《一九五八年：变动中的人民公社分配制度——以徐水共产主义试点为中心》，载《中共党史研究》，2006年第4期

教师设问：以上材料说明实行供给制有什么弊病？（参考答案：大大削弱了人民群众的生产积极性。）

教师补充说明：这极大地影响了农业生产，成为供给制夭折的原因之一。

教师启发：当然，以上所述都还只是表面原因，更深层次的原因呢？

材料呈现：12月31日，徐水县委第一书记代表县委在向省委、地委的检查报告中对实行全民供给制问题做了检查……在实际条件不成熟的时候进入共产主义的想法是一种空想社会主义，在实践中必然行不通。

    ——吴志军：《一九五八年：变动中的人民公社分配制度——以徐水共产主义试点为中心》，载《中共党史研究》，2006年第4期

教师点拨并设问：这句话道出了徐水供给制夭折的深层原因。那么，其深层原因是什么呢？（参考答案：超越当时的现实条件、不符合生产关系适应生产力发展水平的客观规律等。）

教师引导学生小结：徐水作为"共产主义试点"曾一度成为"圣地"，吸引了来自40多个国家的来访者以及国内的3000多家单位。然而，这一"试点"仅仅维系了四个月便告夭折，这个事实充分地证明了，在建设社会主义和实现共产主义问题上如果脱离现实、急于求成，结果将是欲速则不达。

设计点评

本微课以人民公社化运动中具有典型意义的一个县——河北省徐水县为例，简要介绍了徐水成为共产主义试点县的始末，重点介绍了徐水推行的基本生活供给制，并引导

---

① 一、二、三，是指一至三元的津贴费。

学生思考这一供给制仅存在四个月便夭折的原因。这有助于学生感悟人民公社化运动急于向共产主义过渡的做法是严重的失误。

微课设计二：公共食堂——是福还是祸？

设计意图

本微课选取了公共食堂这一"大跃进"和人民公社化运动中产生的"新生事物"，通过给学生提供大量的感性材料，意在使学生了解公共食堂从兴起到解散的来龙去脉，在此基础上使学生明确公共食堂带来的是人祸而非进步，并启发学生吸取公共食堂的深刻教训，从而深化他们对人民公社化运动超越了历史发展阶段的认识。

设计方案

教师介绍： 公共食堂是1958年"大跃进"和人民公社化运动的产物，是一种曾一度轰轰烈烈地改变中国农民传统生活方式的新生事物。这些食堂大者几千人，小者几十人，成为我国当年农村生活的一道独特风景。它从1958年夏兴起，到当年年底，在全国已达到345万个，在食堂吃饭的人已占全国农村总人口的90%以上。一时间，全国5亿农民吃起了名副其实的大锅饭。这一吃就是4年，直到1961年夏公共食堂基本解散为止。这在世界共产主义运动史上都是罕见的。那么，历时4个年头的公共食堂带给中国百姓的究竟是福还是祸呢？

公共食堂兴办之初，百姓们真诚地拥护公共食堂，真心地赞赏公共食堂。河南省沁阳县的农民曾这样夸赞食堂：

材料呈现： 食堂好，食堂好，省粮食，花钱少，又节约，又吃好，吃饭齐，去地早，家庭和睦学习好，生产增加收入高，集体生活真正好，共产主义快到了。

——1958年8月17日《河南日报》社论：《在发展生产的基础上积极作好社会主义生活福利事业》，见贾艳敏：《"大跃进"时期的河南农村公共食堂》，载《南京大学学报（哲学·人文科学·社会科学版）》，2003年第6期

教师设问： 百姓们赞赏了公共食堂的哪些好处？（参考答案：节省粮食、节省钱、

改善伙食、吃饭时间一致、出工早、减少家务纠纷促进家庭和睦、解放劳动力、增加农业产量、促进集体主义思想成长、更快向共产主义迈进。）

教师设问：公共食堂兴办之初，百姓们如此真心地赞赏公共食堂，原因何在？（参考答案：中国百姓此前一直为吃饭而发愁，而今公共食堂"吃饭不要钱"，可以"敞开肚皮吃饭"。）

教师介绍：当时报纸杂志对于公共食堂的报道很多，例如，1958年7月8日的《人民日报》以《农业社办食堂促进生产发展和集体主义思想成长》为题，赞赏式地报道了湖南、湖北和福建等地农业社办公共食堂的情况。再如，8月1日《红旗》杂志发表了《农业社办食堂对发展生产改善生活有很大促进作用》一文。又如，10月和11月，《人民日报》连续发表《办好公共食堂》《再论办公共食堂》的社论，称公共食堂已"成为巩固人民公社的一个基本关键""公共食堂万岁！"[1]除了这些中央级别的报纸杂志外，各地方报纸杂志也纷纷发文报道公共食堂的优越性。

这些报纸杂志对公共食堂的报道，体现了党中央当时的方针政策——在全国范围内兴办公共食堂。当时党的主要国家领导人把公共食堂视为"共产主义幼芽"，理由何在呢？

教师分析：当时正值全国大办人民公社之际，党中央希望社员在生活组织方式上"组织军事化、行动战斗化、生活集体化"，从而尽快实现向共产主义的过渡。而所谓生活集体化的实现方式即大办公共食堂。公共食堂被当作改造中国农民的"新学校"，在这所新学校里集体生活，免费就餐，就可以得到脱胎换骨式的洗礼，其根深蒂固的小私有者意识就可以逐步被涤荡干净，这样就能培植其集体主义思想觉悟，使之逐渐转变为共产主义新人。此外，在公共食堂免费就餐，还被认为体现了共产主义社会按需分配的因素。

于是，伴随着人民公社化运动高潮的到来，公共食堂这株"共产主义幼芽"也在1958年秋在全国农村一哄而起，蔚然成风，一时间达数百万个。此时，上至中央，下至普通百姓，绝大多数中国人都深信公共食堂有着诸多的优越性，可以推动中国"更快向共产主义迈进"。

然而，人们显然忽略了农村当时经济水平仍然比较落后的现状。其实，不要说当时，就是现在也还没有达到可以向共产主义过渡的阶段。超越历史阶段的盲目过渡必然

---

① 戴清亮：《农村公共食堂兴衰纪程》，载《学术界》，2007（1）。

受到历史的惩罚。

1958年冬天，全国出现了一些公共食堂停火、社员外出逃荒的现象，甚至有的地方因严重缺粮而导致人员身体浮肿和不正常死亡。到1961年，情况更加严重。"山东、安徽、河南、山西、江苏等省的问题比较严重。'最严重的是河南信阳，有的公社非正常死亡人数达到总人口的百分之十'。"[1]诚然，造成灾难的原因是多方面的，但公共食堂无疑是主要原因。

材料呈现：一些社员觉得自己吃少了吃亏，每餐都是死吃活撑，吃不了还偷偷拿回家喂鸡喂鸭。……不少食堂一天人均要吃掉两三斤粮食。……在有的地方，一天吃五顿饭，还有的地方放吃饭"卫星"。如此一来，"敞开肚皮吃饭"实行不到两三个月，多数食堂已寅吃卯粮。

——罗平汉：《农村人民公社建立之初的供给制》，见罗平汉：《当代历史问题札记》，124～125页，桂林：广西师范大学出版社，2003

教师设问：这则材料说明公共食堂造成了何种不良后果？（参考答案：造成粮食的巨大浪费。）

材料呈现：群众说："干不干，三餐饭"，"做多做少，一样吃饱"，甚至出现了"出工自由化，吃饭战斗化，收工集体化"的现象。

——罗平汉：《农村人民公社建立之初的供给制》，见罗平汉：《当代历史问题札记》，124页，桂林：广西师范大学出版社，2003

教师提问：上述材料说明公共食堂造成了何种不良后果？（参考答案：严重打击社员生产积极性。）

教师讲述：公共食堂之所以会严重打击社员的生产积极性，关键在于它追求的是彻底的平均主义。"吃饭不要钱"只是表面现象，实际上农民吃的并非是别人的给予，而是自己的劳动所得，只不过是在全公社范围内不管劳动好坏、多寡，搞平均主义。这违背了广大农民的利益，使他们没了劳动积极性，所以才会出现越来越多的"懒汉"。

教师引导学生分析：由以上的分析，我们可以发现：一方面，由于公共食堂提倡"吃饭不要钱"和"敞开肚皮吃饭"，所以造成了粮食的巨大浪费，致使家底两三个月后

---

[1] 中共中央文献研究室编，金冲及、陈群主编：《陈云传》（下卷），1206页，北京：中央文献出版社，2005。

就被吃空；而另一方面，由于公共食堂实质上是搞彻底的平均主义，所以严重打击了社员的生产积极性，致使农业生产极大受损。因此，公共食堂必然会带来粮食紧张问题。而当这一问题初露端倪的时候，党中央并没有及时调整政策，而是把公共食堂当作"社会主义阵地"进行固守，以至于问题越来越严重，最终演化成巨大的灾难。

教师小结：1961年，党中央在大兴调查研究之风的基础上，最终解散了公共食堂。在付出了高昂的代价后，人们终于明白：应该摒弃平均主义，应该实事求是，一切从实际出发。

✏️ 设计点评

人民公社化运动是"左"倾错误的产物，是在生产关系和社会制度的变革等方面的盲目冒进，是我们党探索社会主义道路过程中的一次严重失误。如何使中学生理解这一抽象的结论？本微课在引导学生思考"公共食堂为何盛极一时""它带来了哪些不良后果""它的结局如何"等一系列问题后，教师总结提升人们由此得到的教训。由点到面，易于学生理解人民公社化运动的失误和教训所在。

教学资源

资源1："……在所有幻想和发明中，以徐水县大田人民公社党委书记高玉生的发明最为耸人听闻，他将带血的狗肉煮烂，以肉汤浇灌作物。据说这种肉汤可使玉米每株结穗10颗，使谷子穗长5寸。"作家凌志军在他的书中写道。

而1958年9月1日的《人民日报》郑重其事地报道了高玉生耸人听闻的发明。《人民日报》的权威和它的传播效应让所有的乡村都开始仿照这种狗肉肥料奇迹，于是，狗在1958年下半年中国的农村，成为最不幸的动物。

——李翔：《共和国记忆60年·成长地标》，31页，北京：中信出版社，2009

资源2：……这个丰产田确实惊人，有"粪堆白薯"（在粪堆上插薯秧），"宝塔萝卜"（培起十几层土堆，每层种一圈萝卜，形似宝塔），"密植谷子"（密如韭菜，用竹竿竹篮搭成架子以防倒伏，计划亩产3万斤）等等。但经了解，这些高产田都是超常规地几倍几十倍施肥制造出来，供人参观的。大田完全不是这样，也根本做不到。

……我们还去看了毛主席抚摸过的两株棉花……这两棵棉花果然高大，我认真数了一下，一棵有七八十只棉桃，一棵上百个，这也是超常施肥的"成果"。我悄悄钻进密植的棉田中去察看，到处密不透风，根部全然见不到阳光，株茎高大却细瘦，没有一个棉桃。当时我第一个念头就是：毛主席您老人家受骗了！您为什么只看路边这两棵而不进去看看呢？

……

……那么，王天章报告中那些高产丰产指标是怎么得来的呢？我在参加劳动中得知了这个秘密。丰产是算盘上打出来的。一次收白薯，队长来计算产量，见我们挖出的有一棵长了好几个大白薯，一称有十几斤，他便问这亩地插了多少棵薯秧，回答说4000株。他便噼里啪啦打了一通算盘：4000×20，亩产8万斤的产量就这样算出来了。可是因为过度密植，田里还有成片的一个白薯都不结的空垄，便不在他的计算之内了。计算棉花产量也是如此。看见这种情况，我也不能不怀疑王天章报告的真实性了。……

——全国政协文史和学习委员会编：《新中国往事：风雨历程》，42～44页，

北京：中国文史出版社，2011

资源3：一些知识分子对几无差异的津贴费颇有怨言，城关镇、孤庄营、高林村、西喇叭地四个学校45名教员有一半多对供给制不满，并有个别人辞职远走他乡。由于生产任务繁重，人口外流不归现象也逐渐突出，徐水钢铁厂一个直属连80多人一夜之间离去30人。另据有关统计，从1958年到1962年间，全县外流人员达3万余人，平均每年外流约6000多人。

——吴志军：《一九五八年：变动中的人民公社分配制度——以徐水共产主义试点

为中心》，载《中共党史研究》，2006年第4期

资源4：尤其是在7月初，发生了后来在庐山会议后期称之的所谓"张恺帆事件"。张恺帆乃安徽省委书记处书记，他于7月4日至无为县检查工作，顺应民心，果断地宣布"三还原两开放"，即吃饭还原、住房还原、小块土地还原；自由市场开放、集体所有的渔塘开放。当晚就要求县委书记予以贯彻，还亲自帮农民拆掉公共食堂的锅灶。到7月15日，全县6000多个食堂就"一风吹散"了，并对少数"雷打不散"的也下令统统解

散。张恺帆的胆量与气魄是令人钦佩的，但党中央对公共食堂本质的认识，还必须要经历一个曲折的过程。他无疑是一位孤独的先行者。

——王逍：《人民公社公共食堂兴衰之历史演变》，载《党史研究与教学》，2001年第1期

资源5：毛泽东始终是"大跃进"和人民公社化运动的积极倡导者和推动者，同时，他也是较早地通过调查研究觉察到运动中出现严重问题并努力加以纠正的党的主要领导人。

1958年秋冬，"大跃进"和人民公社化运动的恶果已经凸显出来。党中央和毛泽东开始觉察到经济生活中出了不少乱子，开始尝试努力通过调查研究加以解决。1958年11月至12月，党中央先后在郑州、武昌召开工作会议、政治局扩大会议和八届六中全会。毛泽东强调需要让大家冷静下来，联系中国社会主义经济革命和经济建设的实际，去读一些马克思主义的理论著作。八届六中全会通过的《关于人民公社若干问题的决议（草案）》强调指出，不能混淆集体所有制和全民所有制的界限，不能混淆社会主义和共产主义的界限，人民公社目前基本上仍然是集体所有制。决议还强调，今后一个时期内，商品生产和商品交换必须有一个很大的发展。

——李颖编著：《共和国历史的细节》，92页，北京：人民出版社，2009

资源6：公共食堂办起来以后，各地相继总结出了食堂的种种优越性。1958年7月8日，《人民日报》发表了《促进文明和集体主义思想成长，农业社办食堂一箭双雕》的通讯，介绍了湖南邵阳、桃源县及湖北公安县和福建安溪县部分农业社办公共食堂受到群众欢迎的情况，其中列举了公共食堂的八大好处，比如：吃饭时间一致了，社员出工开会不再因互相等待而耽误时间；使妇女从家务劳动中解放出来；解决了单身汉无人做饭的问题；计划用粮，不吃过头粮；等等。这是中央级报刊上最早报道公共食堂优越性的文章。……1958年第7期的《红旗》也发表了该社编辑李友九的《河南信阳来信》，内称："干部和群众说公共食堂有十二大好处：一、解放妇女；二、节省劳动力；三、改善伙食，节省粮食；四、节省柴禾……十二、好割掉私有尾巴。我觉得最大的好处是头一条和末一条。"

——罗平汉：《1958年农村公共食堂的骤然兴起》，见罗平汉：《当代历史问题札记》，

78页，桂林：广西师范大学出版社，2003

资源7：公共食堂严重脱离20世纪50年代末中国社会生产力水平，因而不是经济发

展的结果，而是靠政治压力强迫农民建立起来的。农民没有不参加的自由，否则，即被视为右倾保守或资本主义思想严重，遭到"大鸣"、"大放"、"大字报"、"大辩论"等形式的批斗。在人民公社化的发源地——遂平县，农村公共食堂的建立也是利用了强迫命令的手段。麦收前的农忙食堂在麦收后有些自行散伙，经过批判右倾保守思想，又把食堂办起来。据遂平县卫星人民公社常庄管理区第一大队第一生产队1958年10月29日的统计，全队共写"大字报"550张，提意见821条。偃城人民公社春庄大队也是利用"阶级路线教育"，开展4个多月的"鸣放"，到1958年10月31日，共"鸣放"出3500多条意见，"批判"各种不愿意加入食堂和对食堂不满的思想和言论，才把食堂建立和巩固起来的。

——贾艳敏：《"大跃进"时期的河南农村公共食堂》，载《南京大学学报（哲学·人文科学·社会科学版）》，2003年第6期

资源8：皖北的一位县委书记到下边搞调研，惊奇地发现，当生产队长吹响上工哨子时，社员们并不开门，他们只把一双眼睛放在自家小小的窗洞后面，静静地张望，有时就这样左顾右盼几个小时不肯出门。还有的社员犁地都要躲开土地的边角，只在地的当中转圈，他这一省事，就把公社的方地犁成了圆地，使公社耕地面积大为减少。这样的劳动态度，这样的劳动效率，公社经济焉有不垮之理？

——辛逸：《农村人民公社分配制度研究》，118页，北京：中共党史出版社，2005

资源9：省级、地级、县级、社级、队级、小队级的同志们：

我想和同志们商量几个问题，都是关于农业的。

第一个问题，包产问题。南方正在插秧，北方也在春耕。包产一定要落实。根本不要管上级规定的那一套指标。不管这些，只管现实可能性。例如，去年亩产实际只有三百斤的，今年能增产一百斤、二百斤，也就很好了。吹上八百斤、一千斤、一千二百斤，甚至更多，吹牛而已，实在办不到，有何益处呢？又例如，去年亩产五百斤的，今年增加二百斤、三百斤，也就算成绩很大了。再增上去，就一般说，不可能的。

第二个问题，密植问题。不可太稀，不可太密。许多青年干部和某些上级机关缺少经验，一个劲儿要密。有些人竟说愈密愈好。不对。老农怀疑，中年人也有怀疑的。这三种人开一个会，得出一个适当密度，那就好了。既然要包产，密植问题就得由生产队、生产小队商量决定。上面死硬的密植命令，不但无用，而且害人不浅。因此，根本不要下这种死硬的命令。省委可以规定一个密植幅度，不当作命令下达，只给下面参

考。此外，上面要精心研究到底密植程度以何为好，积累经验，根据因气候不同，因地点不同，因土、肥、水、种等条件不同，因各种作物的情况不同，因田间管理水平高低不同，做出一个比较科学的密植程度的规定，几年之内达到一个实际可行的标准，那就好了。

第三个问题，节约粮食问题。要十分抓紧，按人定量，忙时多吃，闲时少吃，忙时吃干，闲时半干半稀，杂以番薯、青菜、萝卜、瓜豆、芋头之类。此事一定要十分抓紧。每年一定要把收割、保管、吃用三件事（收、管、吃）抓得很紧很紧，而且要抓得及时。机不可失，时不再来。一定要有储备粮，年年储一点，逐年增多。经过十年八年奋斗，粮食问题可能解决。在十年内，一切大话、高调，切不可讲，讲就是十分危险的。须知我国是一个有六亿五千万人口的大国，吃饭是第一件大事。

第四个问题，播种面积要多的问题。少种、高产、多收的计划，是一个远景计划，是可能的，但在十年内不能全部实行，也不能大部实行。十年以内，只能看情况逐步实行。三年以内，大部不可行。三年以内，要力争多种。目前几年的方针是：广种薄收与少种多收（高额丰产田）同时实行。

第五个问题，机械化问题。农业的根本出路在于机械化，要有十年时间。四年以内小解决，七年以内中解决，十年以内大解决。今年、明年、后年、大后年这四年内，主要依靠改良农具、半机械化农具。每省每地每县都要设一个农具研究所，集中一批科学技术人员和农村有经验的铁匠木匠，搜集全省、全地、全县各种比较进步的农具，加以比较，加以试验，加以改进，试制新式农具。试制成功，在田里实验，确实有效，然后才能成批制造，加以推广。提到机械化，用机械制造化学肥料这件事，必须包括在内。逐年增加化学肥料，是一件十分重要的事。

第六个问题，讲真话问题。包产能包多少，就讲能包多少，不讲经过努力实在做不到而又勉强讲做得到的假话。收获多少，就讲多少，不可以讲不合实际情况的假话。对各项增产措施，对实行八字宪法，每项都不可讲假话。老实人，敢讲真话的人，归根到底，于人民事业有利，于自己也不吃亏。爱讲假话的人，一害人民，二害自己，总是吃亏。应当说，有许多假话是上面压出来的。上面"一吹二压三许愿"，使下面很难办。因此，干劲一定要有，假话一定不可讲。

以上六件事，请同志们研究，可以提出不同意见，以求得真理为目的。我们办农业工业的经验还很不足。一年一年积累经验，再过十年，客观必然性可能逐步被我们认识，在某种程度上，我们就有自由了。什么叫自由？自由是必然的认识。

同现在流行的一些高调比较起来，我在这里唱的是低调，意在真正调动积极性，达到增产的目的。如果事实不是我讲的那样低，而达到了较高的目的，我变为保守主义者，那就谢天谢地，不胜光荣之至。①

——毛泽东：《党内通信（一九五九年四月二十九日）》，见《毛泽东著作选读》
（下册），810～813页，北京：人民出版社，1986

---

① 本文为毛泽东于1959年4月29日发出的致六级干部的公开信。

艰苦创业的英雄模范

学术引领

　　在全面建设社会主义时期，虽然我国在道路的探索中走了不少弯路，但各行业所涌现出来的英雄模范人物，成为当时及后来人们心目中的榜样，他们身上所折射出的时代精神应不断发扬光大。目前，对王进喜、邓稼先的研究比较少，对雷锋、焦裕禄的学术研究成果比较丰富。借助关于雷锋、焦裕禄的研究成果，可以对那个时代的英雄人物有更加深入的认识。

一、雷锋与"雷锋精神"

　　雷锋是在中华民族古老而神奇的土地上孕育的一位平民英雄。"雷锋精神"是一座超越时代的丰碑，是一面凝聚力量的旗帜、一盏传递光和热的明灯。石平在《雷锋精神与社会主义核心价值观》（载《求是》，2014年第6期）一文中指出，雷锋的出现和雷锋精神的产生不是偶然的，而是扎根于社会主义中国这片沃土之中。1956年，我国走上社会主义道路。公有制为主体的社会主义基本经济制度的建立，为全社会打下了共同利益的坚实基础，使集体主义成为社会主义道德的基本原则。中国共产党的根本宗旨是"全心全意为人民服务"，社会主义制度的建立为在全体人民中普遍地进行为人民服务的道德建设奠定了坚实基础，使为人民服务有条件成为全社会的共同道德，形成"我为人人，人人为我"的良好社会氛围。正是在这样的大背景下，雷锋脱颖而出，雷锋精神应运而生。

谭仲池在《让雷锋精神传递恒久正能量》（载《求是》，2013年第6期）一文中指出，雷锋以助人为乐的朴素行动，用一个大写的"爱"字，回答了"怎样做人，为谁活着"这个根本问题，赋予了自己22年生命以无限的长度。雷锋的所作所为绝不是个人欲望的简单表现，而是从他所处的历史潮流中产生的。雷锋的思想所抵达的高度，也正是新中国亿万人民精神世界与精神风采的集中体现和典型表达。正因如此，雷锋精神的崇高乃是"国民精神所发的火花"，这火花"同时也是引导国民精神前进的灯火"。

田鹏颖在《雷锋精神展示中华优秀文化的永恒魅力》（载《思想教育研究》，2012年第2期）一文中指出，雷锋精神之所以让几代人为之倾倒、追求、向往，关键是雷锋精神展示了中华优秀文化的永恒魅力。这主要表现在以下三个方面。

第一，雷锋精神深深植根于中华民族的优秀传统文化之中，展示了中国文化博大精深的永恒魅力。弘扬雷锋精神，就是继承和发扬中华民族的传统美德和我们党的光荣传统，就是为推进中国现代化进程和中华民族伟大复兴提供强大精神动力。

第二，雷锋精神的核心在于为"一切人的自由发展"创造条件，展示了社会主义核心价值体系的最高思想道德境界。中国的社会主义市场经济，为雷锋精神的弘扬和发展提供了广阔的舞台，蕴含着许多同雷锋精神相通的元素。首先，在社会化大生产条件下，个人越来越离不开群体，整个社会结成相互依存的有机整体，这在客观上有利于形成"人人为我，我为人人"的社会道德环境，有利于强化人们的群体意识、整体意识和服务意识；其次，在市场经济条件下，商品生产经营者追求的是商品的价值，而商品的价值能否在市场交换中实现，主要取决于该商品是否符合消费者的需求；最后，市场经济是一种竞争型经济。商品生产和经营者要在激烈的市场竞争中长期立于不败之地，就必须遵循诚实守信、平等互利、合法经营等原则。

第三，雷锋精神孕育和生长于劳动创造当中，展示了全体普通劳动人民的共同道德追求。勤劳勇敢、艰苦朴素、见义勇为、文明礼貌、尊老爱幼，这是全世界劳动人民的共同美德。这些美德是一个国家或一个地区有正常的工作秩序、生活秩序和社会秩序的根本保证。雷锋精神正因为体现了全世界劳动群众的共同向往、共同追求，才不仅在国内享有盛名，而且在国外也受到敬仰和效仿。

张志华、张敏在《论雷锋精神的文化特质》（载《实践（思想理论版）》，2012年第6期）一文中指出，雷锋精神之所以能够跨越时代和国界不断被传承和复制，其根本原因在于，她具有深厚的中华优秀传统文化特质、鲜明的先进文化特质和朴素的普世文化特质。

第一，雷锋精神深厚的中华优秀文化特质。雷锋精神是中华优秀传统文化和社会主义精神理念相结合的产物。中华文化具有重人性、轻物欲的特征，而雷锋克己奉公、舍己为人、勤劳俭朴、不畏艰难的精神，正是这一特征的具体表现。雷锋精神作为中华优秀传统文化在社会主义的发展和弘扬，不仅是社会主义伦理道德思想意识的结晶，而且由于其朴实性和可复制性，且具有良好的群众基础，因此是可供大众遵循的价值坐标。

第二，雷锋精神鲜明的先进文化特质。"热爱党、热爱祖国、热爱社会主义的崇高理想和坚定信念"是雷锋精神的内核。坚定的理想和信念是雷锋精神的核心和灵魂。一心为公、追求精神满足的价值取向成为雷锋精神的生命载体，是促使他立场坚定、无私奉献的内在动力。"干一行爱一行，专一行精一行的敬业精神"是雷锋精神的精髓，"做一颗永不生锈的螺丝钉"是雷锋的行为准则。他深信"一滴水只有放进大海才能永远不干，一个人只有当他把自己和集体融合在一起的时候才能有力量"。雷锋的"螺丝钉"精神体现的是爱岗敬业和无私奉献，反映了求真务实的扎实作风。"锐意进取、自强不息的创新精神"是雷锋精神的升华。他在学习上永不满足、永不懈怠、锐意进取、自强不息，体现出一种创新精神。在新的历史时期，具备创新精神的人才是推动科技进步和社会发展、促进文化繁荣、壮大国家实力和国际竞争力的关键要素。"艰苦奋斗、勤俭节约的创业精神"是雷锋精神的基础，也是社会主义核心价值观的实质。勤俭节约、艰苦奋斗是中华民族的优良传统，也是成就伟业不可或缺的条件，"艰难困苦、玉汝于成"的创业精神始终是激励我们为实现国家富强、民族振兴而共同奋斗的强大精神力量。

第三，雷锋精神朴素的"普世文化"特质。"服务人民、助人为乐的奉献精神"是雷锋精神的实质，也是世界上很多国家都弘扬的人文精神。人的本质是一切社会关系的总和，只有通过为他人服务才能体现自身价值。雷锋精神不过时且无国界，不仅仅源于人类内心向善向美的追求，同时也是市场经济的道德导向。雷锋精神符合经济学中关于追求自身或社会利益最大化的行为表现，它揭示了人类社会赖以维系、和谐发展的基础和应遵循的一般道德准则，也是实现人生自我价值的终极追求。雷锋属于中国，但雷锋精神却已跨越了国界，在世界产生了积极而广泛影响，成为人类共同拥有的瑰宝。在美国和欧亚的一些国家，把助人为乐、奉献事业，看作是学雷锋。另外，雷锋精神与某些国家提倡的"利他主义"或"博爱主义"在许多方面存在共通之处。

在雷锋及雷锋精神的宣传上，政府和社会力量进行了充分的动员。袁为在《建国以来政治形象人物的塑造与传播——以雷锋为例的考察》（载《黑河学刊》，2008年第2期）一文中做了全面的介绍。其重点为两个方面，即宣传的方式与手段、宣传的效果与意义。

在宣传的方式与手段上，主要表现为以下五点：一是充分发挥领袖传播的力量。毛泽东的题词大大增加了雷锋这个人物的分量；另外，先后有18位党和国家领导人题词，几乎所有党和国家领导人都参观过雷锋的纪念馆，甚至发表过向雷峰学习的演讲。二是利用多种媒介全方位地宣传。其中不仅有报纸、杂志、广播、电影、电视等，还包括各种具有中国特色的传播渠道和方式，如黑板报、墙报、大字报、街头剧、歌舞、诗词、邮票等。三是以党报为核心。《人民日报》发挥了领头羊的作用，几乎每年（"文化大革命"期间曾有中断）的3月5日，《人民日报》都会在显要位置登载号召学雷锋的内容。《解放军报》《中国青年报》《中国青年》杂志、《红旗》杂志、《光明日报》等均以大篇幅作此类报道。四是开展群众性活动，注重政治受传者的主观需要。国家把毛泽东"向雷锋同志学习"题词的3月5日，确定为"学雷锋纪念日"。在对雷锋的宣传中，各地十分重视受众的参与，因为扩大受众在传播中的参与程度，受众更容易把传播的政治内容内化为个人的主观需要。五是淡化政治色彩，使雷锋的形象走向世俗化。如宣传说，雷锋也是一个喜欢皮夹克、英格表、料子裤的时尚青年。这种淡化政治色彩的方式不仅没有损伤雷锋在人们心目中高尚的形象，反而让许多80后找到了与雷锋的对接口。

在宣传的效果与意义上，主要表现为以下三点：首先，从政党来看，确立了中国共产党的价值取向，对树立政党与领袖的权威产生了积极效应。雷锋的一切贡献都是由于认真学习毛主席著作而产生的，学雷锋的核心是要学好毛泽东思想。因此，另一套关于毛泽东的典型人物体系已在潜移默化中建构完成。一个是平民英雄，一个是领袖人物，这两套体系相辅相成。其次，从社会来看，适时地调节了社会风气，对实现社会整合意义重大。几十年来，雷锋一直是调节社会风气的杠杆："钉子"精神掀起刻苦钻研、努力学习的热潮，"傻子"精神造就出先人后己、全心全意为人民服务的一代人，"螺丝钉"精神培养出识大体顾大局，"党把你拧到哪里就在哪里闪光"的改革支持者。最后，从文化来看，孕育了一种纪念传统，为纪念文化的构建提供了实践基础。"学雷锋纪念日"，以雷锋命名的地区、街道、学校等，这些时空概念成为象征符号，使"雷锋"之名不朽，这些象征符号所渗透的政治信息潜移默化地渗入到人们的意识中。

二、焦裕禄与"焦裕禄精神"

焦裕禄称自己是"老百姓的儿子"，去世后被誉为"党的好干部""人民的好公仆""县委书记的榜样""共和国的脊梁"。焦裕禄这位模范人物的出现，以及"焦裕禄精神"的出现与形成，有着特殊的历史背景。张利民在《谈焦裕禄精神形成的时代背景》（载《理论观察》，2013年第5期）一文中指出，在社会主义建设中，由于缺乏正确的认识与建设经验，发起了"大跃进"运动，从而造成国民经济比例严重失调。1961年1月，中央要求在编制国民经济计划工作中，按照农、轻、重的次序安排经济，以农业为基础，适当压缩基本建设战线，降低重工业发展速度；对整个国民经济实行"调整、巩固、充实、提高"的八字方针。1962年是贯彻八字方针最关紧要的一年，而调整工作是从农业开始的。在这一背景下，组织决定把焦裕禄调离工业战线，让他重返农村工作，成为兰考县委书记。

高娜在《焦裕禄是"为民、务实、清廉"的楷模》（载《郑州大学学报（哲学社会科学版）》，2013年第3期）一文中指出，焦裕禄是一位优秀干部，这主要表现在三个方面：第一是"为民"。真正把老百姓放在心上，坚持一切为了群众的立场，坚持人民的主体地位，把人民是否满意作为评价和检验工作的标准；第二是"务实"。能为老百姓办实事、办好事，而且敢于负责、敢于担当；第三是"清廉"。能一身正气清白做人，能正确处理"公"与"私"的关系，正确认识"义"与"利"、"主"与"仆"的关系。

正因如此，在这位好干部去世后，人们概括出了"焦裕禄精神"这一概念。王晓岗在《关于焦裕禄精神和公仆精神的广谱分析》（载《华北水利水电学院学报（社会科学版）》，2010年第1期）一文中指出，焦裕禄精神的含义是："亲民爱民、艰苦奋斗、科学求实、迎难而上、无私奉献。"焦裕禄精神首先是一种公仆精神。其次，这种精神在实践上要求解决权力结构问题，即各级政府官员应该对人民负责而不是只对上级负责。

曹振宇在《焦裕禄精神的传统文化意蕴》（载《郑州大学学报（哲学社会科学版）》，2013年第3期）一文中指出，焦裕禄精神的内涵包括以下三个方面：第一，"善利万物而不争"的公仆精神。焦裕禄"不当父母官"，而是把自己当作"老百姓的儿子"。对人民群众永远怀着恻隐、同情之心，对他已不再是一种外在的强制性的制约，而是一种内在的需求和自觉。第二，"滴水穿石"的坚韧意志。焦裕禄认为，"越是困难的地方，越能锻炼人"，"为官一任，造福一方"的信念始终支撑着他。他克服重重困难，带病坚持工作，直到生命的最后一刻。第三，灵活包容的为政观念。凡事他都要亲自实地调查，并在各种场合，反复向各级领导干部强调，考虑工作、解决问题都得尊重科学，从实际出发，这样才能得出科学思路、选择科学有效的方法。焦裕禄还很重视科学技术的学习和应用，以及科技人才的培养和使用。

刘源源在《多元价值观视角下的焦裕禄精神》（载《学习论坛》，2013年第12期）一文中指出，焦裕禄精神的内涵应从人与己、人与人、人与事、人与权等价值维度展开分析。焦裕禄精神体现了清正立身、艰苦奋斗的价值取向，体现了心系他人、舍己为人的价值取向，体现了科学求实、知难而进、敬业奉献的价值取向，体现了掌权为公、执政为民的价值取向。

潘中伟在《焦裕禄的道德风范及其启示》（载《郑州大学学报（哲学社会科学版）》，2009年第3期）一文中，从焦裕禄身上得出了以下三点启示：第一，共产党员道德建设的核心要求是全心全意为人民服务。要做到这一点，就必须时刻以人民的利益为重并严于律己。第二，党员的道德品质是维护和增强党组织战斗力的前提条件。第三，道德是执政党凝聚民心的重要方式。党员的道德状况，不仅是保证党内团结、维护和增强党的战斗力的重要条件，也是凝聚民心的重要方式。

李亚威、方兰欣在《焦裕禄公仆思想探析》（载《华北水利水电学院学报（社会科学版）》，2013年第6期）一文中指出，公仆思想就是服务精神。焦裕禄公仆思想包含着强烈的为人民服务的宗旨意识，这是正确认识权力来源，正确行使权力，提高领导干部责任意识的思想前提；勤俭节约、廉洁奉公作为焦裕禄公仆思想的原则，是党政领导干部的基本行为准则，也是密切党群、干群关系的着力点；群众路线是焦裕禄公仆思想的实践依托，广大党员要坚持以人为本的核心立场，尊重人民主体性地位，一切工作要为了人民并依靠人民。学习焦裕禄公仆思想，就是要让领导干部换思想、转作风，让权力从"管治"走向"服务"。

微课设计

微课设计一：从四张照片看焦裕禄

设计意图

本微课通过焦裕禄留下来的为数极少的几张照片，向学生介绍这位党的基层干部在兰考的工作情况，并通过几张照片的产生过程，帮助学生了解焦裕禄的日常工作情况，感受焦裕禄勤政、爱民的思想品格，进而体会焦裕禄精神的深刻含义。

设计方案

材料呈现：焦裕禄生前在工作证上的照片。

——费永强：《焦裕禄的名字是如何传遍神州大地的》，

载《纵横》，1996年第9期

教师设问：焦裕禄有许多荣誉称号，你知道哪些？（参考答案："党的好干部""人民的好公仆""县委书记的榜样""共和国的脊梁"等。）

教师讲述：这些称号是焦裕禄用辛勤的工作，甚至宝贵的生命为代价换来的。1962年12月，上级派焦裕禄担任中共河南省兰考县委书记。兰考工作的470多天时间里，焦裕禄利用90%的时间骑着自行车深入农村，进行实地调查。在缺钱买仪器的情况下，他带着技术员们行程2500多千米，用舌头亲口尝出兰考全县盐碱地分布图。为了治理兰考的风沙、内涝、盐碱这三害，焦书记总是在风沙大、暴雨急的时刻带领大家探风口、测

风速、查雨情。

作为全国最知名的县委书记，焦裕禄留下来的照片非常少，以至于在焦裕禄纪念馆中，很多场景只能靠绘画和雕塑再现。在纪念馆里，焦裕禄的照片只4张，其中的3张都是当时县委办公室通讯组新闻秘书刘俊生偷拍的。

材料呈现："焦裕禄在老韩陵大队劳动"的照片。

———殷晓章、卫红春：《焦裕禄生前在兰考留存的四张珍贵照片》，载《党史纵横》，2014年第7期

教师设问：照片中的焦裕禄正在干什么？（参考答案：锄地。）

教师讲述：在焦裕禄担任兰考县委书记期间，刘俊生经常随焦裕禄一起下乡搞调查研究。每次下乡，焦裕禄都对他说："带着你的照相机。"[1]

一次，焦裕禄刚到城关公社许贡庄生产队的田里，把自行车一放就去参加劳动。刘俊生拿起相机，焦裕禄却摆摆手，严肃地说："不要给我照，要照，就去给群众照！"[2]刘俊生非常纳闷：不让给你拍照，你让我拿相机干啥？焦裕禄说，你要把镜头对准群众。

材料呈现：你记不记得有一次咱们去阁楼大队，当时群众正在翻淤泥，你刚把相机举起来，就有群众喊："加油干啊，县里来给咱照相了。"群众看见你给他们拍照，干活的劲头就更大了。

———殷晓章、卫红春：《刘俊生：我"偷拍"的焦裕禄》，载《新天地》，2014年第5期

教师设问：拍照对于群众会有怎样的影响？（参考答案：调动群众的劳动积极性。）

教师讲述：焦裕禄来到兰考的第四天，便骑着自行车来到老韩陵大队。他挨门挨户到群众家中走访，嘘寒问暖。他还住进老饲养员的牛屋，拜他为师，与他彻夜长谈，请教治理"三害"的办法。1962年，正是兰考县遭受三害最严重的时期。老饲养员出主意说：俺们这里有句俗语叫"要想富，种桐树"。这里风沙大，种泡桐树，能挡风、压沙。泡桐树喜沙壤，两年粗如碗，三年能锯板。

---

① 殷晓章、卫红春：《刘俊生：我"偷拍"的焦裕禄》，载《新天地》，2014（5）。
② 殷晓章、卫红春：《刘俊生：我"偷拍"的焦裕禄》，载《新天地》，2014（5）。

　　焦裕禄听了高兴地说："这个主意好！"[1]后来，老韩陵成为焦裕禄的泡桐试验点。1963年3月，焦裕禄从外地调了一批花生种子到兰考。县委决定给老韩陵大队5000斤，焦裕禄亲自组织群众剥花生，和群众一起点播。之后，焦裕禄经常到这里除草、治虫、查看花生的长势。他的技术很娴熟，走到哪里群众跟到哪里，他边干活，边跟群众拉家常。

　　1963年9月初的一天，刘俊生背上相机骑着自行车到村里找焦裕禄，在村北的红薯地里，只见焦裕禄正拿着锄头，和社员一起劳动。刘俊生被这个镜头感动了，想拍张照片，但又怕被焦裕禄阻拦，他挤在人缝里，偷偷地按了一下快门，拍下了焦裕禄锄地的照片。

　　材料呈现： "焦裕禄在田间"的照片。

　　　　——殷晓章、卫红春：《焦裕禄生前在兰考留存的
　　　　　　四张珍贵照片》，载《党史纵横》，2014年第7期

　　教师设问： 照片中的焦裕禄，在什么地方，正在做干什么？（参考答案：在农田里拔草。）

　　教师讲述： 焦裕禄锄完地后，又来到花生地里，用劲地拔起草来，刘俊生远远地站在他的对面，轻轻地打开照相机，偷偷地按下了快门，拍下了焦裕禄拔草的照片。

　　锄地和拔草的照片，现在都悬挂在焦裕禄纪念馆里。但参观者未必知道，这两张照片都是偷拍的。

　　材料呈现： "焦裕禄在兰考泡桐树旁"的照片。

　　　　——中共中央党史研究室编：《中国共产党历史
　　　　　　（第2卷）：1949—1978》（上册），插图页，
　　　　　　北京：中共党史出版社，2011

---

① 殷晓章、卫红春：《刘俊生：我"偷拍"的焦裕禄》，载《新天地》，2014（5）。

教师设问：

（1）仔细观察，焦裕禄身后是什么？（参考答案：一棵树。）

（2）仔细比较，上述三张图片在拍摄的时间上有无关联？请说明理由。（参考答案：有。同一天拍摄的。服装是一样的。）

教师讲述：锄过地、拔过草后，已是下午四五点钟，焦裕禄又来到了城关公社胡集大队朱庄生产队。这年春天，学习老韩陵大队栽泡桐的做法，焦裕禄带领干部群众在这里植下了一片泡桐林。在村南头，焦裕禄看到这些泡桐树枝叶茂盛，非常高兴："咱们春天栽的泡桐苗都活了，旺滋滋的生长，10年后这里就会变成一片林海……"①这时，城关公社党委书记想和焦裕禄合影留念，焦裕禄说："咱拍照片有啥用？"一听这话，刘俊生再也按捺不住了，趁机问出长久以来憋在肚子里的问题：

材料呈现：如果把你和群众在一起劳动的情景拍下来，叫群众看一看，他们会兴奋地说："啊，书记和我们在一起劳动，照了相，这对他们的鼓舞不是更大了吗？"

——殷晓章、卫红春：《焦裕禄生前在兰考留存的四张珍贵照片》，

载《党史纵横》，2014年第7期

教师讲述：焦裕禄听他说得在理，就哈哈地笑起来，说："你找理由想给我照相，今天就照一张吧！"

而在这时，天已经快黑了，有人就问焦裕禄要拍什么样的照片。焦裕禄笑着说："我爱泡桐，就在泡桐跟前给我照个相吧！"他披着衣服，两手叉着腰，双眼深情地望着那棵泡桐，喜气洋洋地向那里走去。就在焦裕禄向泡桐走去、还没有站好的时候，迫不及待的刘俊生就按下了快门，拍下了这张难以忘记的照片。照片洗好后，焦裕禄看了笑着连声说："这一张好，这一张好。"②

教师设问：你认为这张照片好吗？请说明理由。（参考答案：好。反映了劳动的场景。或：不好。衣服不整，胡子没剃。）

教师讲述：1964年5月14日，焦裕禄书记因病去世，年仅42岁。噩耗传出，兰考上下一片悲声。几个多月后，仍处于悲痛之中的刘俊生把焦裕禄这张双手叉腰的照片，送给河南当地一媒体时，却被编辑责怪了一通。

---

① 殷晓章、卫红春：《焦裕禄生前在兰考留存的四张珍贵照片》，载《党史纵横》，2014（7）。
② 殷晓章、卫红春：《焦裕禄生前在兰考留存的四张珍贵照片》，载《党史纵横》，2014（7）。

材料呈现：这哪像一个县委书记？胡子拉碴，像土匪。

——殷晓章、卫红春：《刘俊生：我"偷拍"的焦裕禄》，载《新天地》，2014年第5期

教师小结：著名记者、新华社社长穆青却十分喜欢这张照片，他认为这能体现焦裕禄的性格。随着报纸的大量采用，这张照片成了名作。照片上的焦裕禄，身披上衣，双手叉腰，满脸笑容，扭头看着这片泡桐树。他的身旁是一棵一人多高的幼桐，枝干略微弯曲，枝丫上长着十几片叶子。因此，这张照片被放在了焦裕禄纪念邮票上，成为这位好干部的典型形象。

50多年过去了，焦裕禄病重时在朱庄栽下的那棵泡桐树，已经长成一棵三人合抱的粗壮大树，被当地群众称为"焦桐"。50年前为防风固沙，焦裕禄带领群众种植的大量泡桐，因为受土质等条件影响，材质轻柔，结构均匀，不翘、不裂、不变形。为此，兰考被确定为全国乐器音板定点生产基地。当地农民做的民族乐器不但占据了全国近30%的民族乐器市场，还销往日本、新加坡等20多个国家和地区。

焦裕禄纪念邮票

——阎树军：《鲜为人知的焦裕禄身后事》，载《纵横》，2002年第12期

✎ **设计点评**

焦裕禄留传至今的生活照，只有三张，但有两张是偷拍的。而且，这三张生活照其实更像是工作照。作为县委书记，他的工作照不是拍摄于县委大院，而是拍摄于田间地头。本微课通过这几张照片的故事介绍，有助于学生直观地了解焦裕禄的工作情况，进而感受这位好干部勤政、爱民的品格。

微课设计二：焦裕禄事迹的报道

✎ **设计意图**

本微课通过焦裕禄事迹报道一事的曲折过程，让学生认识那个特殊的历史时期。从而把这位历史人物，置于特定的历史背景下观察，以更好地认识所体现的时代精神，进

而体会焦裕禄精神的内涵。

设计方案

教师介绍： 1964年5月14日，年仅42岁的兰考县委书记焦裕禄因病去世。11月19日晚上，新华社播发了两千多字的通讯稿，刊登在第二天的《人民日报》第二版的左下方。

材料呈现：

肩题为：在改变兰考自然面貌的斗争中鞠躬尽瘁

主题为：焦裕禄同志为党为人民忠心耿耿

副题为：中共河南省委号召全省干部学习已故前兰考县委书记为人民服务的革命精神

教师讲述： 在这篇消息里，对焦裕禄的主要事迹，作了全面而高度的概括。同时，新华社又发了一个比较详细的约有3000字的地方稿。

11月22日，《河南日报》第一版头条转发了新华社的那篇地方稿，并且配发了一篇社论：《学习焦裕禄为人民服务的革命精神》。河南日报社还开辟一个专栏，连发十几期，介绍焦裕禄为人民服务的事迹。1965年1月27日，《河南日报》刊载了《焦裕禄啊，兰考人民怀念您！》作为专栏的结束稿。至此，焦裕禄事迹的宣传，暂告一段落。

1965年12月初的一天上午，新华社记者周原来到了兰考，向县委办公室新闻干事刘俊生说明了来意："我们新华总社副社长穆青，想写一篇豫东、鲁西南、皖西北改变灾区面貌的报道。他让我先探探路，打个前站，摸摸线索，调查一些情况。"[①]事后，刘俊生回忆了当时二人的对话。

材料呈现：

我说："兰考开展除'三害'斗争，把县委书记都活活累死啦！"

周原听了一怔，忙问："谁为除'三害'活活累死啦？"

我口气重重地回答："我们的县委书记——焦裕禄！"

周原追问："焦裕禄是怎样领导群众除'三害'的？"

　　　　　　　——刘俊生：《宣传报道焦裕禄的前后》，载《纵横》，1999年第2期

教师讲述： 这时，刘俊生把周原引到自己住处，指着办公桌上的玻璃板下，给焦裕

---

① 刘俊生：《宣传报道焦裕禄的前后》，载《纵横》，1999（2）。

禄拍的锄地、拔草的照片，说："焦裕禄在领导兰考人民除'三害'斗争中，与群众同甘苦共患难，常常以普通劳动者的身份出现在群众中间，群众栽树他培土，群众挖河他挥锹，群众能干的活，他也能干，群众身上有多少泥，他身上也有多少泥……"①

刘俊生把站柜上的破藤椅拿下来，向周原介绍："兰考除'三害'斗争高潮时，正是焦裕禄的肝病恶化之时，他就是坐在这把破藤椅上带病工作的，肝病疼得厉害时，他就用硬物件顶住肝区，天长日久，藤椅被顶了个大窟窿。"②坐在焦裕禄生前用过的那把破藤椅上，周原决定报道这位去世的县委书记。

新华社副社长穆青了解到相关情况后，向中央有关领导汇报了焦裕禄的事迹。中央领导表示，同意树立焦裕禄这个典型！1966年的1月17日，穆青来到兰考，听完情况介绍后，对随行记者说：

材料呈现：

我参加工作28年了，都没有哭过，这次被焦裕禄的事迹感动得流出了眼泪，焦裕禄精神太感人了，这是党的宝贵财富，虽然报道过，还得重新组织报道，报道不出去，就是我们新闻工作者的失职。

——刘俊生：《宣传报道焦裕禄的前后》，载《纵横》，1999年第2期

教师介绍：18日凌晨，激动了一天的穆青以及记者周原，仍在谈论着焦裕禄。穆青拍板："马上写出来，一刻也不等！"③动手写时却发现，有两个问题必须面对：

材料呈现：第一，写不写阶级斗争问题。当时……全国上下都在宣传以阶段斗争为纲。……第二，如实地反映灾荒、逃荒问题。因为只有这样一种典型环境，才能产生焦裕禄这种典型人物。

——费永强：《焦裕禄的名字是如何传遍神州大地的》，

载《纵横》，1996年第9期

教师设问：新闻工作者担心哪两个主要问题？（参考答案：阶级斗争问题；灾荒与逃荒问题。）

教师介绍：1966年，国内的政治环境非常紧张，中苏关系、中印关系恶化，美国参

---

① 刘俊生：《宣传报道焦裕禄的前后》，载《纵横》，1999（2）。
② 刘俊生：《宣传报道焦裕禄的前后》，载《纵横》，1999（2）。
③ 费永强：《焦裕禄的名字是如何传遍神州大地的》，载《纵横》，1996（9）。

加越南战争，国民党方面也在做"反攻大陆"的准备。在这种情况下，毛泽东认为，中国的阶级斗争形势很严峻。而且，当地的一些领导也不同意树立这个典型。兰考县委书记说道：

材料呈现："兰考是典型？白茫茫的盐碱，大片大片的沙荒能是典型？宣传出去，叫人来看啥？这事我做不了主，你向地委宣传部长汇报吧！……"

……

……宣传部长立即截断我的话，面带怒气："别说了！别说了！焦裕禄到兰考才多少时间？干出了啥成绩？兰考是啥典型？宣传出去，叫人家来看您的啥呀？看您的沙荒？看您的盐碱？看您两个人伙穿一条裤子？……"

——刘俊生：《宣传报道焦裕禄的前后》，载《纵横》，1999年第2期

教师设问：兰考县委书记、开封地委宣传部部长，为什么反对宣传焦裕禄的事迹？（参考答案：认为兰考很贫穷。）

教师介绍：当天下午正赶上开封地委召开常委扩大会议，地委副书记特意安排刘俊生发言。地委常委们听了刘俊生的介绍后，宣传部长第一个发言，表示反对。但是地委书记认为：

材料呈现：兰考的现实还很困难，但人民正在改变这种局面，自然面貌不好，焦裕禄精神很好嘛！

——刘俊生：《宣传报道焦裕禄的前后》，载《纵横》，1999年第2期

教师设问：开封地委书记认为，宣传的重点是什么？（参考答案：焦裕禄精神。）

教师介绍：地委书记开始向常委们介绍焦裕禄的情况，"我认为焦裕禄是一位好同志"，他带病去兰考工作，"干出了成绩，献出了生命，是个典型，可以宣传"[1]。

穆青、周原等人在撰稿时认为，焦裕禄主要是抓生产，抗灾荒，必须实事求是，不写阶级斗争；要如实地反映兰考的灾荒、逃荒问题，只有这样一种典型环境，才能产生焦裕禄这种典型人物。稿子完成后，请兰考县委逐字逐句地核实情节，听取意见。县委召开全体会议认真讨论，审查，通过了此稿。当然，也提出了修改意见。兰考县委书记说：

材料呈现：同意发表，但稿子需要修改。这篇文章对社会主义兰考描写得太凄凉

---

① 刘俊生：《宣传报道焦裕禄的前后》，载《纵横》，1999（2）。

了，什么"大片大片的沙荒"呀！什么"白茫茫的盐碱"呀！什么"野草在寒风中抖动"呀！什么"枯草上结着冰凌"呀……这篇文章可用三句话、六个字来概括。三句话是：共产党领导兰考16年都没有改变面貌，焦裕禄到兰考只一年多时间，就改变了面貌，看来，焦裕禄比共产党的本事还大呀！写兰考面貌改变是宣传县委集体领导的功劳，还是只写焦裕禄一个人？兰考是县委集体领导还是焦裕禄一个人领导？总之，这篇文章调子太低，通篇说的是：灾、难、病、苦、死、逃。

——刘俊生：《宣传报道焦裕禄的前后》，载《纵横》，1999年第2期

教师引导学生小结：做了适当的修改后，1966年2月7日的《人民日报》在头版头条，发表了长篇通讯《县委书记的榜样——焦裕禄》，并配发了《向毛泽东同志的好学生——焦裕禄同志学习》的社论。从此，焦裕禄的事迹轰动了全国。

设计点评

本微课通过长篇通讯《县委书记的榜样——焦裕禄》的诞生过程，从一个侧面介绍了焦裕禄的感人事迹。把焦裕禄置于政治环境紧张、国家贫穷落后的背景下，有助于培养学生历史地看待焦裕禄精神，并更深刻地体会焦裕禄精神中"艰苦奋斗""迎难而上"的内涵。

教学资源

资源1：……"泄密"的王进喜照片刊登于1964年的《中国画报》（国内发行时称《人民画报》），大庆油田从完全保密到对外公开，这是一个关键的时间点。

新中国将松辽盆地作为重点油气资源区域正式进行大规模勘探开发，始于1959年。当时，国内石油缺口达60%，西方国家对我实行封锁，"公交车背着煤气包在长安街上跑"。对于开发大庆油田的消息，党中央、国务院对国内外采取了严格保密

被广泛引用的新中国
最著名"泄密"照片

的策略。

5年后，我国基本实现石油供应自给。1964年1月25日，毛主席发出"工业学大庆"的号召。同月底，新华社记者田流等人带着"北京的特别嘱托"悄悄来到大庆。……

1964年2月5日，中共中央……决定对外宣传大庆油田，开展"工业学大庆"运动。

……4月19日，中央人民广播电台播出……长篇通讯"大庆精神大庆人"。4月20日，《人民日报》全文转发，大庆油田的存在被公之于众。

……

《大庆精神大庆人》一文及相关报道，刻意避开了油田的位置、规模和加工能力，但是精明的日本情报人员通过各种细节推断出了大庆油田的基本信息，以及下一步可能需要的设备等，最终从中国获得了大笔订单。

"在1966年第1期的《中国画报》上，日本情报机构看到了铁人王进喜站在钻井机旁的那张著名照片"。他们根据王进喜的衣着判断，只有在北纬46度和48度的区域内，冬季才有可能穿这样的衣服。因而，大庆油田有可能在冬季为零下三十度的中国齐齐哈尔和哈尔滨之间的东北北部地区。

之后，来中国的日本人发现，从东北开过来的油罐车上有很厚的一层土，从土的颜色和测量火车每百公里的降尘量中得出了"大庆油田在北满"的结论。

1966年10月，日本情报机构又对《人民中国》杂志上发表的铁人王进喜的事迹进行了详细分析，其中有一句"最早钻井是在北安附近开始的"，并从"人拉肩扛"钻井设备的说明中判断，井场离火车站不会太远。在对王进喜的报道中还有这样一段话："王进喜一到马家窑子，看到一片荒野说：好大的油海，我们要把中国石油落后的帽子抛到太平洋去！""马家窑子"、这窑子、那窑子是东北地区特有的对地名的称呼，日本人更加确信大庆油田在东北。日本情报机构从伪满旧地图上查到：马家窑子是位于黑龙江海伦县东南的一个村子，在北安铁路上一个小车站东边10公里处。经过对大量信息的定量和定性分析，日本情报机构终于得出了大庆油田的准确位置。

为了弄清大庆油田的规模，日本情报机构对王进喜的事迹作了进一步的分析，报道说，王进喜是1959年在北京参加国庆以后志愿去大庆的，由此断定，大庆油田在1959年以前就开钻了。对油田的规模，日本情报机构认为："马家窑子是大庆油田的北端，即北起海伦的庆安，西南穿过哈尔滨与齐齐哈尔之间的安达附近，包括公主岭西南的大喷，南北四百公里的范围内。"估计从东北北部到松辽油田统称"大庆"。这一分析与实际情况基本吻合。

为了弄清大庆油田的加工能力，日本情报机构从1966年《中国画报》第一期的照片（见右图）上看到大庆油田炼油厂的反应塔，从反应塔的扶手栏杆（一般为1米多）与塔的比例推断，该反应塔的直径大约为5米，从而推断出大庆炼油厂的年加工原油能力为100万吨。而在当年大庆"已有820口油井出油"，年产原油360万吨，估计到1971年可增加到1200万吨。

《人民画报》1966年第一期封一照片，原题"石油待运"，新华社发

通过对大庆油田的位置、规模和加工能力的分析，日本决策机构推断：中国在近几年的时间里必然会感到炼油设备不足，日本的轻油裂解设备卖给中国是完全可能的，中国所要买的设备规模和数量要满足每天炼油1万吨的能力。果不其然，没过多久，石油工业部就开始在全世界范围内购买日产一万吨的炼油设备，日本的炼油设备以其有现货、价格低、符合中国实际生产能力而一举中标。

——天文：《最著名的"照片泄密案"》，载《保密工作》，2013年第6期

资源2：邓稼先生前，由于功勋卓著，得到过许多大奖。为此，许多人问过他搞两弹得到多少奖金，邓稼先对此总是笑而不答。1985年，邓稼先被确诊为癌症并住院治疗。在邓稼先病危期间，远在美国的杨振宁赶了回来，到医院看望他。就在医院的这次会面中，杨振宁也提到了奖金的事情。当时许鹿希[①]回答，奖金是人民币10元。邓稼先补充说，是原子弹10元，氢弹10元。杨振宁以为他们在开玩笑，许鹿希说，这是真的，不是开玩笑。1985年颁发原子弹特等奖的奖金总数是一万元，单位里平均分配，人人有份儿。但是九院人多，还得垫上十几万元，才按10元、5元、3元这三个等级发了下去。

——胡银芳：《20元：邓稼先1985年获得的特别奖》，

载《兰台内外》，2012年第2期

资源3：……新中国成立以来，官方先后树立了各种政治—道德典型……但随着时间的流逝，此类政治—道德典型大多应时而生，时过而逝，只有雷锋是个例外。……

——————

① 许鹿希，邓稼先爱人。

……从革命时代到后革命时代，从计划经济到市场经济，以及从公而忘私、理想主义、禁欲主义到随处可见的个人主义、享乐主义、消费主义，中国社会发生了如此重大的变化，为什么"雷锋精神"依然从上到下、从民间到官方被坚守？

……主要原因在于，无论是主流媒体还是民间网络媒体，都自觉不自觉地把"雷锋精神"抽象化、普遍化了：雷锋成为"好人"的代名词，雷锋精神成为"做好事"、"刻苦学习"、"为人民服务"等抽象的、被泛化了的道德符号。……

——陶东风、吕鹤颖：《雷锋：社会主义伦理符号的塑造及其变迁》，

载《学术月刊》，2010年第12期

资源4："雷锋精神"的内容虽然很多，但基本可归纳到两个核心。首先，是对党及其领袖毛泽东的无限忠诚，这是雷锋精神的最基本内涵；其次，是对祖国及其人民的忠诚。雷锋精神的具体内涵在各个时期虽然有不同的侧重，随着形势需要而变化不定，但雷锋之所以成为党和国家经历这么漫长的岁月仍然坚持的政治和道德符号，正是因为这两个核心始终未变，它们可以满足社会主义中国民族—国家认同的两个核心诉求：既忠于政党，又忠于国家和人民，并进一步把二者相等同。

——陶东风、吕鹤颖：《雷锋：社会主义伦理符号的塑造及其变迁》，

载《学术月刊》，2010年第12期

资源5：毛泽东"向雷锋同志学习"口号提出的时间是1963年3月，而"学习雷锋"的活动则可上溯至1960年。这个时候的中国正处在三年困难时期，加上国际上反华势力排挤中国，中苏关系恶化，新中国处于内外交困之中。在此关键时刻，需要一个全国上下都能认同的典型人物，来团结民众，共渡难关。而"雷锋那种面对困难、战胜困难的高昂精神状态和一心为公的奉献精神，顺应了党的全局工作的需要"。

——陶东风、吕鹤颖：《雷锋：社会主义伦理符号的塑造及其变迁》，

载《学术月刊》，2010年第12期

资源6：从雷锋事迹看，他具有突出的平民化特点，是一位普通而平凡的战士，缺乏一般战斗英雄如黄继光、董存瑞、刘胡兰等的神奇故事。他是"毛主席的好战士"，却没有任何战争经历。他所做的每件事情都是一般人力所能及的，如刻苦学习《毛选》，做好事不留名，一心为集体作贡献、做好本职工作，等等。平民化的特点使得每一个学习雷锋的人不会感觉到巨大压力，这体现了雷锋这个典型的亲和性、普遍性、广泛性和

代表性。

但如此平凡的雷锋，也具有自己的特点，这就是他的"出身"。"孤少"的出身不但使得他合乎政治的正确性和阶级血统的纯正性，更有资格被塑造为典型的"党的儿子"。……党是雷锋的再生父母。这个"母子"关系叙述模式在雷锋形象的塑造中具有至关重要的意义。从另一个角度看，"母子"关系的建立不仅意味着党再生为雷锋的"母亲"，更意味着雷锋再生为党的"儿子"，成为一个抽象的符号。……

——陶东风、吕鹤颖：《雷锋：社会主义伦理符号的塑造及其变迁》，

载《学术月刊》，2010年第12期

资源7：20世纪60年代，雷锋精神的重点是突出雷锋的忠诚，强调雷锋爱憎分明的阶级斗争觉悟。……

……1977年3月5日的《人民日报》第1版发表了"两报一刊"社论《向雷锋同志学习》。之所以第一次用这样的高规格来阐发雷锋精神，显然是因为这一天是粉碎"四人帮"后的第一个学雷锋纪念日，新的形势需要对雷锋精神作出新的阐释，这个时期的主流媒体对雷锋精神的阐释侧重在和"四人帮"斗争方面；同时社论还讲到了学习雷锋和"四化"建设的关系，并开始把学习雷锋和发展经济联系起来。而一年后的1978年3月5日，《人民日报》发表了新华社文章《雷锋精神又发扬了！》，更把教育界的学习雷锋和赶走张铁生、学习科学文化知识、尊师重教等相联系。凡此种种，均体现了对雷锋精神阐释的与时俱进的性质。

——陶东风、吕鹤颖：《雷锋：社会主义伦理符号的塑造及其变迁》，

载《学术月刊》，2010年第12期

资源8：1980年2月29日，《人民日报》摘要转发了《解放军报》2月28日的评论员文章《做新长征中的新雷锋》，文章非常直率地指出，"雷锋精神必须发扬，但是怎样学雷锋，又必须适应今天的新情况。……要学习雷锋的基本精神，结合自己的实际，发扬光大。"到底什么是"雷锋精神"？作者的回答是："雷锋的精神，概括起来说，就是全心全意为人民服务。"文章还突出强调了新时期学雷锋必须服务于社会主义现代化建设，做好本职工作。这标志着学雷锋活动开始向公民教育、职业教育方向转化。

但同年3月5日，学雷锋日，《人民日报》摘要转发了《中国青年报》社论《新长征需要千千万万新雷锋》，虽有"立足本职"、"对业务精益求精的精神"等有明显时代烙

印的提法，但仍然继续倡导"公而忘私"；爱憎分明的阶级立场虽然被淡化，却没有完全退出。

后革命时期主流媒体的文章一般都要花很大篇幅论证雷锋精神为什么没有"过时"，这恰恰反映出雷锋精神实际面临"过时"的危险。诸如无私奉献与按劳取酬的关系、"螺丝钉精神"是否还适合时代要求、个人主义和集体主义的关系等，都是80年代关于雷锋精神讨论的热点问题。

——陶东风、吕鹤颖：《雷锋：社会主义伦理符号的塑造及其变迁》，

载《学术月刊》，2010年第12期

资源9：由"具体"雷锋到"精神"雷锋

我国语文教科书1963、1978、1982、1987、1992版的选文采用记叙的方式塑造雷锋形象，具体刻画雷锋对革命事业的忠诚和热情、为社会主义革命建设拼命工作、乐于助人的行为，等等。因此，上述各套教科书中的雷锋是具体的、鲜活的、生动的雷锋。2001版教科书中选文《雷锋叔叔，你在哪里？》以一首现代儿童诗的形式赞美和颂扬了雷锋和雷锋精神，并未对雷锋的丰功伟绩具体描述。课文中将雷锋定义为"哪里需要爱心，雷锋叔叔就出现在哪里"，雷锋不再是一个具体的人物，而是一个泛化的精神形象，凡是"献出爱心"的人都可以称为雷锋。

——蒋洁蕾：《教科书中雷锋形象嬗变的话语分析》，

载《课程教学研究》，2012年第6期

资源10：从"政治"雷锋到"生活"雷锋

1963版选文《做革命事业的螺丝钉》宣扬"甘愿为社会主义建设而做一颗螺丝钉，忠诚于党的革命事业"这个主题；《雷锋在工地上》弘扬"积极参加社会主义建设，做好事不留名"这一主题。两篇选文立意高远，体现了雷锋高度自觉的政治意识和无私奉献的革命精神。此外，课文中运用"社会主义好、社会主义建设、革命事业、提高自己的思想觉悟、坚决听党和毛主席的话、伟大的革命事业"等大量政治词汇来烘托这种政治形象。

1978、1982、1987版中的《过桥》一文塑造的是生活雷锋。通过讲述雷锋小时候上学路上背小同学过桥的故事反应"乐于助人、经常做好事"这个主题。运用的语词也比较生活化，如："一个一个地背过来"和"一个一个地背过去"等等，向小学生传达要

像雷锋一样经常做好事的意识。

——蒋洁蕾:《教科书中雷锋形象嬗变的话语分析》,

载《课程教学研究》,2012年第6期

资源11:从"英雄"雷锋到"平民"雷锋

英雄即为无私忘我,不辞艰险,为人民利益而英勇奋斗,令人敬佩的人。而平民则指平善之人,没有什么丰功伟绩,做平凡之事的人。教科书中又如何呈现雷锋的上述形象的?……

……1963版的雷锋具有"集体至上"、"忘我劳动"、"无私奉献"、"忠于革命忠于党"的道德品质,显示出英雄倾向;1970、1980年代教科书中的雷锋具有"勇敢"、"乐于助人"的品质,这两种品质在平民大众身上普遍存在,体现出雷锋的平民倾向,教科书似乎要告诉小学生我们可以向雷锋叔叔学习,做好事应从帮助身边的同学开始;1992年教科书中《雷锋日记二则》一文体现了雷锋具有"坚定的爱国主义精神"、"无私奉献的傻子精神"和"鲜明的阶级立场",塑造了典型的"英雄"雷锋形象。2001版教科书以《雷锋叔叔,你在哪里?》一文塑造了雷锋的"乐于助人"和"敬老爱老"的道德品质,具有平民倾向。……

——蒋洁蕾:《教科书中雷锋形象嬗变的话语分析》,

载《课程教学研究》,2012年第6期

资源12:"内心独白"的雷锋到"被寻找"的雷锋

……1963版教科书采用内心独白和具体描述的方式来塑造主角雷锋为革命事业不懈奋斗的形象。1970、1980年代教科书以第三人称"他"来具体描述雷锋帮助同学的事迹。1992版中教科书再次采用第一人称"我"以内心独白的方式表达雷锋坚定的无产阶级立场和对共产主义的信心。上述版本教科书的主角均为雷峰,但2001版教科书的主角让位于寻找雷锋的儿童,采用第一人称"我"("我们")寻找雷锋,雷锋成为了"我"("我们")口中的"你",小溪口中的"他",故雷锋成了被寻找被呼吁的对象。由此可见,随着时代的前行,教科书中的雷锋从"内心独白"的主角嬗变为"被寻找"的对象。

从教科书的插图看各套小学语文教科书中共有5幅雷锋的插图,分布在1978、1987、1992、2001四套教科书中。其中1978、1987、1992版《过桥》一文的插图并没有多大改变,无非是从黑白变成了彩色，其主角都是雷锋……2001版《雷锋叔叔，你在哪里？》一文的插图中主角是一群背着书包的小学生。他们围着学校里的橱窗板报聚精会神地阅读雷锋的事迹。雷锋手握钢枪的图片和他的英雄事迹被张贴在了学校的橱窗板报上，静静地等待小学生们瞻仰和学习。在这里主角发生了变化，雷锋是被阅读和呼吁的对象，小学生们却是寻找雷锋的主角。……

——蒋洁蕾：《教科书中雷锋形象嬗变的话语分析》，

载《课程教材研究》，2012年第6期

资源13：美国一些青年人，乐意佩戴"雷锋"字样的标记组成救护队，扶老携幼过马路。在荷兰有"牛仔雷锋"，在法国有"老年雷锋"，主动做好事维护社会秩序。在巴西有人设立"雷锋奖学金"。在日本有人建立了"雷锋卡"、"雷锋奖金"。这些资本主义国家虽与我们的社会制度、社会环境不同，但对雷锋精神却都怀有好感，对雷锋精神的见解与做法有很大的相似性。这也从一个侧面说明雷锋精神具有强大生命力。

——田鹏颖：《雷锋精神展示中华优秀文化的永恒魅力》，

载《思想教育研究》，2012年第2期

中美关系走向正常化

　　中华人民共和国成立后，美国政府经过了短时间的"眺望"，对新中国开始了长达20多年的"不承认"政策。20世纪60年代后期，中美两国政府面对发生巨大变化的国际形势，都重新调整了外交政策，包括两国间的相互政策，为了打开中美关系大门，开始试探和接触。1970年，中美恢复大使级会谈。1971年7月和10月美国总统国家安全事务助理基辛格①两次到中国，为尼克松②总统访华做准备。1972年2月21日，美国总统尼克松正式访华。2月28日《中美联合公报》的发表，标志着两国关系开始正常化。

---

① 亨利·阿尔弗雷德·基辛格（Henry Alfred Kissinger，1923—　），美国著名外交家、国际问题专家，美国前国务卿。1973年诺贝尔和平奖获得者。在中美关系实现正常化、中美建交中扮演了重要的角色。
② 理查德·米尔豪斯·尼克松（Richard Milhous Nixon，1913—1994），美国政治家。第37任总统。美国历史上第一位，也是唯一一位在任期内辞职的总统。

一、影响中美关系正常化的宏观因素

王仲春在《中美关系正常化进程中的苏联因素（1969—1979）》（载《党的文献》，2002年第4期）一文中认为，由于苏联的军事威胁，改变两面受敌的严峻的外部安全环境，成为中国改变与美国关系最为现实和紧迫的推动因素。但随着中美关系的缓和，美国认为中美接近已使苏联陷入战略被动，而美国此时可抓住时机实现美苏和解，这既有限度地控制了苏联的扩张，又加剧了中国对美苏可能"勾结"的担忧。美国在美、苏、中三角关系中玩弄平衡，在保持与中国的高层接触和建交谈判的同时加紧推行对苏缓和政策，严重阻碍了中美关系的顺利发展。

徐红艳在《美国国会与中美关系正常化问题（1972—1977年）》（载《同济大学学报（社会科学版）》，2003年第4期）一文中指出，20世纪70年代的中美关系可谓一波三折，跌宕起伏。其间，国会一直像"一只看不见的手"，影响和制约着总统的对华决策。尼克松上任后多次就改善中美关系向国会吹风，以寻求国会的支持。另一方面，他对国会的反应相当重视，尽量不因中国问题开罪国会，尤其是国会中的保守派。他曾打算与中国进行谷物贸易作为改善关系的第一步，终因保守派参议员的反对而放弃。而尼克松敢于在对华关系上迈出举世震惊的一步，与此间国会对华态度的松动不无关系。1970年6月，众参两院取消了反对中国进入联合国的决定。尼克松访华归来后，规模庞大的国会两党代表团到机场迎接，大多数议员对上海公报给予了积极评价。然而，尽管议员们支持总统的对华政策，但对于总统未能事先与国会进行坦率而深入的协商仍然深表不满。此后，尼克松政府在对华关系方面的前进步伐十分有限，尽力避免对中国采取那种可能被看成是损害了美国利益的重要行动，特别是在同中国台湾以及苏联有关的问题上。

张静在《从积极推动到保守谨慎——美国国务院在中美关系缓和中的角色（1969—1972）》（载《中共党史研究》，2013年第2期）一文中指出，在缓和对华关系的初期，美国国务院主持的一系列政策研究，为白宫提供了恢复大使级会谈、放松对华管制、逐步从台湾撤军等富有建设性的政策选项。此外，国务院高级官员还较早地察觉到中苏冲突的重大机遇，为中美苏三角关系的重构提出了战略性建议。但在中美缓和进程的中后期，由于不清楚白宫与中国领导人的"幕后渠道"外交信息，国务院方面因信息不足而在缓和对华关系的政策上趋于保守谨慎。而尼克松和基辛格避开国务院，虽然以秘密的个人外交方式实现了中美关系的历史性突破，但他们对中国领导人在台湾等问题上的一系列承诺，既未经国务院等官僚部门的商讨，也未获得国会的批准，从而给未来中美关系的发展留下了一条崎岖艰难的道路。

韩一敏在《试论中美关系正常化与台湾问题》（载《理论导刊》，2006年第11期）一文中认为，台湾问题是中美关系正常化的核心问题。20世纪70年代初，在承认台湾问题分歧的基础上，中美打开了互相交流与了解的大门。在《上海联合公报》中，美国第一次公开承认了新中国，以及含糊地承认了台湾是中国的一部分，从而肯定了中国只有一个。但是，发展中美关系的同时仍要继续保持与台湾的实质关系，这是美国对台政策的基本原则。20世纪70年代末，美国出于联华抗苏的需要，承认中华人民共和国是中国唯一合法政府，但实际上仍坚持"一中一台"的政策。美国之所以在对华和对台问题上推行两面政策，实际上是美国全球战略、国家利益和国内政治的综合反映。

李丹慧在《中美缓和与援越抗美——中国外交战略调整中的越南因素》（载《党的文献》，2002年第3期）一文中认为，越南问题是中国在调整对美政策期间必须考虑的一个重要方面，中美缓和的进程中始终存在着越南因素。20世纪60年代末70年代初，中国在大力援越抗美的现实背景下，外交战略的调整中并存着两种外交方针：一是坚持革命外交，继续援越抗美；二是确立务实外交，寻求和实现与美国缓和关系。毛泽东等中国领导人调整对美政策，实现中美缓和，大致经过了三个阶段：第一是以越南问题促中美高层对话，让尼克松感受中国方面的巨大压力；第二是坚持支援越南的基本方针，促进中美和解；第三是劝越谈判，结束越南战争，以促联美抗苏大战略的实现。中国始终把握住既定援越立场，绝不拿原则作交易，从而取得了以小国关系带动大国关系发展的效果。

李捷在《从解冻到建交：中国政治变动与中美关系》（载《党的文献》，2002年第5期）一文中认为，中美解冻与建交长期徘徊的一个重要因素是，这一时期中国国内局势的状况对中美关系发展的复杂影响。1977—1979年1月，邓小平的再次复出，成为中国内政外交发生重要转变的基础，也为中美关系奠定了新的政治基础，中美关系掀开了新的一页。杨奎松在《中华人民共和国建国史研究（2）》（296～319页，南昌：江西人民出版社，2009）一书中提出了不同的观点，他认为在1972年中美《联合公报》发表之后，中美关系正常化的主动权已完全掌握在美国政府手里，中国国内形势的变化对这个阶段的中美关系正常化进程的影响无足轻重。中国改善与美国关系的过程其实伴随着毛泽东的革命策略与个人情感变化，并与后来毛泽东提出的"三个世界"理论存在着内在联系。

二、中美关系改善的渠道问题

郑华在《华沙渠道与中美关系的解冻：华盛顿决策内幕》（载《当代中国史研究》，2007年第2期）一文中指出，在寻求同中国对话的渠道上，美国政府首先想到的是华沙渠道，即第135次和136次中美大使级会谈，并为此做了充分的准备。中美大使级会谈自1955年开始已进行了134次，先是在日内瓦，而后转移到华沙。在大使级会谈中，许多重要议题诸如台湾问题、越南问题、核武器控制等问题都陷入僵局，但在中美关系处于敌对状态的年代，华沙会谈在一定程度上起到了化解对抗情绪、为双方提供对话机会的作用。尽管华沙渠道的进展不像华盛顿期望的那样顺利，但基本上完成了预期的任务，即表达了改善对华关系的愿望，并阐明了不会同苏联合作主宰东亚事务的立场。在华沙渠道完成了既定任务之后，华盛顿又将同北京的联络转为巴基斯坦渠道。

郑华在《中美关系解冻过程中的巴基斯坦渠道》（载《史学集刊》，2008年第3期）一文中指出，在中美关系解冻的过程中，巴基斯坦渠道起到了在中美之间有效传递信息，促成基辛格秘密访华的重要作用。以叶海亚·汗[①]为首的巴基斯坦领导人，将发展同中美两国的友好关系与实现本国国家利益紧密联系在一起，使得"从首脑、经首脑、到首脑"的巴基斯坦渠道成为中美关系解冻过程中最为可靠和高效的渠道之一。事实上，当巴基斯坦驻美大使阿格·希拉利（Agaha Hilaly）延用19世纪的外交惯例——手书情报、口述信息、让对方记录——之时，连基辛格本人都惊诧于巴基斯坦人的恪尽职守。

郑华在《中美关系解冻过程中的巴黎渠道》（载《当代中国史研究》，2008年第4期）一文中指出，在基辛格1971年7月9—11日成功秘密访华之后，中美之间的信息传递转入双方外交官直接接洽的巴黎渠道。在1971年7月11日基辛格与周恩来的最后一次会谈中，双方确定巴黎作为今后的秘密联络渠道，中美不再恢复华沙大使级会谈。美国驻法武官弗农·沃尔特斯[②]，作为美方代表直接同中国驻法大使黄镇联络。从1971年7月19日

---

① 阿迦·穆罕默德·叶海亚·汗（Agha Muhammad Yahya Khan，1921—1980），时任巴基斯坦总统。
② 弗农·安东尼·沃尔特斯（Vernon Anthony Walters，1917—2002），美国前驻联合国大使，资深外交官。

至1972年3月，沃尔特斯共来黄镇大使官邸45次，平均每月接触将近7次，先后为基辛格"波罗二号"行动、黑格①访华、尼克松访华做了大量的信息传递和铺垫工作。随着双方高层会晤的增多，双方信息传递由最初的简单接收信息、传达上级指示，发展到就国际热点问题交换意见。巴黎渠道在中美关系解冻过程中成功地起到了"润滑剂"的作用。

栗广在《论中美关系正常化进程中的纽约渠道——以新近披露的尼克松总统安全档案为依据》（载《党史研究与教学》，2012年第4期）一文中指出，纽约渠道在两国关系已初步实现缓和的情况下，为处理两国关系以及国际上一些紧急重大的事务而建立的联系渠道。中国重返联合国为纽约渠道的建立提供了现实的可能性。第26届联合国大会通过第2758号决议后，中国政府随即委派就任驻加拿大大使仅4个月的黄华作为中国常驻联合国及其安理会的代表，为中美两国在纽约建立直接联系的秘密渠道提供了现实基础。纽约渠道使两国在此后解决南亚问题②、结束越南战争及处理两国共同面临的其他国际问题等方面进行了卓有成效的沟通与合作，促进了这些问题的解决，在推动中美建立互信机制方面，起了很大的作用。

微课设计

微课设计一：从《时代》周刊封面看尼克松访华

设计意图

美国《时代》周刊的封面选取了尼克松访华的四张照片，这四张照片呈现的正是历史的细节。本微课通过对这些细节的介绍，使学生对尼克松访华这一重大历史事件有了更加全面的感受。同时，通过教师引导，让学生感受封面排版的巧妙和主题的设计的精妙，感受当时美国舆论对尼克松访华的态度。

---

① 小亚历山大·梅格斯·黑格（Alexander Meigs Haig, Jr., 1924—2010），美国军人、政治家，曾任亨利·基辛格的高级军事顾问、里根政府期间的国务卿、尼克松总统和福特总统的高级顾问。
② 南亚问题，指印度与巴基斯坦的战争。

设计方案

材料呈现： 1972年3月6日《时代》周刊封面。

教师介绍： 1972年2月21日，美国总统尼克松开始了为期一周的访华。3月6日，一幅非常新颖别致的图案出现在了美国《时代》周刊的封面上。

教师设问： 封面上有四张照片，其中位于上半部的两张照片，描绘的是什么场景？（参考答案：毛泽东与尼克松握手；周恩来与尼克松相互谦让。）

教师讲述： 毛泽东与尼克松的会面能否进行，中方一直是模棱两可的态度，因为当时毛泽东的身体并不太好。但令人意外的是，就在尼克松到达中国4个小时后，他就收到了毛泽东的邀请，基辛格后来把这次突然而又秘密的邀请比作"过去君王召见臣民"①，可见当时美方对这次会面是非常惊喜的。

教师设问：《时代》周刊封面下半部分的两张照片，描绘了什么事情？（参考答案：尼克松夫妇游览长城以及观看文艺表演。）

教师讲述： 在尼克松访华的第二天晚上，尼克松夫妇观看了芭蕾舞剧《红色娘子军》。《红色娘子军》讲述了中国妇女在共产党领导下追求解放、自由、幸福的故事。在当时，芭蕾舞剧《红色娘子军》是最具国际色彩的节目，显然比其他传统剧种更容易为外宾所接受，而颠覆芭蕾传统风格的民族化改造又彰显了"中国"特色。

材料呈现： 原来我并不特别想看这出芭蕾舞，但我看了几分钟后，它那令人眼花缭乱的精湛表演艺术和技巧给了我深刻的印象。

——[美]理查德·尼克松：《尼克松回忆录》（中册），

裘克安等译，261页，北京：商务印书馆，1979

教师设问： 这反映了尼克松对中国持有怎样的情感？（参考答案：充满好奇。）

教师讲述： 给尼克松留下深刻印象的还有很多，比如游览长城。尼克松到达北京后天气一直不太好，连续下了几场大雪。下雪路滑，通往长城的道路非常危险。就在尼克松担心自己的这个心愿即将破灭的时候，一夜之间，北京几十万人上街扫雪，没有扫雪机，没

---

① [美]亨利·基辛格：《1972年尼克松与毛泽东的会面》，载《百年潮》，2012（11）。

有融雪剂，硬是用双手扫出了一条通往长城的路。第二天一早，美方人员看到本来被雪覆盖着的道路变得干干净净后，都大为惊叹，尼克松也对眼前发生的一切感到不可思议。他说，在美国，他根本不可能在一夜之间动员那么多群众。登上长城的烽火台后，尼克松说："只有一个伟大的民族，才能造得出这样一座伟大的长城。""我们今天到了长城，成为主席说的'好汉'了。"①

教师设问：尼克松访华的照片很多，《时代》周刊选择这四张照片放在封面，是想传达一种什么信息？

教师引导性分析：照片中出现了两国领导人之间的握手、谦让，出现了尼克松夫妇脸上挂满笑容的在长城的合影，出现了具有国际色彩的芭蕾舞剧。《时代》周刊是想通过这四张照片传达给读者这样的信息：尼克松之行开启了两国间的友好关系。

材料呈现：《时代》周刊编辑把这一期的主题定为"Nixon's China Odyssey"，其中的单词"Odyssey"意思是"漫长而又刺激的旅行"。这句话可以翻译为"尼克松的破冰之旅"。

——据美国《时代》周刊，1972-03-06

教师设问：《时代》周刊为什么会选择"Odyssey"这个词，而不用诸如"访问""会见""走访"这些词汇，或者是另外一些表示旅行的词汇？（参考答案：从新中国成立，到尼克松访华前夕，中美两国关系基本处于对立状态。）

教师引导性分析：尼克松所访问的，是一个没有与美国正式建交的国家。因此，让人感到十分"刺激"。

教师设问：

（1）请仔细观察整张封面：四张照片和一个主题把封面加以分割，构成了一个什么汉字？（参考答案："友"字。）

（2）《时代》周刊这样设计的用意是什么？

教师引导性分析：旅行这个词汇相比其他词汇更显活泼，暗示尼克松之行是一次友好之旅，充满乐趣。但这次旅行是前所未有的，充满冒险和刺激的不可预知性，相比其他略显中性的有着"旅行"含义的词汇，用"Odyssey"则更合适。设计成"友"字正好突出了封面照片和主题的寓意。

_____

① 本刊编者：《美国总统的"长城宣言"》，载《江淮》，2009（12）。

教师小结：不管选择哪个词汇哪些照片，都是自身对历史事件的体会和感悟。通过《时代》周刊所选的四张照片、所用的"友"字和"Odyssey"一词，我们可以推测出当时《时代》周刊对尼克松访华的态度。

设计点评

中美关系走向正常化的原因众多，过程复杂，怎样选取合适的突破点的确颇费脑筋。本微课选取了美国《时代》周刊的封面作为教学的突破口，令人眼前一亮。杂志封面的四张照片恰恰是中美关系正常化过程中的典型事件，通过介绍分析这些事件，有助于学生对此事件有更为清晰和深刻的认识。

微课设计二：从一幅漫画看中美关系缓和

设计意图

历史漫画用幽默夸张的笔法描绘历史事件，揭示历史事件的本质特征，表现手法形象、生动、幽默，生动地再现了历史，把客观的历史与作者的主观理解结合起来。漫画《吊高球》正体现了上述特点。本微课通过对此漫画的分析，有助于学生对"乒乓外交"在中美关系缓和进程中的作用会有更加深刻的理解。

设计方案

材料呈现：漫画《High Lob》。

教师讲述：这是一幅名为《吊高球》的漫画。请观察，漫画中的人在干什么？（学生思考回答）

教师设问：从漫画中看出，有两个人在打乒乓球，还有一个人站在乒乓球桌上，似乎很着急的样子，在漫画右下位置还有两个小矮人。但这些人看起来不像是运动员，他们是谁呢？

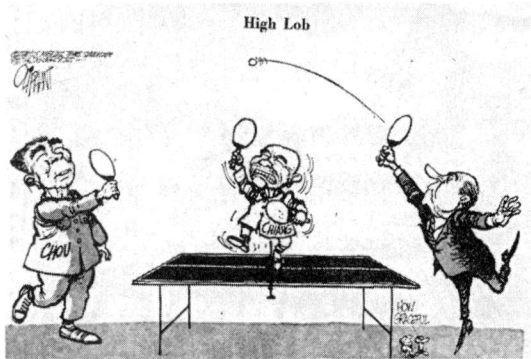

High Lob

教师引导性分析：漫画最右边的人物西装革履，前额头发稀少，鼻子高耸，看起来像西方人。右下的两个小矮人从面孔看，似乎也是西方人，其中一位还说了句"How graceful"（多优雅啊）。漫画最左边的人物眉毛浓密，穿着中山装，并且衣服上写着"CHOU"，这个不像是英文单词，倒像是汉字"周"在英语中的发音；中间的人物没有头发，衣服上写着"CHIANG"，这像是汉字"蒋"在英语中的发音。

教师设问：漫画中的人物中，左一、左二分别是谁？（参考答案：周恩来、蒋介石。）

教师设问：继续观察漫画，三位主要人物的动作和表情有哪些？（学生思考回答）

教师引导性分析：那个西方人踮着脚尖，动作优雅，把球打得很高，划出一道弧线球越过了蒋介石。蒋介石则显得非常着急，站在乒乓球桌上，拿着两个拍子，就是够不着球。周恩来则显得闲定自若，胸有成竹地等着对方把球打过来。

看来，周恩来对蒋介石的干扰视而不见，依然悠闲的和那个西方人打着乒乓球。乒乓球成了连接周恩来和西方人的关系纽带。

教师讲述：这个西方人到底是谁？周恩来与他的交往为什么会引起蒋介石如此大的恐慌？新中国成立后，蒋介石政权长时间地得到了美国的支持，美国对新中国采取敌对的态度。如果中美关系缓和，最恐慌的莫过于蒋介石了，蒋介石当然要设法阻止。但正如漫画所描绘的，不管蒋介石怎么着急，都阻挡不了中美两国关系缓和的进程，这其中最令人津津乐道的便是"乒乓外交"了。1971年4月，在日本名古屋参加第三十一届世界乒乓球锦标赛的美国乒乓球代表团，应中国乒乓球代表团的邀请访问我国，打开了中美两国人民友好交往的大门。

这幅漫画反映的事件正是"乒乓外交"，当时的美国总统是尼克松，这应该就是漫画最右边的人物了，而两个小矮人可能是支持尼克松的国会议员或者民众。

教师设问：

（1）这幅漫画含蓄地表达了作者怎样的观点？（参考答案：美国绕过了蒋介石，开始与中国友好交往。）

（2）漫画所描述的事情符合史实吗？作者的观点正确吗？（参考答案：基本符合。作者观点基本正确。）

教师小结：乒乓外交是中美关系缓和进程中的重要一环，中美关系缓和是中美双方共同需要的结果，任何人都不会阻挡中美交往的进程。我们应该学会利用漫画中的有效信息判断其所反映的历史事件，并进一步分析漫画所反映的观点，学会加以评价。

设计点评

　　漫画多以含蓄、隐晦的方式评说世事。本微课通过对漫画中人物形象、动作和象征符号的分析，挖掘漫画隐含的信息，并引导学生通过观察分析形成判断。因此，本微课有助于加强学生对中美关系正常化这一重大历史事件的理解。

教学资源

　　资源1：在关键的台湾问题上，中方首先要求美方明确承认"只有一个中国，台湾是中国的一部分"。美方草案开始根本不提此事，只强调台湾问题应"和平解决"。虽然中方强烈坚持，美方总是不愿直截了当地写上这句话。经过相当长时间的交锋，才谈成了那句后来广为人知的、绕圈子的表述："美国认识到，在台湾海峡两边的所有中国人都认为只有一个中国，台湾是中国的一部分。美国政府对这一立场不提出异议。"美国是"认识到……"，不接受更明确的"承认"一词；"认识到"在英文本中用"recognize"，还是"acknowledge"，也磨了许久，中方人员还查阅了许多大词典，最后中方接受了后者。……

　　　　……

　　最为关键的关于"美国自台湾撤军"一句，到了最后一天，中方仍坚持"本着这一希望（和平解决）"这样的连接措词。基辛格又提出了尼克松本人的建议，仍坚持用"基于这一前提，美国展望"自台撤军的提法。中方坚决不同意。磨到了当天深夜，双方才达成妥协，同意用"考虑到这一前景"这一较弱的说法。用"前景"而不说"前提"，这是章文晋提出的妙招。"前景"只是一种可能或愿望，"前提"则是一种条件。一词之差体现了原则性与灵活性的巧妙运用。这一天乔冠华、基辛格会晤了4次之多，基辛格还单独约晤周恩来两次。乔冠华和基辛格都是风格独特的外交家，谈起来唇枪舌剑，火花四溅。走到边缘时，乔冠华会以"不要公报也可以"来施压，基辛格则往往面红耳赤，强压怒火，把铅笔咬在口中或摔在桌上，但双方都没有拍过桌子。

……

关于《联合公报》，我个人认为有一个技术性问题需要澄清。中美两国政府于1972年2月28日在上海发表的《联合公报》，后来人们习惯称之为"上海公报"，但这不是正式名称。所以严格说，"上海公报"不应加书名号。另外，应是"发表"公报，而非"签署"，因为双方领导人没有在公报上署名。

——赵稷华口述、刘火雄整理：《改变世界的"上海公报"是怎样谈成的》，载《文史参考》，2011年第12期

资源2：1972年1月3日，时任美国总统国家安全事务副助理的亚历山大·黑格准将率先遣组来到北京，为尼克松的中国之行作技术安排。黑格此行还带来了一封与尼克松访华公报有关的信件。1月4日凌晨，周恩来在人民大会堂会见黑格。黑格立即把尼克松的信转交给周恩来。周恩来看完信后认为，信中用"Viability"这个词不够准确。于是，周恩来让外交部翻译室核查"Viability"的词意。经查："Viability"的中文意义是"生存能力"，多指"胎儿或婴儿的生存能力"。根据这一译意，尼克松在信中的意思为：由于苏联企图继续包围中国，美国对中国的"生存能力"表示怀疑，准备力图抵消苏联对中国的威胁，以维护中国的独立及其生存能力……

会谈一结束，周恩来立即将黑格带来的信向毛泽东作了汇报。毛泽东不快地说："这是美国借苏联在中国边境陈兵百万对中方进行恫吓。包围中国！要他们来救我们，那怎么了得！他替我们担心啊？那是猫哭耗子！顶回去！无非尼克松不来。不来就不来嘛！22年不来了，再等22年。尼克松不来，土克松、砖克松也会来……"

——吴光祥：《〈上海公报〉发表背后的博弈》，载《党史纵横》，2013年第4期

资源3：也许对毛泽东和尼克松历史性会晤最感痛苦的国家莫过于苏联。在经历了几天难堪的缄默之后（这是惯例，以显示苏联对此泰然处之的大将风度），苏联《真理报》于3月5日发表权威评论员格奥尔基·拉季阿尼的署名文章，猛烈攻击中美最高级会晤的所谓"反苏"特征，指责美国在台湾问题上"同北京成交"而"牺牲越南人民"。文章进一步无理指责说，促进美国要改善对华关系的，是"北京的反苏政策而不是对这个地区和平的关心"。在此之前，苏联《新时代》周刊还发表了沃利斯基的一篇评论，忧心忡忡地说，中美公报"像是一个冰山底，还有很多东西仍在隐藏着"。苏联方面作

出的反应比人们预料得要早，而且是采取了最严厉的、充满了猜忌的全面否定的态度，这也从反面说明，中美会谈的结果的确击中了苏联的要害，妨碍了其在世界各地建立霸权的战略部署。

——宫力：《中美上海公报的产生及其对世界的影响》，载《新远见》，2012年第3期

资源4：……在基辛格和周恩来两次长达六七个小时的会谈中，分别穿插了两次用餐，这看似自然、平常的用餐却起到了调节气氛、舒缓心情的作用，以至于基辛格在给尼克松的报告中写到"中国饮食源于传统文化、精心手工烹制、用餐环境清新、盛宴菜式繁多、酸甜搭配得当。美餐之后，虽有心满意足之感，却无丝毫厌腻之心"。中国博大精深的饮食文化在对美外交中有力地起到了弘扬民族文化、彰显民族特色的作用。

此外，周恩来富有亲和力的外事工作特点给基辛格留下了深刻的印象。周恩来会在基辛格的下级生病时，不顾级别差异，亲自前去探望。在1971年7月基辛格秘密访华时，双方的首次会谈是周恩来亲临基辛格下榻处举行，这令基辛格感到亲切和从容；第二次会谈在人民大会堂举行，这又使基辛格感到了作为贵宾的荣耀；更重要的是，这中间体现的平等观念令基辛格感到很舒服。在吃过精美的北京烤鸭之后，周恩来带领基辛格等人参观制作北京烤鸭的操作间，并描述了烤制鸭子时所用的果木。这段小插曲令美方感到周恩来的亲切、友善和为使客人感到舒适、自然所做的努力。在欢迎尼克松的宴会上，周恩来特意选择了几首尼克松喜爱的曲目，其中包括他宣誓就职美国总统时演奏的《美丽的亚美利加》作为宴会乐曲，以至于尼克松不得不承认周恩来是做足了功课的外交家。

——郑华：《从中美关系解冻系列谈判看周恩来谈判艺术》，

载《当代中国史研究》，2008第2期

资源5：基辛格第一次秘密访华后不久，美国、日本甚至台湾等地于第26届联合国大会即将在纽约召开之际，发生了所谓"台湾独立"的一系列示威游行活动。8月初美国国务卿罗杰斯[①]（Rogers）发表了关于联合国中国代表权问题的公告；8月11日美常驻联合国代表乔治·布什[②]（George Bush）建议把"中国在联合国的代表权问题"的议题

[①] 威廉·皮尔斯·罗杰斯（William Pierce Rogers，1913—2001），美国政治家。曾任美国司法部长、国务卿。

[②] 乔治·赫伯特·沃克·布什（George Herbert Walker Bush，1924—　），即老布什，美国第41任总统，其子乔治·沃克·布什（George Walker Bush）为美国第43任总统。

列入联大议程；8月17日，美国政府正式向联合国秘书长吴丹①（U Thant）提出了"双重代表权"提案。周恩来就此事连续与中国外交部、新华社、人民日报等部门负责人研究起草外交部声明和新华社相关报道，于8月20日主持中央政治局讨论通过后发表。事隔两个月，基辛格第二次访华，10月21日上午中美双方举行了其此行中的首次会谈。当讨论进入第一个主题中美关系正常化与台湾问题后，周恩来即提出了他"考虑了很多很多"的疑问：是否有可能形成美国国务院所提出的"一个中国两个政府"的局面？美国中情局、五角大楼是否插手了这些"台独"示威游行活动？一方面表明中国在美国支持"台独"活动问题上的深刻忧虑；一方面实际以中国对此事保持克制态度、降低了攻击语调为由，要求美方继续做出相关承诺。基辛格以表示美方注意到中国声明的克制性反应和重复此前所做出的保证，以及周高估了中情局的能力，这一类行动从未得到过授权，中国如能通报参与此类活动的美国官员的名字，定以总统名义将其革职等，进行安抚。

——李丹慧：《打开中美关系进程中的周恩来——来自尼克松外交档案的新证据》，
载《冷战国际史研究》，2008年第2期

资源6：……美方公报草案中将"逐步减少"美国在台湾的武装力量和军事设施的表述方式，周建议，为了不让日本人派出他们的军队，宜删除一些词句。在周看来，美国在台湾保留军队以防止日本派驻军队到台湾，对缓和远东紧张局势有好处。如果日本派驻军队造成一个所谓的独立的台湾，那将会是远东地区和平终止的开始，即如苏联宣布外蒙古独立一样，成为远东地区动荡不安的一个根源。

通过会谈，中美双方实际就日本和日台关系问题达成了公开表述与私下运作的共识和理解。根据周的意见，虽然中美联合公报中须明确声明"全部美国武装力量和军事设施必须从台湾撤走"，但是，不仅中国可做出一定妥协，即不要求美方表述美军立即全部撤出台湾，而且还让美方明白，在实际操作中，中方不反对美方在撤军问题上的模棱两可，中方对此没有"要求设定任何时间表"，"也没有提出过任何要求"。"因为只要你们仍然在台湾有军队，你们就有责任不让日本武装部队进驻"。只是作为一个主权国家，中方"不能公开说出这点"而已。不过，中国希望美国暂缓从台湾撤军，虽然解决了阻止日军进驻台湾的问题，却又忽略了美军在台军事基地对越作战的现实情况，这与中国

————
① 吴丹（U Thant，1909—1974），出生于缅甸的班达诺。1961—1971年任联合国第三任秘书长，也是第一位来自于亚洲的联合国秘书长。

坚持援越的立场又不无矛盾了。

作为对中国让步的回应，尼克松则反复确认，美国在逐渐撤出台湾时，将会运用自己的影响力劝阻日本进驻台湾，并劝阻日本不要支持"台独"运动。而且美方还将比中方要求的更进一步，甚至会在美国从台湾撤军后继续努力阻止日军进驻台湾。因为在这一点上，美中的利益一致。与此同时，基辛格和尼克松又利用中方对日台关系的敏感而为自己的亚洲政策进行辩解。在中国看来，日本军力的上升是在日美同盟的框架中实现的，对于这种框架，中国及日本的周边国家基本都不能接受。毕竟日本军力的发展，不利于东亚地区的安全和稳定。为此，周反复询问何以不让日本成为中立国家。美方解释说，把美日捆绑到一起，实际对日本起着约束作用，说服中国接受美国保持其对亚洲的影响，如在日本等国驻军等等。周未予回应，实际基本默认了美方的这套说词。

——李丹慧：《打开中美关系进程中的周恩来——来自尼克松外交档案的新证据》，

载《冷战国际史研究》，2008年第2期

资源7：……当尼克松步出飞机舱门后，首先扑入眼帘的是一长串红底白字大幅标语："全世界被压迫人民、被压迫民族团结起来！"

中美关系正常化的重要性周恩来最为清楚，一味强调斗争的外交方式结局谁也无法料想。周恩来想到了改变接待气氛的变通方式，便是谁也不敢提出的观看文艺演出。

当过程性的会谈进行到22日下午，周恩来宣布，当夜请尼克松总统观看文艺演出。周恩来当时只能从全国数得清的文艺演出中挑一台节目，他选择了现代舞剧《红色娘子军》。

……演出是成功的，在演出结束起立鼓掌的一行人当中，周恩来平静的外表下是多少有些舒心的微笑。……

令人难以置信的一个事实是：从第二天起报道态度就发生明显改观，"欢迎"、"陪同"、"邀请"等词大量出现，而报道同时也显示，会谈进入实质性阶段。……

——尹永华：《回眸1972年尼克松访华看过两场演出》，

载《上海戏剧》，1998年第10期

资源8：1972年2月21日，尼克松总统一行抵达北京的当晚，在北京人民大会堂举行国宴。国宴开始前，中美双方人员很整齐地排成两行，周总理面对美方人员逐一握手，尼克松总统夫妇、美国国务卿威廉·罗杰斯和国家安全事务助理基辛格博士等人则面向我方人员一一握手。我方人员中有领导干部、民主人士、高级知识分子，还有国民党起义投诚将领等。尼克松和基辛格都很健壮，也许是兴奋的缘故，我发现他们的脸都发红，像充血一样。事后，我们有同志议论，说真担心他们兴奋过度犯高血压。

尼克松总统夫妇、基辛格博士等由周恩来总理陪同，坐在主宾席。中国人民解放军军乐团为客人们演奏了美国名曲《美丽的亚美利加》，这首歌曲是周总理亲自决定的，总理特意对军乐团的同志们说：《美丽的亚美利加》这首曲子是尼克松总统就职时选的曲子，他是个音乐内行，我们选这首曲子让他像回到自己家乡一样亲切，就是要表达中国人民的友谊。这种热烈欢快的场面通过卫星，在美国早晨的电视节目中实况转播，引起了很大反响。尼克松在晚年撰写回忆录时，对这样的款待记忆犹新，他曾这样描述当时的情景："当我听到这首我熟悉的美国民歌时，心头不禁涌起一股暖流。因为这首曲子正是我在就职仪式上选择演奏的乐曲。"

……

……他们对我方的工作效率也是非常敬佩的。因为前一晚北京开始下雪，不一会儿街道马路就铺上了厚厚一层雪。为了让尼克松总统一行顺利参观长城登上八达岭，总理指示北京有关方面发动了数以万计的群众，把尼克松总统和随从住的地方到长城之间要经过的马路积雪连夜扫除干净。那时我国根本少有扫雪机之类的设备，全靠集体的力量。所以，第二天一早，美方人员看到本来被雪覆盖着的道路已变得干干净净后，都大为惊叹。有客人说：看来社会主义的优越性还是眼见为实的。尼克松总统也对眼前发生的一切感到不可思议，他说，在美国，他根本不可能在一夜之间动员那么多群众。登上烽火台后，他兴奋地告诉陪同的叶剑英，自己从此也是"好汉"了。

周总理是很客观的，他一贯主张好的坏的都要让人看，不要遮遮掩掩。上长城时，因为有关方面刻意安排的痕迹太明显，如大冬天里让穿着毛衣的小女孩跳橡皮筋等，总理还为此表示了不满。在参观访问时，我陪同美国客人一行去参观针刺麻醉，客人被中国古老的针灸震住了，纷纷竖起大拇指。总理却冷静地对周围的人说：科学原理还是要和客人们讲一下的，我们要加强这方面的研究探索，传统的东西不能太夸大了，不是所有的手术都可以用针刺麻醉的。

——周尔鎏口述、王岚整理：《我参与接待尼克松总统访华》，
载《世纪》，2012年第2期

中国重返联合国

　　1949年10月1日，中华人民共和国中央人民政府成为中国的唯一合法政府和国际上的唯一合法代表，联合国理当恢复中华人民共和国的一切合法权利。然而，由于美国政府的阻挠，中国的这一合理要求却长期得不到实现。在中国政府的不断努力下，在爱好和平与正义的国家的支持下，1971年10月第26届联合国大会，终于恢复了中华人民共和国在联合国的一切合法权益。这是"一个中国"原则的重大胜利，有利于中国在联合国舞台上发挥更大的积极作用，有利于维护世界和平，有利于促进世界发展。

一、中国重返联合国的漫长历程

　　袁小红在《美国对华政策与中国联合国代表席位的恢复》（载《求索》，2007年第3期）一文中指出，从1949年11月周恩来外长向联合国发出第一封电报之时，新中国就开始了历时22年的重返联合国的征程。在这个征程中的主要障碍来自美国。1949年10月到1950年6月，这是等待"尘埃落定"阶段。这一时期的美国对华政策的主要特点是等待观望，一切等待"尘埃落定"。美国一方面出于颜面考虑，表示反对驱逐国民党代表；另一方面它的这种反对是消极的，甚至准备接受国民党被驱逐出联合国的可能性，毕竟那时甚至连国民党政权的完全垮台都已在美国的预期之中。然而，朝鲜战争的爆发，特别是中国人民志愿军的入朝参战，使本来充满希望的中国代表权问题变得复杂起来。

金朝晖、夏东民在《朝鲜战争对中国恢复联合国合法席位的影响》（载《江苏技术师范学院学报》，2013年第3期）一文中指出，在"冷战"的国际背景下，朝鲜战争打断了人民解放军解放台湾的历史进程，加剧了中美两国的对立。当时，由于以美国为首的西方国家霸占了当时联合国讲台的话语权，中国作为正义而弱势的一方，在联合国内受到不公正的待遇。朝鲜战争使中国错过了恢复联合国合法席位的有利时机，中国在联合国的合法席位问题被长期搁置。

金朝晖、夏东民指出，20世纪60年代以后，随着中国国际地位的提高和国际形势的变化，美国等西方国家所实施的"拖延讨论"策略已无法再推行下去。于是，他们又抛出了"重要问题案"。高秀清在《在中国重返联合国历程中美日等国所实施的阻挠策略浅议》（载《东北亚论坛》，2002年第3期）一文中指出，1961年9月19日，在第16届联合国大会上，"中国代表权"问题的提案获得通过。这是从"不予讨论"到"予以讨论"的重大突破。面对这一突破性进展，美国故技难施，向大会提出"重要问题案"。美国的这一花招，目的仍在于继续尽可能长时间阻挠和拖延中国在联合国合法权利的恢复。到1965年第19届联大时，形势发生了明显变化。关于恢复中华人民共和国在联合国的一切权利的提案表决时，第一次出现了赞成票和反对票持平的局面，这预示着中国在联合国的合法权利的恢复已并不遥远了。

金朝晖、夏东民指出，进入20世纪70年代，国际形势发生了重大变化，随着中国国际影响力的日益扩大和第三世界的崛起，美国想再阻挠中国恢复联合国席位已力不从心了，特别是1970年10月与美国关系密切的加拿大同中国建交，这在联合国内外引起强烈的反响。温强在《尼克松政府对"中国代表权"问题的评估和政策》（载《中山大学学报（社会科学版）》，2010年第5期）一文中指出，出于联华抗苏战略考虑，尼克松上台后亟须缓和中美关系。1969年和1970年，他有意释放出一些对华和解信号，但因国内外牵制，美国在"中国代表权"问题上仍沿用"重要问题"案。1971年，美国正式决定采取"双重代表权"案，即中国加入联合国并进入安理会，同时保留台湾当局的联大席位。前政府一批杰出"中国通"的研究为他探索对华政策起到了铺路作用，他们一次次地对对华政策的评估及开列出的中国问题"解决清单"，为其对华政策厘清了主次和轻重缓急。民主党有限放宽赴华旅行限制是调整对华政策和对华渐进路线的先声，美国公众对美中和解已有了思想准备。正是在此基础上，尼克松才能正式打开中美关系大门。这是他在"中国代表权"问题上改变政策的必备客观条件，当然他顺应时势善于抓住机会的个性也是不可或缺的主观前提。

金朝晖、夏东民最后指出，尼克松既希望改善中美关系，又不想放弃台湾，所以对台湾的代表权问题表现出了非常矛盾的心态。这使追随美国的部分国家出现了动摇。

二、美国阻挠与破坏失败的原因

美国这一系列政策的失败，原因是多方面的。高秀清在《在中国重返联合国历程中美日等国所实施的阻挠策略浅议》（载《东北亚论坛》，2002年第3期）一文中指出，美日等国的阻挠策略最终破产的原因表现为：其一，中国提出的外交政策得到了世界爱好和平国家的赞同。其二，世界格局发生了明显的变化。具体表现为：两极向多极化方向发展；美苏两国军事力量势均力敌；美国的经济地位在改变；亚非拉人民反帝反殖运动不断高涨和"不结盟运动"的发展，已使美国的影响大为减弱。

赵璐在《尼克松政府与联合国中国代表权问题（1969—1971）》（载《历史教学（高校版）》，2008年第8期）一文中指出，1971年美国在中国代表权问题上失败的主要原因：一是中国影响力的上升不可抗拒；二是尼克松和基辛格急于缓和对华关系，对中国代表权问题采取了战略放弃的办法；三是美国政府内部长时间的争论和拖延造成普遍的怀疑情绪，使争取选票的难度加大。中美关系的发展，尤其是尼克松即将访华的现实，为中国代表权的解决提供了不小的推动力。正是由于以上三方面的原因，美国在中国代表权问题上失败了。

面对以美国为首的国家的阻挠，中华人民共和国采取了不卑不亢的斗争策略，坚持了自己的原则。金龙河在《毛泽东关于中国进入联合国的原则》（载《辽宁师范大学学报（社会科学版）》，2003年第4期）一文中指出，面对美国等西方分裂主义势力，毛泽东一方面对重返联合国的艰苦性和长期性做了充分的估计；另一方面也充满了信心，绝对不会为早日进入联合国而同西方反华势力妥协，并且坚信"水到渠成"的历史发展规律。毛泽东也深刻认识到中国能否早日进入联合国取决于中国能否迅速提高综合国力。

三、中国恢复联合国合法席位的意义

中国恢复了联合国的合法席位，这是一个历史时刻，可以说意义重大。高秀清在《在中国重返联合国历程中美日等国所实施的阻挠策略浅议》（载《东北亚论坛》，2002年第3期）一文中指出，中国重返联合国、在联合国合法席位的恢复表明，世界各国已经承认了中华人民共和国中央人民政府是中国唯一合法政府，中国已经进入了国际社会，有了发言权。中国在国际上的地位和威望大大提高，在国际社会所发挥的作用也越来越大。也为日后中国复关谈判、加入WTO奠定了政治基础。

李世华在《中国与联合国》（载《当代世界》，1995年第10期）一文中指出，中国重返联合国后，始终把自己作为发展中国家的一员，对于第三世界国家合理要求一直予以坚决支持。同时，中国积极致力于改革不合理的国际经济关系和建立新的国际经济秩序。中国积极支持并参加了联合国支持召开的关于环境、人权、人口等问题的国际会议，积极促进联合国自身的改革。中国在联合国合法席位的恢复，是世界上一切爱好和平与主张正义的国家共同努力的结果。从此，联合国有了占世界人口四分之一的中国人民的真正代表，联合国安理会常任理事国中首次有了发展中国家的代表。从此，在联合国里有了一个真正坚持独立自主、主持公道、伸张正义，始终不渝地维护联合国宪章宗旨和原则的国家的代表。

微课设计

微课设计一：预料之中的"意外"

设计意图

第26届联合国大会通过恢复中国合法席位的决议，这一消息让中国人异常激动。本微课通过讲述其间的真实故事，让学生感受到中国重返联合国的历史趋势是不可逆转的，以及正义必胜的深刻道理。

设计方案

教师介绍： 1971年10月25日晚上（北京时间26日上午），联合国宽敞的大厅里灯火辉煌，大厅里气氛紧张而又十分安静，关于中国恢复联合国合法权益的"两阿提案"即将表决。当电子计票牌显示最终表决结果（76票赞成，35票反对，17票弃权）时，会议大厅立刻沸腾了，雷鸣般的掌声和欢呼声从会场的四面八方响起，还有不少亚、非、拉国家的代表纵情高唱，掌声、歌声、欢呼声汇在一起，犹如大海的波涛，汹涌澎湃，回荡在会议大厅，经久不息。随后，联合国秘书长吴丹致函中国外交部长，邀请中国派代表团出席第26届联合国大会。

材料呈现： 不久，我收到外交部送来的特急件。其中有联合国秘书长吴丹给"北京中华人民共和国外交部长"的电报，内称："先生，我荣幸地通知你，10月25日举行的联合国大会第1976次会议上，以76票赞成，35票反对，17票弃权，通过了下述决议：（略）顺致最崇高的敬意。"电中引述的"决议"，与"两阿提案"的"决议草案"完全相同。

——熊向晖：《毛泽东"没有想到"的胜利——回忆我国恢复在联合国席位的过程》，

载《百年潮》，1997年第1期

教师设问： 当恢复联合国合法席位的消息传到外交部时，他们的心情如何？面对联合国邀请中国代表团参加联合国的问题，他们的态度又会怎样？（参考答案：激动、兴奋。意外。）

教师介绍：为恢复联合国的合法席位，新中国奋斗了22年。面对这一振奋人心的消息，大家脸上都洋溢着喜气洋洋的神色。但外交部内部议论纷纷，当时估计恢复联合国合法席位还需时日，对出席联合国大会没有一点思想和组织的准备，马上参加有困难。

晚上9时，在中南海毛泽东主席的住处聚集了许多人，他们研讨的问题是：是否组团参加联合国？如何安排？毛泽东主席满面笑容地说：

材料呈现：

材料一　对联合国，我的护士长（吴旭君）是专家。她对阿尔巴尼亚那些国家的提案有研究。这些日子她常常对我说，联合国能通过。我说，通不过。她说，能。我说，不能。你们看，还是她说对了。讲到这里，毛泽东风趣地说，我对美国的那根指挥棒，还有那么点的迷信呢。

——祝彦：《中国恢复联合国合法席位纪实》，载《党史博采》，2003年第8期

材料二　当天下午，周恩来在人民大会堂召集外交部有关人员开会，讨论是否派代表团出席联合国大会。会议开始不久，传来了毛泽东请周恩来和其他同志到中南海去的电话。当周恩来讲了有关情况后，毛泽东立即明确指出："马上就组团去，这是非洲黑人兄弟把我们抬进去的，不去就脱离群众了。"毛泽东还具体指示："派一个代表团去联大，让'乔老爷'（乔冠华）当团长。"

——连海山：《中国重返联合国纪实》，载《党史文苑（纪实版）》，

2001年第1期

教师设问：当毛泽东听到恢复联合国合法席位的消息时，心情是怎样呢？他的态度又会是什么呢？（参考答案：激动、兴奋。意外。）

教师讲述：毛泽东主席由于高兴，谈性很浓，此次谈话谈了将近三个小时。对派代表团出席联合国大会做了重要指示：由乔冠华担任团长组团参加联合国大会，由周恩来总理挂帅抓紧准备相关事宜，并对即将在联合国大会上的发言稿内容作了说明。

教师设问：事实上，第26届联合国大会前毛泽东还主张"今年不进联合国"。这是为什么呢？

教师介绍：1971年7月，美国总统尼克松的国家安全事务助理基辛格访华时曾主动告诉周恩来，尼克松已经决定，美国今年将支持中华人民共和国取得联合国和安全理事会的席位，但不同意从联合国驱逐台湾国民党当局的行动。这很明显，是要在联合国制造

"两个中国"。而毛泽东主席主张"一个中国"的原则，对美国分裂中国的政策坚决抵制。

材料呈现：在向主席汇报此事时，主席说，我们决不上"两个中国"的"贼船"，不进联合国，中国照样生存，照样发展。我们下定决心，不管是喜鹊叫还是乌鸦叫，今年不进联合国。

——熊向晖：《毛泽东"没有想到"的胜利——回忆我国恢复在联合国席位的过程》，

载《百年潮》，1997年第1期

教师设问：毛泽东为什么说"不进联合国"？（参考答案：反对美国制造"两个中国"的阴谋，维护国家的主权。）

教师讲述：因此，中国恢复联合国的合法席位，对于毛泽东来说是预料之外的。第26届联合国大会投票前，联合国有131个会员国，恢复中国的合法席位需要半数，即66票，但是与中国建交、并能投票给中国的只有61个国家。即使过了半数，而对于驱赶台湾当局这样的"重要问题"的表决，则需要88票才能通过。综合分析，毛泽东认为第26届联合国大会恢复中国的合法席位是很困难的。但实际情况是，联大以59票反对、55票赞成、15票弃权否决了美国的所谓"重要问题"提案，接着以76票赞成、35票反对、17票弃权的压倒多数获得通过了阿尔巴尼亚、阿尔及利亚等23国的提案。

教师设问：一直阻挠中国在联合国合法席位的恢复且又想与中国改善关系的美国面对这一现实又会有怎样的反应呢？（参考答案：无奈、沮丧、意外。）

材料呈现：其实，也不光我们没想到。就在这天早上，美国总统尼克松的特使基辛格刚刚结束在中国的第二次访问启程回国。在离开中国之前，周总理已经得知联大表决的结果，但当时未向他讲，以免使他难为情。当在驶往机场的途中，为他送行的乔冠华曾有意地问他，今年联大中国席位能否恢复时，他不假思索地说，今年你们进不了联大，待明年尼克松总统访华后，估计中国"就能进去了"。

——高梁：《回忆联合国恢复我国合法席位的日子》，载《炎黄春秋》，2001年第11期

教师设问：基辛格认为，尼克松访华后，中国"就能进去了"。这反映了什么？（参考答案：美国具有强大的影响力。）

教师讲述：在表决"重要问题"及"两阿提案"时，传来了基辛格第二次访华的消息，因此，美国的一些盟友把支持票投向了中国。一位美国学者说："对人民共和国来说，美国人的访问及其所包含着的暗中支持，为它争取被接纳进联合国大会和安全理事

会中标有'中国'字样的席位所需要的票数，提供了小小的，然而是必不可少的额外推动力。"①

教师小结： 激动、兴奋之情，回荡在26届联大表决现场的掌声与欢呼声中，洋溢在毛泽东主席的言谈举止中，种种努力与艰辛，在这一刻得到了回报。沮丧、无奈之情，充塞在美国人的心头，美国在联合国等国际组织企图长期执行的制造"两个中国"的敌视和反华政策受到了挫败，超级大国操纵联合国和国际事务的蛮横做法越来越没有市场了。

设计点评

合理运用情境是实现有效历史教学的重要手段。本微课精心选择了第26届联合国大会会场、中南海的讨论和欢送基辛格等场景，借助人物的语言与对话中传递出的对中国恢复联合国的合法席位的态度与情感，很好地诠释了相关人物的激动、兴奋、意外、沮丧等情感。而学生在体味故事及人物情感的同时，对中国恢复联合国合法席位的原因、过程有了更为深入的了解，进而认识到恢复联合国席位的必然性和艰巨性。

微课设计二：五星红旗在联合国总部升起

设计意图

五星红旗是中华人民共和国主权的象征，五星红旗的升起代表着中国在联合国合法席位的恢复。本微课以"五星红旗在联合国总部升起"为切入点，能够激发学生的情感，使之体会中国恢复联合国合法席位的艰辛。

---

① [美] 拉尔夫·德·贝茨（Ralph F. de Bedts）：《1933—1973年美国史》（下卷），南京大学历史系英美对外关系研究室译，429页，北京：人民出版社，1984，见马廷中：《美国对中国恢复联合国合法席位问题上政策的变化》，载《江汉论坛》，1997（6）。

设计方案

教师介绍： 1971年11月1日上午8时，在纽约联合国大厦前举行了升旗仪式，12名身穿蓝色制服的联合国卫兵，带着131个会员国的国旗，从白色的联合国大厦走出来，他们从广场按英文字母次序排列的一排旗杆顺次升旗。几分钟后，两位担任升旗员的美国黑人——24岁的威拉德·博迪（Willard Bodi）和28岁的乔治·鲍德温（George Baldwin），来到第二十三根旗杆旁，将那面匆忙制作的象征新中国的五星红旗高高升起。五星红旗第一次升起在纽约上空。

教师设问： 中国是联合国创始国之一，而新中国于1949年10月1日就已成立，为何22年后才升起代表中华人民共和国的五星红旗呢？

教师介绍： 新中国成立后，中华人民共和国成为唯一合法政府，台湾只是中国领土的一部分，本应将联合国合法权益归还中华人民共和国，但是，由于美国的阻挠，中国在联合国的合法席位一直被国民党当局占据。

教师设问： 第26届联合国大会恢复了中国在联合国的合法席位，本应立即升起五星红旗，但为何延迟到11月1日呢？

教师介绍： 由于事前没有准备，联合国秘书处没有五星红旗，需要赶制一面跟其他130面会员国国旗一样尺幅的五星红旗。后来，他们好不容易才找到一家专门的制旗店，定制了一面五星红旗。五星红旗制作好了，却又不知道应该挂在哪根旗杆上。这是因为，按照联合国的规定，各国国旗的位置要按这个国家名称的第一个英文字母作为依据进行排列。而联合国秘书处的工作人员不清楚，我国国旗的位置是按中国（China）的第一个字母"C"，还是按照中华人民共和国（People's Repubic of China）的第一个字母"P"来排列。联合国秘书长吴丹马上征求中华人民共和国的意见，周恩来报毛泽东批准，最终按英文字母C排列。11月1日，联合国总部大厦门前的旗林里第一次飘扬起中华人民共和国的五星红旗。

教师设问： 为了这一刻的到来，我们期待、奋斗了22年。这22年是一个怎样的历程呢？

材料呈现：

表1 "延期讨论"提案投票情况表

联合国成员国家数（个）

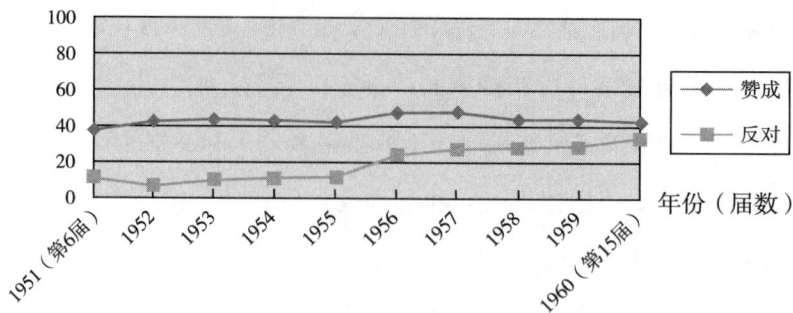

表2 "重要问题"提案投票情况表

联合国成员国家数（个）

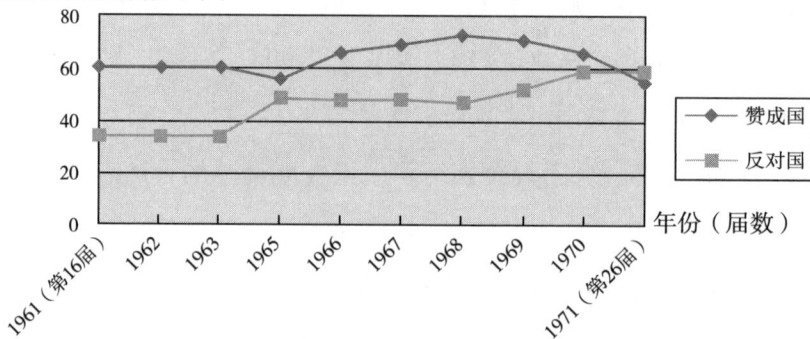

表3 "驱蒋纳我"提案投票情况表

联合国成员国家数（个）

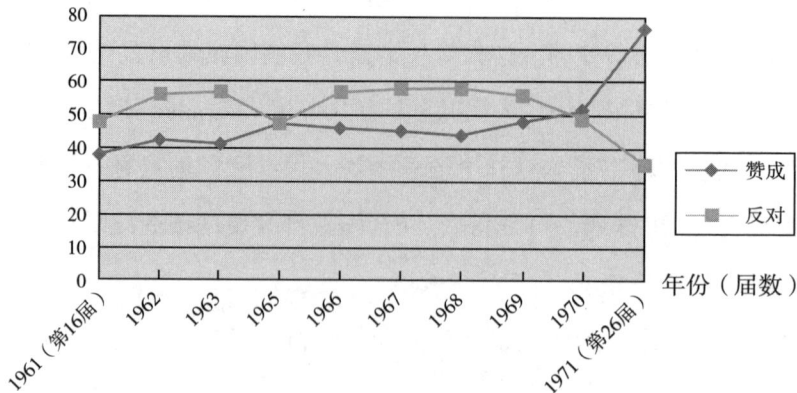

——数据出自韦展辉：《青山遮不住　毕竟东流去——中国恢复在联合国合法席位斗争实录》，载《世界知识》，1996年第22期

教师介绍：为恢复在联合国应有的合法权利，新中国对以美国为首的帝国主义国家的阻挠和破坏行径进行了针锋相对的斗争。

首先，合理申请，引起关注。新中国成立初期，周恩来总理曾多次致电联合国秘书长，明确"驱蒋纳我"立场，苏联、印度等国多次提议立即接纳中华人民共和国代表出席联大。多方努力，使联合国秘书长赖伊①不得不考虑解决中国在联合国的代表权问题，并在各国间奔走，寻求解决方案。

其次，初次亮相，针锋相对。朝鲜战争爆发后，1950年11月，新中国第一次派出了代表团参加安理会关于讨论控诉"美国侵略台湾案"会议，新中国的代表揭露了美国侵略中国的行径，还指出了美国阻挠破坏新中国恢复联合国合法席位的行为。与会期间，中国代表团同与会国家代表及美国进步人士进行了友好接触，阐明了中国政府立场和政策。新中国首次在联合国的舞台上亮相，引起了很大震动和反响，对新中国外交产生了深远影响。

再次，广泛参与，扩大影响。积极参加日内瓦会议、万隆会议，并促进会议圆满成功，使世人看到新中国一种全新的外交风范，成功地向世界表明了中国的政治大国地位和能力，引起了越来越多的国家对中国恢复联合国合法席位问题的关注。

最后，制定对策，取得支持。中国站在社会主义阵营，取得了以苏联为首社会主义国家支持。在和平共处五项原则的指引下，新中国积极与亚非拉国家发展友好关系，亚非拉国家成为新中国恢复联合国合法席位的极为重要的支持者。

面对美国企图在国际上孤立和排斥中国的错误做法，中国人民一方面对恢复联合国合法席位的艰巨性有了一定准备；另一方面不断采取多种策略，争取中国的合法权益。在这艰难的斗争中，充满了艰辛与曲折，失败与成功交织，对抗与妥协同在，希望在失望中成长。

教师设问：1971年11月11日，中国代表团到达纽约，当看到了已经在广场上空高高飘扬数日的五星红旗时，他们可谓是百感交集，这其中包含着怎样的情感呢？（参考答案：期待、激动、自豪。）

教师引导学生小结：世界犹如一个大舞台，而联合国便是这个舞台的中心。新中国走向这个中心用了整整22年的时间。为了让五星红旗在联合国大厦前迎风飘扬，我们期

① 特里格韦·哈尔夫丹·赖伊（Trygve Halvdan Lie，1896—1968），联合国第一任秘书长。

盼了22年。我们会牢牢铭记五星红旗在联合国升起的那一刻,这是我们的骄傲,也是我们的自豪!五星红旗绝不只是一面旗帜,她寄托着中华儿女的情感;五星红旗在联合国上空飘扬,绝不仅仅代表中国合法地位的恢复,还标志着联合国迈入了新时期。

✎ 设计点评

中国恢复在联合国的合法席位,意义非凡。本微课选取五星红旗在联合国总部前升起这个典型事件为切入点,以五星红旗延迟升起的细节折射合法席位恢复的艰难,因此有很强的故事性和趣味性,能够激发学生学习的兴趣。而各种提案投票的数据又真实折射出恢复的艰难性、曲折性和必然性,有助于学生真切体会到中国恢复联合国合法席位的艰辛与曲折。

教学资源

资源1:1971年10月25日,一个永载史册的日子。这一天,第26届联大对中国代表权问题进行表决。此前,美国纠集日本不但再次提出"重要问题"提案,而且抛出了"双重代表权"提案。与此针锋相对,阿尔巴尼亚、阿尔及利亚等23个国家提出了"恢复中华人民共和国在联合国的一切合法权利,并立即把蒋介石集团的代表从联合国的一切机构中驱逐出去"的提案。经26届联大总务委员会讨论,表决的前后顺序是:先表决美国和日本提出的"重要问题"提案,再表决阿尔巴尼亚、阿尔及利亚等提出的恢复我国合法席位的提案,最后表决"双重代表权"提案。

表决开始了。联合国宽敞的大厅挤满了各国代表,大厅里气氛紧张,十分安静。这时,电子计票牌的灯光亮出表决结果,55票赞成,59票反对,15票弃权,美国和日本的"重要问题"提案被击败。这就意味着,恢复我联合国席位的提案只需多数便可通过,而不再像以往那样必须有三分之二的压倒多数。美国为保留台湾当局的席位设置的这道防线终于被摧垮了。更让美国伤心的是,他的盟国也开始不听指挥了。这次表决,其北约盟国除了卢森堡、葡萄牙和希腊外,其余全部投了反对票或弃权票。

按照大会程序，下一步应表决阿尔巴尼亚、阿尔及利亚等23国提案。这时，脸色阴郁的美国驻联合国首席代表乔治·布什走上讲台，要求在表决这23国提案时，删除其中关于"立即把蒋介石集团代表驱逐出联合国"的内容。这一无理要求立即遭到大多数国家代表的反对，经过大会主席马利克的裁决，布什的这一建议没有被采纳。

眼见大势已去，台湾当局的"外交部长"周书楷为避免被"驱逐"的窘境，被迫宣布"中华民国"退出联合国组织，夹起公文包灰溜溜地离开会场。

——郭伟伟：《昂首阔步走向联合国》，载《党史博采（纪实版）》，2008年第10期

资源2：主席说：联合国大会前天开始辩论中国代表权问题。为什么尼克松让基辛格在这个时候来北京？

叶帅说：大概他认为美国的两个提案稳操胜券。

主席问：大会提案过半数赞成就能成立，过半数要多少票？

章文晋答：现在联合国会员国总数是131，过半数就是66票。

主席问：三分之二要多少票？

章文晋答：88。

主席说：当年曹锟还能收买那么些"猪仔议员"，如今美国挂帅，日本撑腰，还有十几个国家跑腿，搜罗66票，不在话下。

主席问我：阿尔巴尼亚、阿尔及利亚……你们叫"两阿提案"，能得多少票？

我说：今年"两阿提案"内容和去年一样。去年得到的赞成票是51。从去年联大表决到现在，同我们新建交的联合国会员国有9个，加上很快就要建交的比利时，一共10个。他们都会赞成"两阿提案"。这样，今年"两阿提案"可能得到61张赞成票，这是满打满算，离过半数还差5票，实在很困难。

主席说：就算过半数，那个"重要问题"一通过，就要88票才能驱逐"中华民国"。

主席问：联合国哪天表决？

章文晋说：今年的辩论，发言的人要比往年多，大概要辩论十几天。估计10月底、11月初进行表决。

主席问：基辛格哪天走？

总理说：10月25号上午。

主席说：联合国的表决不会那样晚。美国是"计算机的国家"，他们是算好了的。

在基辛格回到美国的那一天或者第二天，联合国就会表决通过美国的两个提案，制造"两个中国"的局面。所以，还是那句老话：我们绝不上"两个中国"的"贼船"，今年不进联合国。

——熊向晖：《毛泽东"没有想到"的胜利——回忆我国恢复在联合国席位的过程》，

载《百年潮》，1997年第1期

资源3：形势发展得如此之快，是中国政府没有完全预料到的；吴丹的三次电报，更是催促周恩来加紧派团前往联合国的工作。当时的心情和事情的变化过程，周恩来在10月28日会见日本《朝日新闻》东京总社编辑局长后藤基夫时是这样描述的：

我们这次没有料到阿尔巴尼亚和阿尔及利亚等23国的提案会被通过。美国政府出乎意外，我们中华人民共和国政府也出乎意外。已经通过了，这么多国家的代表都支持我们，我们就很难违背这么多国家和它们所代表的人民以及全世界大多数人民的愿望了。世界上大多数人民、大多数国家要我们去，我们还要不去恐怕不可能了。吴丹秘书长已经三次打电报给我们外交部代理部长。有一个很为难的问题，就是下一个月安理会当主席的问题。大概是一个月换一次。主席的轮流是按国家名称的英文第一个字母为准的。中国的简称是"C"。但中国问题，你们晓得，复杂得很。"C"本来是代表中国，就是被蒋介石窃据了中国在联合国的地位，用"C"字代表，窃据了22年。如果再用一个"C"出现，那也有一个好处，就是只有一个中国，过去那是假的，冒充的，现在真的中国来了。全称的话是"P"字打头。中国如果用全称"P"字打头，下次就轮到我们当主席了。所以吴丹来了一个电报，要我们赶快把代表派去。这个问题我们没有准备，到底组成什么样的代表团，我们还没有想好。前天，在伊朗驻华大使馆的宴会上，外国使节和记者问我，我只好说"无可奉告"。今天是28号，只剩三天了，往西半球走，可以多赚12个小时，就是三天半。这么一件大事，全世界都在注意，我们没有准备好是事实。

——杨明伟：《新中国恢复联合国合法席位之争——周恩来与四任联合国秘书长》，

载《纵横》，1995年第3期

资源4：路透社联合国1971年10月25日电：联合国的代表们今晚击败了美国为保住台湾在联合国的席位所作的努力，从而为北京进入联合国铺平了道路。

代表们在走廊里大声发笑，他们唱歌，欢笑，喊叫，拍桌子，有人甚至跳起舞来。

这次投票使美国与其主要盟国——其中包括英国和法国——分道扬镳。尽管美国大使布什为阻止台湾被驱逐作出了巨大的努力，但仍出现了这个表决结果。

布什立即提出动议，要求已递交给大会的关于给北京以席位并从驱逐"蒋介石集团"的阿尔巴尼亚提案中撤掉驱逐这一条款。

大会主席、印度尼西亚外长马利克裁定这个动议不合议事规程。

在早些时候，大会否决了沙特阿拉伯和菲律宾提出的要把所有表决推迟到明天的要求。

观察家认为，这个要求反映了美国的愿望。

当代表们点名应答时，大厅中气氛紧张。

电子统计牌上终于显示出结果，表明美国的建议被击败。这时，大厅里沸腾起来了。

当代表们在阿尔巴尼亚方面获胜后于今晚在表决程序方面斗争时，一些人士预测，使北京获得席位的提案将以三分之二的压倒多数得到通过。

——《美国提案被击败 中国将进入联合国》，载《新闻传播》，2001年第3期

资源5：

表1 "延期讨论"提案的投票情况表

会议时间	总票数	赞 成	反 对	弃 权	缺 席	百分比（支持美国提案）
1951（第6届）	60	37	11	4	8	61
1952（第7届）	60	42	7	11	0	70
1953（第8届）	60	44	10	2	4	73
1954（第9届）	60	43	11	6	0	72
1955（第10届）	60	42	12	6	0	70
1956（第11届）	79	47	24	8	0	60
1957（第12届）	82	48	27	7	0	59
1958（第13届）	81	44	28	9	0	54
1959（第14届）	82	44	29	9	0	54
1960（第15届）	99	42	34	22	1	42

表2 "重要问题"提案与"驱蒋纳我"提案的比较表

	"重要问题"提案			"驱蒋纳我"提案		
会议时间	通过	反对	弃权	通过	反对	弃权
1961（第16届）	61	34	7	38	48	20
1962（第17届）	61	34	7	42	56	12
1963（第18届）	61	34	7	41	57	12
1965（第19届）	56	49	11	47	47	20
1966（第20届）	66	48	7	46	57	17
1967（第21届）	69	48	4	45	58	17
1968（第22届）	73	47	5	44	58	23
1969（第23届）	71	52	4	48	56	21
1970（第24届）	66	59	7	51	49	25
1971（第25届）	55	59	15	76	35	17

——材料出自韦展辉：《青山遮不住 毕竟东流去——中国恢复在联合国合法席位斗争实录》，载《世界知识》，1996年第22期

资源6：1971年10月28日7时30分福建厅。外交部的有关同志先后入座。叶剑英来后不久，周恩来和参加完伊朗使馆招待会的姬鹏飞、乔冠华、韩念龙到达。

会议议题只有一个：派不派人出席正在纽约召开的第二十六届联大？国民党代表已在23国提案通过后，悄悄收起了文件包，离开了占据几十年的联大会场。此刻，联大中所设的中国席位就空在那，我们应不应该坐上去？联合国秘书长吴丹已发来邀请电，我们要不要组团马上出席联大？

发言的同志都认为，联大已经通过决议，我们必须进入联合国，但是我们毫无准备。经过较长时间的争论，外交部党组形成了一个比较一致的意见：目前中国决定不派代表团参加。

当周恩来与外交部的主要领导正在大会堂讨论要不要去联合国的时候，毛泽东也在思考这个问题。

会议开始不久，王海容走进来对周恩来说：主席起床以后，马上看外交部送去的那些材料，刚刚看完。主席说，请总理、叶帅、姬部长、乔部长、熊向晖、章文晋，还有我和唐闻生，现在就去他那里。

周恩来等到了中南海毛泽东的住处，已经晚上9点多。

毛泽东急切地想知道外交部的意见，因为他知道，外交部的同志对中国在外交上的这个胜利是由衷高兴的，他们肯定会盼望立即去纽约联合国大会上大喊一声：我们胜利啦！

"报告主席，同志们争论得比较激烈，但大家顾虑重重，党组的意见是暂不派团去……"周恩来欲言又止，他不知道毛泽东此刻是如何想的。

"要去。为什么不去？马上就组团去。这是非洲黑人兄弟把我们抬进去的，不去就脱离群众。"没等周恩来把话说完，毛泽东就明确地表达了相反的意见。

周恩来说："只是我们毫无准备，特别是安理会比较麻烦，现在就参加，不符合主席'不打无准备之仗'的教导。我临时想了一个主意，让熊向晖先带几个人先去联合国，作为先遣人员，就地了解情况，进行准备。"

毛泽东笑着说："那是老皇历喽，不算数喽。"

毛泽东说："联合国秘书长不是来电报了吗？我们就派代表团去。"主席指指乔冠华，"让乔老爷当团长，熊向晖当代表，开完会就回来，还要接待尼克松嘛。派谁去参加安理会，我们再研究。"

周恩来说就让黄华作副团长，留在联合国当常驻安理会的代表。

毛泽东说："黄华到加拿大当大使不到四个月，现在就调走人家可能不高兴咧！"

周恩来说："做做工作，加拿大政府会理解的。"

毛泽东说："好，那就这么办。"

——陈相安：《中国重返联合国前的日日夜夜》，载《兰台世界》，2004年第2期

资源7：第26届联大从10月18日起到24日，讨论了中国代表权问题，这期间共开了12次会，会上有74国发言，辩论空前激烈。到了关键的10月25日纽约时间下午3点半（北京时间为26日凌晨4点左右），正当我值夜班，外电的报道增多起来。大会就一些临时提案和程序问题仍在激烈争论，空气十分紧张。经过6小时的争论，直到深夜，大会终于决定按顺序就三项提案进行表决：一个是美国所谓的"重要问题"提案；接着是阿尔巴尼亚、阿尔及利亚等23个国家的提案；最后是美、日所提的"双重代表权"提案。

在纽约时间当晚约10时，大会开始对美国的"重要提案"进行投票，人们从电子计

算牌上出乎意料地看到，此提案以59票反对、55票赞成、15票弃权遭到否决，而投反对票或弃权票者甚至有美国的不少"盟国"。这时，外电雪片般地飞来，报道了当时的情景：会场里情绪沸腾，爆发了长达两分钟的热烈掌声。当时，慌了手脚的美国代表乔治·布什（即后来任总统的老布什）再次走上讲台，提出在表决23国提案时删去其中关于驱台的一节，这一提议立即又被否决。台湾"外交部长"周书楷见大势已去，即率团离开会场，并宣布从此退出联合国。在人们充满兴奋激动的情况下，大会就23国提案进行表决，结果以76票赞成、35票反对、17票弃权的压倒多数获得通过。这时会场情绪再次沸腾起来，许多第三世界国家的代表站起来高喊："我们胜利了！""中国万岁！"他们互相祝贺、握手、拥抱，特别是一些非洲国家的代表流着兴奋的眼泪，高兴地舞蹈起来，出现了联合国历史上空前未有的盛况。在这种情况下，美、日的"双重代表权"提案也就成了废案而未再表决，他们策动的"两个中国"计谋终于土崩瓦解了。

读着这些消息，我和编辑部同志们的心情不知多么激动，多么兴奋。我们立即把这些消息通过总编室迅速向中央领导反映。同时就大会的投票情况赶写了一篇较长的综合报道。

——高梁：《联合国恢复我国合法席位的回忆》，载《武汉文史资料》，2009年第6期

资源8：1971年11月15日，乔冠华登上第26届联合国大会讲坛，代表中国政府发表演讲，这是令人难忘的时刻。

当代表团团员步入会场时，会场气氛顿时活跃起来。乔冠华和代表团成员沉稳地走到中国代表席位上入座，从而宣告了一个伟大历史时刻的到来。

这时，大会主席宣布请中国代表团团长乔冠华先生讲话，会场顿时响起了经久不息的热烈掌声。身穿黑色中山装的乔冠华健步走上讲坛，全场静了下来。乔冠华开始了近40分钟的演讲，他入情入理地分析国际形势，表达对亚非拉国家的敬意，同时批评2个超级大国的霸权主义行径。演讲完毕，大厅里爆发出极其热烈的掌声。

这时，主席宣布暂停大会一般辩论，由各国代表致词，欢迎中国代表团的到来。亚非拉国家代表的致词热烈感人，他们都称赞伟大中国重返联合国具有不可估量的意义，就连几个长期阻挠恢复中国联合国合法席位的西方国家代表也不得不上台祝贺一番。

几十个国家的代表在大会厅内排起长队，纷纷向乔冠华团长表示祝贺。这种祝贺仪

式持续了几个钟头，加之各国代表上台祝贺，前后约2天左右。历史已经把这一刻永远记录在联合国的档案里。用路透社记者的一句话来说："乔冠华的发言成了联合国的最强音。"今天，在联合国的几乎所有机构里都可以看到中国代表的身影，并以充满活力的姿态发挥着中国作为常任理事国之一的作用。我作为这一历程的目击者，记下这一段令人刻骨铭心的历史。

——吴妙发：《重返联合国》，载《神州》，2007年第10期

改革开放
决策的出台

　　1978年12月18日，党的十一届三中全会隆重召开。这次会议，作出了把党和国家工作中心转移到经济建设上来，实行改革开放的历史性决策。改革开放的历史性决策，绝非历史的偶然。粉碎"四人帮"之后，广大群众强烈要求纠正"文化大革命"的错误，彻底扭转十年内乱造成的严重局势，使党和国家从危难中重新奋起。与此同时，世界经济快速发展，科技进步日新月异，国家建设百业待兴，真理标准讨论热潮涌起。国内外大势，使改革开放成为改变当代中国命运的关键抉择。

一、探索陷入困境，寻求新路势在必行

　　孙海涛、邹长青在《中国改革开放战略决策的历史考察》（载《人民论坛》，2013年第11期）一文中指出，没有毛泽东晚年社会主义建设道路探索失误，"文化大革命"后的中国就不会寻求社会主义改革创新之路。对此，邓小平曾认为："我们实行改革开放

政策"，"这一点要归'功'于十年'文化大革命'"，"没有'文化大革命'的教训，就不可能制定十一届三中全会以来的思想、政治、组织路线和一系列政策。"①

周天勇在《三十年前我们为什么要选择改革开放》（载《学习时报》，2008-08-25）一文中指出，革命年代，中国共产党的中心工作是斗争；革命胜利后，中国共产党的中心工作变成了经济建设。因此，中共对于如何进行社会主义建设，并不熟悉，榜样上学习了苏联模式，而且在资源配置方式上实行了计划经济，生产资料所有上采取了"一大二公"的国有制、城镇集体所有制和农村人民公社社队体制，对外关系上走了自我封闭的道路，发展上倾斜于国防工业和重工业。其结果是：劳动生产效率较低，科技人员和企业没有创新和技术进步的动力来源，技术进步缓慢，投资建设浪费较大，与整个世界各国经济社会发展的差距越来越大。可以这样评价：新中国成立后的三十年里，在全球经济社会发展的竞争中，我们走了弯路，延误了时机，可以说，成绩为三，问题为七。

王海光在《试论"文化大革命"的发生与中国改革的缘起》（载《党史研究与教学》2009年第2期）一文中指出，"文化大革命"的失败，不仅仅是一场政治运动的彻底失败，更是党内从20世纪50年代发展起来的"左"倾错误路线的全面失败。中国的改革开放，就是这个否极泰来的结果。

二、走出去看世界，改革开放大势所趋

刘艳在《出境考察与改革开放起步阶段研究综述》（载《北京党史》，2014年第5期）一文中指出，20世纪70年代，国际形势有利于中国的改革开放。世界性的经济危机对西方资本主义国家造成了严重的阻滞，使他们迫切希望通过开辟新的市场来缓解危机，渴望与世界，尤其是第三世界国家和新兴市场进行接触。而劳动和生产的国际化，使世界各国和地区的相互联系更加密切，各国的经济生活日趋国际化。此时占据世界主导地位的美苏两个超级大国，从国际形势及各自的利益出发，竭力渲染世界和平。在20世纪70年代末，美国外交政策表现出了摇摆的特点：一方面想缓和与苏联的关系，加快经济发展；另一方面又想借助中国，增加美国对付苏联的实力，这就使中国地位的重要性越来

---

① 邓小平：《思想更解放一些，改革的步子更快一些（一九八八年五月二十五日）》，见《邓小平文选》（第3卷），265页，北京：人民出版社，1993。

越明显，为中国与西方的交流创造了前提条件。

曹普在《谷牧与1978—1988年的中国对外开放》（载《百年潮》，2001年第11期）一文中指出，重新回到领导岗位的干部，大多对"文化大革命"有深入的反思，在思想上都比较倾向于改革开放。这也是改革开放起步阶段出国考察的一个重要背景。1978年2月16日，国务院向中央政治局作的有关经济计划的《汇报要点》中，提出"有计划地组织干部到国外去考察"的要求。这时的中央高层对于向外国先进的东西学习，借以改变中国经济科技落后面貌的做法也持较为积极的态度。

洪向华在《关键抉择——决定中国前途命运的25个历史节点》（145～148页，北京：红旗出版社，2012）一书中指出，1978年前后，在全国掀起了一股出国考察热潮。据当时的国务院港澳办公室统计，仅从1978年1月至11月底，经香港出国和去港考察的人员就达529批，共3213人。经党中央批准的国家级政府经济代表团有四个，分别赴西欧、东欧、日本和中国港澳地区访问。在四个考察团中，西欧五国团最引人注目，这是新中国成立后中国首次向发达资本主义国家派出的国家级政府经济代表团。西方经济的自动化、现代化、高效率，中国与发达国家之间的差距之大，给考察团以很大震动。正是这次"睁眼看世界"，促成了中国实行对外开放政策。

曹普在《中国改革开放的历史由来（上）》（载《学习时报》，2008-09-29）一文中指出，20世纪五六十年代以后，世界范围内蓬勃兴起的新科技革命，推动世界经济以更快的速度向前发展，我国经济实力、科技实力与国际先进水平的差距明显拉大。"文化大革命"结束后，由于国内局势的深刻变动，人们急切地想了解外部世界的面貌。从1978年起，全国掀起了一股出国考察热潮。各层级出访者不约而同获得的共同感受是：没想到世界现代化发展程度如此之高，没想到中国与发达国家之间的发展差距如此之大，没想到西方发达国家老百姓的生活与中国相比高出如此之多！

钱正英在《国门初开时的西欧印象——回忆1978年随团出访西欧五国的经历》（载《党的文献》，2010年第3期）一文中指出，中共1978年5月2日至6月6日，国务院副总理谷牧率领的中国经济代表团出访法国、联邦德国、瑞士、丹麦、比利时等西欧五国。出国前邓小平专门找代表团团长谷牧谈话，要求多了解实际情况。国外对这个代表团非常重视，因为这是"文化大革命"以后中国派出的第一个国务院经济方面的高级代表团。当时看到中国人民的生活水平和西方的生活水平还有相当大的差距，对这些老共产党员来说，确实有相当大的震动。同时还感觉到工业化水平、交通运输、现代化的农业等同西方国家的差距在20年以上。回来以后，谷牧给中央政治局汇报时，非常正式。汇报主题就是介绍实际情况。这次五国之行，至少给十一届三中全会前的中央工作会议提供了基调：一个是一定要把经济搞上去，不能再耽搁时间了；一个是一定要解放思想，实行改革开放。这是从亲身的对比中得出的结论。

李妍在《浅析十一届三中全会前夕的出访活动》（载《北京党史》，2011年第3期）一文中指出，代表团的出访收获很大。回国后纷纷总结学习体会，以便尽快将学习到的经验运用到中国的经济建设中，这就为对外开放起步过程中的中国指明了方向。通过考察，代表团认识到西方国家在短时期内经济得到了迅速发展，这就为中国人民发展经济增强了信心。代表团对西方的认识也有了进一步的了解和纠正。他们认识到外国经济遇到了困难，西方发达国家非常乐于、急于与中国进行合作，以摆脱国内面临的经济危机。这就为中国的对外开放创造了客观条件。通过考察，代表团认识到引进国外先进技术、设备、先进的管理经验是西方发达国家对外开放的共同做法，这为中国对外开放找到了捷径。十一届三中全会前夕的一系列出访活动，使中国人开阔了视野，增强了信心，为中国的进一步对外开放奠定了良好的基础。

黄一兵在《试析1977年至1979年中国领导人出访活动的作用和影响》（载《党的文献》，2007年第2期）一文中指出，在1978年中共中央工作会议上，印发了《战后日本、西德、法国经济是怎样迅速发展起来的？》《罗马尼亚、南斯拉夫的经济为什么能高速发展》和《苏联在二十、三十年代是怎样利用外国资金和技术发展经济的》等四份重要简报以及有关部委代表团出国考察的一些报告。这些参考文件比较系统地介绍了这些国家和地区发展的原因，初步分析并指出了这些国家和地区的哪些经验是中国可以吸取的，而哪些可能并不适用。尽管这些考察和研究只能说是初步的，但毕竟为酝酿中的改革开放方针提供参考和借鉴的作用，引起与会人员的极大反响。

三、自发探索实践，人民呼吁改革开放

孙海涛、邹长青在《中国改革开放战略决策的历史考察》（载《人民论坛》，2013年第11期）一文中指出，"文化大革命"后农村自发改革探索实践，成为人民要求改革开放的强烈呼声。1977年11月，受命于危难之际的安徽省委第一书记万里，在历时三个

月、巡行1500多千米的广泛调研后，出台了"文化大革命"后中国第一份关于农村政策的改革性文件。建立在广泛调研、勇于为民请命基础上的改革文件，在当时无疑赢得了广大农民群众的衷心支持与拥护。在文件中，允许和鼓励农民经营自留地、搞家庭副业，尊重生产队的自主权，最受农民欢迎，因而也极大地调动了农民生产经营的积极性。安徽的农村改革，是突破"左"的农村政策的大胆尝试，是"文化大革命"后农村自发改革的伟大实践。随着1978年年底，安徽小岗村18户农民实行"包产到户"、搞起"大包干"，中国农村改革的序幕也正式拉开。

四、真理标准讨论，改革开放理论先导

孙海涛、邹长青在《中国改革开放战略决策的历史考察》（载《人民论坛》，2013年第11期）一文中指出，在中共十一届三中全会做出改革开放战略决策前，农村自发改革与全国真理标准讨论可谓互相推动，农村自发改革率先突破"左"倾错误路线的藩篱；而真理标准讨论，则解放了全党的思想，不仅为支持、推进农村改革提供必要的智力支持，而且还成为中国改革开放战略抉择的思想理论先导。经过实事求是与"两个凡是"的激烈思想交锋与政治较量，真理标准问题讨论终于动摇了"文化大革命""左"倾错误路线，使曾经一度束缚人们的精神枷锁被打破，使马克思主义的实事求是的思想路线得以重新确立。这样就不仅拉开了当代中国第一次思想解放的序幕，而且也为中国改革开放战略决策的出台，提供了理论先导，奠定了重要的思想基础。

雷云在《解放思想与改革开放——纪念改革开放三十周年》（载《杭州日报》，2008-08-14）一文中指出，1976年粉碎"四人帮"后，党的主要领导人坚持"文化大革命"路线和毛泽东晚年的错误，搞"两个凡是"。正是在这样的政治背景下，引发了一场关于真理标准问题的大讨论，这场讨论为十一届三中全会的召开作了充分思想准备。全会前夕邓小平作了《解放思想，实事求是，团结一致向前看》的著名讲话，强调当前首要的问题是解放思想，只有思想解放了，才能正确地以马列主义、毛泽东思想为指导，解决过去遗留的问题，解决新出现的一系列问题。他充分肯定真理标准问题的讨论，深刻指出一个党，一个国家，一个民族，如果一切从本本出发，思想僵化，迷信盛行，那它就不能前进，它的生机就停止了，就要亡党亡国。他把实事求是与

解放思想联系起来，以解放思想作为坚持实事求是的前提，从而丰富发展了党的思想路线。循着这条思想路线，十一届三中全会才作出了改革开放的伟大决策。

微课设计

微课设计一：出国考察热潮，感受巨大差距，决心改革开放

设计意图

本微课通过介绍1976—1978年中国高层的出访活动，尤其是谷牧副总理的欧洲之行，帮助学生认识到，十一届三中全会作出改革开放的决策，是基于对国内外形势的了解与认识，而做出的一个必然选择。

设计方案

材料呈现：从1976年7月1日到10月1日的四个月中，出访总次数为79次，平均每月出访次数为20次。而此后到1977年6月30日的八个月中，出访总次数为252次，平均每月出访次数为32次。

1977年至1978年度的出访活动……增长率达27%。此后两个年度的增长率分别为17%和19%。……

——黄一兵：《出访活动与中国改革开放决策的酝酿和提出》，见中共中央党史研究室第三研究部编：《邓小平与改革开放的起步》，

237页，北京：中共党史出版社，2005

教师设问：根据材料指出，1976—1978年国家领导人的出访活动有什么特点？（参考答案：出访频繁、逐年增加。）

教师讲述：由于"文化大革命"，我国与外部世界的交往几乎断绝，已无法了解世界发展大势，因而迫切需要走出国门看世界。在中共中央组织下，从1978年起，全国掀

起了一股声势浩大的考察出访热潮。据当时的国务院港澳办公室统计，仅从1978年1月至11月底，经香港出国和去港考察的人员就达529批，共3213人。这些考察团，被人们称为对外开放的"侦察兵"。在众多的出国考察团中，国务院副总理谷牧率领的西欧考察团，最受瞩目。

材料呈现：邓小平曾专门约谷牧谈话，指示他要广泛接触各个方面，多做调查研究工作，认真考察欧洲发达国家经济发展和组织社会化大生产的经验。

——曹普：《谷牧与1978—1988年的中国对外开放》，载《百年潮》，2001年第11期

教师设问：根据材料指出，邓小平指示西欧考察团要如何考察？要重点考察什么？（参考答案：广泛接触、多调查研究；考察发达国家经济发展和组织社会化大生产的经验。）

教师分析：邓小平对谷牧的指示，就是要求考察团能解放思想，实事求是广泛接触，多调查研究，考察学习欧洲发达国家先进经验。西欧考察团是改革开放前夕一次重要出访，不单是外交事务，更是了解西方经济发展情况、探索经济技术合作的考察交流活动。

教师讲述：为了切实做到有备而去，不辱使命，出发前，考察团在北京做了一个多月的准备工作，认真研究了法国、联邦德国、瑞士、比利时、丹麦五国驻华使馆送来的本国材料，同时邀请外交部同志介绍五国情况。通过认真准备，代表团成员对五国情况有了较为全面的了解。1978年的5月2日到6月6日，代表团在西欧五国到了25个主要城市，共参观了80多个工厂、矿山、港口、农场、大学和科研单位。一个多月的访问，使代表团成员眼界大开，所见所闻深深震撼了每一个人的心。

材料呈现：谷牧副总理后来说：过去，"四人帮"搞闭关锁国，夜郎自大，吹嘘什么都是"天下第一"，什么都是我们的好，走出国门一看，完全不是那么回事！

——曹普：《新时期中国对外开放的"侦察兵"——记中央政府考察团西欧五国之行》，

载《党史纵横》，2000年第6期

教师设问：根据材料指出，通过对西欧五国的考察，谷牧副总理最强烈的感触是什么？（参考答案：对"四人帮"搞闭关锁国极其不满；感受到了中国与西方国家的差距。）

教师讲述：访问期间，欧洲经济的自动化、现代化、高效率，给考察团成员留下了

深刻印象。他们看到，联邦德国一个年产5000万吨褐煤的露天煤矿只用2000工人，而中国生产相同数量的煤需要16万工人，相差80倍；法国马赛索尔梅尔钢厂年产350万吨钢只需7000工人，而中国武钢年产钢230万吨，却需要67000工人，相差14.5倍。法国戴高乐机场，一分钟起落一架飞机，一小时60架；而北京首都国际机场半小时起落一架，一小时起落两架，还搞得手忙脚乱。代表团成员之一、时任广东省副省长的王全国20年后提及这次出访，仍激动不已，他说："那一个多月的考察，让我们大开眼界，思想豁然开朗，所见所闻震撼每一个人的心，可以说我们很受刺激！闭关自守，总以为自己是世界强国，动不动就支援第三世界国家，总认为资本主义没落腐朽，可走出国门一看，完全不是那么回事，你中国属于世界落后的那2/3！"[1]大家无不痛心疾首于这样的现实：中国太落后了，这些年耽误的时间太长了！我们党再不调整政策，另寻出路，改革开放，奋起直追，真是愧对人民、愧对国家、愧对时代了！

教师分析：第二次世界大战后，西方国家的经济日新月异。通过出国考察访问，中国的决策者们真切认识到，中外经济科技之间的巨大差距。

材料呈现：我本来以为，按照国际交往对等原则，我遇到的会谈对象可能是副总理一级的人物。可是所到国家，同我会谈的都是总统或总理级的人物。……

我同法国巴尔总理会谈时，按事先的准备先谈政治。他说，这些问题您同总统会见时再讨论，我们今天主要谈经济，1977年法中贸易额为什么下降，这同贵我两国的友好关系不相称。……在联邦德国访问巴伐利亚州时，州长卡里在宴会上说，听说你们资金困难，我们愿意提供支持，50亿美元怎么样，用不着谈判，现在握握手就算定了！

——谷牧：《谷牧回忆录》，316～317页，北京：中央文献出版社，2009

教师设问：从谷牧的回忆录中，可以看出，西欧国家对中国考察团持什么态度？（参考答案：重视、友好、渴望与中国发展经济贸易交往。）

教师分析：通过考察，代表团认识到西方国家经济遇到困难，由于资金过剩，技术要找市场，商品要找销路，都希望与中国进行合作。这就为中国的对外开放创造了客观条件。

---

[1] 宋晓明、刘蔚主编：《追寻1978——中国改革开放纪元访谈录》，558页，福州：福建教育出版社，1998。

教师讲述：1978年6月30日，中共中央政治局在人民大会堂东大厅，听取谷牧访问欧洲五国情况汇报。汇报结束后，到会的中央领导同志兴趣盎然，热烈发表意见。叶剑英说："资本主义国家的现代化是一面镜子，可用来照照自己是什么情况，没有比较不行。"李先念说："要利用西欧这个力量，把先进的东西搞过来。"聂荣臻也说："这次调查比较全面，可以说都看了。引进什么，从哪个国家进，应该拍板了！"①

教师分析：可以说，出国考察对改革开放决策的形成起到了决定性作用。

✎ 设计点评

本微课借助中央工作会议，通过引导学生阅读史料、获取信息，促进其思考，有助于学生得出这样的认识：国内的思想解放、工作重心的转移、改革开放决策的出台，是党中央根据国内外的形势，深思熟虑的结果。

微课设计二：中央工作会议，明确真理标准，发布改革开放宣言书

✎ 设计意图

本微课通过介绍谷牧等人的出访活动，可以使学生认识到，改革开放是"国内外大势呼唤"的结果。介绍出访活动的典型情节，有助于学生体会到，出访者的强烈感受与意愿。进而有助于学生得出这样的结论：没有这一系列的出访活动，中央工作会议以及十一届三中全会，就很难作出改革开放的伟大决策。

✎ 设计方案

教师讲述：1978年12月18日至22日召开的中共十一届三中全会，实现了伟大的历史转折，作出了改革开放的伟大决策。十一届三中全会只开了五天，它解决了那么多重大的历史和现实问题，五天时间怎么来得及呢？要搞清楚这个问题，就必须了解，1978年11月10日开幕，历时36天至关重要的中央工作会议。

---

① 洪向华主编：《关键抉择——决定中国前途命运的25个历史节点》，149页，北京：红旗出版社，2012。

材料呈现：华国锋……还谈到全国人民对实现现代化的迫切要求和国际上前所未有的大好形势。他说："国内国际的形势充分说明，我们把全党工作的着重点转移到社会主义现代化建设上来，时机已经是刻不容缓了。"

——张化：《1978年中央工作会议若干问题研究》，载《史学月刊》，2012年第1期

教师设问：根据材料指出，中央工作会议明确指出党的工作重点是什么？（参考答案：社会主义现代化建设。）党的工作重点为何要转移？（参考答案：为了适应国内外形势的发展。）

教师讲述：1976年粉碎"四人帮"后，国内开展揭批"四人帮"的群众运动。运动一开始，党中央就一再强调：扩大教育面，缩小打击面，团结一切可能团结的人。这就在一定程度上保证了社会的安定。同时，国民经济出现即将崩溃的局面。中央有了发展经济的强烈要求。1978年前后，党和国家领导人先后走出国门，亲自领略外面的世界，感受到了世界经济发展的脉搏，更被中外的巨大差距所震撼。1978年国务院副总理王震到英国访问。中国驻英国大使陪同他来到一个失业工人的家。王震有点儿眩晕，这是失业工人吗？一栋一百平方米的二层楼房，有餐厅、客厅、沙发、电视机、装饰柜子里还有银器，房后还有约五十平方米的小花园。由于失业他可以不纳税，享受免费医疗，子女免费接受义务教育。原来想象，处于"水深火热"之中的英国工人，生活水平竟然比中国的副总理还高。有人计算，1978年英国普通百姓的收入是中国普通百姓的42倍。

教师分析：国内外形势的发展，要求全党的工作重点必须尽快转移到经济建设上来，实行改革开放。正如叶剑英指出的："要把工农业搞上去，把国民经济搞上去，把四个现代化搞上去。时间不等待我们，我们要争取时间，一年时间要当两年用。我们必须加快社会主义建设步伐，高速度地发展国民经济。"[1]

教师讲述：从中央到地方，广大干部群众把更多精力投入到经济建设中，"把被耽误了的时间夺回来"成为响亮一时的口号。但是，粉碎"四人帮"后，"两个凡是"的提出，不利于彻底纠正"文化大革命"的错误，特别不利于平反冤假错案。这严重影响了工作重心的转移。

---

[1] 叶剑英：《努力把铁路工作搞上去（一九七七年二月十四日）》，见《叶剑英选集》，450页，北京：人民出版社，1996。

材料呈现：北京正在召开的最高领导人会议，主要是讨论四个现代化问题。要搞四个现代化，就要创造一个良好的政治气氛，求得一个安定团结的政治局面……把那些冤案、错案了结了。……这样去引导全党、全国人民一心一意奔向四个现代化。①

——中共中央文献研究室编，冷木蓉、汪作玲主编：

《邓小平年谱（1975—1997）》（上），443页，

北京：中央文献出版社，2007

教师设问：邓小平为什么要求"把那些冤案、错案了结"？（参考答案：只有平反冤假错案，才能创造安定团结的政治局面。）

教师讲述：冤案、假案、错案的平反昭雪，工作量很大，全国脱产干部（包括文教部门）1700万人，立案审查的约占百分之十七，加上被审查的基层干部、工人、老百姓和他们的直系亲属，将近1亿人。这么多人的问题解决不好，就很难同心同德，充分调动大家的积极性，危害团结的因素就消除不了。如果不能彻底纠正"文化大革命"的错误，不能否定"两个凡是"，工作重心就很难真正转移。有的与会者回忆：华国锋"对大家提出的问题，一个也没有回避，态度诚恳"，"凡是讨论中提出的重大问题他都做出了令人满意的答复"，"几乎没有见过党的最高领导人能够这样听取大家的意见，问题解决得如此彻底明确。"②

教师分析：在中央工作会议上，公开平反冤假错案，拓宽了会议议题，进一步加快了平反冤假错案的进程。与会者在充分讨论的基础上，解放思想，认识不断深化，使会议形成了坚持实事求是的思想路线的共识，并深入讨论了为适应工作重点的转移，实行改革开放的方针。

材料呈现：……华国锋在12月13日中央工作会议闭幕式的讲话中，就……真理标准讨论问题表明了态度：

……

……"讨论得很好，思想很活泼……

——张化：《1978年中央工作会议若干问题研究》，载《史学月刊》，2012年第1期

---

① 1978年11月29日，邓小平在人民大会堂会见日本公明党第七次访华团时的谈话。
② 于光远：《1978年我亲历的那次历史大转折——十一届三中全会的台前幕后》，第2版，89～90页，北京：中央编译出版社，2008。

教师设问：从华国锋的表态，可以看出中央工作会议的氛围是怎样的？（参考答案：宽松、民主、团结。）

教师讲述：为何《实践是检验真理的唯一标准》一文能够公开发表？为何全国报纸能予刊载？为何各地党、政、军领导同志能各自表明态度？不能不说党内民主政治生活，打开了改革开放的广阔天地。作为最高领导人的华国锋，能有这种民主精神和作风，是难能可贵的。

教师分析：在宽松、民主、团结的氛围中，只有"解放思想，实事求是"，才可能"团结一致向前看"，才可能真正开始改革开放。

教师讲述：1978年10月份，在访日期间，邓小平坦率地说："首先承认我们的落后，老老实实承认落后，就有希望，再就是善于学习。本着这样的态度，政策、方针，我们是大有希望的。"邓小平的谈话被海外媒体解读为"下定了改革开放的决心"。[1]

1978年11月12日至14日，邓小平又访问新加坡。访问期间，新加坡总理李光耀说，中国真要追上来，甚至会比新加坡做得更好，根本不会有问题。他对邓小平说："我们都不过只是福建、广东等地目不识丁、没有田地的农民的后裔，你们有的却尽是留守中原的达官显宦、文人学士的后代。"13日，邓小平考察了新加坡的工业园区，在听取了园区的建设情况后说："要把新加坡的经取到中国。"14日，他在新加坡接见中国驻新加坡机构主要负责人时，深有感触地说："有的人总认为自己好，要比就要跟国际上比，不要与国内的比；工厂办得好不好，要看它管理得好不好，质量、技术好不好。"显然，邓小平在1978年所看到的新加坡，为他设计中国现代化经济发展的战略，找到了一个参照标准。后来邓小平曾说："我到新加坡去考察他们怎么利用外资。新加坡从外国人所设的工厂中获益。首先，外国企业根据净利所交的35%税额归国家所有；第二，劳动收入都归工人；第三，外国投资带动了服务业。这些都是（国家的）收入。"[2]

回国后邓小平参加了正在进行中的中央工作会议。这次会议印发了有关日本、韩国、新加坡、联邦德国、法国、苏联、罗马尼亚、南斯拉夫等国，以及我国香港、台湾

---

[1] 洪向华主编：《关键抉择——决定中国前途命运的25个历史节点》，150～151页，北京：红旗出版社，2012。
[2] 山旭：《1978：邓小平和他触摸的世界》，载《党史文苑（纪实版）》，2009（2）。

地区经济快速发展的简报。在学习简报的基础上，与会者进行了讨论，使得改革开放方针的酝酿进一步具体化了。在闭幕会上，邓小平作了题为《解放思想，实事求是，团结一致向前看》的讲话。

材料呈现：当前最迫切的是扩大厂矿企业和生产队的自主权……

……

要向前看，就要及时地研究新情况和解决新问题，否则我们就不可能顺利前进。……

……

自己不懂就要向懂行的人学习，向外国的先进管理方法学习。……

在经济政策上，我认为要允许一部分地区、一部分企业、一部分工人农民，由于辛勤努力成绩大而收入先多一些，生活先好起来。

——邓小平：《解放思想，实事求是，团结一致向前看（一九七八年十二月十三日）》，

见《邓小平文选》（第2卷），第2版，146～152页，北京：人民出版社，1994

教师设问：根据材料指出，邓小平对"向前看"提了哪些具体办法？（参考答案：扩大自主权；允许一部分地区、一部分人先富；学习外国先进管理方法。）

教师讲述：邓小平还讲道："我们的经济管理工作，机构臃肿，层次重叠，手续繁杂，效率极低。……如果现在再不实行改革，我们的现代化事业和社会主义事业就会被葬送"；"我们要学会用经济方法管理经济。自己不懂就要向懂行的人学习，向外国的先进管理方法学习。不仅新引进的企业要按人家的先进方法去办，原有企业的改造也要采用先进的方法"；"在管理制度上，当前要特别注意加强责任制。……任何一项任务、一个建设项目，都要实行定任务、定人员、定数量、定质量、定时间等几定制度。例如，引进技术设备，引进什么项目，从哪里引进，引进到什么地方，什么人参加工作，都要具体定下来"。[1]

邓小平在闭幕会上的讲话得到了与会人员热烈拥护，为此，会议决定延长2天，讨论邓小平的讲话。大家一致认为，邓小平的这个重要讲话，是改革开放的宣言书。

---

[1] 邓小平：《解放思想，实事求是，团结一致向前看（一九七八年十二月十三日）》，见《邓小平文选》（第2卷），第2版，150～151页，北京：人民出版社，1994。

设计点评

虽然1978年的中央工作会议不在课程标准规定之内，但其意义深远。本微课通过介绍中央工作会议的相关内容，有助于学生认识到，改革开放决策的出台，是基于国内外形势而做出的重大选择。同时，这一案例还有助于学生理解、感悟、体验当时改革开放的紧迫性。

教学资源

资源1：华国锋代表中央政治局提出工作着重点转移的决策，反映的并不仅仅是华国锋个人的思想，也不是突然间产生的想法，而是两年里中央政治局努力的方向和中央领导集体一致的认识。在粉碎"四人帮"后的两年里，从揭批"四人帮"、恢复党和国家正常秩序、恢复邓小平的领导职务，到正式宣告"文革"结束，开始清理"文革"及其以前的历史遗留问题；从1976年12月起华国锋先后在第二次全国农业学大寨会议和全国工业学大庆会议上强调"革命就是解放生产力"，可以甩开膀子大干社会主义了，要抓住当前有利时机，尽快地使我们的国家强盛起来，到中共十一大和五届全国人大一次会议重申实现四个现代化的目标；从中央领导人多次出国访问，了解世界发展大势，到大规模引进先进技术和设备，加快现代化建设的速度……可以看出，这两年里党中央所做的一切工作，都是为逐步地把工作着重点转移到现代化建设上来创造条件。正如邓小平后来所说："粉碎'四人帮'以后三年的前两年，做了很多工作，没有那两年的准备，三中全会明确地确立我们党的思想路线、政治路线，是不可能的。所以，前两年是为三中全会做了准备。"[1]

——张化：《1978年中央工作会议若干问题研究》，载《史学月刊》，2012年第1期

资源2：1976年11月16日，《人民日报》发表文章批判"四人帮"关于引进外国技术设备是"爬行主义""洋奴哲学"的观点，肯定引进技术和设备的必要性，"那种认为凡

---

[1] 邓小平：《目前的形势和任务（一九八〇年一月十六日）》，见《邓小平文选》（第2卷），第2版，242页，北京：人民出版社，1994。

是引进先进技术就是'洋奴哲学',就是'爬行主义',实际上是主张'闭关自守',这是对人类文明史的愚妄无知,是对独立自主、自力更生方针的恶意歪曲"。在此基础上,1977年3月全国计划会议提出了引进技术和设备促进中国经济发展的意见,并形成《关于1977年国民经济计划几个问题的汇报提纲》,提出:"要有计划有重点地引进先进技术,洋为中用,这样有利于增强我国的能力,加快社会主义建设的步伐。善于学习前人的好经验,吸取外国的长处,这是后来居上的一个重要因素。闭关自守,拒绝学习外国的好东西,什么都要从头摸索起,那就会放慢我们一些工业技术的发展,那也是爬行主义。"中央政治局经过讨论同意了此汇报提纲。很快,中央领导层就引进外国先进设备和技术来加快社会主义现代化建设速度达成共识。

——张旭东:《1976—1978:中共对外引进政策的恢复与突破》,
载《党史研究与教学》,2007年第2期

资源3:地处祖国西南的四川省率先而动。1978年10月,该省选择了六个企业作为扩大企业自主权的改革试点。扩权改革得到了全国企业的热烈响应。到1979年年底,国家经委等部委确定的试点企业扩大到4200个,1980年又发展到6600个,约占全国预算内工业企业数的16%,产值的60%,利润的70%。①放权改革中施行的企业基金、利润留成、盈亏包干等措施取得了积极的效果。但由于企业基础不一,情况不同,"鞭打快牛"(有些企业因为原来指标先进,基数高,上缴多,利润增长较慢,企业得益少。相反,有些企业原来效益差,基数低,上缴少,利润增长较快,企业得益多。这种现象被企业批评为"鞭打快牛"。)逐渐成为普遍现象。为了体现平等竞争,党中央从1983年开始推行"利改税"。

——石建国:《改革开放后党对经济体制改革的理论探索与国企改革的路径选择》,
载《党的文献》,2013年第4期

资源4:从5月2日到6月6日,代表团先后访问了五国的15个城市。访问期间,代表团受到了各国政府高规格的接待和礼遇,受访国的国家元首、政府首脑和有关政要纷纷出面会见和宴请,使代表团成员亲身感受到了欧洲五国对中国的热诚和友好。访问的第一站是法国。法国总理雷蒙·巴尔亲自到奥利机场(当时法国专门接待国家元首、政府首脑的机场)迎接谷牧一行,并为代表团铺上了红地毯。谷牧团长在与巴尔总理会谈时,按照国内准备的稿子,重点讲了一些有关政治和外交方面的问题,但在边讲边观察

① 参见周太和主编:《当代中国的经济体制改革》,176页,北京:中国社会科学出版社,1984。

中发现人家兴趣不大，后来再谈时就主要讲经济和两国贸易问题了。在和法国总统德斯坦会谈时，法国驻华大使还当着他们总统的面对谷牧说，听说你们要搞120个大项目，我们法国很愿意有所贡献，给我们10个行不行？在西德，经济问题谈得就更多了。巴符州的州长卡里先生说可以贷款50亿美元给中国，并且马上就可以签字，而北威州表示贷款100亿美元问题也不大。总之，这些国家都想和中国做点生意。访问期间，代表团还会见了一批工商企业家，考察了许多现代化水平很高的工厂、农场以及市场、港口、学校、科研单位和居民区。一个多月的访问，使代表团成员眼界大开，所见所闻深深震撼了每一个人的心。谷牧后来说过："过去，'四人帮'搞闭关锁国，夜郎自大，吹嘘什么都是'天下一'，什么都是我们的好，走出国门一看，完全不是那么回事！"

——曹普：《谷牧与1978—1988年的中国对外开放》，载《百年潮》，2001年第11期

资源5：我们在这五个国家的驻外使馆，对我们这次出访都非常重视，事先作了精心准备。由于第一次到西方国家，所以看到的一些情况，对我们震动很大。记得到西德的当天晚上，我国驻西德大使张彤就在使馆给我们放了一个西德的纪录片，纪录德国战败后经济从破败到复苏的过程。片中，从苏联前线回国的士兵都是衣衫褴褛、狼狈不堪，武装也被解除了，个个像叫花子，柏林城乡一片废墟，人民无以为生。到战后70年代的时候，已经完全恢复发展了。这个纪录片我一直到现在都印象很深，感觉这几十年，欧洲国家发展很快，对我们非常震动。另外，在这五个国家普遍看到，人民的生活水平比我们高很多。像我们这些人，从参加革命，就怀抱着为中国人民谋幸福的奋斗目标。但当时看到我们人民的生活水平和他们的生活水平还有相当大的差距，对我们这些老共产党员来说，确实有相当大的震动。

——钱正英：《国门初开时的西欧印象——回忆1978年随团出访西欧五国的经历》，载《党的文献》，2010年第3期

资源6：1978年6月1日、3日、30日，中央政治局三次开会，专门听取了访日团、访港澳团和访西欧五国团的汇报。6月30日，中共中央政治局在人民大会堂东大厅，听取谷牧访问欧洲五国情况汇报。出席听取汇报的有华国锋、叶剑英、李先念、乌兰夫、聂荣臻等中央政治局领导同志以及王震、康世恩两位副总理。叶剑英鼓励谷牧说："谷牧你大胆讲，别人好就是好，坏就是坏，不要有顾虑。今天讲不完，明天还可以讲！"

谷牧主要谈了三点：一是二战后，西欧发达国家的经济确有很大发展，尤其是科学

技术日新月异，电子技术广泛应用，劳动生产率大大提高。和这些国家相比，我国大大落后了，形势咄咄逼人。这些国家的经济运行机制、政府对经济的调控和对社会矛盾的处理，有很多值得我们学习和借鉴。二是这些国家大都对华友好，由于资金过剩，技术要找市场，商品要找销路，因此都非常重视与中国发展经济贸易交往。只要我们做好工作，许多似乎难办的事情都可以办成。三是发展对外经济交往中，有许多国际上通行的办法，如补偿贸易、合作生产、吸收外国直接投资等，我们可以研究采用，以加速我国的现代化建设。

汇报结束后，到会的中央领导同志兴趣盎然，热烈发表意见。叶剑英说："资本主义国家的现代化是一面镜子，可用来照照自己是什么情况，没有比较不行。""西欧的政治经济形势，谷牧同志的汇报讲清楚了。""我们同西欧几十年没打过仗，没债可还。我国引进技术，重点在西欧。"李先念说："要利用西欧这个力量，把先进的东西搞过来。"聂荣臻也说："这次调查比较全面，可以说都看了。引进什么，从哪个国家进，应该拍板了！"主持汇报会的华国锋，要求由谷牧组织这次出国考察的人员继续深入讨论，研究出几条有情况分析、有行动措施的意见，提到国务院务虚，以进一步统一认识。

不久，邓小平又找谷牧谈话。邓小平指示：引进这件事反正要做，重要的是争取时间，要缩短从谈判到进口的时间，一个项目能缩短半年就好，就是很大的利益。有几年可能借点钱，出点利息，这不要紧，早投产一年半载，就都赚回来了，但质量一定要选好，要先进的，这一点很重要。

根据中央政治局和小平同志的指示，7月上旬，国务院在中南海怀仁堂报告厅召开了由有关部委负责同志参加的关于加速现代化建设的务虚会，会议由李先念主持。在务虚会上，谷牧又详细汇报了出国考察情况，他强调，国际形势给我们提供了可以利用资本主义世界科技成果的良好机会，小平同志在1975年就提出把加强技术引进、增加外贸出口作为大政策，现在应该认真组织贯彻实施，一定要解放思想，开拓路子，再也不能自我封闭，贻误时机了。

——洪向华主编：《关键抉择——决定中国前途命运的25个历史节点》，
148～150页，北京：红旗出版社，2012

家庭联产承包责任制的实施

现代中国的农村改革始于20世纪70年代末。它是在中国共产党的十一届三中全会指导下进行的一场伟大变革，是党和政府为克服传统的计划体制弊端，进行体制创新的重大举措。这次改革由安徽凤阳县小岗村开始，经过广大农民群众在生产实践中的创造，形成了以包产到户、包干到户为主要形式的家庭联产承包责任制。这一制度的广泛推行，使中国农村发生了翻天覆地的变化，并深刻地改变了当代中国的历史进程。

一、农业生产责任制的变迁及其原因

农业生产责任制在我国社会主义农业经营史上有着特殊的地位，它的发展经历了从简单到复杂、从不完善到比较完善的过程。张海荣在《包产到户责任制的历史变迁》（载《河北师范大学学报（哲学社会科学版）》，2004年第2期）一文中认为，在20世纪五六十年代，包产到户责任制在中国历史上曾三起三落。

包产到户的第一次兴起是在1956年，其目的是试图解决农业合作化后的遗留问题。农业合作社因其规模大而难以管理，且在分配上存在着比较严重的平均主义倾向。浙江永嘉县的燎原生产合作社在全国第一个试行包产到户的做法。随着1957年反右派斗争的扩大，中共中央认为，包产到户脱离了社会主义道路。在强大的政治压力下，包产到户被迫中止。

包产到户的第二次兴起始于1958年。在"大跃进"运动中，农村掀起了人民公社化运动，"左"倾错误泛滥。1958年11月到1959年3月，中央先后召开了四次会议进行纠正，并确立了"统一领导，分级管理，三级核算"的方针，以及"三级所有，队为基础"的调整原则。因此，各地又重新建立起生产责任制，有的地方还搞了包产到户。然而，仅仅过了三四个月，就因庐山会议后的反右倾斗争而中断。包产到户被作为复辟资本主义的做法而遭到批判。

1959—1961年，我国出现了严重的经济困难。为了克服困难，中共中央提出"调整、巩固、充实、提高"的八字方针。实行生产责任制的问题重新被提了出来，包产到户在全国较大范围内第三次兴起。但在1962年8月的中央工作会议及随后召开的八届十中全会上，包产到户再次被作为"复辟资本主义"的活动而遭到批判。

20世纪70年代末，包产到户再次出现，而且经历了几年的演变后，才逐渐稳定下来。张海荣在《包产到户责任制的历史变迁》（载《河北师范大学学报（哲学社会科学版）》，2004年第2期）一文对此作出了较为全面的介绍。张海荣指出，十一届三中全会以后，各地干部、群众解放思想，恢复和试行各种农业生产责任制。安徽、四川等省区，由于领导支持，农民最先想到包产到户。安徽肥西县山南公社的农民，在以万里为首的省委支持下，搞起包产到户的试点。尽管批评的声音还非常强烈，但是，成功的实践使包产到户很快推广开来。就在山南公社搞包产到户试点的同时，凤阳县进行了大包干的试点。大包干属于包产到户的另一种形式，与前者不同的是分配方法上更简捷，更能节约成本。用群众的话说，叫做"保证国家的，留足集体的，剩下都是自己的"。与此同时，包产到户责任制在全国逐步恢复、发展起来，这一过程大致经历了如下四个阶段：

第一阶段，从1979年1月党的十一届三中全会文件下达，到1980年10月全国农村工作会议前，包产到户责任制逐渐发展起来。包产到户在安徽出现，再次引起强烈的反响。中央调查组实地了解情况，收集群众经验，从而丰富和充实了人们对包产到户的认识。1980年9月，中央召开各省市自治区第一书记座谈会，下达了《关于进一步加强和完善农业生产责任制的几个问题》的文件。包产到户责任制出现大的发展，并逐渐向包干到户过渡。

第二阶段，从1981年10月全国农村工作会议到1982年11月全国农村思想政治工作会议前，包产到户发展为包干到户，包干到户成为联产承包责任制的主要形式。1981年10月的全国农村工作会议明确指出，包产到户、包干到户是社会主义集体经济的生产责任制。这促进了"双包"责任制的迅速发展，到1982年6月，全国有67%的生产队实行了包干到户。

第三阶段，从1982年11月全国农村思想政治工作会议到1983年底，"双包"责任制在理论上得到全党和全国人民的确认。到1983年底，全国绝大部分的生产队实行了大包干。

第四阶段，自1985年以来，中共中央、国务院又连续发布指导农村工作的文件，一再强调："联产承包责任制和农户家庭经营长期不变。"实践中，承包期限也由最初的几年延长到15年再到30年。党的十五大和十五届三中全会把稳定和完善家庭承包经营形式推进到一个深化发展的新阶段，即明确宣布了家庭承包经营这种农业生产关系形式长期不变。1999年，家庭承包经营长期不变被写入新修订的宪法。

张海荣在《包产到户责任制的历史变迁》（载《河北师范大学学报（哲学社会科学版）》，2004年第2期）一文中，分析了包产到户责任制变迁的原因。张海荣认为，其主要原因在于农民、干部、中央高层三个方面。

第一，农民的选择是变迁的内在动力。农民之所以选择包产到户，是因为它符合农民的心理需要。农民厌倦了统一耕种、统一规划、统一劳动、统一分配的经营制度，而包产到户的每一次尝试，都会给农民带来增产增收，因此包产到户已深深植根于农民的心中。包产到户使农民真正得到了土地经营权、劳动自主权、家庭自治权、产品享有权、商品生产权、市场准入权，一举彻底解决了长期困扰人们的过分集中统一、平均主义、吃大锅饭等问题，从而满足了农民的利益需求。

第二，干部的价值观念及行为取向，是变迁的外部条件。在毛泽东时代，党内高层对于承包制一直存在着比较大的分歧，而毛泽东认为，责任制背离了社会主义方向。中共十一届三中全会后，党内高层对于包产到户的分歧逐渐缩小。在实事求是精神的指导下，包产到户、包干到户逐步被全党所接受。需要特别指出的是，安徽的各级干部，顶住中央报刊的压力，使大包干责任制得以幸存，进而辐射全国。

第三，中央的决策是变迁的关键。十一届三中全会以前，"集体所有、统一经营、统一分配"的体制始终没有改变。三中全会后的中央文件，原则上还规定不要也不准搞包产到户，只是允许搞包产到组形式的责任制。十一届四中全会则允许偏远山区、深山地区的孤门独户实行包产到户，从而使包产到户在较大范围内出现。

二、小岗村实行大包干的背景及成功的原因

陆益龙在《嵌入性政治对村落经济绩效的影响——小岗村的个案研究》（载《中国人民大学学报》，2006年第5期）一文中认为，合作化运动和人民公社化运动对农村经济造成了破坏。从小岗自然村的经济变迁史来看，这种破坏性影响主要表现在三个方面：

第一，集体化运动破坏了小岗村的生产资料，削弱了其生产能力。运动中，强迫农户把耕牛和土地低价折算给合作社，往往使农户采用极端做法对待耕牛，从而使重要的生产资料受到严重破坏。耕牛锐减，又导致大量土地抛荒。1956年秋季，即加入高级社之前，小岗村有耕地1100多亩，耕牛26头。而在1956年冬天，小岗村就"死掉"了17头耕牛。到1962年，小岗村的耕地仅为100亩，耕牛仅有1.5头了。

第二，集体化运动破坏了小岗村自身的生产关系，从而使正常的生产活动也难以组织起来。在合作化运动和人民公社化运动中，小岗村因进度过慢，而成为后进的典型。为此，上级向小岗村派驻了工作组和蹲点干部，对小岗村的集体化运动进行监督和指导。人民公社时期，小岗村只有18户人家，而上级派来的干部就达7人，再加上生产队正副队长、会计，共有干部10人。这么多不参加劳动，却指挥农民劳动的人集中于此，引起了农民的心理失衡，这必然会影响正常生产活动的组织。

第三，集体化运动破坏了小岗村农民的自我谋生手段。为了应付特殊的自然环境，小岗村人几乎每一户都掌握了一种特殊的技能或手艺，以便在农闲外出谋生。但是，合作化和人民公社限制和禁止他们使用这些手段，还禁止他们外出。从而在根本上破坏了村民原有的谋生手段和技能。当农业生产无法改善农民生活，而农民又缺少其他的谋生手段时，农民当然也就无路可走了。

萧冬连在《农民的选择成就了中国改革——从历史视角看农村改革的全局意义》（载《中共党史研究》，2008年第6期）一文中认为，农村改革率先突破有其特殊的历史原因。从农业全盘集体化之时起，农民中就存在一种离心倾向。其直接原因有三条：一是高级社没有实现让入社农民增加收入的承诺，相反许多地区的农民减少了收入。二是农民失去了传统的自由。既不能向外流动，搞点副业也受到限制。三是干部滥用权力。高级社干部权力比乡长还大，强迫命令、瞎指挥和多吃多占的问题随之而来。虽然高级社章程中有退社自由的条款，事实上退社是不允许的。于是，许多地方的农民自发地、甚至偷偷地搞起了包产到户。

萧冬连指出，中共十一届三中全会出台农村新政，办法归结起来是两点：一是松绑，尊重生产队的自主权和所有权，恢复自留地、家庭副业、集市贸易、多种经营。二是让利，大幅度提高农副产品收购价格，直接增加农民的收入。这些政策还不能说是改革，它把政策底线划在维护人民公社"三级所有、队为基础"之上，明确规定"不许分田单干，不许包产到户"。但是，当时的政治环境已开始变化，农村新政使农民获得了过去所没有的自主权和选择权，大幅度提高农产品价格又使农民获得了利益刺激。随着为"地富"摘帽，"右派"改正回城，这些信号明白地告诉农民：阶级斗争的时代确实过去，政治上的紧箍咒松动了。虽然农民选择包产到户还心有余悸，但实际承受的压力远不如从前。因此，农民敢于不断地冲击政策底线，从包产到组到包产到户，再到包干到户。

萧冬连还指出，包干到户对农民的吸引力主要有两个：一是可以获利。农民是精于计算的，他们从过去自留地的产出看到了包干到户有获利的潜在机会。经过20多年的劳动积累，农业生产条件（水利灌溉、农田建设、农药化肥及基本农机具等）有了较大改善。农民不担心单干会发生生产方面的困难。二是有了自由。农民最满意的是有了自由，并重新把饭碗拿在自己手里。农民说："20多年了，可熬到自己当家了。"现在"既有自由，又能使上劲。""戏没少看，集没少赶，亲戚没少串，活没少干，粮没少收。"

关于小岗村改革取得成功的原因，李孙强在《中国农村改革源头探究——凤阳小岗村大包干到户》（载《经济与社会发展》，2012年第8期）一文中认为，主要有以下四个方面：

第一，全国真理标准问题大讨论的外部环境。1978年上半年在全国展开的真理标准问题的讨论，很快形成思想解放的潮流。这次大讨论冲破了"两个凡是"的禁区，有利于农村政策的拨乱反正，以及农业经营方式重大变革的酝酿。1978年10月11日，万里在安徽省委常委会议上鼓励大家，"要调查研究、实事求是，坚持实践是检验真理的唯一标准，省委没有决定的，只要符合客观情况的就去办，将来省委追认"。因此，安徽省委没有像过去那样对包产到户马上禁止，也没有匆忙作出结论，而是派人去实地调查，尊重广大农民的实践。

第二，凤阳和小岗人的首创精神。1977年11月，万里主持安徽省委常委扩大会议，并制定了《中共安徽省委关于当前农村经济政策几个问题的规定》。该文件规定，尊重生产队自主权、允许和鼓励社员经营自留地、家庭副业等。凤阳县委结合本地的实际情况，提出把收回的农民自留地、饲料地、果树一律退还给农户，农业生产的安排可因地制宜。而小岗人"大包干到户"不怕高压，不怕冒坐牢危险，为的是走出一条"完成国家的，留足集体的，剩下都是自己的"新路子，冲破了两个"不许"（不许分田单干，不许包产到户）的束缚。在全国农村改革中，坚持实践是检验真理的唯一标准，树起了"敢为人先、敢于创新、敢走新路、敢于担当"的大包干精神。

第三，地、县领导的实事求是。小岗刚开始搞大包干，公社干部就有所了解，并向县委书记做了汇报。县委书记说，已经穷到这种程度了，还能搞什么资本主义？就是想多收点粮食，吃饱肚子，就让这个队试试吧，也许这个办法能起作用。因此公社干部也就不再追究，小岗人包干到户的做法得以幸存。1979年10月，滁县地委在凤阳召开大会，期间参观了小岗村后，几位地委常委一致认为：大包干到户的办法更能调动群众的积极性。根据大家的意见，当时的滁县地委书记王郁昭宣布，允许小岗干三年，继续进行试验。

第四，邓小平、万里的高层支持。1980年1月，在中共安徽省委召开的农业会议上，安徽省委第一书记万里明确指出包产到户是责任制的一种形式，从而为包产到户落了"户口"。同年5月，邓小平在《关于农村政策问题》的谈话中充分肯定了凤阳县的大包干。9月，中央召开了各省、市、自治区第一书记座谈会，专门讨论农业生产责任制问题。尽管争论很大，但会议最后形成了《关于进一步加强和完善农业生产责任制的几个问题的通知》。该文件规定，"区别不同地区、不同社队、采取不同方针"。这样，包产到户、包干到户第一次在中央文件中取得了一席之地。因此，在关键时刻，邓小平关于凤阳大包干的讲话拨开了迷雾，肯定了包产到户、包干到户的做法。

罗能生在《文化、伦理与农村家庭承包责任制》（载《零陵学院学报》，2003年第4期）一文中指出，我国农村家庭承包责任制度的选择及其获得的成功，不仅在于它合乎了某种经济学的规律，而且有其深刻的文化背景和伦理成因。家庭承包责任制在一定意义上说，是家庭所有制与集体所有制的一种折衷形式，或是集体所有制的一种大幅度的变通形式。它既保留了集体所有的最终权利，又在实际使用上赋予了家庭作为所有者的大部分权利。传统的家族意识作为一种潜在的传统观念，促进了广大农民对家庭承包责任制的选择和认同。新中国成立以来国家长期在意识形态上的大量投资，以及社会主义在实践中取得的成就和给老百姓带来的好处，使社会主义公有制的观念和意识已深入人心。这就使得，一方面对农民来说，虽然已经对人民公社的生产队体制失去信心，但并不认为社会主义有什么不好，他们渴望以家庭为单位来进行自主经营，却并不想完全摆脱集体所有制，他们还希望集体来作为自己的一个保障。

三、农村实行责任承包制的意义与影响

李海红在《包产到户的回顾与反思》（载《安徽农业科学》，2008年第6期）一文中指出，包产到户这种农业经营方式和组织形式的产生，极大地突破了传统经济体制的束缚，调动了农民的积极性，解放了蕴藏已久的生产力，拉开了中国改革开放的帷幕，从而对中国的农村产生了积极的影响。其影响主要表现在以下三个方面：

第一，包产到户是中国农村经济体制改革的第一声号角。20世纪80年代初，以家庭联产承包责任制为核心内容的农村改革，给我国农村注入了新鲜血液，为新中国的经济腾飞确立了第一块基石。包产到户是家庭联产责任制的源头活水，家庭联产承包责任制是对包产到户的继承与发展。随着包产到户为主的农村改革的深入发展，农村经济开始趋向市场化，农民对工业品和文化教育的需求迅速增长，由此强烈冲击着仍然停留在传统体制框架内的城市，从而形成了"农村包围城市"的态势。

第二，包产到户有利于全面调动农民的积极性，提高农民收入及生活水平。包产到户一方面解决了农业生产中的劳动监督问题，另一方面使家庭获取了农业生产的剩余索取权。相应地，精耕细作技术与土地的用养结合得以贯彻实施。而且，包产到户又克服

了由单纯集中统一经营带来的生产"瞎指挥"和劳动"一窝蜂"的现象，又避免了吃"大锅饭"弊端，更好地体现了按劳分配的原则。

第三，包产到户促进了农民自身解放，并成为提高农村生产力的有效途径。包产到户的实施，使农民部分获得了生产经营自主权、家庭自治权、产品享有权等，实现了生产经营过程中责、权、利的统一，劳动者能够根据自然条件的变化随时随地灵活决策，从而最大限度地发挥土地、资金、技术等生产要素的功能，也最大限度地发挥了农民的创造潜力，这促使农业生产以前所未有的速度发展，带动农村经济和社会发展的历史性巨变。

李孙强在《中国农村改革源头探究——凤阳小岗村大包干到户》（载《经济与社会发展》，2012年第8期）一文中认为，实行大包干的历史意义，主要有以下四个方面：

第一，冲破了"政社合一""一大二公"的人民公社体制。人民公社体制追求的是所有制的公有化程度高而又高，社会主义成分纯而又纯，农业经济组织的规模越大越好。管理上实行集体化劳动，分配上实行平均主义，把农民束缚于生产队的集体中，但农民越干越穷。包干到户真正行使了种田的自主权，使集中劳动变为"宜统则统、宜分则分"的分工协作。户户关心生产，个个干活出力。农民完成了农业生产任务后，一些能工巧匠又走向社会，走向市场。

第二，包干到户真正调动了广大农民的积极性，真正落实农民生产的自主权，极大地促进农村生产力的发展。因此，创造了与中国广大农村生产力相适应的、具有中国特色社会主义的新的农业生产模式。

第三，包干到户促进了农业的发展，提高了粮食及经济作物产量，彻底解决了农民的温饱问题。这不仅有助于改善农民的生活，有利于社会的稳定，而且也初步解决了国家的粮食安全问题。

第四，为城市的经济改革做出了有益的探索。从以后历史进程看，农村的改革带动并推动了城市改革，"包"字进城，"包"字进各行各业，成为改革初期的一种现象。包干到户责任制还为后来经济管理责任制和其他部门责任制改革提供了启示。

萧冬连在《农民的选择成就了中国改革——从历史视角看农村改革的全局意义》（载《中共党史研究》，2008年第6期）一文中指出，农村改革具有全局意义。具体表现在以下三个方面：

第一，农村率先突破，凝聚了改革共识。农业生产承包制的实施，解决了几十年来困扰中国最高决策层的最大难题，即吃饭问题。这一问题的解决，又为非粮种植业腾出了空间，从而丰富了城乡的农副产品供应。农村改革的成功，又推动了城市全面改革的进行。1984年10月，中共中央决定把改革重点从农村转向城市，并提出全面改革的方针。前几年争议很大的"有计划的商品经济"的观点出人意料地被高层接受，并写进了中央文件。而且，农村承包制的经验对城市商业、服务业乃至国有工业企业的改革都发生了很大影响。

第二，农村改革推动了市场化趋势。家庭联产承包制为农户分散决策和自主进入市场提供了制度条件，并由此引发了三个经济现象：一是出现了专门从事商品生产经营的专业户，其经营方向明显地倾向于非农产业，如工矿、运输、商业、服务业等。二是城乡市场的开拓。先是城乡农贸市场的恢复和繁荣，既而出现农民长途贩运，异地经商，出现了各种专业市场，如浙江温州、台州、义乌等地的小商品市场等。三是乡镇企业异军突起。农村中的一些"能人"，走出了小农经济的生存逻辑，激发出创业的冲动。

第三，"民工潮"引发出制度和社会变迁。正是这股农民"自己解放自己"的流动浪潮，为中国的经济增长和制度创新提供了持续推动力，而且推动着城乡一体化的社会变迁。源源不断的农民工无疑是制造"中国奇迹"的主角之一。农民工的巨大浪潮在城市就业体制改革难有突破之时，促成了一个"体制外"劳动力市场。它使资源配置转向劳动力密集型产业，为中国沿海地区承接国际产业转移创造了条件，促进了诸如玩具、服装、鞋类、皮革制品等劳动密集型加工业的发展和产品大规模出口。中国成为"世界工厂"，农民工功不可没。城市环卫、家政、保安、餐饮服务以及其他苦、累、脏、险的岗位，也都是由农民工承担。农民工不仅已成为第一线产业工人的主体，城市生活离开了农民工也已经难以运转。随着"民工潮"的出现，户籍制度改革也终于被提上日程，但是总体上进展缓慢，就业、医保、社保、住房、子女入学等利益屏蔽难以打破。总之，"民工潮"为解构城乡二元结构提供了持续的压力和推力，迫使政策一步一步松动，推动城市政府转变管理方式。

微课设计

微课设计一：承包鱼塘的争论

设计意图

本微课拟以"农民承包鱼塘"及其所带来的争论作为设计视角，帮助学生了解个体经济出现之初的艰难，以及承包制对社会经济、人民生活所产生的积极影响。

设计方案

教师介绍：陈志雄是广东省高要县沙浦公社（现肇庆市鼎湖区沙浦镇）沙一大队第六生产队的一位农民，他和妻子于1979年承包了集体的鱼塘。

材料呈现：1979年，陈志雄承包本队村边鱼塘8亩（6口塘）。虽属优质鱼塘，但过去归集体经营吃大锅饭时，最好的年份亩产成鱼只有300斤上下。由于拿摸贪占，损失浪费，除去人工和饲料费外，获利仅二三百元。有时还要亏损。生产队把它当成包袱。1979年春，队干部估计8亩鱼塘最高年产量只有2000斤成鱼。……终归陈以1700元承包经营。承包后，他即蓄水入塘……他运用浓塘水可毒死杂鱼苗的自然除杂技术，消灭杂鱼，留下家鱼，养大出卖。这一年共收入8000元，除去上交包金1700元和生产费300元，一年盈利6000元。

——崔力群、苏进强：《推行鱼塘承包　发展渔业生产——陈志雄承包经营鱼塘调查》，

载《农业经济丛刊》，1983年第2期

教师设问：承包经营给农民带来了怎样的结果？（参考答案：大大增加了农民的收入。）

教师讲述：第二年，陈志雄又承包了其他鱼塘。为此，他请来堂妹等亲友做帮手，并给他们一定的工资。

材料呈现：如以1981年一个劳动力平均年分配值对比来看，沙浦公社为541元，沙一大队为804元，沙一六队为811元。而陈请工的报酬均为1000～1200元。

——崔力群、苏进强：《推行鱼塘承包　发展渔业生产——陈志雄承包经营鱼塘调查》，

载《农业经济丛刊》，1983年第2期

教师设问：从中可看出什么现象？（参考答案：陈志雄所请帮工的报酬，高于当地生产队分配收入。）

教师讲述：没想到，陈志雄承包鱼塘却引发了一场争论。这场讨论的出现，与当时中央的政策有关。

材料呈现：对于包产到户的社队，应当经过工作，通过群众讨论，做到以下几点：（1）要保护集体财产，不可拆毁平分，迅速确定林权，禁止乱砍林木；（2）重申不准买卖土地，不准雇工，不准放高利贷。

> ——《关于进一步加强和完善农业生产责任制的几个问题》（1980年9月14日至22日，各省、市、自治区党委第一书记座谈会纪要），见中央学校教务部编：《十一届三中全会以来党和国家重要文献选编（1978年12月—1992年9月》（1），34页，北京：中共中央党校出版社，1998

教师设问：该文件的哪一规定对陈志雄是不利的？（参考答案："不准雇工"。）

教师讲述：当时的许多群众，非常愿意到陈志雄承包的鱼塘做帮工。因为劳动量不大，但报酬要比在生产队劳动高得多，在生产队一年最多收入只有七八百，而做帮工的收入达1200元，而且还能学到养鱼技术。但有人认为，雇用帮工，就是资本主义，就是剥削。

材料呈现：1981年，被誉为"迈出承包、雇工第一步"的陈志雄在当地引起了众多非议，是年5月15日，《南方日报》在二版头条刊发了《胆从识来——访大面积承包鱼塘的社员陈志雄》，大胆肯定了这个搞活搞好渔业生产的能手。

……

《南方日报》在编者按中明确表示，这种专业承包，对于发挥社员技术专长，搞好渔业生产，壮大集体经济，也是很有好处的，有条件的地方可以仿照试行。……

> ——周志坤、张丽：《广东鱼塘雇工争论　撞开民营企业生存之门》，载《南方日报》，2009-09-02

教师设问：《南方日报》对于陈志雄的承包行为持何态度？（参考答案：充分肯定，并主张推广。）

教师讲述：随后，《人民日报》以陈志雄承包集体鱼塘雇工的实例，特设了三个月的讨论专栏，从而引发了全社会的大讨论。而讨论的结果，陈志雄承包鱼塘、使用雇工的做法，得到了政府的肯定，陈志雄还被评为县里的劳动模范。多名为陈志雄做帮工的农民也富裕了起来，甚至有两人还成了当地有名的"万元户"。

教师总结：时代在变化，当新生事物被实践证明可行时，它必然会爆发出巨大的能量。在陈志雄之后，农村社会开始出现一批从事"雇工、长途贩运、个人购置农机和农副产品加工机具、私人开办工商业、外出打工"，等以赚钱为主要目的的个体、私营经济主体。而对于"雇工"的规定，中央也由"不准雇工"到"雇工不能超过八个，超过八个就要限制"，再到1987年，中央5号文件终于去掉了对雇工数量的限制，私营企业的雇工人数彻底放开。

设计点评

农民承包鱼塘，竟然引发一场激烈的社会大讨论，这种现象的出现必然会引起学生的极大兴趣。本微课角度新颖，内容层层推进，有助于学生理解承包责任制的内涵，以及民众的实践对于改革的推动作用。

微课设计二：从人民公社到人民政府

设计意图

承包责任制的实行，其中的一个重要原因就是人民公社体制所造成的弊端，挫伤了农民的积极性。在实行承包责任制后，原先的人民公社体制就成为经济发展的阻碍。广汉县向阳乡的换牌举动正是经济体制改革的具体表现，本微课拟以此帮助学生了解当时的经济体制改革情况。

设计方案

材料呈现：

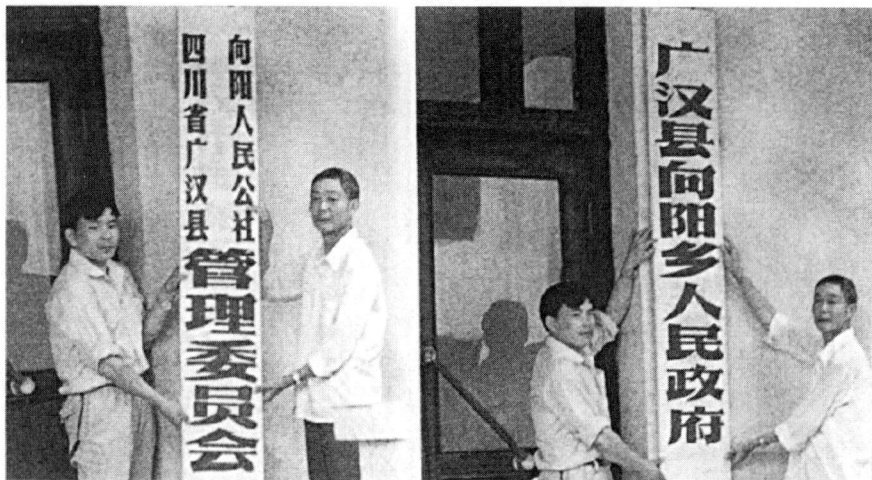

1980年6月，四川向阳第一个摘掉人民公社牌子，挂上向阳乡人民政府牌子。
——张洁梅：《拉开中国农村改革序幕——记四川广汉向阳公社废除人民公社建立乡政府的变革之路》，载《四川档案》，2008年第5期

教师提问：从这两张图片中（教学中不呈现图名）你看出了哪些信息？（学生讨论回答）

教师介绍：从图片上两个牌子与墙体的角度和人物的手的位置判断，先把"四川省广汉县向阳人民公社管理委员会"的牌子摘下，然后换成了"广汉县向阳乡人民政府"的牌子。

材料呈现：毛泽东强调指出，等价交换在社会主义时期是一个不能违反的经济法则，违反了它，就是无偿占有别人的劳动成果，这是我们所不许可的。他说："公社在一九五八年秋季成立之后，刮起了一阵'共产风'。主要内容有三条：一是穷富拉平。二是积累太多，义务劳动太多。三是'共'各种'产'。"

——中共中央文献研究室编：《〈关于建国以来党的若干历史问题的决议〉注释本》（修订），333页，北京：人民出版社，1985

教师设问：公社化运动对农民带来了怎样的伤害？（参考答案：挫伤了农民的生产积极性。）

教师分析：在农村公社体制下，生产队没有生产自主权，更没有产品支配权，农民

吃多少口粮，也由公社作决定。这严重地挫伤了农民的积极性。

教师介绍：1979年6月，四川省广汉县委书记常光南随同省委领导访问英国。在考察一家公司时，省领导发现，厂长同时担任采购员与技术员，就对常光南说，回去后把你们那里按照这个改一下。

材料呈现：刚开始成立了一个农业公司，管农业，包括种子、防治病害和技术。后来又把供销社作为基础，把街上的商人组织起来，成立商业公司。还把公社的工业组织起来成立了工业公司。三个公司组织起来之后，又组织农工商联合总公司。

——常光南口述，张继禄、马善思、江红英整理：《向阳公社撤社改乡的前前后后》，

载《四川党的建设（城市版）》，2008年第9期

教师设问：农工商联合总公司的成立，对于公社体制产生了怎样的影响？（参考答案：公社的经济管理权遭到了极大的削弱。）

教师讲述：人民公社管理委员会只负责计划生育、社会治安等行政工作，经济管理和行政管理分开了。人民公社的管理体制事实上已经名存实亡。1980年8月，县委常委开会讨论向阳公社的摘牌问题。会议决定：不登报，不宣传，不造势。先挂牌子后开会，由每个生产队的代表选举产生乡长、副乡长。这样，"广汉县向阳乡人民政府"代替了"广汉县向阳人民公社管理委员会"。

材料呈现：……事后第三天……全国人大法制委员会……打电话问：

"你们广汉是不是有个向阳？"

回答："有。"

"是不是把公社牌子换成乡政府了？"

"我们搞一个试点。"

"谁叫你们搞的？"

"我们自己搞的，我们搞个试点，试验，不行就把它换了。"

——常光南口述，张继禄、马善思、江红英整理：《广汉县农村生产管理体制改革试点溯源》，见谭继和主编、当代口述史丛书编委会编：《当代四川要事实录》

（第1辑），309页，成都：四川人民出版社，2005

教师设问：接到全国人大法制委员会的电话后，广汉县的领导会有怎样的想法？（参考答案：非常担心。因为摘掉人民公社的牌子，违反了国家法律。）

教师讲述：当时的宪法规定，"政社合一"的人民公社不仅是一级经济组织，也是一级政权组织。县委书记常光南吓得连觉也睡不着。过了没几天，民政部派人到广汉了解情况，又到向阳做了调查。但一直到走的时候也没给个结论，既没有说对，也没有说不对。过了一段时间，全国人大打来电话说，公社摘牌这件事请示了中央领导，可以搞试点。

教师引导学生小结：1982年12月修订的《中华人民共和国宪法》规定："乡、民族乡、镇设立人民代表大会和人民政府。"宪法中没有了"人民公社"字样，这样人民公社就失去了存在的法律基础。1983年10月，中共中央、国务院发出《关于实行政社分开建立乡政府的通知》，政社合一的人民公社制度被废除。承包责任制的实行，开始了国家经济层面的变革，而经济的变革又深刻影响着政治变革的进程。

设计点评

本微课通过分析照片中"一摘一换"背后所反映的史实，有助于学生深刻理解人民公社体制的弊端，并且更加清晰地认识到承包责任制在政治层面上所造成的重大影响。本微课从照片说起，夹杂一些具体的史实，内容生动，易于理解，符合中学生的认知水平。

教学资源

资源1：1978年，小岗生产队是凤阳县梨园公社最穷的一个生产队。十年"内乱"期间，小岗队生产极其落后，群众生活非常穷困，全队人均年口粮只有50～100公斤，人均年分配收入只有15～20元，每年有5～7个月吃返销粮，是个典型的吃粮靠返销、生活靠救济、生产靠贷款的"三靠"队。尽管如此穷困，还是照批"资本主义"，结果越批越穷。这个队不论是大户小户，不论是"光棍"、姑娘，全都讨过饭。

1978年冬，万里、王光宇和省农委政研室的周日礼、张秀岗、鲁受教等5人来到小岗，逐户调查了小岗的情况后，万里说："像这个穷得不能再穷的地方，只要能让群众吃饱肚子，能增产，不管什么办法都可以搞。"万里这一番话，在小岗农民心中燃起了喜悦的火花，使他们看到了希望。开始，这20户农家划为4个作业组，但搞不好，又划成8个组，还是搞不好。以后，他们就背着公社、大队，偷偷摸摸地搞起了包干到户。他们还秘密议定：如果队长因为我们搞包干到户犯法坐班房，他家的农活我们全队包下来，小孩由全队养到18岁。群众表现出破釜沉舟的决心和勇气。他们的做法是：全队517亩耕地，按人包到户，10头耕牛评好价，两户一头；国家农副产品交售任务，还贷任务，公共积累和各类人员的补助，按人包干到户；完成包干任务后，剩多剩少全归自己。大家兴奋地说："大包干，大包干，直来直去不转弯，保证国家的，留足集体的，其余剩多剩少都是自己的。"这就是尔后推广到全国的大包干到户的农业家庭联产承包责任制。

——江鲲池：《潮头从这里卷起——我国农业家庭联产承包责任制诞生记》，

载《党史纵览》，2008年第11期

资源2：按满了红手印的字据

记者：那张表示18户农民决心"分田到户"的契约是你起草的吗？对这张字据有许多疑问和争议，不少人说在开会的时候还没有写下。实际情况是怎样的？在开会的时候就准备了印泥，让有的人带上了图章吗？

严宏昌：这张纸条是我写的。从笔迹上就可以看出来，是我把所有人的名字都写上了，纸上只

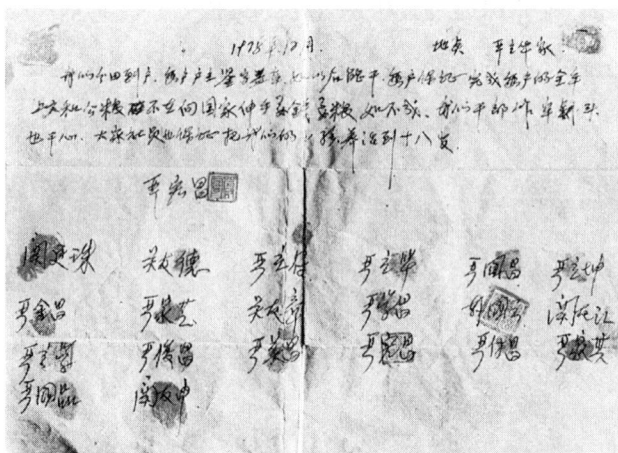

小岗村生产队社员签订的全国第一份包干合同书
——中国革命博物馆编纂：《中国共产党七十年图集》(下)，
505页，上海：上海人民出版社，1991

有我一个人的笔迹。然后由每个人在自己的名字上按手印。就在当时会场上，大家看着写的，同意的人就当场按手印。这张纸也是真的，纸是严立富从家拿来的，因为严立富以前是生产队干部，当时做记工员，他家里有纸。

记者：有一种说法，在那个举行会议的晚上并没有写下这张纸条，这纸契约实际是后来在拍摄电视片的时候补写的。

严宏昌：这张纸条确实是真的，是我写的。至于后来拍电视拍电影，把当年情景一遍一遍模仿。但模仿的东西毕竟不是原件。

记者：为什么在这张契约上，有的人按下红手印，还有三个人却是盖章的？为什么有这个差别？

严宏昌：当时我们首先要求盖章。因为在我们看来，盖章更具权威。但在那时，因为穷，只有三个人有图章：一个是韩国云，因为他是贫农代表，有图章。再一个是严立学，他是会计，做账要图章。最后就是我了，因为我是小包工头，有图章用来给大家作证明发工钱。

其他人没有图章。有些人基本上没有读过书，不会写字，所以只能由我把所有的名字都写下来，然后由他们按手印。

严立学（插话）：严宏昌说的是对的，当时就是这三个人有图章。纸条上的字都是严宏昌写的。

记者：仔细看按满了红手印的契约可以发现，只有严宏昌一个人有两处签名、两处盖章。这是为什么？

严学昌（插话）：这是因为严宏昌表示，在这个事情上他要带头，所以先写上自己的名字。表示以后一旦出事，要捉就先捉他。既然写了两个名字，所以就在两处名字上盖了两个图章。

严宏昌：事实上，在按手印前，我们已经分了田干了起来。我们知道上面不叫干，我们干着也觉得心里不踏实，就在一起商量，要签字画押，表明大家的想法是一样的，同时对于干部有一个交代。当时这样做必须保密。

字据是在向大家讲明了情况以后由我当场写的，名字的排列也是我写的，大致的顺序是按照对这件事情的态度，积极性比较高的，我写在前面。写这样的条子排列名字，我以前也做过，主要是领救济粮要写这个名单，大家都是按住家从村东头到村西头排列的，但这次不是，重新排列了。

记者：仔细审视你们一起秘密开会按下手印的契约，那上面有20个名字，而你们实际到场的是18人，那两个没有在场的人是谁？他们的手印是怎么按下的？

严立学（插话）：那天晚上到场的是18个人，契约上写了20个人的名字，其中有两个人是代签的：一个是严国昌，一个是关友德。严国昌是我的父亲，他的名字是我哥哥严立坤代签的（按手印）。还有一个关友德，当时跟着我父亲在江西要饭没有回来。严宏昌要我找他哥哥关友章代签，他不签。就由我找到他的叔爷关廷珠，由他代签了（按手印）。

——钱江：《划时代的红手印——小岗村"大包干"契约的产生经过》，

载《党史博览》，2008年第9期

资源3：农村改革在安徽率先拉开帷幕。1977年11月，在广泛、深入调查研究的基础上，万里主持省委常委扩大会议制定了《中共安徽省委关于当前农村经济政策几个问题的规定》（简称"六条"），规定尊重生产队自主权、允许和鼓励社员经营自留地、家庭副业等，显然触及一些敏感的"原则问题"甚至是闯了"红灯"，但正是这些突破禁区的措施符合农村实际，因此深受群众欢迎。1978年初，四川也制定了发展农业生产的《关于目前农村经济政策的几个主要问题的规定》（简称"十二条"）。4月，广东省委制定了《关于减轻生产队负担的规定》。上述地方制定的一些政策，冲破了党在农业战线上"左"的政策藩篱，为十一届三中全会制定正确的农村政策奠定了基础。

农村经济改革因突破了中央的政策界限而成为一个极其敏感的问题，给坚持改革的领导者带来很大的风险和压力。万里主政安徽不久主持制定的省委"六条"，由于其中的规定与中央政策不符而引起了许多人的怀疑和不安。1978年安徽发生百年不遇的大旱灾，省委及时作出"借地种麦"的决定，招来不少人的担心与非议，有人说"借地"调动起来的不是集体主义的积极性，不符合社会主义方向，这样做违反了中央文件精神和上级指示，还有没有组织纪律性？……安徽允许包产到户的做法也招致了周边各省的指责。江苏在苏皖两省交界处树起"堵资本主义的路"、"坚决反对安徽的分田单干风"的大标语牌子，并用高音喇叭天天朝安徽那边宣传"大批促大干"。山西省委作出决定：必须继续稳定地实行三级所有、队为基础的制度。《山西日报》已组织文章对安徽的做法进行笔伐，以捍卫大寨红旗。湖南省委书记也表示：要继续坚持学习大寨的基本经验。当时全国支持或附和安徽做法的只有广东、内蒙、贵州等几个边远或贫困省份的第一把手。

——孙泽学：《1978—1984年农村改革之中央、地方、农民的互动关系研究——以包产到户、包干到户为中心》，载《中国经济史研究》，2006年第1期

资源4：1982年9月，中共十二大召开。以此为标志，经济体制改革全面展开。农村

的家庭联产承包责任制迅速推向全国，农业生产终于摆脱长期停滞的困境。……一系列大政方针的出台，为江苏社队工业的改革发展造就了良好环境。江苏省乡镇企业步入了改革开放、迅速发展的新阶段。

1982年，苏州地区部分县借鉴农业联产承包责任制的经验，在社队工作中进行了经营承包责任制的试点，使企业的经济效益大幅度提高。但是，由于受到当时工业管理体制的束缚，害怕引起不必要的争论，这一做法并未得到推广。1983年，中共中央1号文件《当前农村经济政策的若干问题》明确指出：社队企业要建立多种形式的生产经营责任制，有的企业可以试行经理（厂长）承包责任制。江苏省政府随即对社队企业推行多种形式经营承包责任制的工作作了部署。……

……

当时，无锡县堰桥公社有一个社办服装厂，开办三年，换了三任厂长，连年亏损。在该厂职工要求下，企业通过公开招聘厂长承包，一举扭亏为盈。1983年2月，堰桥公社推行了包括承包经营、企业干部聘用制、工人合同制、工资浮动制、报酬奖罚制、干部退休保养制、老工人退职制、招工考试制、技术培训制和农业联产承包制等10项改革措施。当年，全乡社队工业总产值，实现利润和上缴税金分别比上年增长55.30%、72.80%和74.50%。1984年初，无锡市委和江苏省委负责人亲自总结了堰桥公社的经验，将它概括为"一包三改"。

"一包"，就是对所有社队企业实行经营承包责任制。承包指标以利润为核心，利润和工资挂钩，工资与职、责挂钩。……

"三改"，就是改干部任命制为选聘制，改固定工制为合同工制，改固定工资制为浮动工资制。……

——张衡：《江苏省乡镇企业的异军突起与苏南模式的出现》，见中共中央党史研究室第三研究部编：《邓小平与改革开放的起步》，394～396页，北京：中共党史出版社，2005

资源5：人民公社时期，由于政策偏离现实，致使农村经济恶化，各地又不时地偷着搞起"包产到户"，而政策则不断批判这种"资产主义倾向"。1978年12月，政策规定"不许包产到户"；1979年4月，重申"与分田单干没有多少差别，所以是一种倒退"；到了9月，政策"可以包产到户"；1980年9月，政策认为，"要求包产到户的，应当支持群众的要求，可以包产到户，也可以包干到户，并在一个较长的时间内保持稳定。"1982年，政策认定，"责任制也是长期不变的"。"长期不变"的申明是党的政策试图给农民一个信息，以改变他们对于政策的历史印象。"那时候许多地方的农民都担心，过去的农村政策多变（广东农民怕'一年放，二年收，三年不认账'），也有农民听说包产到户只有'三靠'地区才可以搞，有'稳住中间地带，不要滑向包产到户'等提法，担心它又是一个'权宜之计'，所以'长期不变'这句话最打动人心，都说'一号文件'是给农民吃了'定心丸'，这给人们印象非常深刻。"1983年1月，中共中央1号文件正式全面肯定家庭联产承包责任制。

——孙功、苏海舟：《1978年前后中国农村改革的发动》，

载《学术界（月刊）》，2010年第9期

资源6：对于农村出现的包产到户浪潮，从上到下都争论不断。反对者的理由有两类：一类来自意识形态，指责包产到户姓"资"不姓"社"，或担心它会冲毁集体经济、滑向资本主义。另一类基于现实的考虑，担心单家独户无法使用大型机械，实现规模经营，将阻碍农业现代化。与以往不同，在各级党委第一把手中都有一批支持者，省委书记以安徽万里为代表，还有贵州池必卿、内蒙周惠等，地委书记有王郁昭（安徽滁县）、林若（广东湛江）等，县委书记有陈庭元（安徽凤阳县）、陈光宝（广东康海县）等，公社书记有汤茂林（安徽肥西山南公社）等，还可以列出一长串名字。他们之所以敢于冒与中央政策相背逆的政治风险，并不是有什么利益可以追求，而是出于对农民极度贫困深深的同情和愧疚，以及由此激发出来的责任感。1977年6月，万里上任安徽省委第一书记后下乡调查三个月，亲眼看到农民食不饱腹的情况，为之震惊和流泪，追问"搞了快三十年的社会主义，怎么还这么穷！"这使他义无反顾地支持农民包产到户的要求。有这种经历的不是个别人。沈祖伦（时任绍兴县委书记，后任浙江省省长）最近回忆说：当年改革之所以有那么大的闯劲，是因为"看到农民的苦难"，"为了让农民从苦难中摆脱出来，不怕与党在农村的传统政策相违逆，不怕去探索当时上级不允许做的事，不怕丢'乌纱帽'"。这是第一代改革者最可宝贵的精神遗产！这些领导干部的策略是：以"解放思想，实事求是"口号作为自己的思想武器，强调让农民吃饱肚子是政府当前的首要责任，强调包产到户只是局部的试验，风险可以控制。他们还通过向中央写报告，直接向领导人汇报和寻求舆论支持等

方式来争取本地政策的合法性。

——萧冬连：《农民的选择成就了中国改革——从历史视角看农村改革的全局意义》，

载《中共党史研究》，2008年第6期

资源7：增产增收带来的实利，让一部分的农民开始有了余裕投资于多种经营和扩大农业的再生产。1981年河南省沈丘县农村一大批有技术专长和经营能力的承包户开始自发地交流和学习新的生产技术和管理方式，着手为农村下一步的协作与联合打下基础，随之，一些专门为新的生产经营方式而服务的机构应运而生：种子公司、植保公司、喷灌公司、材料公司、农机站、农技服务站……与此同时，1981年被国家正式命名为"优质烟叶生产基地"的登封县，当地农民在政府主导的诸如聘请专家技术人员、印发宣传技术资料、分期分批举办学习班、引进新品种等一系列"抓种烟"的推广中，短短两年将烟草的种植面积扩大到了历史性的167000亩，以致出现了卖烟难的问题。新技术、新事物的涌现，不仅标志着联产承包责任制已经发展到一个新的阶段，还说明了农村改革的形势也已经进入到一个新的时期，而最为重要的是，它们推动着农村社会心理进入一场影响深远的变动中。

——袁静：《中国农村家庭联产承包责任制改革中的社会心理变动（1978—1984）

——基于豫中西关为中心的调查》，中共中央党校2012年博士学位论文

资源8：宝话的领导和同志们，多年来吃尽了"大锅饭"的苦头。他们从全国推行农业生产责任制的成效上得到启发，找到了出路。八二年三月，在宝鸡市文化局的支持下，毅然决定试行剧组承包责任制，团部与当时的《三换新郎》剧组签定了承包合同。决定的主要条件是：下乡一个月，演出二十五场，收入四千元。超收部分百分之七十交团部，百分之三十由剧组分配。责任制的推行，极大地调动了全剧组三十八名演职人员的积极性。除《三换新郎》之外，又突击恢复排练了《好伙伴之歌》。先后到宝鸡地区的陇县、凤翔、千阳、岐山、眉县、武功、宝鸡县、杨陵区，以及甘肃的华亭、安口等十多个县、镇进行了演出。在演出过程中，出现了前所未有的喜人景象：全组同志空前团结，人人都以主人翁的态度关心演出效果，个个献计献策，确保增收节支，高度发扬了吃苦耐劳的精神。第一站到陇县演出，天降大雪，演员为了节约开支宁愿住在剧场条件较差的后台，而不住招待所。整个下乡期间，每天最少演两场，最多演四场，演员白天不卸妆，吃饭在后台。从凤翔转点到岐山，一天跑了两个县，还演了三场戏。

由于白天演《好伙伴之歌》(儿童专场、半价)，晚场演《三换新郎》，加之经常转点、装台、拆台、换景，劳动强度和劳动时间成倍地增加，往往要工作到深夜两点。可是，同志们从来没有叫过苦。累当然是累的，有一个同志到凤翔县文化馆借床板，坐在门外台阶上就睡着了。事后，演员同志都说：那一段演出虽然紧张，可心情十分愉快，演出场次少了反而觉着不舒服。在全组同志的共同努力下，三十五天，共演出了八十二场，总收入达一万四千七百二十元。除开支外，纯收入九千二百余元。试行责任制取得了出人意料的成果。

——刘承今：《"包"与"不包"效果两样——宝鸡市话剧团试行剧组承包责任制的波折》，载《当代戏剧》，1983年第3期

资源9：这些企业实行承包责任制主要有以下三种形式：

第一种形式是企业对上级主管部门进行经济承包。即企业主要以合同形式向主管部门承包利润、产量、成本等经济指标。完成和超额完成承包指标的，给予一定的奖励，完不成则按承包合同规定受罚。例如，色织公司的所属15个企业与公司签定利润承包合同。公司将年度利润指标分成四个档次，按年末完成情况提奖。年实现利润2450万元为一档，全公司可提取相当工资总额2.5个月的奖金；实现利润2810万元为二档，可提取相当于工资总额3个月的奖金，实现利润3160万元为三档，可提取相当于工资总额3.5个月的奖金；实现利润3530万元为四档，可提取相当于工资总额4个月的奖金。公司按以上档次依据各企业生产经营条件，把利润和奖金指标分解到厂，厂内再层层往下分解，达到哪一档水平就提哪一等奖金，形成以利润为中心的综合性承包网。实践结果证明，这种办法效果很好。据初步测算，该公司全年可实现利润3250万元，如剔除价格因素的影响，可实现利润3696万元，有70%以上的企业能达到三、四档水平。

第二种形式是实行"包"、"保"相结合的经济责任制。胜利制药厂是一个只有300人的集体小厂。1984年由于甘油等主要原材料涨价，产品降价，影响利润10万元，占1983年全年实现利润的11%。同时产品市场竞争激烈，商业部门收购量大幅度减少，产品自销能力差的薄弱点被暴露出来了。该厂从改革入手，首先对三名销售人员实行销售承包。承包合同规定，以每月自销收入实现3万元为基数，超1万元奖10元，少销1万元扣30%基本工资。超过5万元后，每再超1万元奖励25元，产品从订合同到销售一包到

底。同时，在生产部门实行质量，利润联保承包责任制。各部门都有自己所承担的责任和管理权限。各负其责，各尽其职。由于实行了"包"、"保"相结合的责任制，1—9月份自销收入达300万元，实现利润201万元，是年计划的 2.5倍。职工奖金按照多劳多得的原则，拉开了距离，最高的每月奖金收入150元，最低的不但没有奖金，而且扣发基本工资8%。1984年共实现利润240万元，人均利润7300元，与上年相比都增长了1.69倍。经济效益明显提高。

第三种形式是企业内部针对薄弱环节、关键工序实行单项经济承包。主要有：产量承包；新产品开发承包和成本降低承包。这些承包办法都取得了很好的经济效益。

——冀旭光：《"包"字进厂　效益增长——天津市十二个工业企业试行承包责任制的调查》，载《经营与管理》，1985年第2期

经济特区
的创办

学术引领

邓小平是中国改革开放的总设计师，是创办和建设经济特区的主要倡导者和支持者，深圳经济特区的建立和发展就凝聚着邓小平的心血，是邓小平对外开放思想的重要体现，反映了邓小平在我国对外开放过程中所起的重要作用。

一、建立深圳经济特区的决策过程

美国学者傅高义（Ezra Feivel Vogel）在《邓小平时代》（冯克利译，219～220页，北京：生活·读书·新知三联书店，2013）一书中指出，"文化大革命"之后中央领导人的密集出国考察与改革开放决策之间有着密切的联系。他认为，在日本，推动国家走上现代化道路的历史转折点是"岩仓使团"出访西方15国，时间是从1871年12月到1873年9月。这次出访，让使团成员意识到日本与先进国家相比的落后程度是如此之大，也对如何进行变革达成了共识。从1977年到1980年，中国高层官员进行了多次出国考察访问，也对中国人的思想产生了类似的影响，他们对在国外的所见所闻异常兴奋，对自己国家的前景踌躇满志，并且打算派出更多的考察团进行细致的考察。出国考察使很多高层干部更加相信邓小平的看法是正确的：中国必须改弦易辙。

陈坚、王钦双在《往事回眸：共和国成长记事》（91～92页，北京：人民出版社，2011）一书中特别强调，谷牧委派国家计委和外贸部组织了港澳经济贸易考察组，对香港、澳门做实地调查研究，这对对外开放的实施和建立经济特区的决策起到了促进作用。

陈煜、钱跃在《民间记忆：1978—2008》（21～22页，北京：中央文献出版社，2008）一书中，具体的再现了建立深圳经济特区的决策过程。1979年4月5日至28日在北京召开中央工作会议。4月8日，习仲勋在中南组发言说："广东邻近港澳，华侨众多，应充分利用这个条件，积极开展对外经济技术交流。这方面，希望中央给点权，让广东先走一步，放手干。"习仲勋的建议得到了中央领导，尤其是邓小平的支持。1980年5月16日，中共中央和国务院批准《关于广东、福建两省会议纪要》。决定在广东省的深圳市、珠海市、汕头市和福建省的厦门市，各划出一定范围的区域试办经济特区。

二、邓小平在对外开放中的历史贡献

李忠杰在《邓小平推动对外开放的历史贡献》（载《理论与现代化》，2004年第5期）一文中，宏观论述了邓小平在中国对外开放中的历史贡献。第一，邓小平制定了对外开放的国策，打开了多年封闭的国门。一是他强调对外开放是当今世界发展的基本趋势和必然要求；二是他深刻总结了中国曾经长期封闭的历史教训；三是他强调对外开放是中国经济发展的战略需要。第二，邓小平倡导多种开放形式，密切了与外部世界的交流与合作。一是利用外资；二是引进技术；三是对外贸易；四是创建经济特区。第三，邓小平坚定地支持开放窗口的试验，扫除了开放道路上的思想障碍。第四，邓小平对开放给予科学的指导，不断提高了对外开放的水平。一是要求正确对待和借鉴现代文明的成果；二是要求正确处理对外开放与独立自主、自力更生的关系；三是要求不断提高对外开放的水平。

美国学者傅高义在《邓小平时代》（644页，北京：生活·读书·新知三联书店，2013）一书中指出，虽然毛泽东在1969年中苏边境冲突后开始向西方开放，中国在1971年也重新取得了联合国的合法席位，但是毛泽东在世时中国的大门仅仅打开了一条缝。

毛泽东去世后，华国锋也接受对外开放的做法，但只有邓小平才真正打开了国家的大门，领导中国积极参与国际事务，开创了真正义上的对外开放。

三、邓小平建设经济特区的基本思想

何佳声、朱衍强、谢衡晓在《邓小平建设经济特区的思想及其重大意义》（载《特区理论与实践》，1998年第8期）一文中，比较详细地列举了关于邓小平建设经济特区的思想，是邓小平对改革开放的重大理论贡献。其贡献主要有以下八个方面。第一，经济特区不是收，而是放。"我们建立经济特区，实行开放政策，有个指导思想要明确，就是不是收，而是放。"[1]第二，经济特区是中国对外开放的基地和窗口。现在的世界是开放的世界，"世界各国的经济发展都要搞开放，西方国家在资金和技术上就是互相融合、交流的。"[2]第三，经济特区是市场取向改革的试验场所。深圳特区是个实验场所，在进行改革试验时，"胆子要大，步子要稳"[3]，"深圳的重要经验就是敢闯"。[4]第四，特区要发展外向型经济。"他们自己总结经验，由内向型转为外向型，就是说能够变成工业基地，并能够打进国际市场。这一点明确以后，也不过两三年的时间，就改变了面貌。深圳的同志告诉我，那里的工业产品百分之五十以上出口，外汇收支可以平衡。"[5]第五，特区的经济发展要尽可能搞快点。"一部分地区发展快一点，带动大部分地区。这是加速发展、达到共同富裕的捷径。"[6]第六，经济特区姓"社"不姓"资"。"深圳的建设成就，明确回答了那些有这样那样担心的人。特区姓'社'不姓'资'。"[7]第七，经济特区要坚持两手抓，两手都要硬，要搞好两个文明建设。"广东二十年赶上亚洲'四小

---

[1] 邓小平：《办好经济特区，增加对外开放城市（一九八四年二月二十四日）》，见《邓小平文选》（第3卷），51页，北京：人民出版社，1993。

[2] 邓小平：《视察上海时的谈话（一九九一年一月二十八日—二月十八日）》，见《邓小平文选》（第3卷），367页，北京：人民出版社，1993。

[3] 邓小平：《改革开放是很大的试验（一九八五年六月二十九日）》，见《邓小平文选》（第3卷），130页，北京：人民出版社，1993。

[4] 邓小平：《在武昌、深圳、珠海、上海等地的谈话要点（一九九二年一月十八日—二月二十一日）》，见《邓小平文选》（第3卷），372页，北京：人民出版社，1993。

[5] 邓小平：《改革的步子要加快（一九八七年六月十二日）》，见《邓小平文选》（第3卷），239页，北京：人民出版社，1993。

[6] 邓小平：《视察天津时的谈话（一九八六年八月十九日—二十一日）》，见《邓小平文选》（第3卷），166页，北京：人民出版社，1993。

[7] 邓小平：《在武昌、深圳、珠海、上海等地的谈话要点（一九九二年一月十八日—二月二十一日）》，见《邓小平文选》（第3卷），372页，北京：人民出版社，1993。

龙'，不仅经济要上去，社会秩序、社会风气也要搞好，两个文明建设都要超过他们，这才是有中国特色的社会主义。"①第八，在干中学，在实践中摸索。"我们现在所干的事业是一项新事业，马克思没有讲过，我们的前人没有做过，其他社会主义国家也没有干过，所以，没有现成的经验可学。我们只能在干中学，在实践中摸索。"②

微课设计

微课设计一：办特区，钱从哪里来？

设计意图

本微课围绕"办特区，钱从哪里来"这一核心问题，用三个故事来回答。故事具有典型性和趣味性，以激发学生的学习兴趣，力图使同学们感悟到，深圳人利用经济特区特殊的经济政策，大胆创新，敢想敢干，克服各种困难，将昔日的边陲小镇建设成现代化的国际大都市，这样的"深圳精神"值得学习和继承。

设计方案

教师介绍： 深圳建特区，搞开发，首先面临的困难就是，开发资金从哪里来？那是一个资金匮乏的年代，依靠中央拨款，地方财政收入，还是自筹资金？在酝酿建立特区时，邓小平就明确说："中央没有钱，可以给些政策，你们自己搞，要杀出一条血路来！"③为了解决"钱"的问题，还有一个3000万元"酵母"的故事。

材料呈现： 吴南生无计可施，急得抓耳挠腮。最后，他只好厚着脸皮向谷牧"化

---

① 邓小平：《在武昌、深圳、珠海、上海等地的谈话要点（一九九二年一月十八日—二月二十一日）》，见《邓小平文选》（第3卷），378页，北京：人民出版社，1993。
② 邓小平：《十三大的两个特点（一九八七年十一月十六日）》，见《邓小平文选》（第3卷），258～259页，北京：人民出版社，1993。
③ 金冲及：《二十世纪中国史纲》（第4卷），1166页，北京：社会科学文献出版社，2009。

缘",说:"没有'酵母'做不成面包。深圳现在还没有条件向国外贷款,能不能给点国家贷款,作为酵母?"

……

吴南生还介绍说:"我们准备第一步在罗湖开发0.8平方公里,按每平方米投资90元的标准搞好'五通一平',这至少要7000万元。不过开发成功后,可以拿出40万平方米土地作为商业用地,就算每平方米土地收入5000元港币,总收入不会少于20亿港元。深圳开发这一盘大棋就下活了,就可以龙腾虎跃了。"

谷牧是位建设行家,他认为吴南生的设想切实可行,爽快地答应:"行,我先帮你贷3000万元。"

吴南生喜滋滋地,忙向谷牧立下军令状:"有了'酵母',特区以后的建设可以做到不用国家的投资了。"

——陈宏:《1979—2000深圳重大决策和事件民间观察》,35～36页,

武汉:长江文艺出版社,2006

教师设问:结合当时的历史背景,说明邓小平为什么说"中央没有钱"?(参考答案:"文化大革命"刚结束,国家经济濒临破产的边缘,百废待兴,中央没有充裕的资金支持特区建设。)

教师讲述:"中央没有钱",怎么办特区?为了解决"钱"的问题,深圳人想到了土地出租的办法。可没想到,却引发了一个"惊天卖国案"!

材料呈现:他俯身抓起一把泥土来,攥在手里,疏松的黑土从指缝中无声落地……

如同一道闪电在他头脑中一闪:"地——我们租地给外商,租出地不就有钱了?"

如果以每平方米5000元的价格出租,罗湖小区0.8平方公里的土地,租出去就是40亿元。拿这40个亿,再去搞通电、通水……通什么都有钱了。还有,办特区不就是要吸引香港人、外国人来投资吗?他们租了地,自然会过来盖大楼;他们盖了楼,几十年后还是我们的地。也就是说,我们不花一分钱,让外商从口袋中掏钱出来,替我们造了一片罗湖商业区!划算!

……

现在,深圳人要在土地上做文章了。说白一点,就是要把那些曾经由无数先烈用鲜血和生命换来的土地,"租"给洋人,"租"给资本家。

……

无产阶级的导师真的在《资本论》中有过关于地租的理论。

列宁的著作中依据就更多了。

他发现，列宁在苏联革命刚刚胜利的时期，就主张借资本主义之力来发展自己："不怕租出格罗兹内的1/4和巴库的1/4，我们就利用它——使其余的3/4赶上先进资本主义国家。"1944年，斯大林曾对他的下属说，苏联有2/3的大型工业企业是用美国的技术援助建成的；在此之前，聘请的美、德、意专家有2万多人！哇，好一支资产阶级的"援军"！

……

从1980年到1981年，仅房地产公司，就吸引外商在罗湖区投资40亿港元，订租土地4.54万平方米。我方收得"土地使用费"计2.136亿港元。

哈，深圳人有钱搞"三通一平"，建工业区了！

——中共深圳市委宣传部写作组：《深圳的斯芬克斯之谜》，40～44页，

深圳：海天出版社，1995

教师设问：

（1）租地筹钱为什么还要从"祖师爷"那里寻找理论依据？（参考答案：在当时的环境下，人们的视野还不开阔，思想上还有很多束缚，为了减小改革的风险和阻力，需要在马列论述中找依据。）

（2）改革开放时期的"土地出租"和旧中国的"租界"有什么不同？（参考答案：改革开放时期的"土地出租"，土地是国家所有，中国对出租的土地享有绝对的主权，而在旧中国的"租界"，外国人享有种种政治上的特权。）

教师讲述： 为了解决"钱"的问题，特区的建设者们还想到了"借鸡生蛋""拆东墙补西墙"的办法。

材料呈现：

材料一　以2300万元建工业区当然不够，九头鸟有他的算盘：房虽未建成，便可以先搞预售，谁要买厂房，先给预付款，拿了人家的预付款再去建房子，这幢刚建好，下一幢已开始预售了，不停地预售，不停地收"钱"，不停地"滚"。

……

深圳人形象地把这叫做"借鸡生蛋"。有人从别人手中借了10个鸡蛋，一年利息100%，即一年后要还20个蛋；这人拿10个蛋孵出10只鸡，一年后10只鸡生了100个蛋。还了借的20个蛋，就赚下10只鸡外加80个蛋。这只是一种假设，自然要附加一系列前提条件；但这又是经济学中最简单的资本增殖原理，深圳人是被逼着来学用这种原理的。

——中共深圳市委宣传部写作组：《深圳的斯芬克斯之谜》，45～46页，

深圳：海天出版社，1995

材料二 某一日。周鼎将外地的银行行长们请到深圳来开筹款会，银行家们的提问像连珠炮：借钱是可以的，我们也有点钱，但借钱不是不还的，你们什么时候还？你们还得了吗？你们连条马路连间工厂都没有，什么时候建起来？什么时候开工什么时候生产？你请来这么多的行长，借的越多，还的时间就越长。

周鼎说：你们别担心，我借你们短的，三个月就还你们。

行长们叫道：三个月？我们怕你三年都还不了呦！

周鼎说：怎么还不了，我借你的三个月，再借他的还你嘛。

行长们都笑了，说：你这是典型的拆东墙补西墙呀！

——陈宏：《1979—2000深圳重大决策和事件民间观察》，62页，

武汉：长江文艺出版社，2006

教师设问：

（1）概括深圳人为了搞开发，想到了哪些筹款方式？（参考答案：向中央争取，出租土地，银行贷款。）

（2）这些做法体现了哪些精神？（参考答案：解放思想、勇于创新、敢想敢干等。）

✎ **设计点评**

本微课围绕核心问题，用三则故事展开教学，将开发深圳的困难和开拓者的创新精神进行了鲜明的对比，结构严谨，重点突出，又有趣味。这些故事有助于提升学生的学习兴趣，并通过这些生动的故事，深刻地认识开放之初的深圳人艰难创业、勇于创新的精神。

微课设计二：1984年，邓小平视察深圳

设计意图

通过移步换景，将三个相关联的镜头展示在学生眼前，使学生对建立深圳特区四年来的成就有一个感性的认识，进而理解深圳特区的建设与中国改革开放事业之间的紧密联系，是中国对外开放过程中的重要一环。

设计方案

教师介绍： 1984年，深圳特区建设进入第五个年头，除了面对经济建设的重重困难，深圳还深陷在特区"姓社"还是"姓资"的争论中，特区是不是"新租界"等非议和责难的漩涡中。这个时候，邓小平表示，要到深圳去看一看，但是，只看不说。

材料呈现：

镜头一　感悟深圳速度

下午4时50分，邓小平一行登上建成开业不久的罗湖国际商业大厦，来到22层的顶楼天台，从东南西北不同方向，眺望初具规模的罗湖新城区，呈现在眼前的是纵横交错的宽阔马路，车流如梭，人流如织，远处的深圳河从新城南面蜿蜒流向深圳湾，望过河那边可以看清香港新界落马洲的村落；回望近处，只见许多正在施工的工地，高耸的机械塔吊伸着长臂不停地转动着。梁湘介绍说，罗湖新城区计划兴建一百多幢高层楼房，是目前全国高楼群最集中的地方，已成为市区最繁华的金融商业中心宝地。邓小平指着西北角马路对面一幢被脚手架和安全网裹罩着的工地问梁湘，那幢楼要建多少层？梁湘回答说，那幢楼叫国际贸易中心大厦，设计要求建53层，顶部设有旋转观光圆形大厅，是目前国内最高的建筑物，而且是施工难度最大的建筑工程。邓小平听后满意地点点头。

——何云华：《1984年邓小平视察深圳前后》，载《炎黄春秋》，2004年第3期

教师设问： 根据上述镜头，请用一个词概括你的"深圳印象"？（参考答案：欣欣向荣、兴旺发达、繁荣兴旺等，具体来说，就是深圳的建设速度很快，短短几年间便初具规模，一些地方，如罗湖新城，高楼林立，交通便捷等。）

教师补充介绍：深圳1983年工农业总产值比上一年翻了一番，比办特区前的1979年增长了10倍。

材料呈现：

镜头二　做客渔民村

25日上午，邓小平来到深圳河畔的渔民村访问。身穿崭新呢大衣的村党支部书记吴伯森激动地把客人引进自己别墅式的楼房里。这幢楼上下两层，180平方米，有2个客厅、6间卧室，还有饭厅、厨房、卫生间，楼上楼下的客厅里各摆一台彩电和收录机。

邓小平问吴伯森："你现在什么都有了吧？"吴伯森说："都有了。做梦也没想到能有今天这样的好日子。"他再三感谢党的富民政策。

吴伯森将客人引到一口池塘边，指着一排养鸭的水上茅棚说："这是60年代以前群众住过的房子，现在都给鸭子住了。"他介绍道：去年全村年收入达47万元，人均年收入2800元，每个劳动力年收入5970元，劳动力月均收入439元。

这时，陪同人员对邓小平说："比您的工资还高呢。"邓小平略一沉吟，说："全国农村要过上这样的生活，恐怕还要100年。"他又说，像深圳发展得这样快，也得要50年。

——王丛标：《邓小平与深圳特区》，载《瞭望周刊》，1992年第39期

教师设问：吴伯森的生活为什么会发生那么大的变化？（参考答案：党的富民政策，在深圳建立经济特区，实行对外开放。）

材料呈现：

镜头二　迟来的题词

汤应武说，深圳在邓小平心中究竟是什么印象，深圳人非常想知道。当得知邓小平已于1月29日为珠海特区题词"珠海经济特区好"，深圳的领导经过商量认为，邓小平同志也到深圳视察过了，能不能也请他给深圳特区题个词，打个"分"，看"及格""不及格"？这是深圳人的渴望，是全国人民的需要，国际舆论也很关注。

……2月1日，这一天是大年三十，邓小平经过慎重考虑，挥笔为深圳特区题词："深圳的发展和经验证明，我们建立经济特区的政策是正确的。邓小平1984年1月26日。"题词这天是2月1日，落款写的是他离开深圳的日期1月26日。显然，题词的内容是邓小平在深圳经过两天考察后得出的结论，是他几天来深思熟虑的结果。第二天，正好是大

年初一。邓小平为深圳特区的题词，通过深圳电视、广播及报纸公布了。大年初一上午的黄金时间，香港电视台立即转播，并且反复播放。……

——倪迅、翟伟：《邓小平深圳题词是如何产生的》，载《光明日报》，2001-06-25

教师设问：

（1）为什么说邓小平给深圳题词，是"深圳人的渴望，是全国人民的需要，国际舆论也很关注"？（参考答案：特区建设正深陷舆论的漩涡，特区的建设者们迫切希望得到中央最高层的肯定，全国人民、国际社会也把深圳特区的建设看做对外开放的风向标。）

（2）邓小平的题词有什么重要意义？（邓小平的题词，不仅充分肯定了特区的建设成就和方向，同时为有关特区的争论做了权威性的总结。）

材料呈现：

邓小平视察回京之后……明确指出："我们建立经济特区，实行开放政策，有个指导思想要明确，就是不是收，而是放。"……

在邓小平的倡议下，是年5月4日，中共中央、国务院作出进一步开放的决定，开放包括天津、上海、广州、湛江在内的14个沿海港口城市，并扩大这些地方经济管理权限，对外商投资实行类似经济特区的政策。1985年2月，中共中央、国务院又决定开放长江三角洲、珠江三角洲和闽南厦漳泉三角地区。随后开放环渤海地区和海南岛，全国逐步形成全方位多层次的开放格局。

——卢荻：《邓小平首次视察深圳珠海》，载《广东党史》，2004年第4期

教师设问： 邓小平此次视察深圳与我国的改革开放事业有怎样的联系？（参考答案：更加坚定了中国走对外开放道路的信心，进一步推动了中国的对外开放。）

✏ **设计点评**

本微课通过提供具体的细节性材料，引导学生进入历史现场，形成直观的感受。再将历史向后延展，构建历史知识之间的联系，这有助于学生认识到，深圳特区的建立，是中国改革开放的一个重要环节；深圳的发展说明，改革开放的决策是正确的。

教学资源

资源1：1979年4月5日，中央在京召开工作会议。广东省委汇报了利用广东自身的优势，先走一步，在沿海画出一些地方，单独进行管理，设置类似海外的出口加工区和贸易合作区，以吸引外商前来投资办企业的想法。

在会议期间，邓小平与广东省委第一书记习仲勋同志谈话。他说："你们上午的那个汇报不错嘛！在你们广东画出一块地方来，也搞一个特区。过去陕甘宁边区就是特区。中央没有钱，你们自己搞，要杀出一条血路来。"

……

就这样，中国伟大的改革开放的总设计师邓小平，在中国的南海边画了一个圈儿，就像投下一粒石子，打破旧体制的一潭死水，漾开了迎接生产力解放的春天的圆圈儿。

后来的历史证明，正是从这个圈儿开始，充满活力的生产方式一圈儿一圈儿漾开，最终扩展到整个中国，彻底告别旧体制，迎来了整个中国经济迅猛腾飞的新时代。

——舒亦颖主编：《影响中国历史进程的60个重大事件》，156～157页，

北京：中国少年儿童出版社，2009

资源2：也是在这一年的5月14日，谷牧视察深圳时针对逃港现象说出了与邓小平意思一样的话："现在往那边跑的多，将来一定往我们这边来的多。我们大家共同努力。"

谷牧意识到，边民往哪儿逃，取决于哪儿有吸引力。制止偷渡，最根本的办法是发展生产力，真正提高人民生活水平。对饥饿中的群众谈"社会主义的优越性"，是没有说服力的。正如邓小平说："现在我们虽然也在搞社会主义，但事实上还没有资格大谈自己制度的优越性。只有到下个世纪中叶，达到了中等发达国家水平，才能说真的搞了社会主义，才能理直气壮地说社会主义优于资本主义。"

——陈宏：《1979—2000深圳重大决策和事件民间观察》，8页，

武汉：长江文艺出版社，2006

资源3：新闻晨报：习仲勋主持广东工作时，逃港潮依旧汹涌。习仲勋又是如何治理的呢？

陈秉安：习仲勋跟我说，他的认识也是逐步改过来的，不是天上掉下来的。他刚到

广东时，带着的也是旧的思想，认为群众逃港是"迷恋资本主义生活方式"，是"往共产党脸上抹黑"。还是想沿用思想教育的办法来治理逃港问题。但是他说后来"实践教育了我们这些共产党人，群众教育了我们共产党人"。他到深圳（那时叫宝安县）来，当地一个大队支书顶撞了他，他不反感，还从中摸到了治理逃港的新思路，这很了不起。这以后，他的解决逃港问题的办法就改了，改成了"导"，就是搞活经济，提高河这边老百姓的生活水平。他支持宝安县在边境划出一块地方来，让老百姓自由到香港去做生意，允许香港人过河来投资，办来料加工工厂，也就是背着中央，偷偷摸摸在深圳河边搞"改革开放"。那时候，大规模的"文化大革命"刚结束，习仲勋支持搞这些，是很可能被作为"复辟"的罪状，再次让他"进笼子"的。所以说，习仲勋对改革开放的功绩是很大的，他是冒了风险的。

……

新闻晨报：你曾说中国改革开放的触动点不在小岗村，而在宝安县，有什么依据？

陈秉安：这其实是一段再清楚不过的历史了：小岗村群众签字，画押要搞联产承包是在1978年的冬季，可是宝安县早在1978年的夏季，就在搞"引进外资"，办来料加工了，许多村庄根本不听上面说的"反资本主义歪风"，主动把当年逃到香港去的人请回来，办"三来一补"①工厂，搞得热气腾腾。1978年的7月，广东省委书记习仲勋在宝安县委书记方苞的带引下，参观了办得好的沙头角来料加工厂，习仲勋还与"三来一补"工厂的插花（塑料花）女工谈话。于是，沙头角的老百姓不但不逃港了，逃了的都回来了。正是看到这种情况，习仲勋才真正看清，要治理逃港问题，只有搞好"改革开放"，才敢去北京向邓小平汇报，要求给广东省划一块地方搞特殊政策。这时，可以说即使是邓小平本人，只知中国必须"变"，但是改革开放怎么搞？首先从哪里搞？认识也是有限的。改革开放最初的萌芽，是从民间发起的。这些来自基层的智慧，丰富和升华了邓小平的认识，使他有了首先在深圳等地，搞一块地方办特区，作为"试验"，然后"摸着石头过河"的伟大构想。改革开放，就是这样一步步"逼"出来的，不是天上掉下来的。所以我在书中说："没有百万人用鲜血演绎出的大逃港的推导，历史，也许还要停留在深圳河的芦苇丛中不知多少年！可以说，大逃港，是中国改革开

---

① "三来一补"，指来料加工、来样加工、来件装配和补偿贸易。

放的催生针！"

——邵丽蓉：《〈大逃港〉作者：正面肯定逃港事件是新的认识》，

载《新闻晨报》，2014-08-21

资源4：1984年1月24日，邓小平乘火车途经广州时，对广东省委、广州军区负责人说，"办特区是我倡议的，中央定的，是不是能够成功，我要来看一看"。在深圳市委工作汇报结束后，邓小平说，"这个地方正在发展中，你们讲的问题我都装在脑袋里，我暂不发表意见，因为问题太复杂了。"1月29日，邓小平视察珠海后，挥笔题词："珠海经济特区好。"深圳获悉这一情况后，立即派人赶赴广州也请邓小平题词。2月1日，这一天是大年三十，邓小平挥笔为深圳题词："深圳的发展和经验证明，我们建立经济特区的政策是正确的。"落款写的是他离开深圳的日期1月26日。显然，题词内容是邓小平深思熟虑的结果。这一题词，充分肯定了特区建设成就及其方向。第二天是大年初一，邓小平的题词通过电视、广播及报纸公布了，在海内外迅速引起强烈反响。

……1984年2月24日，邓小平回到北京后发表谈话："听说深圳治安比过去好了，跑到香港去的人开始回来，原因之一是就业多，收入增加了，物质条件也好多了，可见精神文明说到底是从物质文明来的嘛！"

邓小平指出，"特区是个窗口，是技术的窗口，管理的窗口，知识的窗口，也是对外政策的窗口"。他还指出，"我们建立经济特区，实行开放政策，有个指导思想要明确，就是不是收，而是放""除现在的特区之外，可以考虑再开放几个港口城市，如大连、青岛。这些地方不叫特区，但可以实行特区的某些政策"。按照他的意见，1984年3月下旬，中央、国务院召开沿海部分城市座谈会，决定开放上海等14个沿海城市。深圳和蛇口介绍了各自的建设经验。1985年初，长江、珠江三角洲和闽南厦漳泉三角地被开辟为沿海经济开放区。至此，对外开放在沿海从南到北次第铺开，初步形成从东到西有重点、多层次、梯度推进的格局。

——王硕：《深圳经济特区的建立（1979—1986）》，

载《中国经济史研究》，2006年第3期

资源5：1978年3月，国家计委、外贸部工作组到宝安、珠海就建立出口生产基地问题进行调查研究，随后至宝安、珠海共同制定了生产和出口的年度计划和三年、五年规划，并形成会议纪要，上报省政府和国务院审批。4月初，由国家计委、外贸部派遣的经济贸易考察组赴香港、澳门进行调查研究，考察结束后又同广东省党政领导人交换了意见。回京后，考察组写出《港澳经济考察报告》上报中央，其中提出：把靠近港澳的经验，把靠近港澳的广东宝安、珠海划为出口基地，力争经三五年努力，把两地建设成具有相当水平的对外生产基地、加工基地和吸引港澳同胞的游览区。6月3日，中共中央、国务院的主要领导人听取了考察组的汇报，肯定了他们的建议，并指示："总的同意"，要求"说干就干，把它办起来"。

——卢荻：《广东的对外开放与经济体制改革》，见中共中央党史研究室第三研究部编：

《邓小平与改革开放的起步》，441页，北京：中共党史出版社，2005

资源6：谷牧说："国家目前很困难，拿不出更多的钱给你们，就给你们3000万元贷款，先从罗湖小区搞开发，你们凭本事起家去吧——"

……

深圳市外经办把香港6大商会、5大银行、工商界人士，还有无线电视台、丽的电视台（后改名亚洲电视台）等传播媒介都请过河来，宣传特区的优惠政策：

凡来深圳投资的，一年免税，三年免半税，还可以免税进口必需的生产资料。深圳的地皮河边上有的是，特别优惠。深圳的劳动力便宜，国内劳动力遍地都是，一般只拿香港工人工资的几分之一……

"我们就是有意要形成一个优惠的成本低谷，让你们到深圳来发财，使资金，从香港、从国外，将来还要从内地源源流来，怎么样？你们来不来？"深圳的官员们向香港人游说着。

——中共深圳市委宣传部写作组：《深圳的斯芬克思之谜》，37～38页，

深圳：海天出版社，1995

资源7：承包逼出的"深圳速度"

"说吧，你们要多少？"香港中发大同公司的老板问。

"每平方米550元。"广东某建筑公司的经理说。

香港老板停顿了一下，咽下口水："好吧！"

"还有，"经理继续说，"请接待17位我公司技术人员赴港，我们需要对高层建筑进行学习考察。"

显然又是要自己从荷包里掏钱了。香港老板想——"好吧，中发大同公司欢迎你们来香港，只是请你们早些动工。"

"我们马上动工——如果条件达到的话。"

1981年，香港中发大同公司与深圳房地产公司联合在罗湖区兴建一幢20层的大厦——国商大厦。

中发老板打的算盘是：罗湖区还没有像样的商场。只要这幢楼房能尽早崛起，就会是"第一幢"。按经济规律，第一就是"钱"——谁抢先在罗湖区办起第一个大商场，谁就能吸住顾客，抓到大把的钱。

工程由上级安排给广东省某建筑公司。

一个星期后，中发大同公司老板驱车驶过深圳河，赶到罗湖小区：地面仍然是光秃秃的。

电话中一个低沉的声音回答说："老板，目前建筑材料价格上涨，550元做不下。"

"说吧，你们又要多少？"

"每平方米560元。"

"好吧，我答应你。"香港老板压住火气，"你得赶快给我动工。"

旧的计划分配体制由国家掏钱建楼，请建筑公司承建，建好房交给房主。于是，建筑公司是老爷，房主求建筑公司。经济规律倒转：不是厂家求顾客，而是顾客求厂家。

谁知厂家还不好"求"。半个月后，香港老板满怀希望再过河来看时，平整过的地皮还是光秃秃一片，只是土缝中已长出星星点点的草芽！

"你……你们这是怎么搞的！"老板发火了。他是从香港银行贷了款来建楼的呀，拖一个月就多付成万成万元的利息。

"实在没办法，老板。我们算了一下，非得每平方米580元才下得来！"

"你——们太过分了！我不能给！"

双方僵持不下。

"不同意，那你就另请高明吧！"电话中建筑公司经理的声音十分坚定。

"行啊！另请高明。"深圳市副市长罗昌仁也火了，"现在几十万建筑大军进了深圳，难道就没有高明可请？谁的工程造价最低，工期最短，就请谁干，由房地产公司挑。这叫工程招标！"

由顾客选老板。长期被颠倒的关系，又重新颠倒过来，符合市场规律了。

……

成百双眼睛，十几台照相机，都对准了中标台上的第一冶金建筑公司的经理李炎鹏。他们造价最低：每平方米398元；他们的工期最短：18个月。……提前一天完工，奖励港币一万元；拖迟一天完工，罚港币一万元。——这是拿一千名职工还有他们的家小的生计当赌注啊！

……

李炎鹏讲话："字，已经签了，我代表你们签的。超一天，奖一万，拖一天，罚一万。怎么办？要是罚款了，我李炎鹏还有老婆孩子押出去，没啥。可你们——"他指着头排的一列小伙子，"连老婆孩子都没得押——"

……

李炎鹏的眼圈湿了，他体会到一种从未有过的崇高力量。台上台下、干部工人，已经被一种无形的压力推到一起。

"要怎么才能提高工效，早点干完？"李炎鹏说，"大家说——"

"承包——"台下面，有位年轻工人小声说了一句。

接着又有人说："对，承包——"

很快，更多的叽叽喳喳嚷成一片："承包——""承包——"

场地上一片要求"承包"的声音。

"好！"李炎鹏说，"那就照大家说的——承包！"

历史，应当永远记住这个日子：中国企业内部体制发生变化，经济承包的最早一批企业出现了！

1982年2月25日，中国冶金建筑一公司党委书记齐文学在会上宣布，从当年3月1日起，全公司推行经济承包制，以队为单位，承包国商大厦的北楼和东楼工程。奖金不封顶，多劳多得，超额多少奖励多少！

奇迹随之出现。

北楼承包前建第5层楼用了25天，承包后建第6层用了9天；第7层呢，仅用了8天。

——中共深圳市委宣传部写作组：《深圳的斯芬克思之谜》，47～52页，

深圳：海天出版社，1995

资源8:"前方"逼出的"后方"市场

1984年3月的一个黄昏,深圳园岭宿舍区浓密的绿荫里。

深圳市某副市长刚要进家门,就看见大门口站着一家建材公司的经理,露着笑脸在等他——一看就知,又是"求"他办事了。

"还是那件事?"

"对哇,×市长,你得……"

"不是给了你们政策吗?"

"可——可你给我的是一双空巴掌,我从哪儿去弄那么多的进口钢材?"

"你是缠上我了,对不?说到底,要外汇,没有!现在是工地上快断粮了,你们仓库门口,每天汽车排长龙等着,看见了吗?你得赶快去弄钢材!"

经理面对副市长的反"将军"做了一个苦笑:"你好歹得弄给我个几十百把万外汇吧——"

两人进了屋。

"你也体谅体谅我。"副市长给他倒了一杯茶,"我给你发誓,市里要是拿得出外汇来,我给你做……"

"铃……"电话铃响了,"——算了,不说了。"

经理还想力辩几句,副市长已经拿起话筒岔开:"喂——××工地吗?钢材一定按时给你们送到。我已经给他交任务了。对,他正在我这,已经答应发。你们先干吧!"

……

深圳金属材料公司——深圳建筑三材(钢材、木材、水泥)的最大供应商。1985年,深圳基建的高潮时期,这一家供应商钢材占全市耗量38%,共计18万吨。考察一下,他们是怎样弄到物资的呢?

答:我们拆了一条西欧旧船,还有,我们同内地钢厂搞联营……

问:据我们所知,通过这些渠道得到的约为5万吨,那么还有13万吨钢材,你们是怎样弄到的呢?

答:啊?你问那13万吨,不瞒你说,进口。

啊,原来,深圳建设高潮时期,建筑用的钢材主要是依靠进口的!

问:为什么不采用国产钢材,一定要买洋货呢?

答：当然，这不是崇洋媚外。深圳许多高层、超高层建筑所需的钢材，从质量到型号，都是不能用国内产品替代的。我们是不得已而用洋货的。

问：当然，我们还是有些遗憾——钢材依靠进口得来，似乎不算本事，你说是吗？

答：你只知其一，不知其二。这些钢材，国家不给我们外汇，是靠我们自己去弄外汇买来的。光我们公司，就是几千万美元呀！

是呀，我们是怎样空手弄到几千万美元的呢？这是真本事！我们想起前面那位向副市长要外汇的经理。

答："一方面，我们利用香港的中资机构，从香港银行贷到一部分外汇。另一方面，上级金融部门和市政府给了我们金属材料公司进出口权，除上交国家之外，单位可以留成一部分外汇，但是最主要的靠我们自己想办法了。"

1985年7月，派到北京去搜集经济信息的人员回来汇报说，日本熊谷财团和香港深业集团已准备进军中国腹地，两大集团财大气粗，看准了京畿要地北京，准备投资在市中心王府井大街兴建18层的王府饭店和15层的京广中心大厦。工程中有一批建筑材料要用外汇支付。

抓这笔外汇！

金属材料公司立刻派人飞往北京。

一进门，这位深圳经理就发现，那个秃顶的日本资本家早已被一群中国工程公司经理围住了：谁都想拿这笔外汇！

"你们都别争——"日本人用标准的中国话说，"都报一报价。"狡黠的日本人扫了一眼所有在座的中国人，"谁的工程材料价最低，我们就买谁的——"日本老板也搞"招标投标"了。

一时全场都静下来，经理们都相互看着，等待着别人先报价。

"我报价——"深圳来的经理头一个说，"我们没有价，不论在座的报什么价，我的钢材、水泥、木材都低于那个价。完了！"

……

1984年底，正是水泥紧缺的当口，原任经理黄农江奉命前往内地搞水泥，名曰"攻关"。

……

听说是特区来的人,水泥厂的同志立刻露出了笑,又是倒茶,又是请坐:"特区是俺们改革的排头兵啊!要不先在我们招待所住下来,明天给全厂职工来个报告,介绍一下特区的发展变化!"唉,发展变化,改革形势,这是谁都会说的,可是——水泥!

当一听说来要水泥时,人人都变得紧张了。似乎特区人做生意同"歪门邪道"总有点——那个。

"啊,啊——这个属供销问题,找供销科,供销科……"

黄农江好容易才找到门上"供销科"那块木牌。见了科长,便从皮箱中取出几本早已准备好的风景挂历递上去。……

"你们有没有调拨指标——"

"当然——"黄农江做出一个笑脸,"——没有,如果有就不来麻烦老大哥了。不过,你们厂有生产能力,如果组织工人加班加点,计划外的水泥就可以出来。至于价格,我们可以高出调拨价许多,行不行?"

供销科长连连摆手:"那怎么行!计划就是计划,多生产一吨,少生产一吨,都得计委统一决定。全国一盘棋嘛,怎么能私下交易呢?"

临行,他还往黄农江衣袋塞进了3元人民币,作为"挂历购买费。"

……

"可以商量——"另一位领导人罗厂长接过黄农江递上来的一支"555",并且为黄农江打燃打火机后说,"你们给我们高价,我们挖掘潜力,生产超计划的水泥,怎么不好?两者都有利。不过我们有困难,比方说,我们有水泥,却没有包装袋纸。如果你们深圳能替我们弄到一批包装纸,我也就好说服工人们多加班多弄点水泥给你们——"

没错,商品经济在这种特殊环境中,又回到以物易物或者叫易货贸易的初级形态去了。生意场中,有交换就有感情。没有东西给人家,光靠说"为了革命请支援特区吧",当今社会已很难办成事了。

矛盾焦点转移了——弄纸变成了关键。弄到纸,自然可以打开水泥厂的大门。

于是,黄农江掉转车头,直奔北京。

铁道部的一位领导,见到一身风尘的黄农江时,便已知二三分:"怎么样?又到中央搬兵来了是吗?说——"听完黄农江的话,二话没说,就从胸前掏钢笔:"我给你写个条子去吉林××纸厂,他们这回要不帮特区的忙,小心以后在铁路上遇见我这张老脸！"

铁道部运输局、国家运输局，两张条子一起去到吉林××纸厂。纸，很快就弄到手了。

——中共深圳市委宣传部写作组：《深圳的斯芬克思之谜》，70～80页，

深圳：海天出版社，1995

资源9："大锅饭"逼出的"劳务市场"

"愿走的，都可以走，还有谁？"这是1983年深圳嘉年印刷厂召开的一次工人大会，"凡不愿与工厂签订合同的，请离厂。"

这个厂属于中港合办的嘉年印刷公司的主体。1979年开办之后，年年亏损，累计亏损已达24.42万元。一时工资发不出，人心浮动，濒临倒闭。

香港老板巡视车间，看着车间里懒懒散散的工人直摇头："原以为深圳劳动力便宜，在香港请1个工人，在深圳请得起3个。没想到内地工人这么懒散，5个铁饭碗也抵不上香港1个泥饭碗。"

他对旁边一个吹口哨的青年工人说："后生仔，现在是上班。你不要吹口哨，你得加紧给我做事。"工人不回答，照旧吹口哨。老板火了："再吹，我就炒了你的鱿鱼。"——鱿鱼一炒就"卷"，"卷"铺盖就是叫你"滚"的意思。

这个四川工人"火"了："凶啥子嘛！你以为这和你香港一样，资本家要炒谁就炒谁？"

他是固定工人、铁饭碗、中国工人、响当当的国家主人翁——劳动人事部备了案的！不犯错误，谁也奈何不得！

这可把老板气炸了，吼道："不炒了你，就炒了我！"

事情反映到市政府。一个名词被肯定下来了："炒鱿鱼"。工人不好好干，老板可以解雇他；工人不满意老板的，也可以主动辞工，叫炒老板的鱿鱼。

固定工改为合同工，铁饭碗改为了泥饭碗。

……

嘉年印刷公司与工人订下合同，写明合同期多长，每月工资多少，工作量、产品质量……按照完成任务的情况定立百分制考核，达不到分数线的扣发工资；厂方不满意的工人，合同期满后解雇。

当时嘉年印刷公司有207只铁饭碗。这一下意见像火一样"呼"地燃起来。

"我们是国家工人，干么把我们改成泥饭碗？"

"我们要告到市里去，告到中央去！"

公司经理的回答很简单："企业要生存，唯此一途。如果你们不愿订合同，可以离开嘉年，炒我的鱿鱼……"

经理一语说出，台下鸦雀无声。"怎么，有人愿意走吗——"5分钟，没有动静。又过了几分钟，西南角上有人窃窃私语，接着有几个女工站起："我们要走——"

"还有谁？"先是一片寂静，忽地像炒豆般爆响："我们不走了——"

"订合同也可以！"

"干得好就不怕炒鱿鱼。"

177人留下了！

泥饭碗与铁饭碗第一次交手，泥饭碗胜利了！

第二天，嘉年厂的气氛为之一振。工人们像发疯似地拼命工作，产品数量节节上升。

一年功夫，嘉年的产值翻了4番！

——中共深圳市委宣传部写作组：《深圳的斯芬克思之谜》，83～85页，

深圳：海天出版社，1995

资源10：……在香港老板严厉的管理制度的催促下，罗湖区某工厂一位工人在操作时，4只手指被机器咬去了！

于是展开了一场香港老板与工人家长的论争。

家长："我的儿子被轧成了残废，难道工厂能不管吗？"

老板："合同上并没有写明由工厂负担工人伤病费用。这个，我们不能负责！"

工人们把问题摆到了改革者桌上。

工人们说："你们打破了我们的大锅饭铁饭碗，要我们为香港老板拼命打工。现在问题来了：你们该怎样保护我们工人的利益呢？"

……

依照道德良心，香港老板应当担承这份责任！

但依照经济法规，香港老板可以不承担任何责任。

当香港老板最后不情愿地掏出钱，"啪！"一声摔在手术台前时，一种油然而生的惭愧出现在深圳的改革者心中：

当我们急于从香港老板、日本老板……口袋中掏出钱来发展我们的经济时，当我们打破大锅饭铁饭碗，拧紧了我们工人这一方面的螺丝时，我们不能忘记：企业，包括国外、港澳资本家——对于工人的责任。

于是，又一圈漩涡展开……

深圳企业的劳动保险制度改革开始了……

——中共深圳市委宣传部写作组：《深圳的斯芬克思之谜》，87～88页，

深圳：海天出版社，1995

资源11："供求"逼出的"一物多价"

……

1981年后，由于建设需要，大批人员进入深圳，人口以每年达十万的数字猛增。一时，大米、蔬菜、肉蛋的供给矛盾突出了。

……

"供"，不能满足"求"。公开市场外的"地下"米菜市场应运而生；国家牌价之外的米、菜、肉……的自由价格已开始信马由缰。生活资料市场物价的放开，已势所必然了。

……

终于，1982年，深圳市拉大了鱼、肉、菜的档次价格。好菜差菜，活鱼死鱼，甚至上市迟早，都可以作为标准定出不同价格。居民们说："贵虽贵了点，能吃上鲜鱼好菜了，不再死鱼烂菜全都往你篮中倒。"

放价的决心大了，开始准备向粮油等主要生活资料的价格开刀。以往，国家对于事关民生的粮油等物资，采取高价从农民手中买进，低价卖给市民的办法。为了保证大锅里的饭每人都能吃上一碗，不得不长年累月投入一笔又一笔的补贴……

当时，深圳自由市场上的大米价格已达到每斤0.56元，而国营粮店供应给每个市民的价格呢，仍是0.14元，每斤价差0.42元，如以当时城市人口30万计算，仅大米一项，一年深圳市要拿出300多万元人民币来补贴市民。

......

深圳人搞的物价改革，就是要使政府从一重重的补贴中挣脱出来，让生活资料的价格市场化，把这一个个包袱甩到经济规律的运转中消化！

深圳市政府决定不再补下去了。1984年11月，决定放开粮、油、煤气等5种主要生活资料的价格。就是说，允许这5种物资自由涨价，自由降价，让市场的供求关系，自发波动出一个相对稳定的市场价格来。国营粮店的米价也涨到市面一样，从每斤0.14元提到每斤0.56元！这下市民傻了！加上煤气、肉、油价格的上涨，普通3口之家，每月就要从口袋中多掏出100多元人民币！

......

慢着，深圳的改革者们使了个高招，这一招有朝一日要记入经济改革的史册中——既要使国家不再补贴，又不能使居民的生活水准降低。那么，怎么办？

......深圳市政府使的这个"遁身法"是，在米、油、煤气等5种生活品涨价的同时，职工的工资也跟着涨。大米价差、煤气价差、副食价差……都变暗为明，加进职工工资中去。职工的工资提高了，涨价的压力就会减除了。

那么，职工工资的增加会不会同样增加政府的负担呢？不会。深圳的职工绝大部分在企业，而经过改革后的深圳企业与政府财政之间的输血脐带是被割断了的：自负盈亏，工资由企业自己负责。涨价带来的压力不是由职工本人，也不是由政府，而主要是由企业去承担了。

且慢！这样一来，企业要叫苦了。于是市委领导在会上打招呼说："没有什么好叫苦的，你们唯有一条路：回去把企业抓好些，把经济效益抓上去，多赚点钱给职工发工资！"

——中共深圳市委宣传部写作组：《深圳的斯芬克思之谜》，89～94页，

深圳：海天出版社，1995

城市经济体制改革

> 1984年10月，中共十二届三中全会通过了《中共中央关于经济体制改革的决定》，比较系统地提出和阐明了经济体制改革中的一系列重大理论和实践问题，成为全面进行经济体制改革的纲领性文献。《决定》突破了把计划经济同商品经济对立起来的传统观点，确认我国社会主义经济是公有制基础上的有计划商品经济。围绕这个根本立足点，《决定》认为，增强企业活力是经济体制改革的中心环节。在《决定》精神的指导下，以城市为重点的整个经济体制改革从1985年起全面展开。

一、经济体制改革研究

邱家洪在《中国经济体制改革30年的演进路径与未来走向》（载《南方论刊》，2008年第2期）一文中认为，纵观中国经济体制改革的发展历程，走的是一条由易到难、从微观到宏观、由外围到内核的渐进式道路。1978—1992年是经济体制改革的目标探索阶段，其中，1979年底十一届三中全会到1984年是改革启动、局部试验阶段。这一阶段，改革的重点在农村，中心是推行家庭联产承包责任制。与此相配套，实施了农产品调价、发展多种经营和集市贸易等措施。城市改革则处于试点探索阶段，主要是对国企放权让利，推行厂长经理负责制与经济责任制等。1984—1988年，是经济体制改革全面探索阶段，这一阶段，改革重点由农村转向城市，以搞活国有企业为中心环节，承包制成为国有企业改革的主要形式，同时试点租赁制、股份制等；新工人实行劳动合同制，1986年12月2日通过并颁行《中华人民共和国企业破产法（试行）》；工资、价格、财政、金融、流通体制改革同步推进；开放了沿海14个港口城市，开辟4个经济开放区，批准海南建省并成为经济特区。1988—1992年是治理整顿、维护稳定阶段。

邱家洪指出，1992—2002年是经济体制改革框架构建阶段，理论上破除了计划经济与市场经济属于社会基本制度范畴的思想束缚，确立起中国经济体制改革的目标模式及基本框架。实践上注重制度建设和体制创新，改革以国有企业为中心环节，方向是建立现代企业制度。一批国有大中型企业被改造成国有独资公司、有限责任公司或股份有限公司；众多的小型国有企业，通过改组、联合、兼并、租赁、承包经营和股份合作制、出售等形式进行了改革。从1994年开始，财政、税收、金融、外贸、外汇、计划、投资等方面的配套改革相继取得重大突破。同时，培育市场体系、整顿和规范市场经济秩序工作取得阶段性成果；积极推进社保制度改革，基本确立起社会保障体系的框架；适应市场经济的要求，转变政府职能，对政府机构进行重大改革。至此，社会主义市场经济体制初步确立。

邱家洪强调指出，2002年以来属于经济体制改革完善阶段，国有企业和国有资产管理改革迈出了重要的步伐，同时农村税费改革全面推开，金融体制改革稳步推进，国有商业银行和保险公司股份制改革步伐加快，资本市场进一步开放，电力、民航等垄断性行业改革迈出新的步伐。行政管理体制改革有了新的进展，政府的社会管理和公共服务职能进一步加强；政府机构改革进一步推进，发展改革委员会、商务部、银监会等相继挂牌；行政审批制度改革步伐加快，国务院各部门分三批取消和调整了1800项审批项目；全面推行依法行政，颁布实施了《中华人民共和国行政许可法》《中华人民共和国公务员法》等行政管理法律法规。

徐秀红在《成就·经验·启示——中国经济体制改革的回顾与前瞻》（载《求知》，2009年第9期）一文中指出，中国的改革是根据中国的实际，在先易后难的基础上，选择"体制外先行"的路径。即在国有经济体制外大力发展非公经济，培植市场经济主体，以市场经济"增量"来加速推动市场主体的形成和市场机制的发育，在体制外形成一个有效竞争的市场环境，使市场力量从外向内渗透，然后"倒逼"体制内加快改革，最终形成国企、民企、外企多元化竞争的市场经济体制。选择先从体制外改革，是由于传统国有经济体制存在的种种弊端，如企业难破产、工人难失业、政企难分离、历史包袱过重等，使得单纯从国有制改革入手推进市场化必然会面临很多困难和障碍。而从体制外进行市场化则可以暂时绕过这些难题，减少改革的阻力。而且非公有经济的发展，可以对市场竞争的形成产生积极的影响，市场竞争的形成又会对国有企业改革产生积极推动作用。通过发展非国公有经济，进而带动市场化的发展，非公经济发展起来了，国有经济的环境发生了变化，对国有企业形成了竞争压力，使得国有经济改也得改，不改也得改。同时，非公有经济的发展，为国有经济改革提供了国内的体制示范。所以，体制外突破是中国改革的一个重要经验，也是改革成功的关键。而且这种做法，打破了来自传统马克思主义和西方经济学左右两个方面的同一把思想枷锁——所谓市场经济跟社会主义公有制不相容的教条。

二、国有企业改革研究

天津经济课题组在《上海国企改革先行一步的亮点与启示》（载《天津经济》，2014年第1期）一文中，回顾了国企改革的四个阶段：1979—1984年为改革启动阶段，国务院颁布《关于扩大国营工业企业经营管理自主权的若干规定》，在一批工业企业中开展了领导体制改革的试点工作。1982年，中共中央国务院颁布《国营工厂厂长工作暂行条例》，或多或少显示了厂长在责任和权力方面的统一。1984年，国有企业开始逐步推行厂长负责制，明确了企业享有的产品销售、物资选购、人事劳动、工资奖金使用等十个方面的权利。这个时期最基本的特征是放权让利，就是通过物质刺激以及扩大企业自主的权力，进而调动企业的工作积极性。这个阶段的政策并没有使国有企业制度发生根本性的改变，但是随着改革的进行，企业由过去高度集中的计划生产体制，逐步过渡到了"放权让利"机制。

　　课题组认为，1984—1992年为国企改革的推进阶段。1984年10月，中共十二届三中全会通过的《中共中央关于经济体制改革的决定》明确提出，我国要增强企业活力，促进经济体制改革。同年在少数的大中型企业中实行股份制试点。1988年，国务院公布了《全民所有制工业企业承包经营责任制暂行条例》。1992年，邓小平南方讲话为国企改革深入开展提供了机遇和挑战。这个时期的承包经营责任制主要是以"包死基数，确保上缴，超收多留，欠收自补"为主体内容，并且运用契约方式细化国家与企业的责权利关系，是政府把国有企业转变为市场主体的大胆尝试。1990年上海和深圳两家证券交易所的相继成立，为股份制的进一步推进提供了良好机遇。同时，这段时期出台的系列政策，推进了我国在多个领域进行系列改革工作，比如进行"利改税"和"拨改贷"改革统收统支体制，以待业保险的实行推进了社会保险制度的改革等等。

　　课题组指出，1993—2002年是改革全面开展阶段。1993年《中共中央关于建立社会主义市场经济体制若干问题的决定》出台，明确要在中国全面建立市场经济制度。国有企业改革工作全面开始，具体内容是抓大放小、建立公司法人治理结构等，这大大推进了国有企业改革发展的步伐。1996年，国务院原则上同意了国家经贸委等9部委上报的《关于在若干城市进行企业"优化资本结构"试点的请示》。于是，下岗再就业也顺理成章成为了我国国有企业改革的一个重要特征。2001年，《关于深化国有企业内部人事、劳动、分配制度改革的意见》出台，明确提出了要取消国有企业行政级别，在管理人员中间推行聘任制和招聘制。这一时期政策的核心是推进国有企业建立以股份制为主体的现代企业制度，而随着系列改革政策的出台并深入实施，国企改革得以全面开展。

　　课题组认为，2002年以后国企改革进入规范发展阶段。2002年以来，颁行《中华人民共和国证券法》等多项法规，同时也组织修改了《中华人民共和国公司法》和《中华人民共和国企业破产法》等。这些法规进一步规范了国企改革工作，并为国有企业规范运行提供了坚强的保障。2003年，按照国务院机构改革方案要求，成立了国务院国有资产监督管理委员会，这标志着国有资产出资人代表的最终确立。随后，出台了《中共中央关于完善社会主义市场经济体制若干问题的决定》等政策规定。这些规范性政策的出台，进一步加大了国有企业的市场化步伐。

　　黄速建在《国有企业改革三十年：成就、问题与趋势》（载《首都经济贸易大学学报》，2008 年第6期）一文中指出，国有企业改革既是中国整个经济体制改革的中心环节，也是改革成败的关键。经过三十年的时间，国有企业改革推进了社会主义市场经济体制的建立和完善，使得国有经济活力、控制力和影响力得到更好的发挥，保证了经济发展的稳定运行，有效增强了中国经济总体的国际竞争力。同时国有企业改革中也存在相关配套改革相对滞后、垄断行业国有改革进展缓慢、有效的激励约束机制尚未完全建立等问题。

谢鲁江在《国企改革如何进一步向市场化转轨》（载《哈尔滨市委党校学报》，2013年第4期）回顾了我国国企改革的历程：第一个阶段是计划体制中的改革（1978—1991），是在计划经济体制框架内政府向企业放权让利，目的是调整政府与国有企业之间的生产管理权限和利益分配关系。第二个阶段的改革（1992—2002），是以建立现代企业制度为核心开展的，就是国有企业转轨转制的过程，是计划经济体制向市场经济体制转轨过程中的改革。第三个阶段（2003年至今），是在社会主义市场经济体制基本建立条件下的进一步深化改革，国有企业得到进一步发展，国有企业公司制度和国有资产管理制度进一步完善的阶段。谢鲁江强调国有企业改革的最大成果是搭建起了国企市场化的制度平台；改革的方向不是私有化，而是进一步市场化；在市场化条件下，国企应坚持做大做优做强；同时，也需要按照市场经济体制的要求，进一步理顺关系，厘清逻辑，加快推进关键领域和关键环节的改革。

吴显果在《国有企业："破产"惊雷大震荡》（载《经济问题探索》，1993年第7期）一文中指出，1986年8月3日，全国第一家国有企业破产试点在亏损已久的沈阳市防爆器材厂进行，艰难地掘开了社会主义制度下国有企业亏损破产之先例。两年之后的1988年11月，《企业破产法（试行）》颁布实施，企业破产被纳入有据可依的法制轨道。吴显果分析了部分国有企业发生破产行为的原因，譬如经营不善，管理无方，企业素质弱不禁风等。但最关键的原因还在于它们没有市场经济的头脑，不具备竞争的力量与策略，在长期亏损的泥沼中，难以有足够的实力完成企业生产经营与市场经济的对接。这样，当市场经济潮汐铺天盖地席卷而来时，它们便首当其冲，几乎连垂死挣扎的机会都没有，便一命呜呼，寿终正寝了。另外，企业内部自有资金较少，企业的主要债权人是国家与银行，而不是企业自己，企业亏损了，有政府"输血""供奶"、补贴，企业里每一个人并没有受多大损失。如果长期不能扭亏，厂长顶多被免职，职工也不会倾家荡产。

没有行之有效的经济链条把企业与个人的命运维系在一起，企业整体长期缺乏危机意识与主人翁的责任感，也是导致企业走向破产末路的重要原因。

何伟在《对国企改革历程的深层次思考》（载《理论探讨》，2011年第2期）一文中提出，今日国企与老国企不同，已发生质变：一是资本所属不同。昔日国企资本百分之百国有，今日国企90%以上实行股份制，还有外资介入。二是经营自主权不同。昔日国企没有经营自主权，今日国企不仅具有完全的经营自主决策权，还可和政府分庭抗礼。三是经营目的不同。昔日国企经营为完成国家计划，今日国企经营为追求利润最大化。四是利润归属不同。昔日国企利润全部属国有，今日国企已数年不向国家交利润；即便最近上缴，也是微乎其微。五是分配权不同。昔日国企没有分配自主权，今日国企具有完全分配自主权，不受国家约束。作者提出推进国企改革要解放思想，破除国有经济老大观念，改变对国企的要求，对国资委应重新定位，要下定决心限期改革国有垄断企业。

微课设计

微课设计一："四分钱奖金"打破"大锅饭"

设计意图

国有企业改革这部分内容概念多、理论性强，中学生又缺乏相关感性体验，因此本微课试图通过交通部四航局第二工程处工程队的"4分钱奖金推动工程进度"的具体事例，帮助学生理解改革的必要和艰难，同时使学生认识到改革对推动经济发展和社会进步的重要性。

设计方案

教师介绍： 1979年8月，深圳湾畔蛇口工业区600米顺岸码头建设工地上，有的司机在拉土，也有的正在车底下乘凉。拉土的距离也就一千米不到，一天拉上个八九十车没问题，可由于每月拿固定工资，工人们积极性不高，平均一天拉个三四十车。而按工期测算，每个装运工人每天至少得拉50车土，否则工程无法按期完工。

这种情况急坏了两帮人马：一个是码头工程发包方的招商局。作为主管深圳特区工程建设的管理处，其建设码头的5000万美元资金全部是费尽周折从香港贷的款，利息压力巨大，因而要求码头尽快完工、早日投入使用。另一个是承建方，交通部四航局第二工程处的码头工程负责人。因为这个码头建设工程是四航局通过市场中标的第一个项目，施工合同上白纸黑字写得清楚：提前竣工给奖励，推迟完工要罚款。

教师进一步说明：在今天看来，一个建筑企业要在市场生存，遵守合同规定，按工期完成工程是基本要求，但当年却完全不是这么回事。作为交通部直属的国有企业，四航局从1951年成立起就一直按国家指令性计划修码头，以前签订的施工合同也有工期这个条款，但是实际上并没有严格地执行，即使工期延误，只要随便找个理由，什么天气恶劣、材料不足等，推诿、搪塞过去就可以了，与企业效益不挂钩。同样的，员工们也没有什么效率概念，平日照常上班，照常拿工资，由于干好干坏差别不大，叫谁多干谁也不愿意。

如何保证工程按期完工？焦急的两帮人马商量后制定了一个奖励制度：每人每个工作日劳动定额运泥55车，完成这一定额，每车奖2分钱，超过定额者每车奖励4分钱。对于这些吃惯了企业"大锅饭"的工人们，政策拟定者也没想到"4分钱"奖金有那么大的魔力：工地一下子沸腾起来，工人们提前上班，天黑了，要由车队长赶他们下班，下班后还主动检修车辆。为了挤出时间多拉土，司机们甚至少喝水，以减少上厕所的次数，每人每天都能拉100多车。

教师提问：司机们为什么这么做呀？说明了什么？（参考答案：工人们为了在正常的工作时间之内能够抓紧分秒，多装快跑、多拿奖金。说明奖金分配制度的改革激发了工人们的积极性。）

教师讲述：这样奖励下来，月底一结算，有的人光奖金就拿到了100多块钱，而当时工人工资平均才三四十元左右。可是奖励制度引起了极大的争议，有人说这是搞"奖金挂帅"，"违背社会主义分配原则"。实行了没几个月，工地就接到上级指示：必须停止实行这种奖励制度，因为按规定，职工一年的奖金最多不能超过两个月的平均工资之和。消息一传开，大家的积极性一下子就跌落下来了，热火朝天的劳动景象不见了，施工进度又慢了下来。焦急万分的招商局接连打了几份报告给国家相关部门，请求继续推行奖励制度，但都没有得到回复。后来幸亏一位新华社驻广东记者，将这件事情写进了内参，被胡耀邦总书记看到并亲自批示。

材料呈现：我记得中央讨论鼓励时，中央并没有哪位同志同意奖额不得超过一个半月到两个月，看来有些部门并不搞真正的改革而宁愿靠着规定过日子，这怎么搞四个现代化呢？

——中央电视台《国企备忘录》节目组：《国企备忘录》，

75页，北京：中国民主法制出版社，2014

教师讲述：就这样，在高层干预下，这一奖励制度才又重新实行。

教师提问：

（1）"按劳取酬，多劳多得"在今天看来是大家公认的社会分配原则，但"四分钱奖金"实行后遭遇的诸多非议、一度停止、甚至惊动中央，说明了什么？（参考答案：改革之初的艰难。）

（2）根据四航局企业发展史记载，奖金制度重新实行后，在工人们热火朝天的干劲下，码头工程提前33天完工，在当时创造了一个新的纪录。而这样的结果说明了什么？（参考答案：改革调动了工人们的生产积极性，也提高了生产效率、创造了经济效益。）

教师补充：工程队的工人们最终拿到了奖金，而且每人还另外得到一台当时非常稀罕的大彩电的奖励。但更重要的是，"4分钱奖金"风波，直接冲击了传统的大锅饭分配体制。随后，一场关于分配制度改革的讨论在全国展开，按劳分配、多劳多得等改革经验在全国推广开来，成为1984年后全面展开的国有企业改革的重要内容之一。

设计点评

本微课以工程队司机的具体变化作为切入点，用"四分钱奖金"实行前、后及停止实行时的强烈对比，生动地说明了"按劳分配""多劳多得"的奖金变动激发了工人们的劳动生产积极性，从而提高了生产效率，促进了生产发展并创造巨大的经济效益。这一具体事例也从另一面反映了长期实行的"大锅饭"为何会打击工人们的生产积极性，有助于学生在故事和材料创设的具体情境中思考改革的必要性。同时，对中学生来说，本微课使"国有企业改革"成为可以理解、可以感知的具体的人和事，而不是历史课本中一些较为高深难懂的政治概念。

微课设计二："小广告"引发"大讨论"

设计意图

国有企业改革相对抽象，本微课试图通过宁江机床厂首发广告引发的争议及带来的影响，还原改革之初引入"市场调节"的艰难历程，帮助学生理解改革的复杂与艰巨。

设计方案

材料呈现：

宁江机床厂在《人民日报》首发广告
——刘伦宝口述、陈晖整理：《新中国第一个生产资料广告》，
载《四川党的建设（城市版）》，2008年第8期

教师介绍：20世纪70年代末，中国迎来了改革开放的春风，四川省率先进行"放权让利"的改革探索，于1978年10月选择6户国营企业作为"扩大企业自主权"的试点。作为试点企业之一，成都灌县（今都江堰市）宁江机床厂生产有所发展，但生产出的机床却被物资部门作为"长线"产品积压在仓库里。时任厂长刘伦宝突发奇想："上面不订货，我就直接卖给用户。面向全国打广告！"在经过厂委的讨论，并向上级部门请示

后，1979年6月25日，《人民日报》上史无前例地出现了这则商业广告。

教师设问：请学生观察广告，在最突出的位置它向读者传递了一个什么信息？（参考答案：承接国内外用户直接订货。）

教师说明："承接国内外用户"说明面向的是国内外市场；"直接订货"说明需要购买机床可直接和厂家联系。

教师接着说明：原来用户需要购买机床，先要打报告写申请，然后才有可能分到以台数为单位的指标。指标都由国家统一调配，而且卡得比较紧，这样有时有的用户可能大小机床都需要，但因指标有限，只好选择首先订大的，放弃要小的。还有很多需要这种机床的小工厂，如生产农产品和手表、录音机、电唱机、煤气灶、水表、电表等产品的单位根本分不到指标，分不到只好自己造，非专业制造的机床费时费力还不好用。宁江机床厂广告正好满足了这部分工厂的需要。

教师介绍：请同学们接着观察图片，在这几个大字的左上方，印着"各种精密、高效单轴自动车床"，右上角印有"典型工件"，在几个大字的边上还有各种工件的简图。这些工件实际上都是机床的附件，由于机床是制造机器的机器，所以要求比较精密，而不同的机器又需要不同的附件，所以在广告中罗列了一些附件的简图。既然机床的附件是满足不同机器制造的需要的，请同学们想一想，在没有直接订货以前，通过物资部门分配机床指标的时代，每个用户对机床的特殊需要能否得到满足？

教师说明：之前，生产部门和用户都由物资部门调配，厂家不知用户的具体需要，只能为每台机床配通用附件，当然更不可能满足一些用户的特殊生产需要。现在，用户直接订货，请同学们想一想有什么好处？引导学生思考：厂家可以按照用户需要，生产机床附件，而且可以调整好再交货，使用户减少许多麻烦。

正因为有了这样的便利，广告打出来后，全国各地迫切希望得到仪表机床的用户纷纷来电、来函或派人到宁江机床厂要求订货：广告见报一个月内，宁江机床厂的机床就被订购了700多台；见报不到两个月，宁江机床厂已签订了1300台机床的供货合同，相当于原来全年产量的两倍多。尤其是加工手表零件的机床销售行情一路看涨，产品在全国市场的占有率提高到80%以上。

教师讲述：市场反响虽然良好，但广告登出后却引起了极大的争议。《人民日报》连续刊登了一系列文章，有的认为宁江机床厂的做法"没有体现以计划为主、市场调节为辅"的原则,"如果别的企业也都这样干,会出现新的混乱";有的则认为这是搞产销直接见面的试点,是当前计划、分配体制改革中的一个重要突破。这就将宁江机床厂和时任厂长刘伦宝推到了舆论的风口浪尖上。

下面是广告登出后不久,国家物资总局一负责人与宁江机床厂时任厂长刘伦宝曾经的一段对话:

材料呈现: 负责人:刘厂长,你读过马克思的书没有?

读过一点。

负责人:你知不知道机床是生产资料?

知道。

负责人:那你们为什么要登广告销售机床?

……

负责人:你是不是想向马克思挑战呢?

……

负责人:简直是胡来。

这句话把我激怒了,我当时就进行了反驳:"你句句话不离马克思,难道什么事都要马克思说了才干?马克思知不知道宁江厂从南京迁到灌县(都江堰原名)来?知不知道到处要我们的机床,我们的机床又不能卖?会说的人多得很,会用的人有多少呢?"

那天晚上我失眠了……

我的一些企业家朋友也来劝告我,"你这是异想天开,你有没有想过这样做的后果?希望你不要走得太远了。"

"有什么了不起,大不了坐牢杀头。何况一机部、省委对我比较信任,我才有勇气这样做的。"

——刘伦宝口述、陈晖记录整理:《新中国第一个生产资料广告》,

载《四川党的建设(城市版)》,2008年第8期

教师设问: 因为登广告,厂长甚至做好了蹲监狱的准备,这说明了什么?(参考答案:改革的艰难、解放思想的重要等。)

教师引导学生小结: 虽然饱受争议,但宁江机床厂用自己的事实证明打广告促进了生产,这种做法得到了越来越多人的认同。同年8月,《人民日报》以头版头条的形式发

表了一篇《产销直接见面 供需双方满意》的文章，并配发了专门的"编者按"，编者按中说："宁江机床厂广告一登，情况大变，产品积压变产品畅销，产销脱节变双方满意。这件事说明，现行的沿用了多年的机电产品分配办法，有很大的缺陷……产销见面的试验，就是一种很有意义的改革。"文中还说："希望有更多立志改革的人，解放思想，不怕麻烦，积极参加这种改革，力争早出经验，早出成效，使我们的经济建设更快地向前发展。"①

设计点评

虽然直到1984年后才全面进行国企改革，但实际上十一届三中全会后，国有企业已经从扩权让利开始，迈出了改革的步伐。这部分企业最初的探索既是艰难的，更是宝贵的。本微课以四川宁江机床厂"敢为天下先"，在《人民日报》首登广告并引发大讨论的典型史料，不仅有利于学生完整把握改革开放历程，也有利于学生感性地了解改革之初，计划经济体制下引入"市场调节"是如何推动生产的，进而有助于学生更好地理解"改革"的必要与艰辛。

教学资源

资源1：1978年，著名经济学家薛暮桥带领国家计委经济研究所的同志到江苏调查。在与十几个大厂厂长座谈时，厂长们指出了传统经济管理体制的弊端，强烈要求扩大企业经营自主权。一些厂矿的负责人尖锐地指出："每次权力下放，总是下放到各级地方政府，从来没有人想到要下放到企业。企业一点自主权都没有。管得这样死，经济怎能发展起来？"

——石建国：《改革开放后党对经济体制改革的理论探索与国企改革的路径选择》，

载《党的文献》，2013年第4期

---

① 刘伦宝口述、陈晖记录整理：《新中国第一个生产资料广告》，载《四川党的建设（城市版）》，2008（8）。

资源2：1984年春天，福建省55位厂长、经理敢为天下先，联名发出《请给我们"松绑"》的呼吁信，轰动全国，成为我国企业改革发展史上的一个标志性事件……

……

"松绑放权"的故事要从一次具有历史意义的会议讲起。

这个会议的名称是"福建厂长（经理）研究会成立大会"，时间是1984年3月21日至24日，会议主角是55位来自福建各地的厂长经理，地点在我省第二化工厂招待所。会议主题，一是通过研究会章程，选举产生第一届理事会，二是交流搞好企业的经验。会议主持人是研究会筹备小组负责人、福州二化党委书记兼厂长汪建华，会上被一致推举为福建厂长（经理）研究会第一届会长。

据汪建华回忆，像以往其他的会议一样，有些单位作了典型发言。但是，福日公司总经理游廷岩和福州铅笔厂厂长龚雄的发言引起了与会者的强烈反响。当时福日公司是福建第一家中外合资企业，福州铅笔厂是国有企业改革试点单位，他们拥有比一般工厂更多的自主权。

听了典型发言，与会的厂长、经理们坐不住了，他们是既羡慕又不服，纷纷诉说企业无权之苦：同样面临省里下达的工业指标的压力，可人家拥有那么多灵活的自主权，干得心情舒畅，我们却被高度集中的旧体制"五花大绑"，生产计划、原材料、产品、工资奖金、干部人事等全得由政府主管部门说了算，工厂连建个厕所都要层层报批。人家有的是动力，而我们只有压力，企业被束缚得想干干不动、想活活不了。要是有关部门也给我们一些权，我们的企业照样可以搞好，甚至可以搞得更好。

经验交流会变成了诉苦大会。可贵的是，这些厂长经理们绝不仅限于诉苦，而是在诉苦中找出路，压力与动力在碰撞中产生出绚丽的火花。当他们把出路瞄准在五花大绑于企业身上的"绳索"时，这次的厂长（经理）研究会的非凡意义便已初显端倪，而那炫目的火花便是会议之外的收获——呼吁"松绑放权"。

……

因为是涉及体制改革的大问题，他们决定以联名呼吁书的形式，直接递交给省委书记项南。

……

……他们在离开省委半小时左右，便接到项南秘书的电话说，书记已经看过了，而且做了批示，并把信转给了《福建日报》。

项南的批示就是为《福建日报》代拟的导语，其中指出：此信情辞恳切，使人读后有一种再不改革，再不放权，就真是不能前进了的感觉。有必要将这封信公之于众。

3月24日，福建日报以《五十五名厂长、经理呼吁——请给我们"松绑"》为题，一版头条将呼吁信全文公布。这则新闻后来被评为当年中国新闻奖特等奖。

……

……"松绑放权"事件吹响了国企改革的冲锋号，引起国家有关部门和领导的高度重视。

呼吁信发表的当天，省委组织部就研究形成三条意见，在企业人事任免、干部制度改革、厂长负责制等三方面，给企业放权。省经委、省财政厅、省劳动局等各有关部门纷纷作出反应，支持55位厂长经理的呼吁，开始"松绑放权"。省政府连续颁发9个文件，下放企业管理权。福州市委、市政府还专门讨论决定采取6条措施，不当"新婆婆"，支持"松绑放权"。

由于"松绑"呼吁信切中制约企业改革发展的要害，发表后立即在政企各界引起强烈反响和连锁反应，成为新闻媒体争相跟踪的焦点，可谓一石激起千层浪。而集体的诉求、领导的支持、媒体的配合，也许正是"松绑放权"事件得以影响全国的缺一不可的三要素。

3月30日，人民日报全文转载了这封信，并加了按语："福建省55位厂长经理给省委领导同志写信，要求松绑，提出了体制改革的一个重要问题。长期以来，我们企业管理落后，效益不高，原因之一就是企业没有权，厂长经理没有权……这种状况的确到了非解决不可的时候了。"

紧接着，经济日报、工人日报等报刊都在显要位置上转载报道，广播电视也多次播放呼吁信的内容。"松绑放权"成了当时企业改革的热门话题，也成了推动国企改革的一个标志性事件。

"松绑放权"事件吹响了国企改革的冲锋号，许多省市的厂长经理也纷纷要求明确企业生产经营的责、权、利，有的还组团到福建考察学习。松绑呼吁也引起国家有关部门和领导的高度重视，4月15日，55位厂长经理代表受邀到国家体改委、中央党校、红旗杂志社等汇报座谈，得到领导的充分肯定。

"松绑放权"后，企业经营取得突飞猛进的发展。当时也是55名厂长、经理之一的翁亨进回忆说，呼吁信产生的影响太令人振奋，有了省里"松绑放权"的"上（编者按：应为'尚'）方宝剑"后，他所在的邵武丝绸厂首先打破了干部的铁交椅，对工人实行计件工资，职工多劳多得，企业效益大增，从1984年开始到1988年，邵武丝绸厂的效益每年增长速度都在2位数以上。

据统计，"松绑放权"后的5年，全省工业总产值年均增长速度比"松绑放权"前5年翻了一番多。

——刘美桢：《"松绑放权"推动国企改革》，载《福建日报》，2008-11-03

资源3：22年前，沈阳市防爆器械厂宣布破产，成为新中国第一家宣布破产的公有制企业。

当时的外电报道称："沈阳市实行企业破产规定，这是共和国成立以来破天荒的做法，它朝着打破'大锅饭'迈出了新的一步……"

……

1984年上半年，沈阳这个东北老工业重镇仅根据冶金、轻工、化工等11个工业局测算，就有43户集体企业亏损严重，资不抵债。在"大锅饭"、"铁饭碗"的思想影响下，这些企业的工人们没有事做，却没有人发愁着急，因为工资照发不误。

1984年6月的一天，一份时任沈阳市市长李长春的批示送到了沈阳市集体经济办公室。"……经营不好，管理混乱，产品没有市场，技术落后，严重资不抵债的企业如何退出市场？此项改革在集体企业中先做起……能否进行破产倒闭，最好能拿出一个破产倒闭的规定。"

"老韩，李市长的这个任务交给你。"集体办的王副主任对刚刚从沈阳市汽车配件公司调来搞政策研究的韩耀先说。

韩耀先做梦也没想过，在社会主义的天空下，居然要搞企业的"破产倒闭"！

……

一个多月后，韩耀先形成了《沈阳市关于城镇集体工业企业破产倒闭处理试行规定》（以下简称《破产倒闭规定》）的完整意见：社会主义经济是有计划的商品经济，在市场竞争中必然出现优胜劣汰。为了保护竞争，鼓励先进，鞭策落后，保护债权人、债务人的合法权益和倒闭企业待业人员的基本生活，根据集体经济的性质、特点和我市集体经济体制改革的客观要求，就城市集体所有制工业企业进行破产倒闭处理……

……

《破产倒闭规定》出台后，沈阳市政府一方面想借此警醒当时的部分企业，一方面也意在实际中考察这部法规的可操作性。

1985年7月，根据对全市企业的考察，工作组列出了一份包括11家资不抵债、长期亏损、难以扭转局面的企业备选名单，从这11家中，又最终确定了沈阳市防爆器械厂、沈阳市农机三厂、沈阳市五金铸造厂3家企业作为试点。

"因为是第一次，谁也不敢面对可能发生的最坏情况，所以选了3家规模较小、亏损情况比较严重的集体企业试点，一旦弄不好，影响还能降至最低。"22年后，韩耀先直言。

1985年时，文件仍需油墨印刷。韩耀先让工作人员把下发给每个企业的通告，用特殊的黄色油墨印成。很多人都对那次新闻发布会上，三位厂长举着"黄牌"那颇富戏剧性的一幕记忆犹新。

一年的限期整改时间，无疑是这3家企业最为痛苦的阶段。一年后，五金铸造厂和农机三厂成功甩掉"黄牌"，而先天不足、后天营养不良的沈阳市防爆器械厂，成了第一个破产企业。

1986年8月4日，沈阳市防爆器械厂被宣告破产的第二天，韩耀先陪同新华社记者到防爆器械厂采访。他看到，已经贴了封条的厂门口，一边挂了一只小小的花圈。没有挽联，没有落款，触目惊心。工人们三五成群地围在厂门口，有的在哭，有的在骂，有的呆呆地看着天。

三张"黄牌"、一对花圈，送走的是一个有着鲜明计划经济特色的防爆器械厂，同时给予中国当时数以万计的国有企业一个剧烈的震动。同年的12月31日，全国开始试行《破产法》，其蓝本和基础，就是沈阳防爆器械厂破产案。而破产的意义就在于，破产机制带来竞争效应，企业的经营自主权因此得到发挥。破产引进了市场机制，甩掉了多年的包袱，使企业真正步入了市场化的轨道。"破产"这个词语，由此被赋予了新的含义。

——王晓倩：《新中国第一家公有制企业破产案》，载《党员文摘》，2008年第6期

资源4：1992年6月6日宣告破产的抚顺玻璃厂，在实际生产操作中，从来不对炉子的温度、料道的温度加以控制监测，不用说现代化的自动控制，就连最普通的温度计都没有一支。工人们全凭经验、凭感觉、凭观察火苗的颜色来揣摸温度，进行生产。生产出来的瓶子不是形状不规则，就是一半黑、一半蓝，犹如花里胡哨的川剧脸谱。用户们十分气愤地说：抚顺玻璃厂生产瓶子以后倒贴给我们钱我们都不会买了。

——吴显果：《国有企业："破产"惊雷大震荡》，载《经济问题探索》，1993年第7期

资源5：辽宁一破产企业，曾在80年代末期投资了70多万元建一个配料厂房，但这个立柱形的厂房自建成之日起就成了"比萨斜塔"，经土建专家技术鉴定，完全报废，根本无法投入使用。但是该企业仍然大大方方地把基建款如数转给了承建单位。在某些人的眼里，钱是企业的，而人情却是私人的，于是便昧着良心大慷其企业之慨。该企业的工人们气愤地说："像这样子搞，企业的家底再大，也会被败光！"

——吴显果：《国有企业："破产"惊雷大震荡》，载《经济问题探索》，1993年第7期

资源6：河南的淮滨县化肥厂生产出的碳氨，不仅仅是粗制滥造、质次价高，施用后还有板结土壤，恶化土质的副作用之嫌。这也就难怪化肥产品要在生产资料市场上把农民吓得退避三舍了。

——吴显果《国有企业："破产"惊雷大震荡》，载《经济问题探索》，1993年第7期

资源7："企业破产，职工是应该负极大责任的"。原重庆针织总厂一位工人痛心疾首地说道，"重针从1986年开始亏损，产品销不出去，工厂效益每况愈下，这本身就是一个很危险的信号，但却没有引发人们应有的危机感。个别职工一边埋怨工资收入少，一边把厂里的原料大摇大摆地明偷出去变卖。工人如此，一些中层的管理干部、技术人员就更加肆无忌惮，工厂苦心孤诣开发出的新技术刚出世，图纸的复印件就流进了工厂周围的乡镇企业；开发出的新产品还未投入生产，市场上就已经遍地开花了……长此以往，终使千里长堤，毁于蚁穴下。"

国有企业从亏损量的积累到破产质的飞跃，在很大程度上与企业领导没有能以身作则、爱厂如家也有很大关系。原重针总厂一位中层干部透露说：在该厂严重亏损已濒临破产边缘时，厂长先生不思危中求存，却扔下生产经营不管，亲率有关部门领导一行十数人以"考察"为名前往深圳等地闲情逸致了一番，花掉人民币30多万元。

——吴显果：《国有企业："破产"惊雷大震荡》，载《经济问题探索》，1993年第7期

资源8："目前企业内部自有资金较少，企业的主要债权人是国家与银行，而不是企业自己。企业亏损了，有政府'输血'、'供奶'、补贴，企业里每一个人并没有受多大损失。如果长期不能扭亏，厂长顶多被免职，职工也不会倾家荡产。没有行之有效的经济链条把企业与个人的命运维系在一起，使企业整体长期缺乏危机意识与主人翁的责任感，也是导致企业走向破产末路的重要原因"。中国工商银行抚顺市分行一位基层负责人对此一针见血。

——吴显果：《国有企业："破产"惊雷大震荡》，载《经济问题探索》，1993年第7期

资源9：1998年春天，新上任的国务院总理朱镕基在东北考察时谈到"要用三年左右的时间，使国有大中型亏损企业摆脱困境""除了制止重复建设和盲目建设，减员是一个重要的途径"，下岗分流，成为最大的难题。

让谁下岗呢？

现任中国航空工业集团董事长林左鸣当年曾经面对这个相当敏感而又棘手的问题，感性和理性犹如在煎锅里的两张饼，翻来覆去被煎烤着。那一年，已经把成都发动机公司成功带出困境的林左鸣，临危受命，来到了沈阳这家叫"黎明"的发动机厂。

……

林左鸣忘不了他第一天到黎明时看到的情景：厂里的荒草有一人高，破败的车间里没有工人，这个曾经领军中国航空工业的国有企业，已经没了生气。

"最大的问题是人心散了，黎明厂的职工还有附近的老百姓都流传着一句话——就是国务院总理来也没招了，国有企业肯定是不行了，再也没有希望了。……"林左鸣说。

那时黎明亏损额已高达2.3亿元……

"……资产负债率已经101%，意味着把黎明厂卖掉以后，还不够还债的。"……

……

"……一个人每月是160块钱。我们公司是22号发工资，但是经常22号发不出来，发不出来就拖欠，工人们编了顺口溜叫'干活没手套，洗手没肥皂，发工资没有号，工资在途，就是总没到'。……"

事实上，黎明不是没有尝试过市场化改革，洗衣机、自行车、仪器仪表，什么都做过，最多的时候黎明开发过200多种产品。承包经营、分灶吃饭，一系列改革措施都救

不活整个企业。

冗员，是最大的问题，而林左鸣，正是带着下岗分流的任务来的。

……

就在林左鸣刚刚上任的第十天，最先分流的几百名下岗员工围住了办公楼，高唱"团结就是力量"，要向林左鸣讨个说法。

……

如今，林左鸣回忆起当时的情景说："他们无非就是想跟我讨个说法，后来我同意他们派20个代表，在礼堂外面拉一个广播，其他人都进礼堂去，职工代表跟我说话，整个过程现场直播。我主要讲了两件事，第一件事，黎明公司现在没有市场，没有产品能够养活这么多人；第二件事，很多人是两口子都在这个厂，甚至一家人在这个厂，我们绝不会让两个人都一起下岗，让这个家庭没着落。"

……

林左鸣面对着18个后勤单位、6000名职工的下岗名单熬了无数个通宵，企业的包袱是要卸掉，有没有一个办法，不是简单地让人下岗呢？

……

千思万想，林左鸣终于琢磨出一个办法：保留主业，剥离辅业，或者说把辅业从主业中分离出去，转制成股份公司，允许职工用再就业补偿金购买股份，成为新企业的股东，激励下岗人员在辅业再就业。

……

"新叶"这个名字是林左鸣给这家小小的服装厂起的，意寓在国企老树上长出新叶，枝繁叶茂，寄托的是对整个黎明主辅分离股份改制的希望。

沈阳黎明新叶服装公司是黎明改制的第一家股份公司。……

……

创业之初，是最困难的阶段，林左鸣明白，既不能把新叶推向市场完全不管，也不能还像从前那样大包大揽，得先扶着走，再断奶。

林左鸣绞尽脑汁想出了激励方案："正好当时黎明公司要求统一着装，我们就定了一个规矩，黎明公司的服装业务50%让新叶干，另外50%新叶到市场找活干。但是有个奖励办法，就是当你到外面去揽到一件衣服加工的活，那么黎明公司另外的50%

里再给你一件；你揽到100件的话，再给你100件衣服加工业务。其实是一种激励，就是说如果你有本事，到外面揽到了另外黎明的50%的份额，那黎明公司的活100%就都给你干了。"

走出市场后，新叶服装公司通过各种努力从市场拿到一万多件订单，这个数字对刚成立的新叶服装公司来说算个天文数字。接到任务后，这些不久前还在涡轮机和摩托车器件旁工作的产业工人，没日没夜地学习画图样、裁剪、缝纫，最高纪录20天没脱过衣服、没睡过觉，硬是按照工期和质量交上了产品。

……

一年后，新叶在市场上站稳了脚跟，18人的改制经验开始在黎明推广，印刷厂、运输公司、建筑公司等一共15家企业的股份制改革渐进推行，黎明厂5200多人得到分流安置。

2002年，黎明的改革模式得到中央认可，2002年9月，原国家经贸委等八部门联合下发了《关于印发〈关于国有大中型企业主辅分离辅业改制分流安置富余人员的实施办法〉的通知》（以下简称859号文件），明确国有大中型企业实施主辅分离辅业改制操作办法和措施。

——中央电视台《国企备忘录》节目组：《国企备忘录》，87～94页，

北京：中国民主法制出版社，2014

资源10：1988年经四川省有关部门同意，国有大型企业东方锅炉厂进行股份制改制，独家发起设立东方锅炉股份有限公司，1993年获准发行5400万股社会公众股，当年发行了3000多万股。

1996年下半年，中国证监会计划安排东方锅炉股票作为"历史遗留问题"在上海证券交易所上市，闻此消息，东方锅炉股票立即在黑市被炒高。1996年11月，原东方锅炉公司党委书记、董事长江仲生等四位高管，先后两次利用职务之便领出80万股股票在黑市高价卖出获利，最后，四位高管两人被判死缓，两人被判无期徒刑，公司高层领导被"一锅端"。

技术员出身的文秉友在这样的情形下走马上任。

"东方锅炉啊，当初面临着非常严峻的形势，基本上处在一个破产关闭的状态。第一个，1997年东南亚金融危机以后，出口减少了，国内的市场需求减少了，导致了后来

国家发电设备、火电设备三年不开工，东方锅炉有1万多人要吃饭，没活干，就没有销售收入，就没有工资。"文秉友分析说。

"第二，东方锅炉当时出现了几次质量事故……被当时电力部全国通报……基本上一参加发电设备招投标都被退回来了，那时候真是陷入了绝境。"

更难的第三个原因……"股票事件出来以后，影响到一大批人，都认为东方锅炉不够意思，也牵扯到我们的市场订单……银行只收不贷……像人一样，只抽血，不给你补血，这样下来东方锅炉就会非常困难。"

……

"东方锅炉是当初——号称世界上人数最多的锅炉厂，因为哈尔滨锅炉厂9200多人，我们是11000多人，武汉锅炉厂6700多人，上海锅炉厂只有5000多人。而同期全球最好的锅炉制造企业——日本三菱重工年产量是东方锅炉的四倍，但员工却只有600人。"文秉友说。

更麻烦的是，这样的亏损企业还是家上市公司，眼看着股票从S到ST，文秉友更是感到四面楚歌，"东方锅炉本身两年亏损要退市，一股只有几分钱了，所以已经面临着资不抵债了，那整个船一起就下沉了。"文秉友下了决心，就是总经理不当了，也要为一万多人的员工和家属谋个出路……

"第一步我们就把生活服务后勤部分改掉。怎么改呢？比如说医院，我就成立了自贡市第七人民医院；招待所成立了一个金源公司；总后勤有200多人成立了民生公司；还有绿化、环保，又成立另外一个公司等，一共出去了550人，670多万资产。"文秉友说。

……

"第二步是2000年，目标是辅助性的车间，有1000多人的好几个车间，比如说我们的修造分厂、阀门锻造厂，还有运输队，我们就一个一个地成立公司，成立了8家子公司，子公司由东方锅炉厂来控股……"文秉友回忆说。

……

"……因为你是个子公司，我给你的任务之间有合同，有个结算，完全按市场化了……你完全独立核算了，以后你没有拿到那么多订单，那你的工资自然就少了，逼着这些子公司跑市场。"……

……

国有股全部退出，职工管理关系转移给地方，以后与东方锅炉厂再也没关系了。

……

改革之后11000多人的东方锅炉，提前退休了900多人，内退内养了1400多人，剩下3200多人，其余全部与东方锅炉脱离，与新公司签订劳动合同。"改革的效果非常明显，现在东方锅炉这几年连续销售100多个亿，3200多个人，工资基本上不到原东方锅炉厂的一半，人均劳动生产率高出很多。"文秉友说。

更可喜的是，分流出去的公司也在市场站住了脚跟，"留下的人非常珍惜岗位，大家拼命在干；改出去的，比如华新2000多人的大集体，原来做小锅炉，现在它做生物质锅炉、特种锅炉，销售20多亿，后来也上市了。"文秉友欣喜地告诉我们。

——中央电视台《国企备忘录》节目组：《国企备忘录》，96～101页，

北京：中国民主法制出版社，2014

资源11：作为国企改革的亲历者，原国家经贸委国企脱困办副主任周放生，更能理解当年的改革者面对的无奈和迫不得已，更能体会下岗人员的困苦和担当。

……

周放生说："因为当时纺织业都在上海、天津、北京这些大城市，这种大城市整个成本本身就高，还有就是冗员负担重，企业债务重，企业的社会负担重，这种历史包袱都是计划经济带来的。"

"而乡镇企业民营经济搞纺织，首先，它一开始设备水平就高，产品又是适应市场的，再加上用工制度灵活，没有国有企业这些历史包袱，还有成本低，所以效率比较高，我们的产品就没法和他们竞争。那个时候像纺织这种劳动密集型产品，已经不可能在大城市生产了。"……

国企改革三年脱困期间，纺织业压锭减员，上百万纺织女工失去工作，成为国企改革中人数最多的下岗大军。而全国，每年下岗的工人都有700万到900万人。

正是这些产业工人，曾支撑起新中国工业体系的建设，也同样是他们，为中国经济的轻装简行背起了历史的伤痛。

"企业是困难的，同时政府财政也很困难，当时社保体制还没有建立，整个矛盾全堆在一块了。改革这么多年，应该说国家做出了很大的投入，企业也付出了很大的改革

成本，但我觉得付出改革代价最大的是广大的职工，尤其是那些下岗职工和破产企业的职工，他们做出了最大的牺牲、最大的贡献，他们付出的是最大的成本，这一点我们不应该忘记。"周放生说。

——中央电视台：《国企备忘录》节目组：《国企备忘录》，104～105页，

北京：中国民主法制出版社，2014

香港、澳门回归祖国

学术引领

香港自古以来就是中国领土的一部分，英国殖民者通过一系列不平等条约，割占和强租了香港。清朝以后的中国历届政府都没有承认过这些强加给中国的不平等条约，并为收回香港主权进行了不懈的努力。直到新中国成立，尤其是改革开放以后，随着国家综合实力的提高，"一国两制"政策的提出，以及第二次世界大战后国际环境的变化，中英双方就香港问题进行多轮磋商，1997年7月1日，中华人民共和国成功收回香港主权，在完成祖国统一大业的道路上迈出了关键的一步。澳门是从明朝以来，葡萄牙人逐步占领的。1999年12月20日，澳门回归祖国。

一、香港回归的时代背景

陈坚、王钦双在《往事回眸：共和国成长记事》（236页，北京：人民出版社，2011）一书中指出，中华人民共和国成立的最初几年，中央政府面对百废待兴的国内经济和美国的封锁，审时度势，区别轻重缓急，集中力量处理一系列更为紧迫的大事。维持香港现状，避免公开冲突，有利于安定人心，保持与英国的对话关系，开辟一条与西方国家联系的国际通道。1959年，毛泽东针对当时有些人的急躁情绪，曾说过"香港还是暂时不收回来好，我们不急，目前对我们还有用处"。20世纪70年代末期，国际、国内环境发生了深刻的变化。第二次世界大战后形成的"冷战"格局已开始被打破，不同社会制度之间的矛盾大为缓和，和平与发展成为世界的主流。中美关系的改善，中日邦交正常化，中国重返联合国等国际环境的改善为中国实现统一大业创造了十分有利的条件。这一时期的种种迹象表明，解决香港问题的时机已趋于成熟。1980年1月16日，邓小平代表中央提出中国在80年代的三大任务，即加快社会主义现代化建设，维护世界和平，实现国家统一。

斯塔夫里阿诺斯的《全球通史：从史前史到21世纪（下册）》（第7版修订版，吴象婴、梁赤民、董书慧、王昶译，北京：北京大学出版社，2006）、杰里·本特利、赫伯特·齐格勒的《新全球史（下）：文明的传承与交流（1000—1800年）》（第3版，魏凤莲、张颖、白玉广译，北京：北京大学出版社，2007）、马克垚主编的《世界文明史（下）》（北京：北京大学出版社，2004）等专著都开辟专门的章节，讲述第二次世界大战后殖民体系的瓦解。欧洲对殖民地的控制因第一次世界大战而削弱，但还没有遭到彻底的破坏；第二次世界大战之后，不可阻挡的革命浪潮席卷诸殖民地，极其迅速地结束了欧洲的统治。在1944—1985年间，总共有96个国家赢得了独立。出现这种结局的一个原因是，第二次世界大战期间，最初的殖民主义强国空前衰落；同样重要的是，反帝国主义的民族主义情绪在殖民地内得到发展。总之，第二次世界大战后，民族独立、非殖民化成为一股不可阻挡的潮流，并得到联合国的支持，一块块土地脱离原先的殖民宗主国，走上独立建国的道路。在这样的国际背景下，英国对香港统治的结束势成必然。

周敏凯在《试论香港回归的国际背景条件》（载《华东师范大学学报（哲学社会科学版）》，1997年第5期）一文中指出，"一国两制"的伟大构想，以及祖国强盛和中华民族凝聚力的增加，是香港回归的有力保障。此外，在香港回归期间，国际局势的发展，包括东欧剧变、苏联解体，全球一些重要国家与地区组织在港问题上涉及的利益，表现的态度，所持的立场变化，与香港回归关系密切，而且还影响到回归后香港的继续繁荣与发展。譬如英国政府在香港过渡期间，利用东欧剧变、苏联解体等事件，怂惠西方国家，千方百计制造麻烦，竭力破坏香港平稳过渡的氛围，以图尽可能多地保留英国对回归后的香港的影响力。如最后一任港督彭定康①打着民主的旗号，抛出"政改方案"，在1995年最后一届立法局选举推行变相全面直选，逼迫中央政府放弃"直通车"方案；打着人权的旗号，通过《香港人权法案条例》，意图架空基本法；突然提出耗资1270亿元的兴建新机场计划，若不加以抵制，回归后的香港政府将负债累累。美国关注香港，除了现实的在港利益以外，更多的是关注台湾的回归与中国主权完全统一问题。由于美国也有过殖民地的遭遇，因此对中国收复香港主权，结束英国统治也持认同态度。在中英谈判中，美国的立场一度"中立"。但自20世纪90年代以来，尤其是香港回归前几个月，美国以"人权""民主"为理由，转变为取代英国成为香港"监护者"的角色，干涉中国内政，对香港事务指手画脚，大放厥词。日本既希望香港继续发展，保障其在港利益，又力图维持与加强东京的国际金融中心的地位；政治上既在"民主""人权"问题上与英美态度一致，又没有同英美一同抵制香港临时立法会就职宣誓仪式。欧盟绝大多数成员国更关注在港经济利益，期望与香港及中国大陆的关系能够全面健康地发展。在香港政权交接仪式上，欧盟各国外长均出席，在临时立法会的就职宣誓仪式上，除了英国首相拒绝参加之外，欧盟绝大多数成员国代表均参加了。

潘志高在《傲慢与偏见——试论香港回归前后的美国媒体》（载《解放军外国语学院学报》，2002年第3期）一文中指出，以《纽约时报》为代表的美国媒体对香港回归前后表现出对中国强烈的偏见。1996—1998年间，《纽约时报》刊载了大量对香港回归中国后的前途极端悲观的报道，认为中国没有管理香港的能力，其中占主要成分的是关于人们对香港回归中国后缺乏信心，还有许多长篇且煽情的有关香港人不顾一切地争取外国护照的报道。有意思的是，有一部分美国人认为香港的未来是光明的，他们这么想是因为他们认为香港将改变中国而不是相反，并将香港比作"巨大的特洛伊木马"。许多文章认为，美国应该告诉中国该怎么做，并认为没有义务保护香港未来的民主，美国将成为香港与北京之间的"仲裁者"。这种傲慢与偏见与美国200多年对中国一贯的看法，如把中国看成一个没长大的孩子、把中国人看成需要拯救的异教徒等有关。也与美国人长期对自己的看法有密切的联系，如美国人认为自己是"上帝的选民"，世界文明的中心

---

① 彭定康（Christopher Francis Patten，1944— ），成为香港总督前的译名为柏藤。英国保守党资深政治家，曾任环境部长、保守党主席。1992年被委任为末任香港总督。

已经从欧洲转移到了美国，在他们眼中，连欧洲人都在走下坡路，何况肤色和种族迥异的中国人呢。

二、中央政府对香港民意的考虑

美国学者傅高义在《邓小平时代》（473～493页，北京：生活·读书·新知三联书店，2013）一书中，比较详细地介绍了香港回归前后，北京政府对香港民意给予充分的理解，争取香港人的支持。书中提到，对于邓小平等中国领导人来说，澳门这块隔珠江三角洲与香港相望的葡萄牙殖民地只是个小地方，相对而言并不重要，其经济活力主要来自于香港；况且，虽然与葡萄牙的租约到1999年才到期，澳门实际已在北京政府的控制之下。葡萄牙在1967年和1974年曾两次提出将澳门归还中国，中澳已达成协议，大体勾画出了归还澳门的方案。北京担心这个决定会对极不稳定的香港民意造成负面影响，因此一直对协议保密，公开的说法是还没有作好收回澳门的准备。邓小平复出后，多次约见香港有影响力的商界代表，承诺香港回归后，保证商人投资的安全。但是大多数香港人对大陆刚经历的"文化大革命"心有余悸，怀疑北京政府的管理能力，担心民主和自由权力会丧失，不少人拥护英国"港督"的治理，成千上万有经济能力的香港人购买海外资产，争取外国公民身份。但是，中央政府信守承诺，依据《中华人民共和国政府和大不列颠及北爱尔兰联合王国政府关于香港问题的联合声明》（以下简称《中英联合声明》）《中华人民共和国香港特别行政区基本法》（以下简称《基本法》）和"一国两制"政策，在接收管理权之后，香港仍像过去一样，实行资本主义制度。

刘蓉宝在《论香港回归对完成祖国统一大业的启示》（载《中央社会主义学院学报》，1998年第7期）一文中提出，收回香港，最重要的问题是香港人的信心问题。80年代初，许多香港人对大陆缺乏信心，纷纷到国外发展，形成移民热潮。1984年签署的《中英联合声明》阐述了"一国两制"方针；1990年4月4日，在七届人大三次会议上宣布通过的《中华人民共和国香港特别行政区基本法》，进一步落实了"一国两制""港人治港"的方针。"一国两制"写进《基本法》，极大地鼓舞了香港人的信心。香港回归祖国，得到了越来越多香港人的支持，有力地保障了香港在过渡时期的和平稳定。

三、邓小平与香港回归

胡维革、胡晓岩在《关于香港回归祖国的思考》（载《东北师大学报（哲学社会科学版）》，1997年第4期）中指出，邓小平既尊重历史，又从实际出发，创造性地提出了"一国两制"的科学构想，即在中华人民共和国这个统一的社会主义国家里，允许台湾、香港和澳门实行不同于大陆的制度。"一个国家"是"两种制度"的前提，即不管大陆还是台、港、澳地区，都只有一个中央人民政府，实行不同社会制度的地区都是中央人民政府管辖下的一级地方政权，它们与中央人民政府的关系是地方与中央的关系，既不拥有国家主权，也不能成为任何政治实体。邓小平的"一国两制"思想，是对马克思主义国家学说的重大贡献，是根据中国国情来解决祖国统一问题的光辉范例，既得到了英国的赞许，也赢得了香港广大华人的拥护。

宗道一在《邓小平与中英香港问题的谈判》（载《当代中国史研究》，2007年第3期）一文中指出，香港之所以能顺利回归祖国、大部分香港人最终相信中央政府，归根结底在于邓小平的原则与策略都是理性的，一切都从实际出发，实事求是。香港胜利回归祖国，是邓小平80载革命生涯里的最后一个政治和外交"杰作"。回首整个谈判过程，可以更加清晰地感受邓小平的政治敏锐与远见卓识。时过境迁，无论是当事人还是史家，每每惊叹邓小平料事如神。被毛泽东风趣地誉为"钢铁公司"的邓小平，其强硬风格在中英香港问题谈判中表现得酣畅淋漓。没有邓小平的坚定不移的原则立场，步步为营的英国人是不会轻而易举退却的。但是，政治和外交从来都是两手，强硬的原则无法取代灵活的妥协。邓小平曾说过：中英谈判中大的原则问题，我们坚持到底，具体问题我们仍有灵活性。这样做，为了照顾英国人的面子，也为了满足香港人的愿望。应该说，中英香港问题谈判中的每一次突破都凝结了邓小平的政治与外交智慧。同时，邓小平主导的中英香港谈判，也为当今世界提供了一个用和平方式谈判解决国与国争端的成功范例。正如邓小平所言："世界上一系列争端都面临着用和平方式来解决还是用非和平方式来解决的问题。总得找出个办法来，新问题就得用新办法来解决。香港问题的成功解决，这个事例可能为国际上许多问题的解决提供一些有益的线索。"将香港问题放到国际大背景下看，邓小平的"一国两制"是国际关系史上的理论和实践创新，也是中国政府和中国共产党对世界和平事业的重要贡献。

四、澳门回归祖国

金冲及在《二十世纪中国史纲（第4卷）》（1308～1310页，北京：社会科学文献出版社，2009）一书中指出，澳门回归的过程，和香港有很大的不同。"如果说香港回归祖国的历史，是'风高浪急、波涛暗涌'，那么澳门的回归，就可以用'风平浪静，波澜不兴'来形容了。"（钱其琛：《外交十记》，350页，北京：世界知识出版社，2003）其重要原因是，1974年4月，统治葡萄牙近半个世纪的独裁政权被年轻军官组成的"共和国救国委员会"推翻。新政府放弃了殖民主义政策，对葡属殖民地实行"非殖民化"：先让在非洲的殖民地独立，然后在1975年年底开始从澳门撤出军队，并在后来颁布的《澳门组织章程》中承认澳门是中国领土，由葡萄牙管理。1979年中葡两国建立外交关系时，葡方又正式向中方承认，澳门是中国领土。因此，20世纪80年代中葡开始谈判解决澳门问题时，领土主权的归属问题已经解决，中国实行"一个国家、两种制度"的方针也已明确，谈判的主要问题是中国在澳门恢复行使主权的具体时间。经过友好协商，1987年4月13日，两国政府在澳门签订了《关于澳门问题的联合声明》。

黄燕玲、张光南在《澳门回归十周年的宏观经济回顾与展望》（载《亚太经济》，2009年第5期）一文中指出，回归后澳门经济发展良好的原因有以下五个方面：第一，特区政府稳健的施政策略；第二，制度、文化与地理环境的特殊优势；第三，博彩旅游业的龙头带动；第四，教育水平的不断提高；第五，CEPA[①]及其补充协议的有效实施。

钟坚、章平在《澳门回归十年经济发展的历史回顾与经验启示》（载《深圳大学学报（人文社会科学版）》，2009年第6期）一文中指出，澳门回归十年，经济实现跨越式发展，社会取得全面进步，民生得到较大改善，与内地的经济联系进一步加强。澳门的成功与澳门特区政府有效管治、积极施政分不开；与中央政府和内地的大力支持分不开。

钮菊生在《"一国两制"澳门模式与和谐国际关系构建——纪念澳门回归十周年》（载《苏州大学学报（哲学社会科学版）》，2009年第5期）一文中指出，澳门以"一国

---

① CEPA（Closer Economic Partnership Arrangement），即《关于建立更紧密经贸关系的安排》的英文简称，包括2003年6月29日中央政府与香港特区政府签署的《内地与香港关于建立更紧密经贸关系的安排》、中央政府与澳门特区政府签署的《内地与澳门关于建立更紧密经贸关系的安排》。另外，CEPA（China Electronics Purchasing Association）还是中国电子企业协会采购分会（1984年成立）的英文缩写。

两制"模式回归后，使澳门和葡萄牙成为中国进一步发展对外友好关系的纽带和桥梁。而且，"一国两制"澳门模式，为世界上存在类似问题的国家和地区之间发展友好关系、构建和谐世界，提供了一个成功的范例。

钮菊生指出，葡萄牙曾经有过极为辉煌的历史，鼎盛时期它在亚洲、非洲、拉丁美洲等地所占领的殖民地，面积比本土大110多倍，这奠定了葡萄牙在近代国际关系史上的大国地位。葡萄牙是北约的创始成员国，1986年加入欧共体（现为欧盟），是1996年成立的"葡语国家共同体"执行秘书处所在地。1999年1月1日，葡萄牙作为首批欧盟国家加入欧元区。目前，葡萄牙在很多方面发挥着极其重要的作用，尤其是它的地理位置十分重要，具有突出的战略意义，因而受到北约的重视。

澳门以"一国两制"模式回归后，由于澳门与葡萄牙的历史联系，葡萄牙与欧盟、北约和美国的良好关系成为中国进一步发展同欧盟、北约和美国关系的一个十分有利的因素。2003年又成立了中国—葡语国家经贸合作论坛（澳门），即中葡经贸论坛，并在澳门特区设立了常设秘书处。近年来，中国与葡萄牙语世界的关系在不断发展。中国积极开展对葡语国家共同体（CPLP）的外交，不但加强了CPLP成员国之间的关系，也加强了各国与中国的关系。

微课设计

微课设计一：从"一秒之争"看香港回归

设计意图

降联合王国国旗和香港旗，升中华人民共和国国旗与香港特别行政区区旗，标志着英国政府将香港移交给中国，中国政府开始恢复对香港行使主权。其实这里的"一秒"不再是时间概念，而是国家主权和尊严，是祖国对离开怀抱150多年的游子——香港回归的急切心情。本微课通过"一秒之争"的学习，强化学生的主权意识与爱国之情。

设计方案

材料呈现：

中英两国政府举行香港政权交接仪式
——《人民画报》1999年第10期庆祝中华人民共和国成立五十周年专刊

教师讲述： 1997年6月30日午夜至7月1日凌晨，举世瞩目的中英两国政府香港政权交接仪式在香港会议展览中心隆重举行。30日23时46分，国家主席江泽民、国务院总理李鹏、国务院副总理兼外交部长钱其琛、中央军委副主席张万年和香港特别行政区首任行政长官董建华步入会场登上主席台主礼台。英国方面同时入场并登上主席台主礼台的有查尔斯①王子、首相布莱尔②、外交大臣罗宾·库克（Robin Cook）、离任港督彭定康、国防参谋长查尔斯·格思里（Charles Guthrie）。

1997年7月1日零时零分零秒，中国人民解放军军乐队奏起雄壮的中华人民共和国国歌，中国国旗和香港特区区旗一起徐徐升起。全场沸腾了，许多人眼睛里噙满激动的泪花，雷鸣般的掌声经久不息。但是，有谁知道，在看似平静的交接仪式背后，曾有着激烈地外交斗争，甚至还有"一秒钟"的争夺。

教师讲述： 安文彬是当时的外交部礼宾司副司长，负责具体操办交接仪式事务。1996年年底，安文彬率领交接仪式筹备小组进入香港，开始前期工作。中央交给他一个重之又重的任务：

---

① 查尔斯·菲利普·亚瑟·乔治·蒙巴顿-温莎（Charles Philip Arthur George Mountbatten-Windsor，1948—   ），以王储的身份代表英国王室参加了政权交接仪式。
② 托尼·布莱尔（Tony Blair，1953—   ），1997—2007年任英国首相。

材料呈现：中国国旗必须在1997年7月1日的零时零分零秒准时升起。这是中央交给香港政权交接仪式筹备小组的一个重之又重的任务。

——李静：《为回归较量到最后一秒》，载《海口晚报》，2007-06-29

教师提问：为什么要求国旗必须在7月1日的零时零分零秒准时升起？（参考答案：这涉及主权与尊严问题。）

教师介绍：但是，这个任务看似简单，实际上有很大难度。英国已经占领香港150多年了，现在要把这颗耀眼的明珠归还给中国，心里是极不情愿的。为了确保英国方面在这一点上的合作，安文彬与联络小组英方首席代表休·戴维斯（Hugh Davis）进行了谈判。

材料呈现：一开始英方说，英中关于香港回归的协议上，只说1997年7月1日香港主权回归中国，并没有规定几分几秒的具体什么时间。而中方则据理力争，说7月1日就是从零时零分零秒开始的。

——李静：《为回归较量到最后一秒》，载《海口晚报》，2007-06-29

教师设问：中方在谈判中的法律依据是什么？（参考答案：《中英联合声明》。）

教师讲述：大约10次正式谈判，最后英方只同意在30日23时59分59秒将英国国旗降下。安文彬认为这是不妥的。

材料呈现：这样的话，给我们准备升旗的时间也只有一秒钟！国旗升起同国歌奏响应同步，而我军乐团指挥的指挥棒抬起就需要两秒，也就是说英国国旗必须在6月30日11时59分58秒降下，才能保证我国旗在零时零分零秒准时升起。

——李静：《为回归较量到最后一秒》，载《海口晚报》，2007-06-29

教师设问：安文彬为什么认为，英国国旗在23时59分59秒降下是不妥的？（参考答案：因为我军乐团指挥的指挥棒抬起的时间，大约需要两秒。）

教师讲述：又经过几个回合的交锋，戴维斯终于同意，英国的国旗可以在6月30日23时59分58秒降下，甚至还可以提前。但中方必须保证，中国国旗一定要在7月1日零时零分零秒升起，决不能提前。

继续讲述：要让中国国旗准时升起，仅仅得到英方的同意是远远不够的。筹备人员还要在实际操作时，把所有活动需要的时间提前算好，精确到秒。安文彬为此专门从美国买了一块相当精确的手表，与伦敦格林尼治天文台和南京紫金山天文台对好了时间。他还让两位司仪专门掌控时间。而军乐团的两名副指挥，用读秒的方式掌握国歌响起时间。

材料呈现：于建芳回忆说："军乐团当时接到的是死命令，不能早一秒，也不能晚一秒。如果英方故意拖延时间，我们也要准时奏响国歌，即使是我们和他们的国歌音乐叠在一起也在所不惜。"

——周兆军：《香港回归仪式上的"一秒之争"》，载《报刊荟萃》，2007年第9期

教师设问：从中可以看出，这与其他场合演奏国歌相比，有何不同？（参考答案：要求更加严格、苛刻。）

教师讲述：6月30日晚23时10分左右，军乐团进入交接仪式的现场——香港会展中心。"进入会场后，鸦雀无声。我心想，嘉宾们怎么还没到。等我抬头一看，发现会展中心坐满了人，可是没有人说话，气氛非常凝重。"于建芳说，这时候他心里就更紧张了。按照事前的约定，在交接仪式开始的前二十分钟，双方的乐队轮流各演奏四首乐曲。

材料呈现：我们演奏的第一首曲子是《茉莉花》。舒缓的音乐声响起后不久，会场的紧张气氛开始融化，嘉宾们开始窃窃私语。音乐是一种无国界的语言，在这个时候起到了奇妙的作用。

——周兆军：《香港回归仪式上的"一秒之争"》，载《报刊荟萃》，2007年第9期

教师设问：在政权回归仪式上，演奏舒缓的音乐有什么意图？（参考答案：缓解气氛。）

教师讲述：23时59分15秒，全场的目光都集中到竖立在主席台主礼台前东西两侧的旗杆上，一侧是即将落下的英国国旗，一侧是马上要升起的五星红旗和香港特别行政区区旗。59分23秒，英国乐队开始演奏英国国歌。正常情况下，英国国歌需要35秒，但是这一次节奏却奇怪地被加快了。59分53秒，英国国旗降下，竟然比规定的时间提前了5秒！中方只做了英方如果拖延时间，我方坚决按时奏响的准备，没想到他们会加速演奏。这等于给中方军乐团留出了5秒钟的空白时间。

材料呈现：……于建芳小声问身边的联络官张景山："怎么办？"张景山回答："不管它，按原计划走。"

……张景山精确地读着秒表。在二十三点五十九分五十八秒半的时候，于建芳果断地举起指挥棒。零时零分零秒，指挥棒准时起拍，《义勇军进行曲》响彻维多利亚港，

鲜艳的五星红旗和香港特别行政区区旗冉冉升起。

——周兆军：《香港回归仪式上的"一秒之争"》，载《报刊荟萃》，2007年第9期

教师设问：面对英方加快演奏、提前结束的做法，中方军乐团采取了怎样的应对之策？（参考答案：按原定时间，准时演奏。）

教师小结：在这个隆重而庄严的仪式上，竟然出现了5秒钟的"真空"时间。在场的很多人都以为技术上出了什么问题，实际上，这反映出了在香港回归问题上，中英两国的较量。在安文彬、于建芳等人的努力下，中华人民共和国国歌百分之百精确地于7月1日零时零分零秒在香港会展中心奏响，中华人民共和国国旗百分之百精确地于7月1日零时零分零秒在香港上空升起。

✎ **设计点评**

国旗是国家主权的象征，以国旗升降的"一秒之争"来看香港回归，以小见大，进而体现中央政府在收回国家主权，维护国家统一问题上的坚强决心，这很能打动学生，激发学生的爱国情感。本微课在材料选取和过程讲述上颇具匠心，设置悬念，展开细节，营造气氛，直到"一秒之争"问题的解决，扣人心弦，能真正带领学生作为历史的亲历者来学习和感受历史。

微课设计二："风平浪静、波澜不兴"的澳门回归

✎ **设计意图**

本微课通过介绍中葡两国关于澳门问题的解决过程，使学生认识到，澳门回归相对比较顺利，进而感受祖国统一的进程，增强最终实现祖国统一大业的信心。

✎ **设计方案**

教师讲述：1974年4月，统治葡萄牙近半个世纪的独裁政权被年轻军官组成的"共和国救国委员会"推翻。新政府放弃了殖民主义政策，对葡属殖民地实行"非殖民化"：先让非洲的殖民地独立，然后在1975年年底开始从澳门撤出军队，并在后来颁布的《澳

门组织章程》中承认澳门是中国领土，由葡萄牙管理。

材料呈现：

材料一　1976年，葡萄牙新宪法规定：澳门是在葡萄牙管辖下的特殊地区。

——陈果吉：《中葡关于澳门问题谈判的前前后后》，

载《党的文献》，1999年第6期

材料二　1979年，葡萄牙总理在中葡建交公报发表后的记者会上，就澳门问题表示："它是中国的领土，但仍在葡国管治之下。"

——施白蒂：《澳门编年史（二十世纪）：1950—1988》，125页，

澳门：澳门基金会出版社，1999

教师设问：葡萄牙政府关于澳门主权问题，持何态度？（参考答案：认为澳门的主权属于中国。）

教师讲述：虽然葡萄牙政府明确表示，澳门是中国的领土，但周恩来总理提出暂时维持澳门现状。1972年，联合国非殖民化特别委员会在一份文件中将香港和澳门列入殖民地名单，请大会讨论。对此，中国政府向该委员会提交了一份备忘录，明确指出：

材料呈现：香港和澳门是被英国和葡萄牙当局占领的中国领土的一部分，解决香港、澳门问题完全是属于中国主权范围内的问题，根本不属于通常的所谓殖民地范畴。我国政府主张，在条件成熟时，用适当的方式和平解决港澳问题，在未解决之前维持现状。

——康冀民：《澳门回归之路》，载《中共党史资料》，2009年第3期

教师设问：这份备忘录的核心观点是什么？（参考答案：香港、澳门不属于殖民地。）

材料呈现：指遭受外来侵略、丧失主权和独立、在政治和经济上完全由宗主国统治和支配的地区。在广义上，还包括在不同程度上失去政治和经济上的独立而依附于外国的保护国、附属国等。

——《辞海》（1999年版彩图本），3608页，上海：上海辞书出版社，1999

教师设问：从这一概念上看，"殖民地"的最主要特征是什么？（参考答案：丧失主权和独立，完全由宗主国统治和支配的地区。）

教师讲述：通常意义上的殖民地主要是指因外国统治、管辖而丧失了主权的国家，而香港、澳门是被英、葡所占的中国领土。因此，中国政府的立场得到国际社会认同，

联合国非殖民化特别委员会也将香港、澳门从殖民地名单中删除。可见，葡萄牙提出以"给予殖民地自由"的方式归还，这与香港、澳门并非殖民地的国际法则相矛盾，更为严重的是，以这种方式回归很可能会影响香港问题。所以中国政府决定维持澳门的现状。

继续讲述：1984年12月，中英两国正式签署了关于香港问题的联合声明，这为澳门问题的解决创造了条件。1986年6月，中葡两国开始就澳门问题进行谈判。由于主权的归属问题已经解决，中国实行"一个国家、两种制度"的方针也已明确，谈判的主要问题是中国在澳门恢复行使主权的具体时间。

材料呈现：在开始谈判时中方提出，1998年恢复对澳门行使主权，与香港回归时间错开，晚一年。这样有利于澳门平稳过渡，也表示与香港有所不同。但葡方不同意，他们提出：在2003年归还澳门（即葡占领澳门450周年时）。葡萄牙社会党领导人甚至公开提出，应在2013年即葡占领澳门460周年时归还。

——康冀民：《澳门回归之路》，载《中共党史资料》，2009年第3期

教师设问：葡萄牙提出推迟归还澳门，其目的何在？（参考答案：不愿放弃在澳门的经济利益。）

教师讲述：1986年11月，我国外交部副部长周南到葡萄牙访问，商谈有关澳门回归问题，但在回归时间上仍未达成一致。访问结束归国前，周南在机场对记者说：

材料呈现："在20世纪末之前，完成港澳回归祖国的大业是中国人民的意愿，也是中国政府的决心。"同年12月31日，我外交部发言人也明确指出："任何关于2000年以后交还澳门的主张都是不能接受的。"

——康冀民：《澳门回归之路》，载《中共党史资料》，2009年第3期

教师设问："任何关于2000年以后交还澳门的主张都是不能接受的"，这反映了中国政府怎样的态度？（参考答案：实现祖国统一大业的强烈愿望。）

教师讲述：中国政府又提出，将原定1998年恢复对澳门行使主权的时间，改为1999年12月20日。中国政府的坚定立场，使葡萄牙政府重新考虑交还澳门的时间。葡国总统苏亚雷斯①在1987年主持召开了两次最高国务会议，对此问题进行讨论，最后接受了中

---

① 马里奥·阿尔贝托·诺布雷·洛佩斯·苏亚雷斯（Mário Alberto Nobre Lopes Soares，1924—　），葡萄牙社会党领导人。1976、1978、1983年三任总理，1986—1996年任第三共和国第四任总统。

方建议，即1999年12月20日中国对澳门恢复行使主权。

材料呈现：

材料一　《中华人民共和国国籍法》第三条规定："中华人民共和国不承认双重国籍和多重国籍。"

——康冀民：《澳门回归之路》，载《中共党史资料》，2009年第3期

材料二　1981年10月3日葡萄牙颁布的新《国籍法》规定："具有葡国国籍的双重或多重国籍的居民，应以葡国为第一国籍，而葡国护照的功能，不论其持有人是本土或非本土居民都一样。"

——康冀民：《澳门回归之路》，载《中共党史资料》，2009年第3期

教师设问：中葡两国的国籍法，最大的不同点是什么？（参考答案：是否承认双重国籍。）

教师讲述：中国不承认双重国籍，而葡萄牙则承认双重国籍。这成为双方谈判中的一大难题。而且，葡萄牙的国籍法还规定："凡是在澳门出生的人自动获得葡萄牙国籍"。①澳门居民虽然97%以上是华人，但他们当中约有13万人持有葡国护照，这在50万澳门总人口中，占了26%。葡萄牙占领澳门几百年，在澳门出生的葡萄牙后裔有2万多人。对于国籍问题，中葡双方各自坚持自己的立场，无法达成一致。后来，中方考虑到澳门的历史和现状，同意在澳门特区成立后，仍允许原持有葡萄牙护照的澳门中国居民，可以继续使用该护照，作为一种旅行证件到其他国家和地区旅行。但葡方仍固执己见，最终未能达成共识，只好在《中葡联合声明》中以备忘录的形式，各自表述自己的立场，成为悬案挂起来。

材料呈现：记得1993年3月1日，澳门基本法起草委员会第九次全体会议一致通过《澳门基本法（草案）》，在送请全国人民代表大会审议前，我曾受委托向澳葡政府通报《澳门基本法（草案）》的有关情况。韦奇立②在他的会客厅亲自与我交谈，他思了片刻，说："那我就直言了。葡方一直很关心《澳门基本法》的起草，如果基本法文稿还能修改的话，我想序言写得不好。第一句话说澳门是中国的领土，这没有问题。而紧接着的第二句就说葡萄牙占领了澳门。'占领'两个字，既不符合历史事实，也违背了

---

① 康冀民：《澳门回归之路》，载《中共党史资料》，2009（3）。
② 威斯科·霍奎姆·罗切·韦奇立（Vasco Joaquim Rocha Vieira，1939—　），最后一任澳门总督。

今天中葡两国的友好关系。中方领导人一再声称，解决澳门问题不算历史旧账，着眼未来，向前看。而《澳门基本法》序言一开头就表现出要算历史旧账的架势。"

——宗光耀口述、余玮整理：《澳门回归那些事》，载《北京日报》，2015-01-15

教师设问：说"葡萄牙占领了澳门"的依据是什么？（参考答案：略）

教师介绍：1557年，葡萄牙人未经明朝政府许可，以借地晾晒湿水贡物为借口，开始在澳门非法居留。葡萄牙人一直自认是租居澳门的，而且明清两朝政府都对澳门行使了全面的主权。1840年鸦片战争后，葡萄牙人乘清朝政府战败之机，相继侵占了澳门南面的凼仔岛和路环岛。澳门被葡萄牙逐步占领，这是历史事实，无需争辩。长达400多年的历史，用"逐步占领"4个字一笔带过，既叙述了历史的真实面目，又充分体现了不纠缠历史旧账，维护中葡友好的格局。

材料呈现：16世纪中叶以后被葡萄牙逐步占领，这是历史事实，无需争辩。长达400多年的历史，用"逐步占领"4个字一笔带过，既叙述了历史的真实面目，又充分体现了不纠缠历史旧账，维护中葡友好的格局。序言中用的"占领"两个字，是相当中性的词汇，而没有用"侵占"、"侵略"一类强烈的字眼。

——宗光耀口述、余玮整理：《澳门回归那些事》，载《北京日报》，2015-01-15

教师讲述：听了这样的解释、说明，澳门总督也就认可了"占领"一词。

教师小结：1987年4月13日，两国政府在澳门签订了《关于澳门问题的联合声明》，澳门由此开始了回归祖国的过渡期。"如果说香港回归祖国的历程，是'风高浪急，波涛暗涌'，那么，澳门的回归，就可以用'风平浪静，波澜不兴'来形容了。"[1]

设计点评

本微课以澳门问题的谈判作为切入点，有助于学生了解澳门回归"风平浪静、波澜不兴"的史实。本微课呈现的中葡关于澳门问题的"两大问题"——回归时间及国籍问题的谈判经过，有利于学生感受祖国统一大业的进程。

---

[1] 钱其琛：《外交十记》，350页，北京：世界知识出版社，2003。

教学资源

资源1：1990年，港英当局提出来一个"玫瑰园计划"，就是要花1270亿元建一个新机场，事先也没跟我们打招呼，我们是从报纸上看到这个消息的。对建新机场我们的态度一直是：不反对。但问题是，你花了1270亿元，1997年6月30日，你能留给香港特区政府多少财政储备？我们问他：你们到了1997年打算留给特区政府多少财政储备？他说50亿。50亿不是美元，是港币。我说你开玩笑，50亿港币让香港特区政府怎么过日子？

我们研究分析以后决定，不采取主动，稳坐钓鱼台。为什么呢？因为这个工程是跨越1997年的，这么大的工程，肯定要向银行贷款的，大部分贷款要在1997年以后才偿还。那么，1997年以后谁来还这个钱？如果没有我们的承诺，银行是不会贷款的。后来果然这些外国银行，汇丰啊，花旗银行，都来找我们，要求我们承诺将来特区政府一定能够偿还这笔债务。我们说不能承诺，我们根本不了解这件事情，英国人根本没有跟我们商量，我们怎么能够承诺？所以他一个钱都借不到。被他们吹得天花乱坠的"玫瑰园计划"眼看就要泡汤，英国人开始着急了。

那个时候英国外长叫赫德①，也来找我谈，但是关于财政储备，还是谈不拢。后来英国首相梅杰②不得不亲自插手，派了他的政治顾问柯利达来北京。他来北京，却不让香港知道，是秘密来的，不直接从伦敦飞北京，而是从法兰克福，绕了一个圈子过来。

中央指定由我和他谈，我们在钓鱼台国宾馆关起门来谈。在财政储备上讨价还价，这个就像老太太在菜场上买菜一样，一点点挤牙膏。挤到最后，他说："鲁平先生，250亿到顶了，实在是不可能再多了，希望你们理解。"我算了一下，《联合声明》规定的，1997年前香港卖地的话，要分一部分给特区政府，那么我们那个时候有一个土地基金代特区政府保管这笔钱，到了1997年7月1日，我们要把这个钱全部交给特区政府。

这笔土地基金，我问了一下，到1997年的时候估计可以累积到700亿至800亿，那么再加上这250亿，可以凑成1000亿。虽然不多，但是勉强可以过日子了。我请示中央以后，中央也同意了，这个数目就定下来了。财政储备问题一解决，其他问题也顺利

---

① 道格拉斯·理查·赫德（Douglas Richard Hurd，1930—   ），英国资深的保守党政治家及作家。1989—1995年任英国外交大臣。
② 约翰·梅杰（John Major，1943—   ），英国政治家。1990—1997年出任英国首相。

解决了。

最后我们要草签了，但有一条规定，"新机场谅解备忘录"要两国政府的首脑在北京正式签署以后才生效。谈到这一条他不干了，说不行，我们首相不能到北京来。我说你来的时候曾经透露过将来可以考虑梅杰到北京来，怎么现在出尔反尔。他就"啪"一拍桌子跳起来，说："我没有说过。"我也跳起来了，我说："柯利达先生，我要不要把记录拿出来给你看？你还想不想谈？如果你不想谈的话，现在就请你回去。"那个时候我是估计到他不会走的，他绝不会功亏一篑、空手而归的，因为现在首相亲自插手了。他为什么会跳起来说不同意呢？因为1989年以后西方对我们封锁，这些国家的首脑一个都不来。所以我们要梅杰来打破这个僵局，备忘录不仅要解决香港机场问题，还要解决西方对我国封锁的问题。他看我态度这么坚决，马上软下来了："鲁平先生，对不起，我刚才态度不好。请您坐下来，我们坐下来再好好谈。"他说能不能采取另外一个办法，我们两国政府的首脑到欧洲哪个第三国去签。我说这个像什么话，什么叫第三国？这个事情跟第三国没有关系。这是我们两个国家的事，跑到第三国去不伦不类，怎么跟外界解释这个问题？最后，他说这个问题我定不了，我要请示首相，但首相现在不在伦敦。我说不在伦敦，你找他谈，你是他顾问，你知道他在哪里。"你打电话"，我说。他出去了一会儿，不知道真打了还是没打，结果灰溜溜地回来了，他说首相同意了。

——鲁平：《亲历香港回归背后的中英交锋》，载《秘书工作》，2012年第7期

资源2：1992年7月，彭定康受英国政府之命出任第28任香港总督。彭到职后不久，即在香港立法局宣读了他的第一份施政报告，推出了1994—1995年香港大选的一整套新方案，把现行香港政体引向巨变。既然该方案涉及1997年前后香港政体的衔接，于是中方要求英方在双方达成协议之前不要公布该方案。但英方未予理会。这一方案将原定香港社会各功能团体的选举实际上变成了变相的分区直接选举；推翻原定立法局选举委员会的组成成分和比例而代之以直接选举；全部取消区议会、市行政局、区行政局的任命席位。这是一份地地道道的违反《中英联合声明》、违反《基本法》、违反双方较早达成的协议和谅解的方案。彭定康处处抬出直接选举，看似"民主"得出奇，实则是把选举变成一种漫无边际的游戏和旷日持久的闹剧，使香港政权机关迟迟不能出台，香港政局难以安宁平稳。由于彭定康提出的方案给中英在香港问题上的合作设置了许多障碍，引起了香港社会的新的对立和分歧。

实际上，中英争论的实质不在于应不应该发展香港民主、加快还是减缓直接选举进程。中英分歧的实质在于：英方能否信守承诺，即能不能认真执行中英联合声明、要不要促使香港政制的发展与《基本法》衔接，打不打算遵守双方达成的全部协议和谅解。

彭定康的《政改方案》刚一出笼，中国政府就立即表示强烈反对。中方严肃指出，如果在过渡期内，香港政治体制的发展与《基本法》相脱节，中方将不会为此承担责任。中方希望英国政府为了香港繁荣和稳定的大业，为了两国的共同利益，能够回到中英联合声明中所提出的协商和合作的轨道上。与此同时，1990年初，中英两国外长就香港政制问题交换的7封外交信函公开后，英方不信守承诺的真相便公之于众，越来越多的香港居民对彭定康破坏中英协议和制造对峙表示不满，要求消除分歧，通过谈判解决中英关于香港政制之争。英国执政党和在野党中一些卓有眼光的人士也对彭定康的方案进行抨击。在各方舆论的压力下，英国政府被迫继续同中方就1994—1995年香港选举问题进行外交谈判。

……

由于中英在香港1994—1995年大选问题上没有达成协议，港英立法局、行政局以及最后一届区议会的全体成员，失去了1997年6月30日后继续留任的可能。在这一天，他们的权力期限届满，中方将在全国人大的决议和《基本法》基础上"另起炉灶"，组建香港特别行政区立法委员会和地方行政机构。

——俞思念、贺金浦、崔启明：《香港回归：历史性时刻的回溯》，

载《湖北行政学院学报》，2002年第4期

资源3：9月24日，人民大会堂福建厅。邓小平就解决香港问题向撒切尔夫人摊牌。

邓小平坦诚地对撒切尔夫人说，香港"主权问题不是一个可以讨论的问题。现在时机已经成熟了，应该明确规定：1997年中国将收回香港"。"如果中国在1997年，也就是中华人民共和国成立48年后还不把香港收回，任何一个中国领导人和政府都不能向中国人民交代，甚至也不能向世界人民交代。"并说："不迟于一两年的时间，中国就要正式宣布收回香港这个决策。"

撒切尔夫人对此并不意外，但试图反击，她认为，如果中国收回香港，将"带来灾难性的影响"。

邓小平平静地回答，如果真是这样，"我们要勇敢地面对这个灾难，作出决策"。接着，邓小平严肃指出：我担心今后十一年过渡期中会出现很大的混乱，制造这些混乱的主要是英国人。希望英方不要做妨碍香港繁荣的事。十多年来事情的发展正如邓小平所预见的那样，英方在香港问题上不断设置障碍，违背中英达成的联合声明，违背香港基本法。但尽管如此，丝毫不能阻挡中国人民恢复行使对香港的主权的进程。

最后，双方商定通过外交途径开始进行香港问题的进一步磋商。

外电评论这次会谈：撒切尔夫人锋芒毕露，邓小平是绵里藏针。

政治家毕竟是政治家。撒切尔夫人与邓小平会见后的第二天，她告诉英国广播公司电台记者戈登·马丁说："我同邓小平等中国领导人"的会谈"是友好的，我们承认有分歧，但是我们共同的目的大于分歧"。同时，她还向全世界表示，中英双方本着维护香港的繁荣和稳定的共同目的，同意在这次高层会晤后通过外交途径继续进行商谈。

此后，中英双方开始了一系列的谈判。谈判共进行了22轮，直到1984年9月结束。历时两年之久。

而在这时期，邓小平关于"一国两制"的构想更加趋于成熟。

1984年2月22日，邓小平同访问中国的美国乔治城大学战略与国际问题研究中心主任、曾经担任国务卿的布热津斯基谈话时说道：世界上有许多争端，总要找个解决问题的出路。我多年来一直在想，找个什么方法，不用战争手段而用和平方式，来解决这种问题。解决台湾问题可以用"一个国家，两种制度"。香港问题也是这样，"一个国家，两种制度"。香港和台湾还不同，香港是自由港。

1984年5月18日，"一国两制"的提法写入《政府工作报告》，成为中国政府解决台湾、香港、澳门问题，实现祖国统一方针的概括性语言。

——李颖编著：《共和国历史的细节》，316～317页，北京：人民出版社，2009

资源4："不驻军还叫什么恢复行使主权"

对驻军这个问题，小平同志的态度是十分坚定的。就是在实行"高度自治"的同时，中央要保留必要的权力，当时首先就提出国防、外交必须由中央直接管理，不包含在"高度自治"里。既然国防、外交由我们中央掌握，我们就有权驻军。早在1984年4月，他在审阅外交部《关于同英国外交大臣就香港问题会谈方案的请示》报告时，就在关于驻军问题的一条下亲批："在港驻军一条必须坚持，不能让步。"

对此，英方又是百般抗拒，制造障碍。当双方为中央在香港驻军问题一直争论不休时，小平同志发火了，他在公开接见香港各界人士时表示：为什么中国不能在香港驻军？英国可以驻军，我们恢复了主权反而不能在自己的领土上驻军，天下有这样的道理吗？驻军起码是主权的象征吧，连这点权利都没有，那还叫什么恢复主权哪？必须要驻军！小平同志一发火，英方的态度才有了收敛。

最后，根据邓小平同志"进驻是必须的，名称可以改变，进驻时间早晚时间也可以松动"的指示，向英方摊了牌，说这是中国最后的方案。这下英方才猛然惊醒，开始严肃对待这个问题，并最终以双方都能接受的时间达成了协议。……

——本刊编辑部：《中英谈判：香港回归鲜为人知的细节》，

载《学校党建与思想教育（普教版）》，2007年第7期

资源5：1982年阿根廷收复马尔维纳斯群岛，表面看确是进取性之举，但实际上其领导层并没有做好应付艰巨情况的准备。一是看到英国正在削减国防预算，估计不会为马岛而战，只要造成既成事实，便可轻取。二是认为即使英国想战，因经济衰退国力减弱，不仅兵力不足，还与马岛相距一万四千公里，后勤保障也成问题，阿根廷尽占天时地利的便利，即使一战，对劳师远征的英军，也能获胜。

就是在这种思想主导下，阿根廷从政客到军人都没有做好艰苦作战的精神和心理准备，甚至连斯坦利港的机场也未整修，致使战争爆发后阿根廷战斗机无法以马岛为基地攻击英军。其收复国家主权和捍卫民族尊严的"进取心"，既缺乏强有力的物质力量支撑，也缺乏强有力的精神力量支撑，最终使这一失败成为阿根廷延续至今的创伤。

在英阿两国领导人进取心的激烈博弈之中，英国首相撒切尔夫人成了胜出者。就是这位"铁娘子"在马岛获胜3个月后来到北京，企图乘势一举解决香港问题。未料等待她的，是邓小平那段十分强硬的语言。邓小平后来还讲了一段话："香港问题，就是一句话：一点都软不得。"

——金一南：《中国强烈战略进取意识曾确保香港回归》，

载《解放军报》，2010-02-09

资源6：新中国成立初期，以美国为首的西方国家对华实行政治上的孤立与经济上的封锁。因此，陈云十分重视香港在打破西方封锁方面所起到的"通道"作用，强调"利用香港作跳板"。1951年5月28日，陈云领导下的中财委发出《关于美帝操纵联合国

大会非法通过对我实行禁运案后对各项工作的指示》，指出："我们的外贸工作重点要转移到华南，利用香港作跳板，多做小宗买卖，积少成多；坚持易货制度，加强缉私工作；对欧洲资本主义国家的贸易，暂停开新购买证，保证资金安全。"1952年5月14日，陈云签发中财委电，指出：对资本主义国家的贸易要作进一步努力，尽量打开局面，特别是港澳和南洋，他们需要我们的一些土特产，放弃这个市场对我不利。

——孙翠萍：《陈云与香港工作的历史考察》，载《当代中国史研究》，2013年第3期

资源7：华润公司是中共在海外建立的第一个对外贸易机构。吴仪曾指出：华润公司的发展历史见证了新中国发展的历程，反映了中国改革开放的进步，也折射了中国国有企业的变迁。华润公司曾是中国最大的现汇来源渠道，代理贸易曾一度高达全国外贸总额的30%，华润公司是广交会的发起和组织者，是"三来一补"的首创者，是香港中资企业的摇篮。五丰行和德信行都是外贸部领导的华润公司所管理的贸易公司。其中，五丰行也是中国粮油食品进出口总公司在香港的派出机构，而德信行则是中国土畜产进出口总公司在香港的派出机构。

——孙翠萍：《陈云与香港工作的历史考察》，载《当代中国史研究》，2013年第3期

资源8：

每天一个中等城市在移动

每天清晨6点半，在连结香港与内地的"第一口岸"罗湖，边检等工作人员就开始一天争分夺秒的忙碌。15年前，这里平均每日通关客量为13万多人次，现在已增至30余万人次，相当于一个中等城市在移动。

来自国家旅游局的数据显示，香港回归15年来，内地和香港已经互为最大旅游客源地。据统计，内地居民赴港人数从1997年的236万人次至2011年的2810万人次，增长11倍；香港市民赴内地旅游人数从1997年的3977万人次增长至2011年的7936万人次。

越来越多的内地商务人士来到香港寻求机会。据香港贸发局统计，2011年赴港参展的内地展商比1997年增加13倍，现已超过1万家，买家增长20倍，逾15万人。

回归以来，香港向内地莘莘学子敞开了大门。15年间，赴港就读的内地学生增长迅猛。据统计，本科生由1997/1998年度的仅7人，增至2011/2012年度的4582人；研究生由937人增至4353人。

曾任香港中文大学校长、特区政府教育统筹局局长的李国章先生说，回归15年来，香港青少年与内地青少年交流日益频密，对国家的认同感和自豪感与日俱增。

国家就在我心中

每天清晨，雄壮的《义勇军进行曲》在金紫荆广场奏响，鲜艳的五星红旗和香港特别行政区区旗冉冉升起，唤醒这个沉睡中的繁华都市。

回归之后，升国旗典礼成为香港生活的新元素，也是中外游客来港观光的重要节目之一。

每年"七一"回归纪念日，升旗礼最为隆重。前往观礼的香港市民往往要提前两个小时抵达，才能挤进广场。大家挥动手中的国旗、区旗，连成一片壮观的旗海。一名已经参加过3次"七一"升旗典礼的香港女中学生告诉记者，能作为学生代表参加升旗礼觉得很自豪，自己每次看到旗帜升起都很振奋。

自进驻香港以来，驻港部队每年都举行"军营开放日"，迄今已有23次开放活动，共吸引47万人次香港市民到军营参观。每次开放日入场券一票难求，不少香港市民通宵排队等候领取。

公署副特派员李元明表示，"青年兴则国家兴，青年强则国家强。"希望广大香港青少年通过参赛了解港情国情，洞悉世界风云，立足香港，志存高远，使香港同胞爱国爱港的光荣传统薪火相传。

爱国爱港的薪火，在一个个与祖国共享荣耀的时刻燃起。2008年8月，北京奥运会马术比赛在香港成功举行，让香港再次走进全球的聚光灯下。"正因为回归祖国，香港才能与其他内地城市一起协办北京奥运会的部分赛事，最直接地感受和分享作为奥运城市的荣耀与激动。"香港同胞如是说。

相知日多　感情越浓

两地之间的频繁交往，大大增进了同胞之间的了解。"向香港和港人学习借鉴"，回归以来一直是内地媒体和学界关注与讨论的热点话题。而在交往互动中，内地同胞亲身感受着港人的"不一样"，从中找到"东方之珠"在世界上焕发出耀眼光芒的动力之源。

在香港迪士尼乐园，香港人会蹲下身来与小朋友说话；在地铁公交，他们自觉排队、小声交谈；在商场里，他们微笑迎客、细致服务，双手递出票据；在合作中，他们勤奋敬业、认真严谨……文明、有礼貌、敬业、守秩序、勤奋、有进取，这是香港市民在内地来客心中的普遍印象。

每当内地遭逢重大自然灾害，特区政府和香港民众也都慷慨解囊，奉献爱心。

2008年"5·12"汶川地震后，香港特别行政区共投入100亿港元，援助四川地震灾区恢复重建工作，援建项目涉及教育、医疗、社会福利事业等多个领域，项目总数达190个。

而每当香港经济、民生遇到严重困难的时候，中央政府和内地都会鼎力支持；大批内地同胞来港消费，使香港市面始终保持荣景；越来越多的香港人北上发展，参与到内地的崛起与进步中……

15年共渡难关，15年相知相惜，两地民众的心已越来越近，两地之间的心理差距已越来越小。

"这首歌表达了一个香港人回归祖国的心灵感悟。"《国家》的创作者、香港作曲家金培达说。在香港回归即将届满15周年之际，他认为这首歌依然最能表达出所有香港归家游子的心声："我爱我的国，我爱我的家，我爱我……国家。"

——曾繁娟、刘畅：《国与家连在一起——香港回归十五年成就回顾·两地篇》，

载《农民日报》，2012-06-29

资源9：香港经济社会发展有关情况

1. 香港本地生产总值由1997年的1.37万亿港元增长至2013年的2.12万亿港元，年均实质增长3.4%。

2. 香港特别行政区政府财政储备由1997年底的4575亿港元增长至2014年3月底的7557亿港元，增长65.2%。

3. 香港外汇储备由1997年底的928亿美元增长至2013年底的3112亿美元，增长了2.35倍。

4. 根据国际货币基金组织2013年数据，按购买力平价（PPP）计算，香港本地生产总值位居全球第35位，人均本地生产总值位居全球第七位。

5. 香港是重要的国际银行中心，世界排名前100位的银行中有73家在香港营业。

6. 香港是亚洲第二大和全球第六大证券市场，2013年底香港股市总市值达24.04万

亿港元，在香港进行的首次公开招股集资总额达1665亿港元，居全球第二位。

7. 香港是全球第五大外汇市场，2013年外汇市场日均成交额2746亿美元。

8. 根据世界经济论坛2012年10月发布的《2012年金融发展报告》，香港金融业发展指数位居全球首位；在英国伦敦金融城公司2013年9月公布的"全球金融中心指数"排名中，香港位居全球第三位。

9. 香港是全球第九大贸易经济体。香港有约10万家专业进出口公司，与世界上几乎所有的国家和地区保持贸易联系。

10. 2013年香港对外商品贸易总额达7.62万亿港元，比1997年的3.07万亿港元增长1.48倍。

11. 香港是全球最重要的外来直接投资目的地之一。根据联合国贸易和发展会议《2013年世界投资报告》，香港在吸收外来直接投资方面位居全球第三位。截至2013年底，在香港注册的海外公司有9258家，比1997年底增加83%；截至2013年6月，外资驻港地区总部有1379家，比1997年增加52.7%；截至2013年6月，外资驻港地区办事处有2456家，比1997年增加52.5%。

12. 香港是全球最大的集装箱运输港口之一，2013年共处理标准集装箱2228.8万个，比1997年增长52.9%。

13. 香港是全球第四大船舶注册中心，截至2013年底，在香港注册的船舶有2327艘，总吨位达8643万吨。

14. 香港国际机场是世界最繁忙的航空港之一，全球超过100家航空公司在此运营，客运量位居全球第五位，货运量多年高居全球首位，2013年航空货运、客运量分别比1998年增长1.53倍和1.18倍。

15. 根据2013年"全球国际航运中心竞争力指数"，香港在660多个港口城市（区域）中排在第三位。

16. 香港特别行政区2014—2015财政年度用于教育的经常开支预算为671.3亿港元，占政府经常开支总额的21.8%，教育总支出预算为753.7亿港元，占政府开支总额的18.3%，是政府开支的第一大项目。2008—2009学年，香港已在公营学校实施十二年免费教育。

17. 香港颁授本地学位的高等教育院校由回归前的12所增加至17所，其中8所大学接受政府财政资助。根据英国泰晤士高等教育研究机构公布的2013年亚洲大学排行榜，香港大学、香港科技大学进入前十名；2013—2014年世界大学排名中，香港大学名列第43位。

18. 从2000年第二季度到2013年第三季度，香港拥有专上教育程度的就业人口占全部就业人口的比重从23.7%提高到35.1%，其中，拥有大学学位的就业人口占全部就业人口比重从14.5%提升至26%。反映基础教育水平的"国际学生评估（PISA）"公布2012年全球测试排名，香港继续名列前茅；在英国培生集团2012年公布的全球教育系统排名中，香港位居全球第三位。

19. 2014—2015财政年度，香港特别行政区政府用于医疗服务的财政预算支出524亿港元，占政府经常开支的17%。

20. 截至2012年底，香港各类医疗卫生机构共有病床3.55万张。其中，90%以上的经费由政府财政拨款的公营医疗系统现有包括38间公立医院和医疗机构、48间专科门诊及73间普通科门诊，共有6.4万名雇员、2.7万张病床，提供约占全港九成的住院医疗服务和三成门诊医疗服务。

21. 香港婴儿夭折率由1997年的4‰下降至2013年的1.6‰，是全球婴儿夭折率最低的地方之一。2013年香港男性与女性的预期寿命分别为80.9岁及86.6岁，是全球预期寿命最高的地方之一。

22. 截至2013年6月，香港以中国政府代表团成员或其他适当身份参与以国家为单位参加的共41个政府间国际组织相关活动，包括国际货币基金组织、世界银行、国际民用航空组织、联合国粮农组织、国际刑警组织等；参加不限主权国家参加的政府间国际组织37个，包括世界贸易组织、亚太经济合作组织、世界气象组织等。香港以中国政府代表团成员身份或其他适当身份参加有关国际会议1400多次，以"中国香港"名义参加不以国家为单位参加的国际会议2万余次。

23. 香港特别行政区平均每年接待外国政要和学术界、智库等有影响人士来访上百次。许多国家的元首和政府首脑曾访问香港或在香港出席国际会议。香港共举办或协办国际会议1000多次，包括国际货币基金组织和世界银行年会、世界贸易组织第六次部长级会议、国际电信联盟世界电信展、国际海事组织外交大会、世界知识产权组织区域研讨会和亚洲太平洋邮政联盟执行理事会年会等。

24. 香港特别行政区已与42个国家签署互免签证协议，150个国家和地区单方面给予特别行政区护照持有人免签或落地签待遇。

25. 香港特别行政区与67个国家签署了民用航空运输及民用航空运输过境协定，与35个国家和地区签署了避免双重征税协定，与17个国家签署了促进和保护投资协定等，与30个国家签署了刑事司法协助协定，与19个国家签署了移交逃犯协定，与13个国家签署了移交被判刑人协定。

26. 香港特别行政区政府在日内瓦、布鲁塞尔、伦敦、多伦多、东京、新加坡、悉尼、华盛顿、纽约、旧金山、柏林等地设立了11个驻外经济贸易办事处，促进香港与有关国家和地区的经贸、投资利益及公共关系。

27. 外国在香港协议设立的总领事馆达66个、名誉领事73位。欧盟委员会、国际清算银行、国际货币基金组织、联合国难民事务高级专员署、国际金融公司、海牙国际私法会议等国际组织在香港设立了6个代表机构。

——中华人民共和国国务院新闻办公室：《"一国两制"在香港特别行政区的实践》，

载《人民日报》，2014-06-11

资源10：内地与香港交流合作有关情况

1. 内地是香港最大的贸易伙伴。据香港统计，2013年，香港与内地的贸易额达38913亿港元，比1997年增长2.49倍，占香港对外贸易总额的51.1%。

2. 香港是内地最重要的贸易伙伴和主要出口市场之一。据海关总署统计，2013年，内地对香港出口额达3847.9亿美元，占内地出口总额的17.4%。

3. 内地是香港外来直接投资的最大来源地。据香港统计，截至2013年底，内地对香港直接投资超过3588亿美元，占内地对外直接投资总额的近六成。

4. 香港是内地最大的外商直接投资来源地。据商务部统计，截至2013年底，内地累计批准港商投资项目近36万个，实际使用港资累计6656.7亿美元，占内地累计吸收境外投资的47.7%。香港是内地最大的境外投资目的地和融资中心。截至2013年底，内地对香港非金融类累计直接投资为3386.69亿美元，占内地对外非金融类累计直接投资存量总额的59%。

5. 截至2013年底，在香港上市的内地企业达797家，占香港上市公司总数的48.5%；在香港上市的内地企业总市值达13.7万亿港元，占香港股市总市值的56.9%。

6. 2013年底，香港人民币客户存款及存证余额达1.05万亿元人民币，同比增长46%；人民币贷款余额1156亿元人民币，未偿还的人民币债券余额3100亿元人民币。

7. 内地与香港科技合作委员会依托香港高等院校、科研机构和香港科技园，分别建立了16个国家重点实验室伙伴实验室、1个国家工程技术研究中心香港分中心和2个国家高新技术产业化基地，支持香港高校在深圳设立研究院，推动国家重大科技项目向香港开放。

8. 2010年以来，香港科技工作者和机构已成功申请国家973计划项目4项，获得研发资助1.6亿元人民币。

9. 2013年12月，搭乘"嫦娥三号"月球探测器成功登月的"玉兔月球车"，使用了香港理工大学专家研发的相机指向系统。

10. 截至2013年底，香港共有中国科学院院士、中国工程院院士39人（包括外籍院士），88位香港科学家作为主要人员分别获得国家自然科学奖、国家科学技术进步奖、科技发明奖等44个国家科技奖项。

11. 2012—2013学年，在香港高校就读的内地学生约2.2万人；截至2013年10月，在内地高校就读的香港学生逾1.4万人。

12. 香港大学、香港中文大学、香港理工大学、香港浸会大学、香港城市大学等分别与内地高校联合办学或举办高等教育机构。广东、北京、上海、浙江、福建等省（市）与香港建立了400余对姊妹学校。

13. 2009年，香港、澳门与广东共同申报并成功将粤剧列入联合国教科文组织《人类非物质文化遗产代表作名录》。

14. 2011年9月，在中央政府支持下，香港西贡地质公园成功申报为联合国教科文组织认可的世界地质公园。

15. 自CEPA签署以来，香港与内地合拍影片共322部，占内地与境外合拍影片总量的70%，其中票房收入超过1亿元人民币的影片共有61部。

——中华人民共和国国务院新闻办公室：《"一国两制"在香港特别行政区的实践》，

载《人民日报》，2014-06-11

资源11：1979年2月8日，中葡两国经过友好谈判，建立了正式外交关系。中国驻法大使韩克华与葡萄牙驻法大使安东尼奥·利英布拉·马尔丁斯，分别代表各自政府签订了《中葡建交公报》和《会谈记录》。双方就澳门问题达成如下原则谅解：

中国大使代表中华人民共和国政府对澳门问题表示的立场是："澳门是中国领土，定将归还中国。至于归还的时间和细节，可在将来认为适当时候由两国政府谈判解决。"

葡萄牙驻法国大使表示："葡萄牙政府原则同意中国政府的立场"。"葡萄牙宪法没有把澳门并入葡萄牙的领土，宪法只把澳门看作是在葡萄牙管理之下。葡萄牙对于澳门地域管理的结果，将可在中华人民共和国和葡萄牙之间进行谈判"。

——陈果吉：《中葡关于澳门问题谈判的前前后后》，载《党的文献》，1999年第6期

资源12：……谈判前，葡对以下三点较为关注：

1. 希望会谈轮流在北京和里斯本举行。葡总理席尔瓦私下说："按惯例，会议应轮流在北京和里斯本来举行。代表团的级别最高是副部级。定于五月份开始会谈，时间太紧了。"葡总统对中方提出谈判澳门问题感到突然，说葡方至今对会谈仍无准备，尚未确定会谈日期。葡方准备在第一轮会谈时听取中方的意见，在第二轮会谈中提出相应的建议。

2. 尽量拖延归还澳门的时间。葡在谈判前对我收回澳门的期限非常关心，生怕我把1997年定为归还澳门的最后期限。葡总理席尔瓦说："澳门与香港不同，不存在条约问题，澳门若与香港同时收回，就意味着葡国也是用枪炮侵占了中国领土"。葡政府通过澳门前立法议员放风：葡把接受1997年为归还澳门的最后期限，视为葡国的耻辱，葡宁愿提早从澳撤走，也不会答应此要求。

3. 对土生葡人的地位和利益表示关心。葡总理说："澳门土生葡人的国籍问题，在中葡会谈中需要慎重处理。澳门土生葡人只有几千人，其前两、三代可能是从葡国去的，葡不会放弃他们。"他认为：澳门土生葡人自幼受葡国教育，一个汉字不识，他们大多在澳门政府中的各部门任职，均把澳门作为自己的故土，非常关心澳门前途。希望中方关心照顾他们的利益，政府移交后不要改变他们目前的地位和享有的待遇。

——陈果吉：《中葡关于澳门问题谈判的前前后后》，

载《党的文献》，1999年第6期

资源13：……针对澳门所特有的问题，中国政府还提出了几项具体政策：

1. 关于澳门"土生葡人"的问题

澳门当时有"土生葡人"约九千人，他们世居澳门，并且多数具有中国血统。他们

持葡萄牙护照，自认是葡萄牙人。澳葡政府机构上层官员多随每届总督来去，中层官员多由"土生葡人"担任。真正掌握政府机构运转的是这部分"土生葡人"。在律师、建筑工程师等专业人员中，"土生葡人"也占多数。他们的政治和经济地位低于来自本土的葡人，而比当地中国人高。他们主要经济利益在澳门，多数不愿意回葡萄牙定居。

对澳门"土生葡人"拟采取团结争取的政策，欢迎他们继续留在澳门。按照中国国籍法，在澳门出生的中葡混血居民应被视为中国人。考虑到"土生葡人"是否有中国血统，事实上很难辨别，为了照顾葡萄牙政府和这部分居民的接受程度，中国收回澳门后，对"土生葡人"国籍问题的处理，拟尊重他们的意愿。凡自认为中国人者，享受中国公民待遇，并保留葡萄牙证件，但在中国境内不能享受葡萄牙领事保护。凡自认为葡萄牙人者，仍可作为澳门居民，享受澳门居民的一切权利，并可以个人身份受聘在特别行政区政府中担任某些职务。

2. 关于澳（门）币和港币继续流通的问题

澳门流通的货币有澳门币和港币两种。澳门币自1997年开始同港币挂钩，实际上依附于港币。澳门币本身不能自由兑换，但可通过港币兑换其他外币。在十一条基本方针政策中，规定澳（门）币继续流通。由于澳门在经济上对香港的依附，将来的澳门特别行政区也继续允许港币与澳门币同时流通，但不在"十一条"中作明文规定。

3. 关于赌博业的问题

赌博业在澳门经济结构中占有特殊地位。澳门旅游、交通、饮食等行业都与赌博业有密切联系。当时在澳葡当局财政收入中，赌税超过财政总收入的三分之一。根据保持澳门社会、经济制度和生活方式不变的政策，中国政府拟定将来特别行政区政府可允许赌博业继续存在。

——陈果吉：《中葡关于澳门问题谈判的前前后后》，

载《党的文献》，1999年第6期

资源14：1997年8月初的一天，我接到澳葡政府政务司高树维先生的邀请，约到他办公室一叙。由于我们两人都应邀出席了香港政权交接仪式，这次一见面，话题很自然地首先谈到这件事。

高树维说："香港政权交接仪式是很成功的，但是我们澳门的政权交接仪式不必要仿照他们的一套。澳门政权交接仪式规格要更高，增添喜庆气氛，不请其他外国嘉宾，突出中葡两国。"

他具体解释道："所谓规格更高，就是到时邀请中葡两国的'三巨头'，即葡国的总统、总理、议会议长，中国的国家主席、总理、人大常委会委员长都到场，这就比香港的规格高了。不必搞降旗、升旗的形式。深更半夜搞降旗、升旗，全世界都没有。我们在澳督府大门前的葡萄牙国旗12月19日傍晚就降下来了，到时我们会举行庄重的降旗仪式。20日清晨，在同一根旗杆上升起的自然是中国国旗。这就体现了政权的交接，而且是顺利、平稳、自然的。还有，如果政权交接有降旗、升旗仪式，升中国国旗时现场的嘉宾和观众都会鼓掌、欢呼，我也会鼓掌的。而降葡萄牙国旗时人们如何办？我们葡国人听到掌声会高兴吗？我自己就不愿看到这个场面。如果不搞降旗、升旗，增加音乐、歌舞节目，气氛会更为喜庆。"

高树维接着说："澳门的政权交接是中葡两国的事，没必要邀请其他外国嘉宾。届时我们要准备返回里斯本，新上任的领导们还未坐进办公室，接待更多的外宾会有困难的。"他继续说："其实，政权交接仪式和行政长官宣誓就职典礼完全可以在同场举行，这样更加完整，效果也会更好。"

高树维的话突然停了下来，似乎是想听听我的反应。于是我讲："您的想法我全明白，也能理解。我还没有成熟的意见，咱们是好朋友，说一些个人的看法，作为交流、探讨。"

"你说吧，没有认真思考的话往往是真话。"高树维半开玩笑地说。我说："首先我赞成政务司先生主张1999年澳门回归时政权交接仪式的规格要更高，即除了请国家主席、政府总理，将全国人大常委会委员长也邀请来。我建议中央观礼团由中央各部委和全国各省、市、自治区的第一把手组成。葡方来澳门出席仪式的与中方对应。只要定下来，具体操作并不难，我愿意尽一切努力。"高树维插话说："好，我们就朝这个目标努力，至少葡萄牙方面是没有问题的。"

我还说："如果能邀请到联合国的有关官员和外国嘉宾出席这一盛会，见证中葡联合声明的实现和澳门问题的圆满解决，这是一件好事。至于邀请多少外国嘉宾，要根据会场的条件而定，邀请名单也要中葡双方共同商定。这都是1999年的事，目前时日尚早。"高树维点了点头，未发表意见。

我对他讲，关于降旗、升旗的事，这是一个仪式，也是一个重要的标志，它标志着葡国管治澳门的时代的结束，将澳门交还给中国政府。像这样一个具有重大标志性的、国与国之间的重大事件，仅有两国领导人的讲话是不够的。唱歌跳舞气氛喜庆欢快，也不能代替国旗的角色。同是一面国旗，在特定场合的升降，它的含义也有所不同——例如，1949年10月1日下午3时在北京天安门升起的五星红旗与我们每天早晨升起的五星红旗的意义是不完全一样的。我能理解政务司先生对降旗时场上可能会有掌声的忧虑。如果葡方不乐意有掌声，我看这并不难解决，我可以做这个工作。

"你能怎样做？"高树维似乎有点惊喜。我说："把降旗、升旗紧凑连在一起，待中国的国旗和澳门特别行政区的区旗升起，全场鼓掌、欢呼。人们可以理解，这个掌声是为降旗、升旗的重要程序胜利完成而鼓的，不单是为中国国旗和澳门区旗的升起而鼓的。"高树维开心地说："这样好，就是为中国国旗的升起而鼓掌又有何不可，我到时就为你们的五星红旗而鼓掌。"

——宗光耀口述、余玮整理：《澳门回归那些事》，载《北京日报》，2015-01-15

"两弹一星"
工程

　　"两弹一星"在中国历史上具有特殊的意义。面对20世纪五六十年代严峻的国际形势，为了抵御帝国主义的武力威胁和核讹诈、核垄断，党中央果断决定研制"两弹一星"，重点突破国防尖端科学技术。"两弹一星"的辉煌成就为中国科学技术发展积累了丰富历史经验，也留下了宝贵精神财富。

一、"两弹一星"工程的历史经验

　　"两弹一星"的成功研制，给中国留下了许多宝贵的经验。王素莉在《"两弹一星"的战略决策与历史经验》（载《中共党史研究》，2001年第4期）一文中认为，"两弹一星"的研制体现了有中国特色的大科学体制的优势和特点。大科学的先导为"规划科学"，其基本含义是指由国家资助的规模巨大的科研项目。新中国成立后，面对国内繁重的经济发展与社会重建任务以及严峻的国际局势，中国国防尖端科技发展很自然地走向大科学体制。这种体制具有以下三个方面的特色：①以社会主义公有制和计划经济为前提。

②中国革命战争经验和历史文化传统，尤其是解放战争和抗美援朝战争中大兵团作战经验取得的成功，是形成中国特色大科学体制的重要背景和基础。③体现了独立自主、自力更生精神和群众路线原则，把群众作为重要的科技人力资源，开发其中的创新潜能，为中国科技发展中许多低技术和非技术问题的解决提供了新的途径，这无疑是人类科技发展史上一个大胆创举。

中华人民共和国国史学会两弹一星历史研究分会撰写的《"两弹一星"工程的成功经验与启示》（载《当代中国史研究》，2013年第5期）一文认为，"两弹一星"工程的成功，带来了以下九点启示：①建立健全组织机构，强化党的集中统一领导；②分类进行立项决策，审慎立项；③建立健全重大科技专项的法规体系，依法实行全过程管理；④加强系统工程管理，强化行政总指挥、总设计师的权责；⑤加强知识产权管理，促进科技成果转化和产业化发展；⑥统筹兼顾技术基础建设和科研生产队伍建设；⑦建立和完善社会主义市场经济体制下的大协作体系；⑧加强专项经费的规范管理，提高经费的使用效率；⑨统筹兼顾，全面完成国家重大科技专项及其他工程任务。

二、"两弹一星"精神的深刻内涵

"两弹一星"事业的成就包括物质和精神两个方面。研发"两弹一星"不但使中国拥有了具有威慑力的核武器系统，从而有效维护国家安全并使国人获益至今，而且还塑造了具有深刻文化内涵和体现人文关怀的"两弹一星"精神，极大地提升了中华民族精神。王素莉在《"两弹一星"的战略决策与历史经验》（载《中共党史研究》，2001年第4期）一文中指出，"两弹一星"精神是中华民族的宝贵精神财富。以"两弹一星"为核心的国防尖端科技的辉煌成就，不仅是我国国防现代化的标志性成就，也为中华民族创造了宝贵精神财富。其主要含义是："热爱祖国、无私奉献，自力更生、艰苦奋斗，大力协同、勇于登攀。"对此可从以下三个方面来理解其内涵：首先，党与知识分子之间以爱国主义为纽带，保持着思想的一致性，在这个基础上，中央决策者、科技专家与人民群众团结一致、万众一心地投入到使中华民族振兴的伟大事业中去。其次，在爱国主义基础上形成的集体主义，构成了"两弹一星"精神的坚实思想基础。参加科技攻关的人员具有强烈的献身精神和集体主义精神，以及很强的向心力和凝聚力，理论、实验、设计和生产四个部门的结合是成功的，有效地体现了不同学科、不同专业和任务的结合。最后，坚持创新和鼓励探索的科学精神构成了"两弹一星"精神的灵魂，这里的"创新"既包括科技创新，也包括以技术民主制为核心的管理体制创新。

孙丽在《"两弹一星"人文精神哲学反思》（载《内蒙古师范大学学报（哲学社会科学版）》，2012年第2期）一文中，把"两弹一星"精神与民族精神、民族复兴联系起来，对科技理性与人文精神进行了哲学反思。孙丽认为，随着中国航天科技事业的发展，"两弹一星"人文精神在中国航天事业发展实践中得到不断发展，并形成了"载人航天精神"。这进一步丰富了中华民族精神文化宝库，传承了中国研发"两弹一星"过程中形成的核心文化和价值观念。"两弹一星"人文精神在深化发展中华民族精神的同时，自身也得到了与时俱进的发展，既传承思想文化的精髓又彰显开放社会的进步。"两弹一星"人文精神得到跨时代发展和创新，这主要包括以下三个方面：第一是爱国奉献。在研制"两弹一星"过程中实行了科技举国体制，倾举国之力来完成国家任务，主要依靠的还是全民在自强不息和爱国主义精神支撑下的全力支持和积极奉献；第二是自主创新。研制"两弹一星"对于被严密封锁的中国人而言无疑是开创性的工作。如果没有独立自主创新精神的指引，中国的科技人员就很难取得研发工作的最终成功；第三是大力协同。团结协作、众志成城是"两弹一星"人文精神的核心内容。充分发动群众依靠集体的力量战胜困难是实现国家目标的重要和有效途径。

孙丽还深刻分析了"两弹一星"精神的科学理性与人文精神意蕴。中国研发"两弹一星"旨在维护本国安全，建设和平的卫国力量，同时维护地区及世界的和平与安宁，构建和谐的世界，这实际上已经超越了"两弹一星"科学技术本身的价值，使科学技术承载了济世的价值诉求。中国研制核武器恰恰是为了彻底消灭核武器，这深刻体现了科学理性与人文精神的辩证统一，也是中国发展"两弹一星"事业对人类的巨大贡献。这种贡献既体现在"两弹一星""硬实力"上，也体现在"两弹一星"人文精神力量"软实力"上。

三、"两弹一星"事业的深远影响

"两弹一星"工程不仅提升了中国的综合国力，还具有非常深远的历史意义。王纪一在《毛泽东与"两弹一星"战略决策》(载《毛泽东邓小平理论研究》,2012年第12期)一文中认为,"两弹一星"的成功研制,提升了中国的国际地位。具体表现在以下三个方面:①增加了军事后盾,撑起了中国经济崛起的保护伞;②使我国的国防实力发生了质的飞跃,而且带动了我国科技事业的发展,促进了我国的社会主义建设;③打破了霸权主义对核技术和空间技术的垄断,保障了我国的安全,使中国成为维护世界和平的主要力量。

苗东升在《"两弹一星"事业对中国社会发展的影响》(载《中国工程科学》,2004年第7期)一文中指出,"星弹事业"是新中国最引以为自豪的伟业之一,其对中国社会发展产生了深远的影响。这主要表现在以下五个方面:

第一,在霸权主义横行的国际环境中确保了我国的和平发展。中国有了必要的核自卫力量,才使两大霸权国家心存顾忌,对我国进行"核手术"的计划才没能付诸实施。

第二,使中国占领了高新科技的世纪性制高点。"两弹一星"工程不仅使我国掌握了导弹核武器这种尖端国防技术,而且以最短的时间和最小的代价在当代最宏伟、最复杂的航天科技领域取得令世人震惊的成就,达到世界先进水平。

第三,日益凸显出重大的经济和社会意义。航天技术在非军事领域展示出多方面的重要应用前景,在经济、政治、教育、文化、新闻、体育等方面,不仅改变着它们的技术品位、产业结构以及组织管理方式,而且广泛地改变着人民群众的生活内容和方式,进而改变着整个社会面貌。而且还创造了一种决策模式:在有关国家民族命运的重大决策中,政治精英和科学精英协力同行,民主意识和科学精神交相辉映,科学知识和政治谋略融合升华。

第四,培育了中国现代化建设急需的"两弹一星"精神。在几十年艰巨复杂的奋斗中,涌现出一批新的民族英雄和先进分子。在继承和发扬已有革命精神的基础上,进一步培育出崇高的"两弹一星"精神,激励着国人进行新的建设。

第五,对国力、国策与建立新的国际秩序产生了重大影响。"两弹一星"的研制成功,无疑大大提高了中国国际地位。中国是维护世界和平、促进人类进步的社会主义国家,对中国人民来说,大国地位意味着对于维护世界和平、促进人类发展承担重大的历史责任。

微课设计

微课设计一：钱学森"五年归国路，十年两弹成"

设计意图

"两弹一星"的世纪伟业，正是新中国加强国防现代化的艰难历程的生动写照。本微课通过钱学森曲折的归国之路和"涅槃"式两弹的过程设计，让学生感受到20世纪五六十年代在新中国遭到国际"核技术"封锁的条件下，以钱学森为代表的爱国知识分子是怎样开创从无到有的过程，从而领悟"热爱祖国、无私奉献，自力更生、艰苦奋斗"的时代风貌和爱国主义精神。

设计方案

教师讲述：钱学森被誉为"美国火箭技术领域一位最伟大的天才"。由于发表了"时速为一万公里的火箭已成为可能"的惊人火箭理论而誉满全球，他还参与了当时美国绝密的"曼哈顿工程"——导弹核武器的研制工作。1950年，钱学森争取回到祖国。但是，当时美国海军部次长丹尼·金波尔（Dan A. Kimball）说：

材料呈现："钱学森对我们来说太重要了！无论如何我们不能让他走！"……"他知道得也太多了。他无论走到哪里，都抵得上5个师。"

……"我宁可把这家伙枪毙了，也决不让他离开美国！"

——胡士弘：《钱学森》，60页，北京：中国青年出版社，1997

教师设问：美国为什么不让钱学森离开美国？（参考答案：因为钱学森掌握了关于火箭的最前沿理论。）

教师讲述：1950年8月23日午夜，钱学森夫妇带着孩子刚从华盛顿飞抵洛杉矶机场，他们准备转机飞回中国。突然，美国移民局官员拦住了他们，并递上一份文件。文件上写道：

材料呈现：凡是在美国受过像火箭、原子弹以及武器设计这一类教育的中国人，均不得离开美国。因为他们的才能可能被利用来反对在朝鲜的联合国武装部队。

——胡士弘：《钱学森》，61页，北京：中国青年出版社，1997

教师设问：美国以什么事件为借口，阻止钱学森回国？（参考答案：朝鲜战争。）

教师讲述：1950年8月的时候，中国没有向朝鲜派出一兵一卒，因此，美国移民局文件所言的理由，实际上是根本不成立的。但是，美国方面不仅拒绝钱学森离开，还扣留了钱学森的行李。而他的行李中，有800多千克的书籍和笔记本。那可是他20年艰辛求索呕心沥血的结晶！那不仅是无价之宝，也是他准备奉献给祖国的唯一的"财富"。钱学森本人也被扣押，在他的导师及友人的努力下，钱学森被关押了半个月后释放。但美国方面对钱学森一直进行着严密的监视。

教师讲述：1955年6月，钱学森摆脱特务的监视，在寄给比利时亲戚的家书中，夹带了一封写在小香烟纸上、给时任全国人大常委会副委员长陈叔通的信，恳切要求中国共产党和政府帮助他回国。信件很快转送到了周恩来总理的手上。1955年8月1日，中美两国在日内瓦举行大使级会谈，就两国侨民问题进行了具体的商谈。中国方面以释放11名美国飞行员战俘的条件并亮出钱学森来信要求协助回国这一铁证，要求美国方面不再阻挠钱学森等中国留美人员回国。在中国政府的交涉下，美国移民当局最终不得不同意放行钱学森。1955年钱学森离开洛杉矶那天，当地报纸用了通栏标题——《火箭专家钱学森今天返回红色中国！》。这下子，钱学森成了新闻人物，不仅方方面面的朋友前来送别钱学森，而且众多记者赶往码头采访钱学森。

材料呈现：这年冬天，钱学森来到哈尔滨军事工程学院参观，时任院长的陈赓大将专程从北京赶回来接待他。在校园一个小火箭试验台前，钱学森停下脚步，很有兴趣地和正在安装调试的教师讨论起来。陈赓大将从旁边问："钱先生，您看我们能不能自己造出火箭、导弹来？"钱学森说："有什么不能的，外国人能造出来的，我们同样能造得出来。难道中国人比外国人矮一截不成？"

——刘程、范炬炜：《钱学森与"两弹一星"》，载《解放军报》，2001-12-19

教师设问：从钱学森的回答中，可看出他怎样的品质？（参考答案：充满自信，热爱祖国。）

教师讲述：1956年2月的一个周末，叶剑英元帅会见并宴请钱学森夫妇，希望他能主持研究中国的导弹技术。钱学森毫不犹豫地点了点头。随后，叶帅便带着钱学森去向周恩来总理汇报。周总理热情地握着钱学森的手说："学森同志，刚才叶帅向我谈了你们的想法，我完全赞成。现在交给你一个任务，请你尽快把你的想法，写成一个书面意见，包括如何组建机构、调配人力，需要些什么条件等等，以便提交中央讨论。"从总理炯炯有神的目光中，钱学森体会到党对他的信任和重托，他抑制不住内心的激动，只说了两个字："好的。"①几天以后的1956年2月17日，一份由钱学森起草的关于《建立我国国防航空工业的意见书》送到了周总理的案头。

1964年10月16日，中国爆炸了第一颗原子弹。1966年10月27日，钱学森在酒泉发射场直接领导了使用中近程导弹运载原子弹的"两弹结合"发射试验，导弹携带的原子弹，在1000千米之外的新疆大漠里，按预定的距离和高度实现核爆炸。这标志着中国从此有了自卫的导弹核武器，一举打破了美国的核垄断，提前实现了中国人的梦想。

教师小结：由于钱学森的回国效力，中国导弹、原子弹的发射至少向前推进了20年。钱学森也因此被西方人誉为中国的"导弹之父"。五年归国路，十年两弹成。钱学森用行动践行着"国为重，家为轻，科学最重，名利最轻"。据统计，钱学森以十一个"第一"对中国航天和国防科技事业作出了卓越贡献。这些"第一"，划时代地改变了中国，也划时代地改变了世界！

设计点评

曲折的"五年归国路"再现了新中国科技的艰难起步，以及新中国科技工作者强烈的爱国精神；"十年两弹成"生动地勾勒出科技工作者们不畏艰难、敢于攀登的时代精神。本微课生动的事例极大地充实和树立了那个时代的伟岸形象，对于中学生起到了很好的教育效果。

微课设计二：志铸"国之大器"，缔造大国地位

设计意图

"两弹一星"的战略决策与时代形势有着密切的关联。新中国"两弹一星"事业是

---

① 刘程、范炬炜：《钱学森与"两弹一星"》，载《解放军报》，2001-12-19。

在艰难中发展起来的，通过朝鲜战争揭示出帝国主义对中国的核讹诈；苏联领导人的"背信弃义"在恶化中国国际环境的同时，极大地增加了这一事业的困难。本微课借助20世纪70年代中国外交事业的发展来说明这一伟大成就的取得对中国的重大意义。

设计方案

教师讲述：1951年4月，中国人民志愿军在朝鲜战场上发动大规模攻势后，杜鲁门下令向关岛地区紧急运送核部件，美军还在几个月后举行了核战演习，并且公开予以报道。美国军方更是一直主张"给中国人颜色看看"。麦克阿瑟甚至建议，投掷20～30颗原子弹轰炸中国，在中朝之间沿鸭绿江设置一条放射性地带。作为战略家，毛泽东在战略上藐视敌人，在战术上重视敌人。朝鲜战争中的较量，敌我武器装备的悬殊，给毛泽东"可以搞一点"原子弹的想法注入了催化剂。恶劣的外部环境，更促使毛泽东考虑加快发展原子能技术。

材料呈现：现在我们能造什么？能造桌子椅子，能造茶碗茶壶，能种粮食，还能磨成面粉，还能造纸，但是，一辆汽车、一架飞机、一辆坦克、一辆拖拉机都不能造。

——毛泽东：《关于中华人民共和国宪法草案（一九五四年六月十四日）》，见中共中央文献研究室编：《毛泽东文集》（第6卷），329页，北京：人民出版社，1999

教师设问：从材料中可以看出，新中国的工业发展状况是怎样的？（参考答案：工业基础薄弱，经济条件和技术条件不好。）

教师讲述：以当时我国的经济条件和技术条件，要迅速发展核武器，有很大的困难。1954年10月，赫鲁晓夫①来中国参加国庆5周年庆典时，毛泽东提出希望苏联在核弹、导弹技术方面提供帮助。赫鲁晓夫没有答应，他劝说毛泽东应集中精力搞经济建设，不要搞这个耗资巨大的东西，但表示可以在原子能的和平利用方面给予援助。赫鲁晓夫的态度，激发了毛泽东发展核力量必须依靠自力更生的决心。1955年1月15日，毛泽东亲自主持中央书记处扩大会议，这次会议作出了研制原子弹的战略决策。从此，中国人民踏上了追逐"蘑菇云"的征程。

材料呈现：苏联政府于1955年1月17日声明，将帮助中国和其他社会主义国家"推

---

① 尼基塔·谢尔盖耶维奇·赫鲁晓夫（Nikita Sergeyevich Khrushchev，1894—1971），曾任苏联最高领导人，苏联共产党中央委员会第一书记及苏联部长会议主席（政府首脑）等重要职务。

动原子能和平利用"，并提供用于科学研究的原子反应堆和供研究的裂变材料。

——王纪一：《毛泽东与"两弹一星"战略决策》，

载《毛泽东邓小平理论研究》，2012年第12期

教师设问：中国"两弹一星"事业的起步，得益于哪国的支持？（参考答案：苏联。）中国能获得支持，得益于哪一外交策略？（参考答案：一边倒。）

教师讲述：1957年9月，中苏两国签署国防新技术协定。翌年，苏联向中国提供了所需核工业设备，并派出近千名专家，中国正式进入了核工业建设和研制核武器的新阶段。但是好景不长，1959年6月，中苏出现分歧。随后苏联拒绝向中国提供原子弹教学模型和技术资料。原本已经准备好两节车皮的模拟原子弹和测试控制器及原子弹支撑的铁架，不再运往中国。中苏两国关系不断恶化，给中国的星弹事业带来了严重困难。有些外国媒体幸灾乐祸地断言：中国核工业已"处于技术真空状态"，中国"20年也搞不出原子弹来"。当苏联撤走专家的消息传到北戴河中央工作会议上时，毛泽东以他特有的气魄说："要下决心搞尖端技术。赫鲁晓夫不给我们尖端技术，极好！如果给了，这个账是很难还的。"①

材料呈现：苏联撕毁合同时，我国国民经济正面临前所未有的困难。国防尖端科技项目是"上马"还是"下马"，意见很不一致。毛泽东明确指示：要下决心搞尖端技术，不能放松或下马。

——王素莉：《"两弹一星"的战略决策与历史经验》，

载《中共党史研究》，2001年第4期

教师设问：20世纪60年代初，我国国民经济出现严重困难的原因是什么？面对困难，中央对"两弹一星"工程的态度是什么？（参考答案："大跃进"的失误和严重的自然灾害。态度："上马"绝不能放松。）

教师讲述：面对困难，有人甚至说，不能为了一头牛饿死一群羊。陈毅元帅力主上马，说道："就是脱了裤子当当，也要搞中国的原子弹！"面对这种情势，当时党和国家主要领导人给出了响亮的回答：没有一声巨响，就没有人会理睬我们。下决心无论如何也要搞出中国自己的核武器。终于在1964年10月16日，我国成功地试爆了第一颗原子

---

① 王纪一：《毛泽东与"两弹一星"战略决策》，载《毛泽东邓小平理论研究》，2012（12）。

弹。1966年10月27日9时，东风—2A核导弹点火升空。9分14秒后，核弹头在距离发射场894千米之外的罗布泊弹着区靶心上空爆炸。正是由于坚持独立自主、自力更生的方针，使得我国在世界上以最快的速度完成了核武器两个发展阶段的任务。中国西部戈壁荒滩上的一声巨响，使中国从一个贫弱的国家成为一个独立掌握核技术的国家。此后，又是不到4年，中国再一次震惊了世界。1970年4月24日，中国自行设计、制造的第一颗人造地球卫星"东方红一号"，由"长征一号"运载火箭一次发射成功。这颗重173千克的人造卫星，用20兆赫的频率，把《东方红》的乐曲传遍了寰宇。

材料呈现：1971年7月，美国特使基辛格秘密访华。中国和美国两个大国隔绝了22年的坚冰开始融化……同年10月，第26届联合国大会以压倒多数，恢复了中华人民共和国在联合国的一切合法权利。

——王纪一：《毛泽东与"两弹一星"战略决策》，

载《毛泽东邓小平理论研究》，2012年第12期

教师设问：

（1）20世纪70年代初，我国外交取得了哪些成就？（参考答案：中美关系开始改善；恢复联合国席位。）

（2）"两弹一星"的研制成功与外交成就的取得有何关系？（参考答案："两弹一星"研制成功，提升了中国的国际地位，促进了我国外交的发展。）

教师讲述："两弹一星"的研制成功，打出了新中国的精气神，也打出了新中国的大国地位。对此，邓小平后来总结说："如果六十年代以来中国没有原子弹、氢弹，没有发射卫星，中国就不能叫有重要影响的大国，就没有现在这样的国际地位。这些东西反映一个民族的能力，也是一个民族、一个国家兴旺发达的标志。"[1]

✏ **设计点评**

20世纪60年代，国家面临着严重的经济困难，"两弹一星"的艰难选择再现了中国第一代领导人的坚定气魄和战略眼光。本微课通过"上马"与"下马"的具体事例，显示出这一事业的曲折和来之不易。"星弹事业"是新中国最引以为自豪的伟业之一，不

---

[1] 邓小平：《中国必须在世界高科技领域占有一席之地（一九八八年十月二十四日）》，见《邓小平文选》（第3卷），279页，北京：人民出版社，1993。

仅是大国的象征，也对中国社会的发展产生了深远的影响。本微课运用70年代中国外交开创新局面这一事实，有助于学生提升对"星弹事业"重要性的认识。

教学资源

资源1：1945年8月6日和9日，美国分别向日本广岛和长崎投放原子弹，近20万日本居民以血肉之躯验证了原子弹的巨大杀伤力。当整个世界在原子弹冲击波下极度恐慌时，8月13日，毛泽东在延安干部会议上发表斩钉截铁的演说："美国和蒋介石的宣传机关，想拿两颗原子弹把红军的政治影响扫掉，但是扫不掉，没有那样容易。原子弹能不能解决战争?不能，原子弹不能使日本投降。只有原子弹而没有人民战争，原子弹是空的。"一年后，毛泽东在与美国记者安娜·路易斯·斯特朗谈话时，进一步提出"原子弹是美国反动派用来吓人的一只纸老虎"的著名论断。

毛泽东将原子弹斥为纸老虎，旨在战略上藐视敌人，坚定人民在恶劣战争环境下的革命信念。同时，毛泽东也强调在战术上重视敌人，重视现代军事手段的威慑作用。中国反对核战争，但中国必须拥有核武器，只有有了足以抵御外敌侵略的核武器，才能最终消灭核战争。

新中国成立之初，面临严峻的国际局势。抗美援朝战争中，美国国务卿杜勒斯曾叫嚣：如果不能安排停战，美国将不再承担不使用核武器的责任。同时，美国还同蒋介石签订《共同防务条约》[①]，提出假如台湾海峡安全受到威胁，他们有权使用原子弹。中国共产党对美国核威胁的态度是强硬的。毛泽东明确指出："我们有一句老话，小米加步枪。美国是飞机加原子弹。但是，如果飞机加原子弹的美国对中国发动侵略战争，那么，小米加步枪的中国一定会取得胜利。全世界人民会支持我们。"早在

---

① 《共同防务条约》，又称为《美台共同防御条约》（ Mutual Defense Treaty between the USA and ROC ），美国与台湾当局在1954年12月2日签订。该条约是以军事为基础、包含政治经济社会等合作的多目标条约，至1979年美国与中华人民共和国建交时发布声明自动失效。

1951年10月，法国科学家约里奥·居里①委托中国放射化学家杨承宗转告毛泽东："你们要反对原子弹，你们必须拥有原子弹。"并将亲手制作的10克含微量镭盐的标准源送给杨承宗，作为对中国核科学研究的支持。

——王素莉：《"两弹一星"的战略决策与历史经验》，

载《中共党史研究》，2001年第4期

资源2：1959年6月20日，苏共中央致函中共中央，提出由于苏联正与美、英进行"部分禁止核试验条约"谈判、赫鲁晓夫即将与艾森豪威尔进行会谈，因此暂缓向中国的核计划提供任何后续援助。7月16日，苏联政府又通知中国政府，苏联将撤走全部在华专家。他们讥讽说：离开外界的援助，中国20年也搞不出原子弹。就守着这堆废钢烂铁吧！毛泽东强调指出：要下决心搞尖端技术。赫鲁晓夫不给我们尖端技术，极好！如果给了，这个账是很难还的。1963年8月，在原子弹研制取得突破性进展后，中国科学家给即将诞生的原子弹取名为"596"，以让后人永远记住独立自主、自力更生研制原子弹的历史性开端。

——王素莉：《"两弹一星"的战略决策与历史经验》，

载《中共党史研究》，2001年第4期

资源3：在群众路线的作用下，中国的原子能事业采取了不同于苏联和西方以高度专业和职业化分工为模式的科研体制，即核能技术决策、科技专家与全民动员同时进行的方式。通过对民众普及原子能知识、出版有关原子能方面的通俗读物以及宣传讲话等措施，发动全国人民共同推进原子能事业，并且提出了"全民办铀矿"、"大家办原子能"的口号。通过"全民办铀矿"，获得150余吨土法炼制的重铀酸铁，为中国初期的核燃料生产提供了原料。"由于铀的及时获得，使中国在原子弹的竞赛中缩短了一年时间。从这个意义上说，中国第一颗原子弹实在是一颗'人民炸弹'"。

——王素莉：《"两弹一星"的战略决策与历史经验》，

载《中共党史研究》，2001年第4期

资源4：使毛泽东对原子弹有直观了解的是1950年访问苏联。在莫斯科期间，毛泽东观看了苏联于1949年8月29日成功爆炸原子弹的纪录片，他深有感触地说："这次到苏联，

---

① 让·弗雷德里克·约里奥-居里（Jean Frédéric Joliot-Curie，1900—1958），原姓氏为约里奥（Joliot）。法国物理学家，1935年诺贝尔化学奖获得者。

开眼界哩！看来原子弹能吓唬不少人。美国有了，苏联也有了，我们也可以搞一点嘛。"

战略核武器不仅成为遏制对手的重要砝码，也是军事手段在当代国际政治中举足轻重的表现形式。史料显示，20世纪50年代我国曾先后遭受4次核打击威胁：

第一次，朝鲜战争期间。1950年10月，中国人民志愿军大规模入朝参战使美军在朝鲜战场遭到惨败，引起了美国朝野的震惊和恐慌。恼羞成怒之下，杜鲁门抛出了他的最后一张"王牌"——原子弹。

……

第二次，越南战争第一阶段期间。1954年3月，3000法军在奠边府陷入越南人民军重围，法国将军厄雷飞赴华盛顿向美国人求援。5月25日，美国国家安全委员会提议，如果中国军队支持越南人民军进攻河内，美国应立即用原子弹轰炸中国。

第三次，台湾海峡危机期间。1955年初，解放军解放一江山岛和大陈岛后，美国认为解放军将对金门、马祖发起总攻，担心美国可能会卷入一场规模更大的战争之中。艾森豪威尔总统向美国国会提出"特别咨文"，要求国会授权，在他认为必要的时候，使用武装部队"保卫台湾"和"军事上的外围阵地"，并扬言必要时将使用原子弹。

第四次，解放军炮击金门期间。为打击国民党"反攻大陆"的部署，1958年8月23日，解放军开始炮轰大小金门等岛屿。美国参谋长联席会议主席特文宁在一次高层会议上提出："向中国大陆沿海地区的5个机场各投一枚当量为7000吨至1万吨的战术核弹，观察中国的反应。"美国国务卿杜勒斯也要求对中国进行核打击。

但是，美国的核大棒没有吓倒毛泽东。1955年1月28日，毛泽东在接受芬兰首任驻中国大使递交国书时谈话说："美国的原子讹诈，吓不倒中国人民。我国有6亿人口，有960万平方公里的土地。美国那点原子弹，消灭不了中国人。""我们有一句老话，小米加步枪。美国是飞机加原子弹。但是，如果飞机加原子弹的美国对中国发动侵略战争，那么，小米加步枪的中国一定会取得胜利。"

同年3月31日，毛泽东在党的全国代表会议上讲话指出："帝国主义拿来吓唬我们的原子弹和氢弹，也没有什么可怕。世界上的事情，总是一物降一物，有一个东西进攻，也有一个东西降它。"

——王纪一：《毛泽东与"两弹一星"战略决策》，
载《毛泽东邓小平理论研究》，2012年第12期资源5：……同年10月，赫鲁晓夫来中国参加国庆5周年庆典时，毛泽东提出希望苏联在核弹、导弹技术方面提供帮助。赫鲁晓夫没有答应，他劝说毛泽东应集中精力搞经济建设，不要搞这个耗资巨大的东西，但表示可以在原子能的和平利用方面给予援助。……同年1月20日，中苏签订《关于在中华人民共和国进行放射性元素的寻找、鉴定和地质勘探工作的议定书》。此后，中国政府先后同苏联签订铀矿地质勘察、核科学技术研究、工业项目建设等协定。这些协定不但为中国核工业在初创时期的顺利发展创造了条件，而且将苏联的援助范围扩大到核军事领域，从而为中国发展核武器提供了外援方面的保证。

赫鲁晓夫的态度，激发了毛泽东发展核力量必须依靠自力更生的决心。1955年1月15日，毛泽东亲自主持中央书记处扩大会议，专门听取科学家介绍在我国广西发现的铀矿，地质学家李四光讲解了铀矿资源勘探与发展原子能事业的密切关系，详细分析了中国有利于铀矿形成的地质条件，并对中国的铀矿资源前景作了预测。会上他还将铀矿石标本和探测仪器现场演示给与会者看。毛泽东在听完汇报作总结性讲话时说："我们的国家，现在已经知道有铀矿，进一步勘探，一定会找到更多的铀矿来。我们也训练了一些人，科学研究也有了一定的基础，创造了一定条件。过去几年，其他事情很多，还来不及抓这件事。这件事总是要抓的。现在到时候了，该抓了。只要排上日程，认真抓一下，一定可以搞起来。"这次会议作出了研制原子弹的战略决策。从此，中国人民踏上了追逐"蘑菇云"的征程。

1955年3月，毛泽东在中国共产党全国代表会议上所作结论中宣布："我们进入了这样一个时期，就是我们现在所从事的、所思考的、所钻研的，是钻社会主义工业化，钻社会主义改造，钻现代化的国防，并且开始钻原子能这样的历史的新时期。"……

——王纪一：《毛泽东与"两弹一星"战略决策》，

载《毛泽东邓小平理论研究》，2012年第12期

资源6：苏联的帮助推动了我国的原子能研究。1956年4月23日，中共中央发出《关于抽调干部和工人参加原子能建设工作的通知》，指出："最近十多年来，世界各国对于原子能的研究和利用，正在一日千里地发展着。在军事方面，先后出现了原子弹、氢弹，以原子能为动力的潜水艇等；在和平利用原子能方面，原子能发电站建设的成功，给人类开辟了一种新的难以估量的巨大的动力资源，放射性同位素及射线在工业、农

业、医药和科学研究等各方面的广泛利用，将无限提高科学技术的水平。鉴于上述情况，中央已经决定对于原子能的研究和建设事业，采取最积极的方针，并且在苏联的帮助下，争取在较短的时期内接近和赶上世界的先进水平。因此，必须迅速地全面地开展对于铀及各种特殊金属的勘探、开采和冶炼工作，进行各种化工材料的生产、各种特殊机械及仪表的制造，原子堆和加速器的设计和建造，以及原子能科学研究和干部培养等一系列新的工作。"中国正式进入了核工业建设和研制核武器的新阶段。

……

1957年，赫鲁晓夫为了战胜政治对手，积极调整对华政策，希望中共中央对他表示支持。毛泽东为照顾中苏关系，公开表态支持。鉴于赫鲁晓夫在政治上有求于中国，中方适时地利用这一机会交涉核技术援助。苏方迅速作出同意答复，并决定向中国提供原子弹生产技术，帮助建立核工厂。苏联向中国提供了所需核工业设备，并派出近千名专家，在中国建成了铀矿、核燃料棒工厂以及卫星研制基地、核实验场等。

1958年6月21日，毛泽东在中共中央军委扩大会议上讲话指出："那个原子弹，听说就这么大一个东西，没有那个东西，人家就说你不算数。那么好，我们就搞一点。搞一点原子弹、氢弹、洲际导弹，我看有十年功夫是完全可能的。"……

——王纪一：《毛泽东与"两弹一星"战略决策》，

载《毛泽东邓小平理论研究》，2012年第12期

资源7：……1959年6月，中苏出现分歧。随后苏联拒绝向中国提供原子弹教学模型和技术资料。原本已经准备好两节车皮的模拟原子弹和测试控制器及原子弹支撑的铁架，不再运往中国。

1960年8月，苏联撤走了他们在华的全部技术专家，并带走了重要图纸资料，停止供应原子能研究所需设备和材料。这对于刚刚起步的中国核工业不啻是一次重大打击。有些外国媒体幸灾乐祸地断言：中国核工业已"处于技术真空状态"，中国"20年也搞不出原子弹来"。当苏联撤走专家的消息传到北戴河中央工作会议上时，毛泽东以他特有的气魄说："要下决心搞尖端技术。赫鲁晓夫不给我们尖端技术，极好！如果给了，这个账是很难还的。"

……

经过两年多时间研发，1967年6月17日，我国成功进行了百万吨级的氢弹空投试验。

中国不但有了原子弹，而且制造出氢弹，当毛泽东的预期目标全部实现时，他风趣地说："应该给赫鲁晓夫发一个一吨重的大勋章。"……

——王纪一：《毛泽东与"两弹一星"战略决策》，

载《毛泽东邓小平理论研究》，2012年第12期

资源8："两弹一星"研制成功，提升了中国的国际地位，促进了我国外交的发展。在中、美、苏战略大三角格局发生重大变化的背景下……从1965年到1975年的10年间，与中国建交的国家由49个猛增到107个，中国不但成了第三世界国家信赖的朋友，也逐步实现了与西方许多国家关系的正常化。

——王纪一：《毛泽东与"两弹一星"战略决策》，

载《毛泽东邓小平理论研究》，2012年第12期

资源9：……在前期准备的基础上，1955年1月15日，毛泽东主持召开中共中央书记处扩大会议，专门讨论中国发展原子能事业问题。会议听取了李四光、钱三强等关于核反应堆、原子弹原理以及中国核科学研究情况的汇报。会上毛泽东指出："我们国家，现在已经知道有铀矿，进一步勘探一定会找出更多的铀矿来。解放以来，我们也训练了一些人，科学研究也有了一定的基础，创造了一定的条件。过去几年其他事情很多，还来不及抓这件事。这件事总是要抓的。现在到时候了，该抓了。只要排上日程，认真抓一下，一定可以搞起来。"当谈到苏联对中国在原子能和平利用方面的援助时，毛泽东满怀信心地说："现在苏联对我们援助，我们一定要搞好！我们自己干，也一定能干好！我们只要有人，又有资源，什么奇迹都可以创造出来！"这次会议作出了中国要发展原子能事业的决策，是中国"两弹一星"发展史上具有里程碑意义的重要会议。

1956年4月25日，毛泽东在中共中央政治局扩大会议上讲话指出，"我们现在已经比过去强，以后还要比现在强，不但要有更多的飞机和大炮，而且还要有原子弹。在今天的世界上，我们要不受人家欺负，就不能没有这个东西。"

——中华人民共和国国史学会两弹一星历史研究分会：《"两弹一星"工程的成功

经验与启示》，载《当代中国史研究》，2013年第5期

资源10：1955年10月，著名科学家钱学森冲破重重阻挠，从美国归来。彭德怀在会见他时，重点讨论了近程导弹的研制等问题。彭德怀、黄克诚又专门指派总参装备部计

划部部长万毅，与钱学森详细分析了研制导弹武器的有利条件与需要解决的问题。此后，中央军委多次召开会议讨论有关发展航空、火箭技术与制造导弹的问题。1956年4月13日，国务院正式成立以聂荣臻为主任的国防部航空工业委员会，其任务是，研究和掌握航空工业的发展方向，支持、保证、督促、检查航空工业任务的贯彻执行，解决工作进程中的重大问题，协调有关方面的关系。5月26日，中共中央军委作出发展导弹的决定。1958年6月21日，毛泽东在中共中央军事委员会扩大会议上讲话指出："搞一点原子弹、氢弹、洲际导弹，我看有十年功夫完全可能。"1958年5月17日，毛泽东在中共八届二次会议上提出："我们也要搞人造卫星。"从此开启了中国"两弹一星"伟大事业的征程。

——中华人民共和国国史学会两弹一星历史研究分会：《"两弹一星"工程的成功经验与启示》，载《当代中国史研究》，2013年第5期

资源11：当时，跨进大漠的航天大军们面临的自然条件和生活条件都极为艰苦。有文这样记载说："茫茫沙海上，除了工程兵修筑的一条专线铁路，和孤零零的一幢设有浴池、舞厅的专家招待所外，几乎一无所有。几万大军的吃、穿、住、用，一时都难以解决；部队机关只能借宿在一座喇嘛庙里。我们中华民族的第一座航天城，就是从这古庙和帐篷开始起步的。"

更为严酷的是1960年，苏联撤走专家；自然灾害降临。刚刚起步的发射场，各种仪器、设备被弃置于冷漠的沙海之中，亟待完成的工程束之高阁；正在试验的项目被迫中断；导弹的主要技术资料和图纸被苏联专家们纷纷卷走；有的苏联专家临走时还扔下这样一句话："中国如果自己能搞出导弹来，我们买专利。"

——李鸣生：《大漠升起第一星——"东方红一号"卫星发射追记》，载《青年文学》，1995年第7期

资源12：苏联专家不爱吃冷冻肉，偏爱吃新鲜的牛犊肉，他便特意跑到副总参谋长罗瑞卿那里，软磨硬缠，要了一架从战场上缴获来的美国飞机，从兰州、西安、北京、广州、海南岛运货，每周往返一次，送到专家餐厅。

苏联专家对中国饭菜不习惯，他一头跑到北京市长家里，想从大饭店里要两名西餐厨师。可当时，找个西餐厨师比找个干部还难。市长说："北京还不够呢！"他又找到哈尔滨市委书记，凭着老战友的面子，硬是"抠"来了四名西餐厨师。

苏联专家反映：戈壁滩文化生活太枯燥，没有电影、没有戏看，也没有舞会……他硬着头皮召集文工团的姑娘们紧急动员。姑娘们大喊大叫地反对，他耐心劝导："这是政治任务！为了让苏联专家早日帮我们搞出火箭，你们就受点委屈吧！"从此，蹦蹦嚓嚓、蹦蹦嚓嚓的舞曲，萦绕在大漠深处……

——李鸣生：《大漠升起第一星——"东方红一号"卫星发射追记》，

载《青年文学》，1995年第7期

资源13：的确，轰轰烈烈的"文化大革命"始终在发射场的上空聚合着一层厚厚的阴影，这种充满了腥风血雨的发射，又怎能不遇上挫折与风险呢？但中国的航天人并未被这一失败吓倒，他们痛定思痛，总结经验，经反复论证，这次失败的原因是电路的可靠性太差。因此，指挥部决定，再增加一个程序配电器，将二者并联起来，从而提高其可靠性。

但长达两个半月的时间毕竟因这次失败给损失了，而这两个半月时间，对争分夺秒想赶在日本之前发射卫星的中国来说，又是何等的重要！邻国日本获悉中国失败的消息后，惊喜之余便是疯狂的追赶。

1970年1月30日，第二枚两级火箭又重新竖立在了发射架上。早已急不可待的"东方红一号"卫星下一步能否发射，关键就看这下了。尽管当时正值寒冬季节，戈壁滩上雪风刺人，奇冷无比，但观看发射的人群全都站在空旷的露天里，每颗焦急的心都被即将升空的火箭死死牵引着。一声令下，两级火箭呼啸而起，随着震撼人心的发动机声渐渐消去，火箭越飞越高。这时，人们最担心的是两级火箭能否正常分离？忽然，天空爆出一个火团，待云烟散去，两个黑点清晰可见——两级火箭分离成功！片刻，落区传来喜讯：火箭高精度击中目标。

这次发射成功，众人欣喜若狂，因为盼望已久的"东方红一号"卫星终于可以使用此火箭发射了。

——李鸣生：《大漠升起第一星——"东方红一号"卫星发射追记》，

载《青年文学》，1995年第7期

资源14：时维良，也是一个巡道工。因他长年住帐篷，白天夜晚便都处于蚊子的围攻之中。戈壁滩的蚊子大得出奇，如同有人所说，10只蚊子能炒一盘菜。一次，他被蚊子咬后痒得难以忍受，便用手抓破了皮，流出了血，结果得了败血症。由于戈壁滩上缺医少药，加之治疗不及时，年仅34岁的他便撇下妻子和5个孩子永远躺在了铁道线上。妻子为了把5个孩子抚养成人，先在车站卸车，后又去垃圾队当垃圾工，再后来也撇下5个孩子，和丈夫一道永远同眠在了铁道线上。

孟传发，一位1958年5月便在航天铁路工务段工作的工长。由于他所在的"点"荒凉偏僻，没有一个医生，除了妻子外也没有第二个女人，所以妻子第一次分娩时，他只好用一把略带锈迹的剪刀慌慌张张地剪断了孩子的脐带。后来，他又有了两个孩子，也是用土办法接的生。有一次，他带着三个孩子回老家大连探亲，爷爷和奶奶将三个孩子带去动物园玩，谁知三个孩子指着动物园里所有的动物都叫"骆驼"。回家后爷爷奶奶问他："这几个孩子怎么都傻乎乎的，见了什么都叫骆驼，是不是脑子出了毛病？"孟传发听了后直抹眼泪："不是孩子们傻，是孩子们长年呆在戈壁，那儿除了军人和骆驼，他们什么也没见过。"……

——李鸣生：《大漠升起第一星——"东方红一号"卫星发射追记》，
载《青年文学》，1995年第7期

资源15：北京。 中南海。

此刻的毛泽东和周恩来正分别守在各自的电话机旁，焦急地等候着发射场随时传来的消息。

10点正，周恩来的电话响了。当周恩来迫不及待地拿起电话时，话筒里立即传来罗舜初将军的声音：

"总理，运载火箭一、二、三级工作正常，卫星与火箭分离正常，卫星入轨了！而且现在已接收到了卫星播放的《东方红》乐曲声！"

周恩来高兴得一下站了起来，连连说："好！很好！我马上向毛主席报告！"

说完，周恩来抓起直通毛泽东的电话："主席！卫星发射成功啦！"

有人后来回忆说，毛泽东听到这个消息后，一下扔掉手中的烟头，高兴得手舞足蹈："好，太好了！总理，准备庆贺！准备庆贺！"

——李鸣生：《大漠升起第一星——"东方红一号"卫星发射追记》，
载《青年文学》，1995年第7期

资源16：中国第一颗"东方红一号"人造卫星的发射成功，把中华民族千百年来飞天的梦想变成了现实，从而开创了中国航天历史的新纪元。

　　这一壮举很快通过世界各国驻华记者以急电或特急电向本国作了报道。于是，各国反响强烈，舆论一片哗然。有的国家评论说，中国第一颗人造卫星的发射成功，"体现了中国一直在依靠自己的力量为人类的幸福和进步进行宇宙开发，表明中国的科学技术突飞猛进达到新高度"；有的国家则指出："中国把卫星射入地球轨道，从而显示出中国掌握了先进的火箭技术和制造出大型火箭的技能。"

　　同时，"东方红一号"卫星遨游太空，还为中国70年代的第一个"五·一"国际劳动节增添了新的光彩。毛泽东主席和周恩来总理等党和国家领导人在庆祝"五·一"劳动节的晚上，在天安门城楼接见了参加研制和发射第一颗人造卫星的代表。当高唱着《东方红》的卫星飞经北京上空时，天安门广场万人欢呼，万人歌唱！

——李鸣生：《大漠升起第一星——"东方红一号"卫星发射追记》，
载《青年文学》，1995年第7期

　　资源17：1958年10月，根据中苏科学技术协定，由赵九章、卫一清、杨嘉墀、钱骥等科学家组成的"高空大气物理代表团"到苏联考察，主要目的是考察卫星工作。

　　代表团到达后住进了莫斯科中国饭店，接待的人很热情，今天安排参观市容，明天安排参观博物馆，就是不安排到科学研究机构参观。负责接待的人说，参观卫星设备要赫鲁晓夫批准，所以一直拖延着。以致代表团呆了两个半月，仅考察了一些天文、电离层、地面观测站等，未能参观到卫星研制部门及有关的地面试验设备。关于合作、技术援助问题更是没有涉及。由于中苏关系已开始紧张，苏联单方面取消了科技合作协议，中国派出的几个科技代表团都受到了同样的冷遇。

　　原本对苏联很崇敬的科学家们深有感慨。当年积极提倡搞人造卫星的地球物理所所长赵九章先生说，"靠天，靠地，靠不住！发展宇航科学主要靠我们自己的力量！"

——杨照德：《中国第一颗人造卫星诞生内幕》，
载《华声月报》，2000年第3期

　　资源18：1964年12月全国三届人大会议期间，当年积极倡导中国要搞人造卫星的赵九章，提笔上书周恩来总理，建议开展人造卫星的研制工作。与此同时，知名科学家钱学森也上书中央，建议加速发展人造卫星。

　　1965年5月，周恩来总理指示科学院拿出第一颗人造卫星具体方案。负责卫星总体

组的钱骥，带领年轻的科技工作者很快便拿出了初步方案，归纳为三张图一张表：用红蓝铅笔画成的卫星外形图、结构布局图、卫星运行星下点轨迹图和主要技术参数及分系统组成表。

该方案先后拿到文津街3号科学院院部和国防科委大楼，分别向张劲夫等科学院领导和罗舜初等国防科委领导作了详细汇报，并由钱骥等直接向周恩来总理作了汇报。当周总理知道钱骥姓钱时风趣地说：我们的卫星总设计师也是姓钱啊，我们搞尖端的，原子、导弹和卫星，都离不开"钱"啊！

1965年8月，周总理主持中央专委会议，原则批准了中国科学院《关于发展我国人造卫星工作规划方案建议》确定将人造卫星研制列为国家尖端技术发展的一项重大任务。并确定整个卫星工程由国防科委负责组织协调，卫星本体和地面检测系统由中国科学院负责，运载火箭由七机部、卫星发射场由国防科委试验基地负责建设。因是一月份正式提出建议，国家将人造地球卫星工程的代号定名为"651"任务。全国的人、财、物遇到"651"均开绿灯，这样中国卫星就从全面规划阶段，进入工程研制阶段。

——杨照德：《中国第一颗人造卫星诞生内幕》，

载《华声月报》，2000年第3期

资源19：苏联第一颗人造卫星的呼叫信号是"嘀嘀哒哒"的电报码，遥测信号是间断的。中国的卫星信号应该是什么样的？卫星总体组的组长何正华认为，中国应该超过苏联，发射一个连续的信号，且这个信号要有中国特色，全球公认。当时中央人民广播电台对外呼号是"东方红"乐曲，某种意义上"东方红"也成了"红色中国"的象征。出于对毛泽东的崇敬，何正华亦提出了卫星命名为"东方红一号"的建议。这些提议在"651"会议上得到了专家的赞同。1966年5月，经国防科工委、中国科学院、七机部负责人罗舜初、张劲夫、裴丽生、钱学森等共同商定，将中国第一颗人造卫星取名为"东方红一号"。1967年初正式确定中国第一颗人造卫星要播送《东方红》音乐，让全球人民都能听到中国卫星的声音。

由于当时正处于"文化大革命"的动乱中，播送"东方红"乐音不仅是科研任务，也成了责任重大的政治任务。如果卫星上天后，变调或不响，按"上纲上线"的说法，无疑是重大的政治问题，研制者就有可能被打入十八层地狱。在沉重的思想负担和精神压力下，何正华和乐音装置的主要设计者刘承熙冒着政治风险，开始了他们技术上的探索，解决了乐音错乱和乐音变调等一系列问题。"东方红"乐音最后采用电子音乐，用线路模拟铝板琴声奏出。乐音装置的第一批正样产品，是1968年上半年在重庆一家工厂生产的，由于当时生产秩序极不正常，产品中许多元件出现虚焊现象。最后上天的产品是由上海科学仪器厂重新生产的。

——杨照德：《中国第一颗人造卫星诞生内幕》，

载《华声月报》，2000年第3期

资源20：1970年4月24日3点50分，周恩来总理电话告知国防科委副主任罗舜初：毛泽东主席已经批准这次发射，希望大家鼓足干劲，过细地做工作，要一次成功，为祖国争光。

21时35分，卫星发射时刻终于到来了。"东方红一号"随"长征一号"运载火箭在发动机的轰鸣中离开了发射台。21时48分，星箭分离，卫星入轨。21时50分，国家广播事业局报告，收到中国第一颗卫星播送的"东方红"乐音，声音清晰宏亮。

1970年4月25日18点，新华社授权向全世界宣布：1970年4月24日，中国成功地发射了第一颗人造卫星，卫星运行轨道的近地点高度439公里，远地点高度2384公里，轨道平面与地球赤道平面夹角68.5度，绕地球一圈114分钟。卫星重173公斤，用20.009兆周的频律播送"东方红"乐曲。

……

然而，为中国的第一颗人造卫星倾注了全部心血的赵九章先生却未能等到这一刻。无端受诬陷迫害的他，早在一年半以前已经含冤去世。不少的科学家是在"牛棚"中听到"东方红"乐音的。

"东方红一号"卫星升空后，星上各种仪器实际工作的时间远远超过了设计要求，"东方红"乐音装置和短波发射机连续工作了28天，取得了大量工程遥测参数，为后来卫星设计和研制工作提供了宝贵的依据和经验。

——杨照德：《中国第一颗人造卫星诞生内幕》，

载《华声月报》，2000年第3期

依法
治国

　　中共十八届四中全会通过的《中共中央关于全面推进依法治国若干重大问题的决定》，被誉为"厉行法治的航标，依法治国的宣言"，开启了建设中国特色社会主义法治国家的新纪元。全面推进依法治国，是深刻的历史启示，是现实的迫切要求，是长远的战略谋划，党的十八届四中全会强调，依法治国事关党执政兴国，事关人民幸福安康，事关党和国家长治久安。我们应充分认识全面推进依法治国的重大现实意义，高扬依法治国的旗帜。

一、中国法文化传统与依法治国

　　张晋藩在《依法治国要注意吸收传统法文化中的精华》（载《人大工作通讯》，1997年第1期）一文中提出，中国传统法文化中一些关于法治的思想和主张，值得我们汲取和借鉴。这些思想和主张包括：①以法治吏；②以法约束权力的行使；③援法断罪；

④统一解释法律；⑤法与情不能错位；⑥立法的质与量要达到相对的平衡；⑦监察有权；⑧任法与任人相结合。

张晋藩在《从历史深处走来的法制精神》（载《人民日报》，2013-02-01）一文中指出，我国古代法制史上所体现出的优秀民族精神，也可以为依法治国提供借鉴。这些法制精神包括：第一，重理性思考，不受宗教干预。第二，重教化，轻刑责。这是体现民族精神的行之有效的法律传统。第三，重诚信，恶诈伪。法是作为"大信"公布于天下的，没有"信"，法律就会失掉权威，法制秩序也就不存在了。而重诚信必然恶诈伪。第四，重和谐，息争讼。重和谐是中华民族人际交往中的一种价值取向。为了使社会和谐，法律提倡调解息争。但重和谐不等于无争讼，良法与贤吏的结合恰恰是古代盛世出现的重要原因。

冯春萍、张红昌在《也论中国法文化传统与现代法治——与齐延平教授等商榷》（载《法学杂志》，2013年第10期）一文中指出，中国古代几千年的专制历史，不可能存在法治的基础，也不可能实行法治，但也还是存在有关严格依法办事的思想或观念，不过此种严格依法办事的言行没能形成整体上的气候和习惯，更不可能以法律作为权威和中心。况且，古代中国所依据的"法"表现为皇帝个人抑或统治阶层、特权阶层等少数阶层的命令和意志，因此现代法治国家的建立不可能立足于传统的文化和专制文明。毕竟，法治国家的核心在于真正树立法律的权威，以法律作为行为活动的中心。但作者也承认，不同国家具有不同的行为习惯与文化根基。在法治国家的建设中，不能对传统文化绝对摒弃、全盘否定，而应批判吸收传统文化中对法治国家建设有益的成分。例如肇始于汉代的"亲亲相隐"制度，是人性考察的理性选择，具有无可比拟的科学性和合理性，但这一合理制度却没有被现代刑法接纳，此点值得反思。因此，在现代法治国家的建设中，如何合理、充分挖掘并吸收传统法律文化中的优秀成分亦是不可回避的重要课题。

柯卫在《论普法中的公民意识培养——"秋菊的困惑"引发的思考》（载《政法学刊》，2007年第4期）一文中指出，"法治"是西方法律文化的产物，因此，当我们提倡法治时，必须看到中国传统法律文化与西方的不同。中国传统法律文化是一种伦理型的法文化，在这种伦理型法文化之下，人们是缺乏权利意识的，并通常认为法律是束缚自己的绳索，因此，人们畏惧诉讼，甚至产生了厌讼的心理。同时，由于重"刑"轻"民"的法律传统，人们对法律的理解也多会集中在犯罪问题上，而对于公平、平等、有偿等民商事法律的概念就缺乏认知。当然，我们不仅要注意到传统法律文化与现代法治的冲突，还必须看到文化延续的必然性。现代法治并不必然与传统法律文化割裂，传统法律文化中所包含的一些内容是可以并应当被现代法治所接纳的，对此应当批判的继承。如此，我们才能更好地在中国的土壤上建设法治国家。

二、法治精神和法治中国的内涵

陈红英在《"法治中国"语境下社会法治精神的重构——以"信访不信法"、"唯权不唯法"为切入点》（载《中国人民公安大学学报（社会科学版）》，2014年第2期）一文中指出，法治精神当是一种在法治社会中所普遍尊崇的法律至上、公平正义、保障人权、权力制约、社会和谐的价值追求。在当前中国，我们所倡导的法治精神当是公民对国家与社会所尊崇的法治理想及法律价值目标的主观把握，是对法治的认知、情感和意志等心理要素凝聚的集合体。对一个法治国家公民而言，法治精神具体应当包含以下内容：一是全体公民对法治本身拥有科学与理性的认知；二是每个公民对法治理想及法律价值目标拥有源于内心的认同、崇尚和追寻；三是全社会每个公民对法治拥有谙熟于心、外化于行的牢固信念与忠诚信仰。作者认为，重构与弘扬法治精神是法治得以实现、"法治中国"建设目标得以实现的关键和核心。

徐显明从地位、功能、目的、价值、保障、尺度等方面赋予法治精神六项基本内涵：一是宪法法律至上，这是法治精神的第一要义。二是追求公平正义，这是贯穿法治过程法治精神的共同价值。三是尊重保障人权，这是法律的真谛和法治精神的根本目的。四是约束公共权力，这是法治精神的重要功能。五是司法职权独立。司法独立是社会公平正义最后一道防线，是法治精神的保障。六是自由平等和谐。公平公正、科学发展、和谐社会是人们期冀的理想目标，也是法治精神付诸实践的检验尺度。因此，面对当今社会法治精神缺失现象，我们应准确理解和把握社会主义法治精神的基本内涵，迅速提升自身的法治观念和意识，并凝练成集法律至上、公平正义、保障人权、权力制约、社会和谐等价值追求于一体的法治精神，使其成为国家与社会法治实践的指导思想和精神源泉。[①]

[①] 参见山东大学徐显明教授2013年6月在全国地市级法学会培训班专题讲座，见陈红英：《"法治中国"语境下社会法治精神的重构——以"信访不信法"、"唯权不唯法"为切入点》，载《中国人民公安大学学报（社会科学版）》，2014（2）。

　　司法部副部长张苏军认为，法治社会首先是相对于人治社会提出来的，法治社会是指国家权力和社会关系，按照明确的法律秩序来运行，并且严格按照公正司法的正当程序和公平裁判来协调人与人之间的关系和解决纠纷。法律面前人人平等，执政者不是依照个人的喜好以及亲疏关系来决定社会的公共事务，在这样的社会中必须具备精神和制度这两个方面的因素。同时，法治社会更强调公民和社会团体对法治精神的认同、对人权的保障，依照法律调节平等主体之间的关系，按照司法程序解决相互之间的纠纷。法治国家、法治政府、法治社会有着共同的要素，最重要的是以下五个方面：一是宪法和法律至上；二是公权力得到控制和制约；三是公民权利得到保障；四是政务公开、透明、规范；五是司法公正、权威。这五个要素必须相辅相成、缺一不可，否则的话既谈不上是一个法治国家，也谈不上法治政府，更谈不上是法治社会。①

　　江平认为，法治国家概念是跟市民社会紧密联系的，市民社会在某种意义上可以说是法治国家的基础或者是灵魂。在市民社会里，才能产生出法治精神。所以，他认为"法治国家"应当包含三个要素：第一个是社会自治的思想，也即国家要尽量减少干预或者尽量减少不必要的干预。第二个要素是民营经济。市民社会必须要有足够强大的民营经济作为依托，也叫经济的多元化，不能只有一种所有制经济，而必须是多元的。第三个要素，也是一个法治国家所必须要求的，那就是要有一个比较强大的中产阶级，也即贫富不要太悬殊，社会整体比较公正。②

　　汪习根在《法治中国建设的三层解读》（载《人民日报》，2013-08-09）一文中指出，法治中国是对依法治国、建设社会主义法治国家基本方略和目标的丰富与深化，应当从主体、客体和空间三个层面深刻认识法治中国的含义。从主体层面看，法治中国是中国人法治自觉、法治自信、法治自立、法治自强的有机统一。从客体层面看，法治中国是依法治权与依法维权的和谐有序。法治中国建设就是要以法治的思维方式化解矛盾、创新社会管理、促进社会建设，构建安定和谐的社会环境。从空间层面看，法治中国是提高中国国际竞争力的必然选择。在经济全球化大背景下，提升我国的法治能力是增强我国国际形象与综合实力的关键之一。我们要结合实际进行科学借鉴，大力加强法治中国建设，为我国经济社会发展保驾护航，为实现国家富强、民族振兴、人民幸福提

---

① 刘冠南、郑佳娜、李路等：《"将法治教育纳入中小学教学大纲"》，载《南方日报》，2015-03-13。
② 参见江平、季卫东：《对谈：现代法治的精神》，载《交大法学》，2010（1）。

供保证。

杨伟东在《推进法治中国建设》（载《时事报告》，2014年第6期）一文中指出，法治中国是指法治是中国整个国家运行的基础，是从事各项活动的基本准则，是集依法治国、依法执政、依法行政和法治国家、法治政府、法治社会于一体的新要求。具体而言，法治中国包含下列内容：第一，法治是治国理政的基本方式；第二，国家的所有事务和各类主体的活动均要遵守法治；第三，法治中国指向保障公民的权利和自由。而在明确法治中国的内涵之后，最重要的就是落实法治中国的要求，从科学立法、严格执法、公正司法、全民守法四个方面认真做好法治中国的建设工作。

三、依法治国与依宪治国关系

有法学专家指出，宪者，法也，宪法就是法上之法、法中之法，宪法是根本法、是总章程。宪法的独特地位和作用决定了依法治国首先要依宪治国，最重要的也是坚持依宪治国。因为，第一，依宪治国体现了依法治国的核心内容。依法治国的过程，首先就是贯彻落实宪法中所确立的制度和原则的过程。第二，依宪治国是依法治国的法律基础。宪法是母法，普通法律是子法。依法治国所依之法，首先是宪法。第三，依宪治国为依法治国确定了最高准则。法治的权威，首先体现为宪法的权威；对法律的遵守，首先是对宪法的遵守。强调依法治国首先要依宪治国，表明了我们党坚持依法治国、依宪治国的鲜明态度和坚定决心，确立了宪法在国家治理体系和治理能力法治化中的核心地位。[1]

还有法学专家认为，依法治国是一种治国思想体系、原则体系和制度体系的总成，包含有丰富的内容。其中，宪法占据着至高无上的位置。宪法是法治的标志，没有宪法就没有法治。依宪治国是依法治国的核心。第一，宪法是民主政治的保障。没有宪法，民主的事实无法得到法律的确认，各项基本民主制度的建立就无法实现。第二，依法治国的根本目的是保障公民的各项权利不受侵犯，而宪法是公民权利的保障书。第三，"法律至上"是法治国家的基本要求，但是没有"宪法至上"，"法律之上"就难以实现。[2]

[1] 中共中央宣传部理论局：《法治热点面对面：理论热点面对面·2015》，39～42页，北京：学习出版社、人民出版社，2015。
[2] 《依法治国七讲（图解版）》编写组：《依法治国七讲（图解版）》，33页，北京：人民出版社，2014。

何勤华在《依宪治国是依法治国的升级版》（载《中国教育报》，2014-12-05）一文中指出，宪法是国家的根本大法，每个国家在同一时期只有一部，而法律则有许多部。但宪法本身也是法律，它是法律之法、法律之王，是所有法律、法规的根据和源泉。因此，依宪治国就是依法治国，它突出了依照宪法办事在依法治国中更加重要的地位，是依法治国的升级版。依宪治国是依法治国的核心，抓住了这个核心，全面推进依法治国就更加顺畅、更加有力、更加有保障。

莫纪宏在《依宪治国是依法治国的重要保证》（刘海年、李步云、李林主编：《依法治国　建设社会主义法治国家》，317～323页，北京：社会科学文献出版社，2008）一文中指出，在现代社会中，依法治国的核心就是宪政。没有宪法作为法律核心的法是无法依从的，因为毫无头绪、任意繁殖的法律原则只会导致法律功能本身的严重异化，即法律成为社会发展的一大负担；不讲宪政的国家，治理目的很难摆脱人治的影响，宪政原则最重要的环节就是要强调制度行为和事实行为的严格对应，反对多轨并行的制度操作系统。因此，从宪政原则来看待依法治国的内涵，其实质就是依宪治国，实现"宪治"。实现"宪治"至少有以下几个环节：第一，必须要有一部准确反映一国现存基本社会关系和重要社会关系的宪法。第二，部门法原则必须要有宪法上的依据或者是可以获得宪法原则的有效支持。第三，宪法应具有适用性，宪法规定应该成为判别各种法律规范、人们的法律行为是否合宪的依据。第四，宪法的最高法律效力应当排除对宪法原则的任意解释和修改。第五，宪法的主权特征必须要呈显性状态。第六，依宪治国从宪法大前提出发，必须建立一整套可靠的推理演绎技术，法治原则应该依靠独立的法律技术予以操作。第七，依宪治国的目的就是要从宪法出发，谋求社会关系的平衡。作者认为，依宪治国在今天市场经济体制下更是至关重要的，因为在走向法治化社会的过程中，最大的障碍不是来自人治的干扰，而是出于法治的泛化。因为法治的泛化不仅破坏了宪政原则，而且也使人治有了更好的生存方式和生存空间。

四、依法治国与以德治国的关系

有法学专家指出，法律不是万能的，法律的有效实施有赖于道德的支持，道德的自觉践行也离不开法律的强力约束；法律难以规范的领域，道德可以发挥作用，而道德无力约束的行为，法律则可以给予惩戒。法治和德治不可偏废，国家和社会治理需要法律和道德协同发展，需要法治和德治两手齐抓。坚持法治和德治相结合，是对古今中外治国经验的深刻总结，是中国特色社会主义法治道路的一大优势，也是现实的迫切的要求。当前我国改革发展进入关键阶段，要应对前所未有的矛盾风险挑战，从根本上必须全面推进依法治国。应当看到，我国法治建设还存在许多问题，要解决好这些问题单就法治论法治是不够的，必须着眼全局、系统谋划，特别要立足我国历史传统和现实国情，重视加强道德教育和思想引导，着力培植人们的法律信仰和法治观念，营造全社会都立规矩、讲规矩、守规矩的文化环境，使法律和道德在国家和社会治理中共同发挥作用。①

徐晓冬在《依法治国要处理好十大协同关系——对当前依法治国有关讨论的思考》（载《人民论坛》，2014年第30期）一文中指出，推进依法治国要重视以德治国的辅助作用。法治是靠法律的权威性和强制性来规范人的行为，调节人际关系，重点是群体文明和规范；而德治是靠道德的说服力、劝导力、内心信念和社会舆论的力量来规范人的行为，专注于构建个体文明，通过榜样的力量提高文明程度。前者主要靠他律，后者主要靠自律，二者互为补充。法律无法包罗人们社会生活的全部内容，而道德则比法律作用的范围要宽泛得多。另一方面，法治是与现代社会发展相适应的一种生活方式，法治进程是全社会认同、遵从和信仰法律的社会过程。现阶段的中国，提倡道德的引导作用，不宜将以德治国代替依法治国，以德治国必须有依法治国来保障和支撑。

还有的法学专家指出，国家和社会治理需要法律和道德共同发挥作用，依法治国和以德治国相辅相成、不可偏废。不依法治国，突破社会道德底线的行为不受到必要制裁和惩处，人们就会放松内心的道德约束，以德治国就会失去底线和依托，就有可能导致公德废弛。同样，如果没有以德治国，法治精神在全社会得不到普及和信奉，法律的权威不是源自人民的内心拥护和真诚信仰，遵纪守法没有内化为人们的自觉行为，人们内心缺乏法律底线的概念，依法治国要么难以实行，要么造成阳奉阴违、虚与委蛇的局面，道德在规范社会行为、倡行崇高价值方面的正能量就得不到充分发挥。②

---

① 中共中央宣传部理论局：《法治热点面对面：理论热点面对面·2015》，117～119页，北京：学习出版社、人民出版社，2015。
② 《依法治国七讲（图解版）》编写组：《依法治国七讲（图解版）》，17～18页，北京：人民出版社，2014。

五、推进依法治国、建设法治中国

王东京在《从建设"法治浙江"到建设"法治中国"——系统学习习近平总书记十八大前后关于法治建设的重要论述》（载《学习时报》，2015-04-13）一文中指出，依法治国，第一，要从严治党。治国必先治党，治党务必从严，全面依法治国必须抓住领导干部这个"关键少数"。第二，立法是法治的基础。法律是治国之重器、良法是善治之前提，要把提高立法质量放在首位。第三，努力让人民群众在每一个司法案件当中感受到公平正义。公正是法治的生命线。司法公正对社会公正具有重要引领作用，司法不公对社会公正具有致命破坏作用。要通过体制改革解决影响司法公正和制约司法能力的深层次问题。第四，普及公民的法制教育具有全局性、先导性、基础性作用，要在全社会推进树立法治意识。因为法律的权威源自人民的内心拥护和真诚信仰。第五，信访工作是社会主义民主政治建设的一个重要方面，要做到依法信访、维护法治的严肃性。要让老百姓能表达意见，行使权利，同时群众也应做到依法信访。第六，推进法治建设要干在实处，要注重实效，反对形式主义、做表面文章。

张文显在《全面推进法制改革，加快法治中国建设——十八届三中全会精神的法学解读》（载《法制与社会发展》，2014年第1期）一文中指出，法治中国不仅包括国家层面的法治，而且包括政府层面、社会层面的法治，是全方位、立体化的法治概念。所以，法治中国建设的着力点在于：第一，法治建设要进一步加快和提速。第二，要紧紧围绕国家治理体系和治理能力现代化，推进法治现代化。第三，法治中国建设要坚持依法治国、依法执政、依法行政共同推进，坚持法治国家、法治政府、法治社会一体建设。第四，法治中国建设要着力依法管权、强化权力运行制约和监督体系。在任何国家，法治的重心都是制约和控制权力，防止其滥用和异化。当下，我国权力运行中的突出问题包括：一是权力授予和运行缺乏公开、透明、规范的程序。二是权力边界不清。三是权力没有边界。四是权力自由裁量权过大，自由裁量权过大，时常导致权力被滥用。针对这种情况，我国法治建设的着力点之一就是依法管权，建立并不断完善依法管权的法律制度。第五，加强宪法法律实施。由于历史与现实的多重原因，在我国，有法不依的现象普遍存在，这导致我国法制缺乏应有的尊严，并缺乏必要的权威性和实效性。因此，在继续完善和发展中国特色社会主义法律体系的同时，要更加重视宪法法律的实施，保证有法必依、执法必严、违法必究，加快形成不敢违法、不能违法、不愿违法的良好法治文化环境。

陈俊在《完善法律体系是推进法治中国建设的基础环节》（载《中国社会科学院研究生院学报》，2014年第6期）一文中指出，推进法治中国建设，是一项新的系统工程，涉及国家、政府、社会领域的方方面面，需要有相应的法律体系作为基础来支撑和保障。因此，首先需要完善作为法治中国建设基础环节的中国特色社会主义法律体系，进而，以该法律体系来支撑和保障法治中国建设。而完善中国特色社会主义法律体系，应注重以"以人为本"法律观引领法律体系的完善，注重拓展人民有序参与立法的途径。

杨伟东在《推进法治中国建设》（载《时事报告》，2014年第6期）一文中指出，推进法治中国建设，应做到：第一，把握法治中国的内涵。第二，坚持科学立法，提高立法质量和水平。第三，做到严格执法。行政机关严格执法，要做到三个方面：一要带头遵守法律；二要严格依法办事；三要积极履行职责。第四，实现司法公正。要让人民群众在每一个司法案件中都感受到公平正义，做到要以实际行动让人民切实感受到司法的公平正义就在身边，保障司法机关依法独立公正行使权力，落实司法只服从法律要求，强化司法公开；第五，推动全民守法。全社会都要把法治作为行为准则，并转化为自己的信仰，做到真学、真用和真信。

李君如在《没有法治意识就没有法治国家》（载《人民日报》，2015-03-27）一文中认为，法治意识是法治国家之魂，没有法治意识就没有法治国家。从理论上讲，在民主政治实践中，有什么样的法治意识，就有什么样的法治国家；法治意识普及到什么程度，法治国家就有可能推进到什么程度。正是在这个意义上，我们说法治意识是法治国家之魂。从实践上讲，建设社会主义法治国家最艰难也是最重要之点，就是要在全社会树立法治意识。我们今天致力于建设的社会主义法治国家，通俗地说，就是要把一个看家长眼色做事、唯长官意志为重的社会改造成为一个依法办事、遵法信法的法治社会。这就特别需要在全社会树立崇法、守法、护法的法治意识。这是国家治理领域一场广泛而深刻的革命，无疑也是一场极其深刻的思想革命。作者还强调，领导干部是树立法治意识的关键。在全社会树立法治意识，领导干部要率先垂范：第一，从思想上深刻认识依法治国是党长期执政和国家长治久安的根本保证，推动全社会树立法治意识；第二，从行动上对法律怀有敬畏之心，牢记法律红线不可逾越、法律底线不可触碰；第三，从领导干部的特点出发正确认识和处理"法"与"权"的关系。党的各级领导干部树立法治意识，就是要带头遵守法律、带头依法办事，不得违法行使权力，更不能以言代法、以权压法、徇私枉法。

司法部副部长张苏军认为，建设社会主义法治社会，是一个巨大的系统工程，涉及立法、执法、司法、普法、法律服务、法律监督等等方方面面的工作。首先要推动全社会树立法制意识。因为法律的权威，源自人民的内心拥护和真诚信仰。法治意识的建立，要与两千多年专制历史所形成的人治历史进行博弈，这是缓慢长期的过程。其次，推动多层次、多领域依法治理，才能实现法治社会。最后，法治文化是一个社会法律制度以及实践体现出来的价值追求和文化内涵。历史发展表明，蕴含、体现、弘扬法治精神，体现法治价值的法治文化，是一个社会在法治发展的长期历程中积淀而形成的，对全社会法治意识的形成有润物细无声的潜移默化的作用，起着无可替代的支撑作用。①

王发棠、张锡恩在《从依法治国到法治中国：中国政治文明建设的历史性飞跃》（载《东岳论丛》，2014年第1期）一文中指出，建设法治中国是一项复杂的综合性系统工程，需要按照十八大的战略部署和总体要求，突出抓好以下重点工作：第一，逐步健全社会主义法律体系。要使立法真正解决实际问题，维护最广大人民群众的利益。第二，着力强化法律实施。良好的法治环境，是依法治国的基础性工程，也是一种极为宝贵的发展软实力。第三，不断完善法律监督制度。实践证明，没有健全的法律和制度以监督保障法律的实施，要保证执政者始终清正廉洁是比较困难的。第四，大力坚持依法行政。没有政府的法治化，就不可能有社会的法治化。深入推进依法行政、加快建设法治政府，是全面推进依法治国的中心环节。第五，稳妥推进司法体制改革。建设法治中国，需要众多改革与之相配套，其中最应取得实效、且关系全局的是司法改革。第六，积极培育公民的法治意识。法治中国的主体是人民，只有人民才是法治的主体力量。第七，逐步提高领导干部推进依法治国的意识和能力。全面推进依法治国，加快建设法治中国，关键在各级领导干部。建设法治中国，广大公务人员特别是领导干部是主导力量。

---

① 刘冠南、郑佳娜、李路等：《"将法治教育纳入中小学教学大纲"》，载《南方日报》，2015-03-13。

六、依法治国应从国情出发，从实际出发

荷兰乌特勒支大学教授汤姆·茨瓦特（Tom Zwart）在《中国优势助力依法治国》（载《人民日报》，2015-04-02）一文中认为，中国全面推进依法治国有其独特优势，完全没有必要照搬"司法审查"和"三权分立"等西方法治理念和模式。建设中国特色社会主义法治体系，是中国在传统思想和建国以来的实践经验基础上，正在规划的法治发展路径。在中国，社会繁荣并不依赖于宗教，这是中国传统思想为法治理论做出的贡献。几千年来，根植于中国大地的社会机制与价值观，也正在为全面推进依法治国添砖加瓦。在这个意义上，有两大支柱支持着中国的法治建设。一个是道德规范，它能够从正面引导中国人民，例如执政者施行仁政。另一个是由规范甚至禁止某些行为的法律规则所构成，这些法律规则也反映着道德规范。法治的精髓不仅在于技术精湛的法律本身，而且在于必须遵循法律这一信念，而在中国社会所代表的以美德为基础的社会中，这种法治精神能够更加繁荣。中国全面推进依法治国还拥有其他优势。传统上，中国的冲突解决诉诸调解及和解。在遭遇不满时，中国公民能够以信访方式向政府机构寻求帮助。中国公民还能够在司法程序中担任人民陪审员，这能确保司法结果与人民意愿相符，并有助于增强合法性。在实践中，为了维护宪法尊严，符合中国实际的方式正在发挥作用：全国人大常委会已经开始行使法律解释权；全国人大及其常委会将把所有规范性文件纳入备案审查范围，依法撤销和纠正违宪违法的规范性文件；对部门间争议较大的重要立法事项，将由决策机关引入第三方评估；人民有序参与立法的途径将得到进一步拓宽。这些举措还将得到进一步强化。

杨春福在《法治中国建设的路径探寻》（载《法制与社会发展》，2013年第5期）一文中认为，法治中国建设不能也不可能脱离本国的国情，这一国情不是凭空出现的，它有着自身演变的逻辑和规律。通过多年的法治实践，我国走上了一条适应中国具体国情、解决中国实际问题的自主型法治发展道路。从法学理论角度看，法律通过调整人的行为进而调整社会关系，但人的行为又受着不同文化因素的影响和制约。因此，法律在制定和实施的过程中，需要考虑到不同人的行为特点及其背后的文化因素。要使法治中国建设顺利进行，我们必须认真研究传统中国的历史文化积淀的表现形态及其对现代中国人当下行为的影响，对其不是简单地所谓"扬弃"，而是更

多地寻求历史的资源。在寻求历史资源的过程中，也不是简单地寻求具体的制度支撑，而是更多地通过分析当时的环境背景，进而从法哲学高度提炼出制定相关制度时的经验和智慧。

有法学专家指出，从中国的实际出发推进依法治国，关键要抓住以下三条：第一，全面推进依法治国，必须以中国特色社会主义道路、理论体系、制度为根本遵循。第二，全面推进依法治国，必须同改革开放不断深化相适应，实现立法与改革决策相衔接，做到重大改革于法有据，立法主动适应改革和经济社会发展需要。第三，全面推进依法治国，必须推进法治理论创新。全面推进依法治国，必须坚持中国特色社会主义法治理论，面向建设社会主义法治国家的现实要求，科学总结和运用党领导人民实行法治的成功经验，围绕社会主义法治建设重大理论和实践问题，推进法治理论创新，为依法治国提供理论指导和学理支撑。[1]

还有法学专家指出，法治作为上层建筑，是由经济基础决定的，是一个国家在特定经济、政治和文化条件下的治国模式。世界上没有放之四海而皆准的法治道路。社会制度不同的国家，法治道路也不会相同。每个国家的法治道路，是与各自的历史文化传统、社会条件等因素密切相关的。中国是一个有着五千年历史的文明古国，又是发展中的社会主义大国，具有独特的法治传统、独特的国情、独特的现实问题，这就决定了我们的法治建设必定要走自己的路。所以中国的法治建设，应植根中国土壤，挖掘和传承中华法律文化精华，不能抛却，也无法抛却历史传统、割断文化血脉。中国的法治道路要立足自己的国情，解决自己的问题，别人的经验固然可以参考，但针对自己病症的药方才最有效，走自己的法治道路才最管用。总之，在法治问题上，没有最优模式，也没有标准版本，只有适合自己的选择。我们需要借鉴国外法治文明的成果，但必须坚持以我为主、为我所用，不能搞"全面移植"、照搬照抄。[2]

---

[1] 《依法治国七讲（图解版）》编写组：《依法治国七讲（图解版）》，25～26页，北京：人民出版社，2014。

[2] 中共中央宣传部理论局编：《2015理论热点面对面：法治热点面对面·2015》，16～18页，北京：学习出版社、人民出版社，2015。

七、正确理解党的领导和依法治国的关系

黄稻在《中国共产党领导与法治问题》（刘海年、李步云、李林主编：《依法治国　建设社会主义法治国家》，240～246页，北京：社会科学文献出版社，2008）一文中认为，首先，中国共产党是领导人民实现法治的核心力量。法治与民主密不可分，没有共产党的领导，就没有今天人民当家做主的地位，也就没有今天谈论社会主义的法治问题的前提。进一步说，要解决法治问题，离不开共产党的领导。其次，中国共产党在民主革命和建国初期倡导的民主法治精神，以及建立的政治制度和政治原则、方针，为建设有中国特色的社会主义法治奠定了良好的政治基础。最后，法治是执政党领导方式转变的必由途径。执政党领导方式，应当也必须从过去领导革命和坚持阶级斗争为主导的时期发展起来的传统方式，转变到适应社会主义建设的现代方式，也就是引向民主法治化的领导方式。而执政党领导方式转变的关键一环，在于正确处理好党和国家的关系。党对国家的领导和监督，必须通过和运用法律制度这个中介；这样，党和人民就息息相通了。党的领导方式要实现由过去主要和直接依靠政策治理国家向主要和直接依靠法律治理国家的转变。

有法学专家指出，中国特色社会主义法治道路的特征有好多条，但集中到一点，最本质的特征就是坚持中国共产党的领导。我国宪法确立了中国共产党的领导地位，这是历史的选择、人民的选择。坚持党的领导，是社会主义法治的根本要求，是党和国家的根本所在、命脉所在，是全国各族人民的利益所系、幸福所系，是全面推进依法治国的题中应有之义。党的领导和社会主义法治是一致的，社会主义法治必须坚持党的领导，党的领导必须依靠社会主义法治。坚持党的领导，就要把依法治国基本方略和依法执政基本方式统一起来，把党总揽全局、协调各方同人大、政府、政协、审判机关、检察机关依法依章程履行职能、开展工作统一起来，把党领导人民制定和实施宪法法律同党坚持在宪法法律范围内活动统一起来。坚持党的领导必须具体体现在党领导立法、保证执法、支持司法、带头守法上。一方面，要坚持党总揽全局、协调各方的领导核心作用，统筹依法治国各领域工作，确保党的主张贯彻到依法治国全过程和各方面。另一方面，要改善党对依法治国的领导，不断提高党领导依法治国的能力和水平。党既要坚持依法治国、依法行政，自觉在宪法法律范围内活动，又要发挥好各级党组织和广大党员干部

在依法治国中的政治核心作用和先锋模范作用。①

还有法学专家认为，在当代中国，党和法治的关系是法治建设的核心问题。要走好中国特色社会主义法治道路，就要始终正确把握和妥善处理两者的关系，确保法治中国建设行稳致远。在当今中国，社会主义法治必须坚持党的领导，党的领导必须依靠社会主义法治，两者之间是根本一致的。从性质上看，党领导人民干的事业就是建设社会主义，我们的法治也是社会主义的法治；从宗旨上看，始终坚持人民主体地位、保证人民当家做主、维护人民合法权益，既体现了我们党的根本宗旨，也是社会主义法治建设的根本目的；从任务上看，我们党带领人民实现现代化，包括实现国家治理体系和治理能力现代化，而法治建设也是实现国家治理体系和治理能力现代化的重要内容，所以说这两者是根本一致、内在统一的。总之，党的领导与依法治国二者是并行不悖的，缺一不可。坚持在党的领导下依法治国、厉行法治，同时坚持党在宪法法律范围内活动，这样才能真正实现党的领导、人民当家做主和依法治国有机统一，国家和社会生活法治化才能有序推进。②

微课设计

微课设计一：从《消费者权益保护法》的修改看中国法治建设

设计意图

"时移则事异，事异则备变"，因此，"治世不一道，便国不法古"。随着社会的发展，需要重新制定或者修改法律。本微课透过《中华人民共和国消费者权益保护法》（修订版，2014年3月15日施行。以下简称《消费者权益保护法（修订版）》）的修

---

① 《依法治国七讲（图解版）》编写组：《依法治国七讲（图解版）》，17～18页，北京：人民出版社，2014。

② 中共中央宣传部理论局编：《2015理论热点面对面：法治热点面对面·2015》，28～36页，北京：学习出版社、人民出版社，2015。

改，使学生能更好地理解法律要与时俱进，建设社会主义法治是要以人为本，立法为民的。

✎ 设计方案

教师讲述： 众所周知，《消费者权益保护法》的目的是为了保护消费者的合法权益，维护社会经济秩序，促进社会繁荣发展，也是和百姓的生活息息相关的。据中国消费者协会副会长刘俊海回顾，1993年全国人大常委会审议通过《消费者权益保护法》时，全票通过，没有一个人弃权，更没有一个人反对，在全国人大立法史上，只有两部法律才享有这样的待遇（另一部是《中华人民共和国仲裁法》），从中也可以看出《消费者权益保护法》的出台深得民心。但是自进入新世纪以后，随着中国加入WTO和市场经济的进一步发展，对《消费者权益保护法》进行修改的呼声也就越来越高了。

材料呈现：

2008—2012年消协受理投诉热点问题汇总表（部分）

投诉热点	2008年	2009年	2010年	2011年	2012年
食品药品质量安全问题	√	√	√	√	√
网络购物质量及售后问题	√	√	√	√	√
汽车维修服务投诉	√		√	√	√
银行服务	√			√	√
宽带网络安装				√	√
家电维修			√		√
购房装修问题	√				√

——谭新政、褚峻、张苏等：《全国消协组织受理投诉情况分析》，
载《商品与质量》，2013年第24期

教师设问： 和1993年《消费者权益保护法》颁布施行的时候相比，最近几年出现了哪些新的消费类型或者问题，成为消费者主要投诉的对象？这和修改《消费者权益保护法》的"呼声越来越高"之间有什么关系？（参考答案：网购、汽车维修、银行服务、

网络服务、购房装修等；在新的消费类型面前，《消费者权益保护法》的内容显得陈旧、无法跟上时代的发展。）

教师引导学生分析：时过境迁，20年来，随着时代的发展，陆续出现了网购、直销、邮购、电视电话购物等消费形式，汽车、住房、旅游、保险、理财等也逐渐成为消费的主流，原来的《消费者权益保护法》的适用范围，已经不能完全囊括新出现的消费类型和消费问题了，因此消费者的权益也无法得到充分的保障。

教师讲述：与此同时，一些跨国企业"耍大牌"，在中国市场搞"双重标准"，屡屡歧视中国消费者，也使中国消费者的权益受到了侵害。中国消费市场一直是国际双重标准歧视的"重灾区"。目前，基本上所有的跨国公司在我国大陆地区销售的产品（包括服务），都存在不同程度的双重标准歧视。这种"歧视"主要表现在两个方面：一是要求中国消费者付出更高的价格购买一样的产品；二是在中国销售的产品，与本国的相比，有着明显的"质量歧视"——也就是更低的质量标准。

材料呈现：……2011年4月，日化巨头联合利华和宝洁公司因操纵洗衣粉价格遭欧盟反垄断机构处以近3.2亿欧元罚款。

相比之下，一些"洋大牌"在中国即使出了质量问题或欺诈案件，罚单往往只有几十万元，根本感觉不到"痛"。堪称国内处罚"大单"的沃尔玛连锁店销售假"绿色猪肉"案，最终罚款也只有269万元。

——张舵、郭宇靖、周蕊等：《洋品牌缘何频频在中国"耍大牌"》，

载《新华每日电讯》，2012-01-14

教师设问：再比如，苹果公司在中国的售后服务也大搞"双重标准"："整机交换"的维修方式名不副实，更换iPhone时故意不更换后盖，这样就可以不用顺延保修期，等等。而面对舆论的批评，苹果公司也只是用"假大空"的声明进行搪塞。洋品牌为何敢频频在中国"耍大牌"，置中国消费者的利益于不顾呢？（参考答案：违法成本低，让他们有恃无恐。）

教师讲述：正如中国政法大学朱巍博士所说："中国现行法律法规设定的违法成本低，是国际品牌屡次犯险的主因之一。"[①]在此背景下，为适应新形势的需要，修改《消费者

---

① 杨亮：《跨国公司"耍大牌"？无需再忍！》，载《光明日报》，2013-03-29。

权益保护法》就被有关部门提上了议事日程。2013年10月25日，全国人大常务委员会公布了新的《消费者权益保护法》，从2014年3月15日起施行。这是全国人大常委会历经三次审议、对实施了20年的《消费者权益保护法》进行的首次大修，其中很多"亮点"在社会上引起了广泛的关注和热议。而最为消费者关心、关注的是新增的有关"公益诉讼"的条文。

材料呈现：

材料一　第四十七条　【消费者协会的起诉权】对侵害众多消费者合法权益的行为，中国消费者协会以及在省、自治区、直辖市设立的消费者协会，可以向人民法院提起诉讼。

——法律出版社法规中心编：《中华人民共和国消费者权益保护法注释本》，第2版，

48页，北京：法律出版社，2013

材料二　"公益诉讼是消协免费替消费者打官司，这减轻了消费者的诉累①，有利于解决消费者维权难。"最高人民法院民一庭法官张进先对记者表示。

——谢素芳：《"新消法"全面提振消费信心》，载《中国人大》，2013年第21期

教师设问："公益诉讼"条文被写进新的《消费者权益保护法》的目的是什么？（参考答案：帮助消费者解决维权难的问题。）

教师讲述：那么，这个条款在消费者维权的过程中具体发挥怎样的作用呢？举例来说，有了这项条款之后，再遇到类似"三鹿奶粉案"这样的大规模侵权事件，消费者只要提供自己的身份证、银行账号、商家侵权事实与基本证据等给消费者协会，就可以由消协代为提起诉讼，从而免去了自己维权的奔波之苦。这不但有助于降低消费者的维权成本，同时还扩大了消费者的维权效果。

教师设问：在新的《消费者权益保护法》中增加这项条款，体现出我国完善社会主义法治的宗旨是什么？（参考答案：维护人民合法权益，以民为本，执法为民。）

继续讲述：除此之外，通过对"2008—2012年消协受理投诉热点问题汇总表（部分）"的比较分析，我们可以发现，"网络购物质量及售后问题"一直是消费者投诉的热点问题。对此，新的《消费者权益保护法》又出台了哪些针对性的措施呢？

---

① 诉累，法律术语，指因诉讼而带来的麻烦和风险。

材料呈现：第二十五条 【无条件退货义务】经营者采用网络、电视、电话、邮购等方式销售商品，消费者有权自收到商品之日起七日内退货，且无需说明理由。

——法律出版社法规中心编：《中华人民共和国消费者权益保护法注释本》，第2版，

28页，北京：法律出版社，2013

教师设问：俗话说，"冲动是魔鬼"，消费者经常会在商家的忽悠下冲动消费，但事后觉得后悔又无法退货，对于这种情况，新的《消费者权益保护法》有何明确的规定？这一规定的目的又是什么？（参考答案：网购商品七日内可以无理由退货；切实保护消费者的权益。）

教师引导学生分析：这项规定民间俗称"后悔权"。新的《消费者权益保护法》对于"后悔权"的设定，可以说充分尊重了消费者的选择权和公平交易权，真正尊重了消费者在理性而非冲动状态下的消费自由，同时"后悔权"还可以进一步督促商家扭转"吹牛不上税"的毛病，提高产品的质量和核心竞争力，在销售产品时更为充分、客观地告知产品和服务的真实信息，只有这样才能降低消费者行使"后悔权"的概率，因此起到了规范企业经营行为的作用。事实上，"后悔权"仅仅是解决消费者在头脑不冷静的时候签订重大交易合同的问题，除了恶意退货外，只要产品质量、价格及售后服务没有问题，一般来说消费者也不会后悔的。

教师讲述：网上购物发现问题，还是有"后悔药"可以吃的。那么在现实生活中呢？《中国新闻网》的调查显示，因为维权成本过高，超过六成的消费者在权益被侵害时选择"默默忍受"[①]。针对消费者"为了追回一只鸡、必须杀掉一头牛"的维权成本过高的问题，新《消费者权益保护法》也出台了相关的措施，加强对消费者的保护和对商家的约束，切实维护消费者的利益，推动市场健康良性发展。

材料呈现：

材料一 市场发展以规范为前提，以法治为基础……缺乏规范的市场必然是短命的市场。例如，以三鹿奶粉为代表的毒奶粉事件的诚信株连效应至今依然在威胁着我国奶粉行业的健康发展。

——刘俊海、徐海燕：《论消费者权益保护理念的升华与制度创新——以我国〈消费者权益保护法〉修改为中心》，载《法学杂志》，2013年第5期

---

① 参见孙瑞灼：《何时走出"追鸡需杀牛"困境》，载《人民法院报》，2012-03-17。

材料二 "新消法适应转变经济发展方式的要求，有利于营造良好的法治环境、增强社会的消费信心，从而有利于国家的经济发展、扩大内需。"贾东明①说。

——谢素芳：《"新消法"全面提振消费信心》，载《中国人大》，2013年第21期

教师设问：从材料中可以看出，修改《消费者权益保护法》，对经济和社会的发展起到了怎样的作用？（参考答案：完善社会主义法治，规范市场行为，促进消费、扩大内需、发展经济。）

教师小结：在市场经济的发展过程中，存在着众多的不和谐因素，如垄断和不正当竞争、损害消费者权益等，干扰着市场功能的发挥。要解决这些问题，必须依靠法治，这也是依法治国，建设法治中国应有的题中之义。

设计点评

本微课以《消费者权益保护法》的修改为视角，透过《消费者权益保护法》的修改来看中国的法制建设，有助于学生理解社会主义法治的本质要求是执法为民。

微课设计二：从电视法制节目《今日说法》看普法宣传

设计意图

人民群众是依法治国的主体和力量源泉。最重要的法律不是刻在大理石上，也不是刻在铜器上，而是刻在每一个公民的心中。本微课透过《今日说法》等法制专栏节目的热播，有助于学生认识普法对于建设法治中国的必要性和迫切性，同时也为如何做好普法工作提供了借鉴。

设计方案

教师讲述：中国的法制建设全面恢复于改革开放以后。为了给改革开放提供法制保障，我国以大规模立法为起点，着力进行法制建设，并取得了显著的成就。

---

① 贾东明，时任全国人大常委会法工委民法室主任。

材料呈现：

改革开放以来法制建设成就表

时间段	制定或修订的主要法律
改革开放初期至20世纪90年代初期	1982年宪法、选举法、刑法、中外合资经营企业法……
20世纪90年代初期到党的十五大召开前	公司法、银行法、劳动法、合伙企业法、价格法……
1997年至今	证券法、合同法、反垄断法、保险法、行政复议法、侵权责任法、立法法、监督法、反分裂国家法、物权法……

——材料出自《齐鲁晚报》，2014-10-17

教师设问： 改革开放以来，我国法制建设取得了巨大成就，主要表现是什么？（参考答案：立法；形成了有中国特色的社会主义法律体系。）

教师讲述： 可以说，我国用二十多年的时间走过了西方国家上百年的立法路程。但正因如此，也不可避免地带来了一些问题。

材料呈现： 总体来说，中国公民的法制意识还比较薄弱，人们对具体法律的知晓程度较低。应该说，提高公民的法制意识，是一个浩大的社会工程，难以在一朝一夕实现。

——尹鸿、石惠敏：《与中国社会法制进程同步成长——〈今日说法〉十年》，

载《电视研究》，2009年第2期

教师设问： 材料认为我国的法制建设仍然存在着哪些问题？（参考答案：人们法制意识薄弱，具体法律知晓程度低；提高公民的法制意识任务艰巨。）

教师讲述： 现实生活中，我们时常也能看到有这样一些人，他们"信权不信法""信钱不信法""信访不信法"。另外，遇事找熟人、走关系等现象较为普遍等等。人们法治观念的淡薄，原因是多方面的。我国有着两千多年的专制历史，人治的思想根深蒂固，人治的文化传统源远流长，制约着人们现代法治观念的形成。

材料呈现： 从上世纪80年代开始，国家启动了"普法"工程……我国法制建设取得了前所未有的突破和提升，普通公民的法律意识、法制观念大幅提高。而作为影响力巨大的电视传媒，利用媒介优势开展法制宣传和教育，开办各种各样的法制节目，

既丰富了电视荧屏，适应了法制建设的需要，也满足了群众对法制化、公开化的合理诉求。

——李近：《普法栏目剧：电视法制节目的一朵奇葩》，

载《中国纪检监察报》，2011-11-20

教师设问：利用电视传媒进行法制宣传，会有什么优势？（参考答案：迅速生动、直观形象、影响力大、传播范围广、形式鲜活等。）

教师引导学生分析：那么观众喜欢看这类节目吗？据调查，法制节目在观众经常收看的电视节目类型中位居前列，仅次于新闻节目，而且一般观众对栏目的满意度都非常高，接近九成的受访者表示喜欢法制节目。观众的收视热情使得开办法制节目的电视台越来越多，甚至有的电视台还开办了法制频道。目前全国在播的法制栏目约有60余个，统计数据显示，法制节目的播出量在专题节目中占10.3%，收视率比重占专题类节目收视率的19%。可以说，法制节目已经成为人们必不可少的"保留节目"[1]。

继续讲述：在这些节目当中，中央电视台的《今日说法》节目可以说是成功的代表。《今日说法》开播以来，受到了电视观众超乎寻常的期待和欢迎。

材料呈现：

材料一

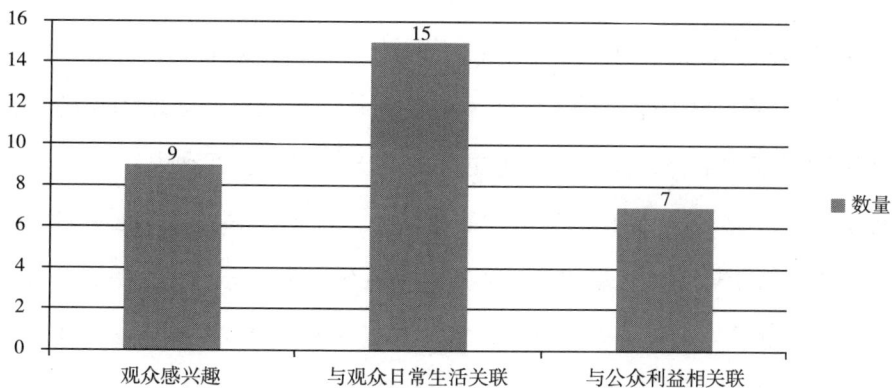

2010年11月15日至12月15日《今日说法》节目内容主题图表
——姚广宜、高馨：《解析〈今日说法〉》，载《法律与生活》，2011年第22期

---

[1] 时统宇：《见证世纪之交中国社会法治进程》，载《现代传播》，2009（1）。

材料二 《今日说法》……历届制片人、制作人、记者、编辑不知疲倦地深入到社会生活的每一个角落，观察、发现、纪录、报道了普通公民迫切需要的各类法律问题。从土地承包到婚姻家庭，从邻里纠纷到医疗健康，从官告民到民告官，从经济权益到精神权益……几乎触及到中国法制建设进程中的各个层面。

——胡智锋：《〈今日说法〉十年发展的意义与启示》，

载《中国广播电视学刊》，2009年第3期

教师设问：

（1）根据材料一和材料二，《今日说法》受到群众欢迎的原因有哪些？（参考答案：观众感兴趣；与观众日常生活联系密切；与公众利益相关。）

（2）《今日说法》在节目内容的选择上有什么特点？（参考答案：无所不包，触及到法治建设进程中的各个层面。）

教师讲述：正如《今日说法》的栏目编导所说的，不是我们做得有多好，而是中国百姓太需要法律①。中国正处在转型时期，社会发展的不平衡导致社会冲突的逐渐增多，这也对大众的日常生活产生着直接或间接的影响，《今日说法》凭借它对社会矛盾的直接关注，对现实生活冲突的反映，对广大公民的权利、义务以及社会安全、公正的广泛探求，赢得了广大观众的认可和好评。2002年8月15日，《今日说法》时长由15分钟延长到20分钟，并推出了新的栏目口号：点滴记录中国法制进程。在这种定位的要求下，节目和以前相比，富有更曲折的故事情节、更细致的人物刻画、更详细的法律分析、更深刻的法理阐释，增强了节目的新闻敏感度和案例的现场性，争取新闻因素和法律因素相结合，使节目产生更大的冲击力和社会互动力。

材料呈现：2014年8月22日，根据"疑罪从无"原则，福建高院宣布对念斌无罪释放。11月20日，内蒙古呼格吉勒图案18年后启动再审。央视等广播电视媒体对此做了积极报道，对积极引导人们进一步认识和理解"疑罪从无"原则起到促进作用。……一时间，"疑罪从无"的法治精神成为社会舆论的关注点。

——刘春理：《新形势下广播电视法治宣传的转型升级：从"法制"到"法治"》，

载《中国广播电视学刊》，2015年第1期

---

① 参见文璐、吴长伟：《法律的天平能承载多少关爱——谈名专栏"今日说法"》，载《中国记者》，2003（10）。

教师设问：除了注重普及法律常识以外，《今日说法》等法制类节目还发挥了怎样的功能？（参考答案：帮助人们理解抽象的法律条文；培养法治精神等。）

教师讲述：面对纷繁复杂、变化多端的现实生活，为了使抽象的法律条文适用于具体的案件，同时也是为了弥补条文的滞后性，需要对法律规范进行解释。司法机关的解释往往还不够，新闻媒体的宣传就成了必要的、有益的补充。尤其是在案件审理中，如果新闻媒体做好舆论引导工作，对于加强民意沟通、增强审判效果十分重要。

材料呈现：

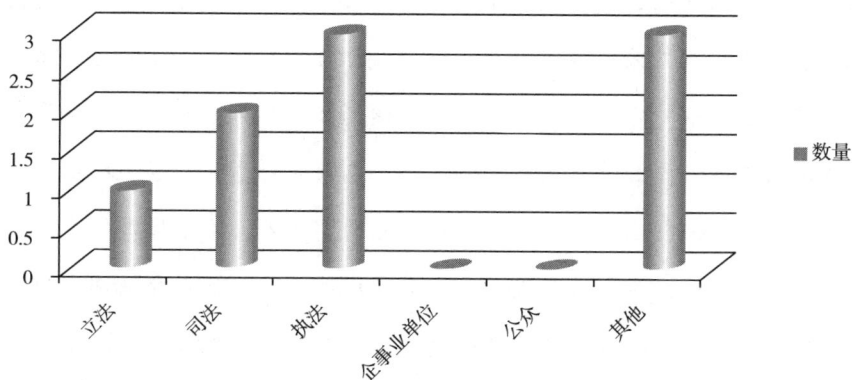

2010年11月15日至12月15日《今日说法》节目监督对象图表
——姚广宜、高馨：《解析〈今日说法〉》，载《法律与生活》，2011年第22期

教师设问：《今日说法》等法制节目，在普及人民迫切需要的法律知识的同时，还充分发挥了舆论监督的作用。从上图可以看出，它监督的对象主要有哪些？（参考答案：立法、司法、执法机关及其工作人员等。）

教师引导学生小结：这类法制节目的舆论监督功能，不仅仅满足于对问题的揭露和批评，更重要的是通过报道引起社会关注，进而给主管部门造成舆论的压力，并促使他们尽快解决问题，提升依法办事的观念，也进一步推动了法治的完善。当愈来愈多的人们习惯于像法律专家那样思考和分析问题的时候，法治国家的建设，也就是水到渠成的事了。

设计点评

本微课以法制节目的普法宣传为视角，有助于学生认识到，在依法治国，建设法治中国的过程中，最基本的就是要做好普法工作。在普法的过程中，还应注重策略，讲究效益。

教学资源

　　资源1："橘生淮南则为橘，生于淮北则为枳。"我们需要借鉴国外政治文明有益成果，但绝不能放弃中国政治制度的根本。中国有960多万平方公里土地、56个民族，我们能照谁的模式办？谁又能指手画脚告诉我们该怎么办？对丰富多彩的世界，我们应该秉持兼容并蓄的态度，虚心学习他人的好东西，在独立自主的立场上把他人的好东西加以消化吸收，化成我们自己的好东西，但决不能囫囵吞枣、决不能邯郸学步。照抄照搬他国的政治制度行不通，会水土不服，会画虎不成反类犬，甚至会把国家前途命运葬送掉。只有扎根本国土壤、汲取充沛养分的制度，才最可靠、也最管用。

　　世界上不存在完全相同的政治制度，也不存在适用于一切国家的政治制度模式。"物之不齐，物之情也。"各国国情不同，每个国家的政治制度都是独特的，都是由这个国家的人民决定的，都是在这个国家历史传承、文化传统、经济社会发展的基础上长期发展、渐进改进、内生性演化的结果。中国特色社会主义政治制度之所以行得通、有生命力、有效率，就是因为它是从中国的社会土壤中生长起来的。中国特色社会主义政治制度过去和现在一直生长在中国的社会土壤之中，未来要继续茁壮成长，也必须深深扎根于中国的社会土壤。

　　——习近平：《设计和发展国家政治制度　要从国情出发从实际出发——在庆祝全国人民代表大会成立60周年大会上的讲话（2014年9月5日）》，载《中国人大》，2014年第18期

　　资源2：外国侵略者凭借各种不平等条约攫取了中国政治、经济、司法大权。中华民族与外国侵略者的矛盾已经上升为当时中国社会的主要矛盾，救亡图存成为中国近代史上的一条主线。不论是"师夷长技以制夷"的洋务运动，抑或是肇始于戊戌变法的法制现代化，都是围绕救亡图存、复兴中华这一主线而展开。晚清政府为适应这种社会剧

变，被迫改良法制，修订法律，从此开始了中国法制现代化的进程。

——王立峰：《法治中国》，28页，北京：人民出版社，2014

资源3：时至1901年……慈禧太后才下诏变法修律，提出："世有万古不易之长经，无一成不变之治法。穷变通久，见于大《易》；损益可知，著于《论语》。盖不易者三纲五常，昭然如日星之照世；而可变者令甲令乙，不妨如琴瑟之改弦。"这道上谕拉开了清末修律的序幕。

公元1904年5月15日，清廷"修订法律馆"开馆办事。馆中为首的是64岁的著名法律专家沈家本。其时，中华封建帝国的法律已历千年，但那时候的法律乃是诸法合体，实体法与程序法不分，刑事与民事不分，在某种意义上，法就是刑。就在20世纪初，凌迟、枭首、戮尸、缘坐、刺字这些能使现代人做噩梦的酷刑，还在大清帝国各地执行，并被视为天经地义。面对几千年积淀的臣民社会，沈家本努力想完成臣民社会向公民社会的转变，禁止买卖人口，蓄养奴婢，改良监狱都是他的修律指导思想。他主张对待"西人之学"，应"弃其糟粕，而撷其精华"，"取人之长，以补吾之短"；"彼法之善者，当取之，当取而不取是之为愚"。沈家本立足本国，参酌各国法律，制定出《大清新刑律》，后又制定了中国近代第一部商法——《钦定大清商律》、第一部诉讼法——《刑事民事诉讼律》、第一部破产法——《破产律》以及《法院编制法》《违警律》《商法总则草案》《亲属法草案》等一大批中国前所未有的新型法律，为中国近代法律体系框架的建立和全面走向近代法制开创了道路。

——王立峰：《法治中国》，29～30页，北京：人民出版社，2014

资源4：1911年10月10日，辛亥革命爆发，清王朝统治被推翻，两千多年的封建帝制得以结束。1912年民国成立后，立宪共和政体始终未能建立，先有袁世凯的专制，后有军阀的割据。1928年南京国民党政府成立后，继承了北洋政府的法律，形成了宪法、民法、刑法、民事诉讼法、刑事诉讼法、行政法六类法律为主体的六法体系。国家现代法制初具规模。虽然国民党政府制定了《六法全书》，但囿于当时之国情，这些法典未能在全国范围内得到实施，中国法制的现代化步履维艰。

——王立峰：《法治中国》，30页，北京：人民出版社，2014

资源5：1950年5月1日，《中华人民共和国婚姻法》开始实施；同时，这也是新中国颁布的第一部法律。

......

在正式颁发前，各方对《婚姻法》条文又进行了数次争论，争论的焦点是离婚自由问题。多数人认为，离婚自由会触动部分农民的切身利益，不利于社会稳定；邓颖超等少数人则坚持：妇女在中国社会受压迫、在婚姻问题上痛苦最多，为了保障妇女的利益，一定要在《婚姻法》里写上"一方坚持离婚可以离婚"。

最后中央法制委员会提出了意见："中国社会中还有离婚结婚不自由的现象存在，这只能证明婚姻条例须有彻底解放的性质，才能冲破根深蒂固的旧社会枷锁，才能创造合乎新的生产关系新的社会制度的家庭关系，而不是相反。"于是，"男女双方自愿离婚的，准予离婚"的规定写进了《婚姻法》。

在《婚姻法》正式实施前，人民日报发表了社论，盛赞"这是一项伟大的社会改革工作"；同时，随着这部法律的实施，一个属于中国的"创举"也诞生了，那就是使"婚姻法"成了一个独立法律部门，而在其他国家，这些法条不是包含在《民法》中，就是一些针对具体问题的法规文件，将全面调整婚姻家庭关系的法律指称为"婚姻法"的，除了中国，别无他例，因为中国法学界在相当长一段时期，都坚持认为民法只是调整商品经济关系的法律，社会主义婚姻家庭关系不是商品关系，所以不能归属于民法范畴。

《婚姻法》颁布后，正值"土改"和抗美援朝时期，一时没来得及宣传。1953年形势好转，这一年的3月份即被定为宣传贯彻婚姻法运动月，并迅速形成一场群众运动，虽然"不理解"的大有人在，认为这就是"妇女法、离婚法"，是"媳妇斗婆婆，老婆斗老公"，但是受到了鼓动的妇女们还是掀起了现代中国首次离婚高潮，童养媳要求解除婚约，"小老婆"要求离婚，当年全国法院共受理了117万起离婚案件。河南妇联在报告中说："自婚姻法颁布到1951年10月，仅唐河一县就有2215对青年自主结婚，365名寡妇改嫁"，这份报告还重点强调："获得了婚姻自主的男女，政治和生产积极性大为提高。"

——何书彬：《革命年代的婚姻问题》，载《看历史》，2010年第5期

资源6：新中国第一部法律婚姻法诞生

1950年4月13日，中央人民政府委员会第七次会议通过《中华人民共和国婚姻法》，并于同年5月1日公布施行。这是新中国成立后诞生的第一部具有基本法性质的重要法律。这部婚姻法充分体现了婚姻自由，为无数两情相悦的男女追求幸福生活、建立社会

主义新型家庭关系提供了法律保证。

——中共中央宣传部理论局：《法治热点面对面：理论热点面对面·2015》，28页，

北京：学习出版社、人民出版社，2015

资源7：事件：1953年1月13日，中央人民政府委员会第20次会议决定，在1953年召开由人民普选产生的乡、县、省（市）各级人民代表大会，并在此基础上召开全国人民代表大会。1953年3月1日，《全国人民代表大会及地方各级人民代表大会选举法》由中央人民政府正式颁布。从1953年7月到1954年5月，全国范围内开展的基层人民代表大会代表选举拉开帷幕。

意义：洪道德说，1953年颁布的《选举法》，是新中国第一部规范选举活动的法律，标志着人民依法行使当家做主权利的开端。同年进行的全国范围内的普选，是人民代表大会制度成立的奠基性伟大事件，标志着我国在实现民主政治方面迈出了第一步，极大地激发了人民群众当家做主、管理国家的政治热情。为1954年全国人大第一次会议的召开奠定了基础。

——洪道德口述，孙乾、张剑整理：《中国立法六十载　步履铿锵留痕——法学专家详解我国依法治国进程6大事件》，载《京华时报》，2014-09-06

资源8：事件：1954年9月15日，北京中南海怀仁堂。第一届全国人民代表大会第一次会议召开。经过热烈讨论并经无记名投票，《宪法》草案获得全体代表一致表决通过。此次会议上通过了全国人大、国务院、人民法院、人民检察院、地方各级人大和地方各级人民委员会五个组织法。会议还选举产生新的国家领导人。

意义：洪道德认为，第一届全国人民代表大会第一次会议，标志着以人民代表大会为基础的国家政权制度全面确立，共和国一切国家权力开始由人民选举产生的人民代表大会统一行使。它预示着新中国的民主政治由此掀开崭新篇章。这次会议制定的新中国第一部宪法，对人民代表大会制度作出了比较系统的规定。它明确规定，国家一切权力属于人民，人民行使权力的机关是全国人民代表大会和地方各级人民代表大会。全国人民代表大会为最高国家权力机关，是行使国家立法权的惟一机关。由此确立了人民代表大会在我国国家政权体系中的中心地位。

——洪道德口述，孙乾、张剑整理：《中国立法六十载　步履铿锵留痕——法学专家详解我国依法治国进程6大事件》，载《京华时报》，2014-09-06

资源9：从1966年到1976年，长达十年的"文化大革命"，使社会主义法制受到严重破坏。中国的"文化大革命"，是一场灾难，也可被理解为人类为了进步所必须付出的代价。在"文化大革命"中，所有现代法制的基本的、具有进步意义的原则都受到无情的批判、无理的否定，例如法治、法律之下人人平等、法院独立行使审判权、罪刑法定、刑事案件的被告人的辩护权和得到律师的协助的权利等。当然，"文化大革命"期间并非全然无法无天，1967年1月13日颁布的《公安六条》是一部立法，只是它的使命在于保卫文化革命。

——王立峰：《法治中国》，33页，北京：人民出版社，2014

资源10：历史已经证明，如果没有1949年建立新中国并进行社会主义革命和建设，积累了重要的思想、物质、制度条件，积累了正反两方面经验，改革开放就很难顺利推进，中国特色社会主义也很难成功开创。中国特色社会主义理论体系，不仅包括对毛泽东思想活的灵魂即实事求是、群众路线、独立自主的继承和发展，也包括对探索中正确的经验总结和独创性理论成果的继承和发展。如，毛泽东的《论十大关系》《关于正确处理人民内部矛盾的问题》等著作中关于社会主义社会的基本矛盾、我国国内的主要矛盾，要正确区分和处理敌我矛盾和人民内部矛盾；要坚持以农业为基础和工业为主导，以农轻重为序安排国民经济，走一条中国工业化的道路；社会主义可分为"不发达"和"比较发达"两个阶段；加强社会主义法制建设，反对领导机关和领导干部官僚化、特殊化等思想观点。尽管上述思想观点和方针政策有的并没有得到贯彻落实，有的没有坚持下去，但党在这一时期的经验总结和认识成果，为开创和发展中国特色社会主义提供了重要思想来源。正如邓小平所指出的："从许多方面来说，现在我们还是把毛泽东同志已经提出、但是没有做的事情做起来，把他反对错了的改正过来，把他没有做好的事情做好。今后相当长的时期，还是做这件事。当然，我们也有发展，而且还要继续发展。"[1]

——布成良：《如何看待"对改革开放的质疑"？》，

载《红旗文稿》，2015年第7期

资源11：1979年11月26日，邓小平接见美国、加拿大客人谈话中指出："四个现代化建设的方针和目标是毛泽东主席和周恩来总理生前提出的……就我们国内来说，什么

---

[1] 邓小平：《对起草〈关于建国以来党的若干历史问题的决议〉的意见（一九八〇年三月——一九八一年六月）》，见《邓小平文选》（第2卷），第2版，300页，北京：人民出版社，1994。

是中国最大的政治？四个现代化就是中国最大的政治"，"为了实现四个现代化，必须发扬社会主义民主和加强社会主义法制"，"为了保障人民民主，必须加强法制。必须使民主制度化、法律化，使这种制度和法律不因领导人的改变而改变，不因领导人的看法和注意力的改变而改变。"而社会主义法制就是做到"有法可依、有法必依、执法必严、违法必究"。1979年，彭真在人大通过一系列重要立法时指出："'人心思法'，全国人民都迫切要求有健全的法制。"1982年，人大制定新宪法，重新肯定了现代法制的基本原则，当时，《人民日报》社论回顾了"文化大革命"的惨痛经验，指出"我们上了一堂应该说是终生难忘的法制课……不讲法制，有法不依，无法无天……不利于人民。这个沉痛的教训，是我们要永远记取的"。

——王立峰：《法治中国》，33～34页，北京：人民出版社，2014

资源12：事件：1979年召开的五届全国人大二次会议上，七部法律破茧而出，即《刑法》《刑事诉讼法》《地方各级人民代表大会和地方各级人民政府组织法》《全国人民代表大会和地方各级人民代表大会选举法》《人民法院组织法》《人民检察院组织法》以及《中外合资经营企业法》。

意义：洪道德指出，1979年颁布的这7部法律，不仅标志着新时期的人大工作从立法方面打开了新的局面，也标志着我国的依法治国进程又重新回归正轨。特别是《刑法》和《刑事诉讼法》的制定，对惩罚犯罪，维护国家和人民的利益有重大作用；更从保障公民权利的角度，结束了文化大革命乱抓乱捕、无法无天的混乱局面。随着经济社会的新发展，《刑法》和《刑事诉讼法》做出了相应的修订，这两部法律越来越朝着尊重和保障人权的方向发展。《中外合资经营企业法》则是我国向世界打开国门、对外开放的第一份法律宣告书。

——洪道德口述，孙乾、张剑整理：《中国立法六十载　步履铿锵留痕——法学专家详解我国依法治国进程6大事件》，载《京华时报》，2014-09-06

资源13：事件：1979年7月，五届全国人大二次会议通过地方组织法和《关于修正宪法若干规定的决议》，确立县级以上的地方各级人民代表大会设立常务委员会。

意义：洪道德分析，我国县级单位有2000多个，是国家政权体系中最重要的一大构成。但1949年建国后，县级人大没有设常委会，一定程度上属于基层政权建设的不完整。1979年7月，县级以上地方各级人大设立常委会，注定成为一项被载入史册的政治体制改革之举。

它改变了我国权力机关和执行机关不分的状况，保证了人大工作的正常运行，增强了人大对政府和司法机关的监督，进一步保障人民民主权利的实现。到1981年底，全国2756个县级单位全部建立了人大常委会。20多年来地方人大工作愈见活跃，在立法、监督等方面进行了积极探索、创新，成为我国人民代表大会制度不断丰富完善的重要见证。

——洪道德口述，孙乾、张剑整理：《中国立法六十载　步履铿锵留痕——法学专家详解我国依法治国进程6大事件》，载《京华时报》，2014-09-06

资源14：事件：1980年9月，五届全国人大三次会议决定修改宪法，组成了阵容强大、精英荟萃的宪法修改委员会。修改、讨论工作历时两年之久。1982年12月4日，五届全国人大五次会议3037票赞成，3票弃权，通过现行宪法。

自1982年宪法颁布以来，它历经4次部分修改。1988年4月12日，七届全国人大一次会议增加规定，"私营经济是社会主义公有制经济的补充"，"土地的使用权可以依照法律规定转让"。1993年3月29日，八届全国人大一次会议修宪，做了"国家实行社会主义市场经济"等重要修改。1999年3月15日，九届全国人大二次会议修宪，增加"实行依法治国，建设社会主义法治国家"等重要内容。2004年3月，十届全国人大二次会议，增加"公民的合法的私有财产不受侵犯，国家尊重和保障人权"等内容。

意义：据洪道德介绍，1982年宪法是在1954年宪法基础上，总结新中国成立以来的经验，特别是"文革"的深刻教训，适应新时期经济建设和改革开放的实践需要而制定。它体现着当时对社会主义的认识。此后进行的四次修宪，每次修正，都是对原有认识、旧有体制的突破，体现了随着改革开放的深入，对社会主义认识的不断深化。

——洪道德口述，孙乾、张剑整理：《中国立法六十载　步履铿锵留痕——法学专家详解我国依法治国进程6大事件》，载《京华时报》，2014-09-06

资源15：1985年11月，第六届全国人民代表大会第十三次会议作出《关于在公民中基本普及法律常识的决议》，规定从1986年起，争取用五年左右的时间，有计划、有步骤地在一切有接受教育能力的公民中，普遍进行一次普及法律常识的教育，并且逐步做到制度化、经常化，由此开始了中国法治史上的第一个五年普法。截至目前，我国已实施了六个五年普法规划，第六个五年普法规划即将于2015年完成。五年普法规划的实施，是中国特色社会主义法治建设的基础性、社会性工作，在改革开放30多年的法治进程中，发挥了独特的作用。

——中共中央宣传部理论局：《法治热点面对面：理论热点面对面·2015》，107页，

北京：学习出版社、人民出版社，2015

资源16：新中国成立以来制定颁布的四部宪法

新中国成立到1954年，中国的政治制度与国家制度是由《中国人民政治协商会议共同纲领》确定的，《共同纲领》发挥了临时宪法的作用。

1954年9月20日，第一届全国人民代表大会第一次会议，通过了中华人民共和国的第一部宪法。它的指导思想、基本原则、主要内容、结构形式，都受到了人们的普遍称赞，为我国以后宪法的修改确立了基本依据。但由于极左路线的影响，这部宪法并没有得到很好实施，在"文化大革命"中更是被束之高阁，难以发挥作用。

1975年宪法是在"文化大革命"中制定的，反映了那个时期"左"的错误，存在着严重问题。

1978年宪法是在我们党和国家还没来得及对"文化大革命"的错误进行清理的历史条件下制定的，存在着严重缺陷。

现行宪法于1982年12月4日通过，它继承和发展了1954年宪法的基本原则，它的制定和实施，标志着我国社会主义民主和法制建设迈上了一个新的台阶，也标志着我国社会主义制度的基础得到了进一步的巩固和完善，是新时期我国社会主义事业发展的根本指南和保障。

——中共中央宣传部理论局：《法治热点面对面：理论热点面对面·2015》，40页，

北京：学习出版社、人民出版社，2015

资源17：事件：2011年3月10日上午，时任全国人大常委会委员长吴邦国在十一届全国人大四次会议第二次全体会议上宣布，中国特色社会主义法律体系已经形成。

意义：洪道德说，党的十六大提出，要在2010年形成中国特色社会主义法律体系，这个目标最终得以实现。2011年3月10日，吴邦国宣布中国特色社会主义法律体系已经形成，对于我国的依法治国进程来说，是一个值得永远铭记的日子——中国几代立法者的艰辛努力终于有了阶段性的重大成果，将永载中华人民共和国的法制建设史册。

洪道德认为，按照国家的长远规划和部署，中国特色社会主义法律体系虽已形成，

但它只表明已经实现了立法工作的阶段性目标,并不意味着立法任务已经终结。这又是一个新的起点——我国经济建设、政治建设、文化建设、社会建设以及生态文明建设的各个方面实现有法可依,依法治国基本方略的实施进入一个新的阶段,为实施依法治国基本方略奠定坚实法制基础。

——洪道德口述,孙乾、张剑整理:《中国立法六十载 步履铿锵留痕——法学专家详解我国依法治国进程6大事件》,载《京华时报》,2014-09-06

资源18:1954年,制定共和国第一部宪法,为中国特色社会主义法律体系的形成奠定了重要基础。改革开放以来,我们党领导人民对宪法进行了多次修改,同时适应经济社会发展需要,不断加强立法工作,加快各领域立法步伐。到2014年9月,我国已制定现行有效法律242件、行政法规737件、地方性法规8500多件、自治条例和单行条例800多件,一个立足中国国情和实际、适应改革开放和社会主义现代化建设需要、集中体现党和人民意志的中国特色社会主义法律体系已经形成,国家建设和社会管理总体实现了有法可依。可以说,中国特色社会主义法律体系的形成,是我国法治建设的一个重要里程碑。

——《依法治国七讲(图解版)》编写组:《依法治国七讲(图解版)》,6~7页,
北京:人民出版社,2014

资源19:北京市自4月9日起,开始从严治理闯红灯等行人和非机动车交通违法行为,已有交警对违反交通规则的行人开出罚单。

机动车司机"闯红灯"要被扣六分,而行人"闯红灯"处10元罚款。有人质疑,这样的处罚力度够不够,能否快速、有效地遏制"中国式过马路"?

张婷婷[1]表示,罚款在遏制这类行为方面,会起到一定作用,但此项举措实施时间不长,效果有待检验,而且在操作层面上也存在一定困难,执行过程还需规范。

"如何对'闯红灯'群体同时进行处罚,操作上就有难度。另外,罚款10元能给人们带来多少心理威慑,能否避免其下次违法,也是因人而异的。"她认为,从根本上遏制此类现象,还在于行人和侥幸心理的告别,以及规则意识的强化。

邱宝昌[2]认为,罚款并非万能手段,仅靠10元罚款,无法遏制此类现象,即使罚100元,也难遏制。而且,行人"闯红灯"等行为属轻微违法,不应处罚太重。

---

① 张婷婷,北京市海淀区法院交通事故案件审理法官。
② 邱宝昌,北京市律师协会消费者权益法律事务专业委员会主任。

他还提出，要遏制行人"闯红灯"现象，首先要分析其为何会"闯红灯"，"他急着上班，如果这个红灯不过去，他就要等几分钟，或绕十几分钟的路，交通信号灯应该设计得更加科学、合理。"

宋鱼水[1]表示，现在的交通已四通八达，但交通文化如何能在每个公民身上有所体现？政府部门不能"一罚了之"，关键还需从社会对每个公民在此方面的教育投入来思考。有投入才有产出。现代交通文明，对公民素质提出了一个专业的培养要求。

"要有专业的教育帮助他矫正，不是让他自发能够完成，需要一套制度管理体系来帮助他。如果他从小学到高中的教育中，都没有渗透这种公民文化意识教育，等出问题了再来责怪他，我感觉是解决不了问题的。"宋鱼水说。

她认为，现在许多学校都在聘请法制校长，希望法治能进学校。法治进校园对学生宣传的不仅是法律知识，更重要的是法治文明、法治理念，"严厉的处罚有一定效果，但更重要的是，要让大家接受红绿灯的规则。"

——高鑫：《把脉"中国式过马路"》，载《检察日报》，2013-04-17

资源20：如何能让大家主动遵守交规，并且能在违反交规时理性地接受处罚？张婷婷认为，先要让人们知道，遵守交通规则对其个人是"百利而无一害"的。比起无意识"闯红灯"，人们更需改变因侥幸心理、从众心理而"闯红灯"，"有些人会认为，我这么多次闯红灯，也没有引发一次交通事故。"

宋鱼水指出，人们侥幸心理的背后，是大家没有养成守法的习惯。……

……当下，要让每个公民了解，守法的重要性远大于违法的必要性。

对于个别人不能以理性心态接受处罚，杨梦华[2]认为，从心理学角度分析，主要是由于"闯红灯"者意识不到要对自己微小、点滴、不以为然的行为负责任。"对自己行为承担责任，这是人格成熟的重要标志。通过教育方式、处罚方式等，都是让大家时刻知道，要为自己的行为负责任。"杨梦华说。

——高鑫：《把脉"中国式过马路"》，载《检察日报》，2013-04-17

资源21：2013年7月1日，新修订的老年人权益保障法正式施行。这次修订，突出了道德关怀、精神赡养的作用，如第十四条规定："赡养人应当履行对老年人经济上供养、

---

[1] 宋鱼水，北京市海淀区法院副院长。
[2] 杨梦华，北京市青少年法律与心理咨询服务中心资深心理咨询专家。

生活上照料和精神上慰藉的义务，照顾老年人的特殊需要。"第十八条规定："家庭成员应当关心老年人的精神需求，不得忽视、冷落老年人。与老年人分开居住的家庭成员，应当经常看望或者问候老年人。用人单位应当按照国家有关规定保障赡养人探亲休假的权利。"这些条文，体现了中华民族敬老、养老、助老的传统美德，弘扬了"老吾老以及人之老"的社会文明之风，受到了广大老年人和万千家庭的高度关注和由衷支持。

——中共中央宣传部理论局：《法治热点面对面：理论热点面对面·2015》，

124页，北京：学习出版社、人民出版社，2015

资源22：2013年11月21日，江苏扬州出租车司机程斌发现路边有人因车祸受伤昏迷，立即将其火速送往医院。一路上，他连闯7个红灯，为伤者赢得宝贵的抢救时间。人们在交口称赞他的义举的同时，也在关注他会不会因为闯红灯被处罚。交警部门表示，按照现行道路安全有关法律规定，如果有医院病历等证明材料，因救助危难病人造成的超速、闯红灯等行为可免于处罚，这让人们松了一口气。不让好人吃亏，体现了法律对助人为乐善举的保障与鼓励。

——《法安天下　德润人心——怎样理解坚持依法治国和以德治国相结合》，

载《光明日报》，2015-02-12

资源23：一段时间以来，"权力清单"频频进入公众视野，成为社会热词。2014年6月，浙江省在其政务服务网站上"晒"出42个省级部门的4236项行政权力，成为全国首个在网上完整晒出省级部门权力清单的省份。目前，国务院各部门已向社会公开全部行政审批事项清单，各省级、市级、县级权力清单正在陆续公布，受到了社会广泛关注。

所谓权力清单，通俗地说，就好比一份政府对外发布的"菜单"，政府有多少权力，菜单上写得一清二楚，除此之外，政府不得行使其他权力。推行权力清单制度，实质上是通过梳理行政权力，解决政府能做什么、不能做什么的问题，对推动各级政府依法全面履行职能具有重要意义。

——中共中央宣传部理论局：《法治热点面对面：理论热点面对面·2015》，

68～69页，北京：学习出版社、人民出版社，2015

资源24：设立纪念宪法的节日，是很多国家的通行做法，目的都是增强全社会宪法意识，用宪法凝聚社会共识、激发公民责任。有的国家把通过、颁布或实施宪法的日子定为国家宪法节，有的国家的宪法日是法定节日，人们在这一天以悬挂国旗等方式庆祝。2014年11月1日，十二届全国人大常委会第十一次会议通过了关于将12月4日设立为国家宪法日的决定。以立法形式设立国家宪法日，必将进一步彰显宪法权威、增强全民宪法观念。

——中共中央宣传部理论局：《法治热点面对面：理论热点面对面·2015》，

49～50页，北京：学习出版社、人民出版社，2015

资源25： 在当今世界142个有成文宪法的国家中，规定相关国家公职人员必须宣誓拥护或效忠宪法的有97个。关于宪法宣誓的主体、内容、程序，各国做法不尽相同，一般都在有关国家公职人员开始履行职务之前或正式就职时举行宣誓。党的十八届四中全会提出要在我国建立宪法宣誓制度，这对于加强宪法实施具有重要意义。要通过法定程序，出台具体实施意见，把宪法宣誓制度具体化。今后，凡经人大及其常委会选举或者决定任命的国家工作人员正式就职时公开向宪法宣誓，这样有利于增强公职人员宪法观念，激励公职人员忠于和维护宪法，也有利于在全社会增强宪法意识、树立宪法权威。

——中共中央宣传部理论局：《法治热点面对面：理论热点面对面·2015》，

50～51页，北京：学习出版社、人民出版社，2015

资源26：……1997年刑法典公布的前一年，也是修改后的刑事诉讼法尚未施行之时。罪刑相当、疑罪从无等基本原则尚未得到普遍实施，更不要说成为公众的一般理念。需要承认，当法治原则缺失时，个体的裁决很大程度上要受到偶然性的影响。正如呼格吉勒图在1996年"偶然"地遭遇了女厕命案，又"偶然"地遇上了当时的"严打"，同样，本案的峰回路转，也是由于"偶然"地碰到另一嫌犯的供认。

司法原则和正当程序的确立，恰恰是为了克服这种"偶然性"。既包括对遭受偶然侵害的人们提供权利救济，也包括不让司法链条上的偶然失误造成不可逆的影响。制度的恒定，正是为了补救个体命运的偶然，减少冤错、促进公正。同样重要的还有纠错的及时性。法谚说，正义可能迟到但不会缺席，然而，如果正义迟到得太久，以至于错过了一个鲜活生命时，正义又如何体现？……

——白龙：《以司法正义克服命运偶然》，载《人民日报》，2014-12-16

资源27： 15日上午，再审判决宣布后，内蒙古高院副院长赵建平向呼格吉勒图父母真诚道歉。法律给了已经逝去的生命一个说法，给了当事者家属一个说法。这提示我们，和"不放过真凶"一样重要甚至更加重要的，是"不错抓无辜"以及"知错就改"。哪怕有一个疑点，不管是实体上的还是程序上的，司法者都必须慎之又慎，因为迈出去的这一步，很有可能就指向无可挽回的深渊。司法机关要做悬崖边的守卫者，对每一起案件"锱铢必较"。回顾此前的一些冤错案件，之所以能够柳暗花明，固然有偶然的因素，但正是基本法治原则的严格落实，才使正义从偶然变成必然，让法治成为每个人的守护神。

——白龙：《以司法正义克服命运偶然》，载《人民日报》，2014-12-16

资源28：公安机关是重要的行政执法部门，是维护国内社会秩序的重要力量。公安队伍的数量越来越大。1986年，我国有职业人民警察60余万人（包括治安行政警察32万人，刑事警察15万人），武装警察60余万人，合计120余万人；2004年，我国有公安干警170万人，增长了41.7%。2008年，全国有180万人民警察，目前，已经超过200万人。1949年至2009年间，全国民警因公牺牲总数为11008人。与之相应，公安队伍的工作量越来越大。就刑事司法活动而言，1981年，立案数为890281起，破案率为73.1%。2009年，立案数为5579915件，破案数为2447515起，破案率为43.8%。行政执法活动的形势略微好些。1986—2009年间，治安案件受理数量逐年增长，年平均增长率为11.3%。1986年受理数为1115858起，2009年增至11752475起，是1986年的10.5倍。1986年的破案数是1004203起，破案率为90%；2009年增至11053468起，破案率为94.1%。破案率的相对较低与零容忍的刑事社会政策之间仍然存在着一定的差距，也说明公安机关的业务能力存在欠缺。

——王立峰：《法治中国》，39～40页，北京：人民出版社，2014

资源29：伴随法制建设过程，法官、检察官、律师数量随之而增加。法律教育获得了大发展。（1）中国法官1981年有6万多人，2009年为19万人；法官达到大学本科学历的比例由1995年的6.9%提高到2005年的51.6%；法官年均审执案件的数量由1981年的20件增长到2010年的57件。（2）中国的检察官1988年为112349人，2009年为130362人；检察官达到大学本科学历的比例1998年为15.1%，2006年提高到67%。（3）中国的律师1981年为8571人，2009年为173000人；律师达到大学本科学历的比例由2000年的49.1%提高到2005年的70%。（4）中国高等法学教育机构改革开放前只有"四院四系"，2009年发展到超过600所。法学专业的毕业生改革开放前平均只有1000人的规模，现在超过了

110000人，增长了100多倍。

——王立峰：《法治中国》，41页，北京：人民出版社，2014

资源30：权力本身的扩张性与腐蚀性势必要求建立完备的权力制约机制。习近平在中纪委第二次全体会议的讲话中指出，"要加强对权力运行的制约和监督，把权力关进制度的笼子里"。美国总统小布什在2004年美国国庆日演讲中也曾经说道："人类千万年的历史，最为珍贵的不是令人炫目的科技，不是浩瀚的大师们的经典著作，不是政客们天花乱坠的演讲，而是实现了对统治者的驯服，实现了把他们关在笼子里的梦想。因为只有驯服了他们，把他们关起来，才不会害人。我现在就是站在笼子里向你们讲话。"这个"笼子"即是"法"，权力的行使只能在法的框架内，此即法的至上性。

——中国政法大学朱维究课题组、朱维究：《建设"法治中国"的愿景：法治兴则国兴，法治强则国强》，载《信访与社会矛盾问题研究》，2014年第1期

资源31：张苏军认为，建设社会主义法治社会，是一个巨大的系统工程，涉及立法、执法、司法、普法、法律服务、法律监督等等方方面面的工作。首先要推动全社会树立法制意识。

"法律的权威，源自人民的内心拥护和真诚信仰。"张苏军认为，全民法治观念的形成是无形要素，社会观念、社会习俗形成的速度很慢，而且是惯性化。我们法治意识的建立，要与两千多年封建专制历史所形成的人治历史进行博弈，这是缓慢长期的过程。

"要坚持将青少年法治教育作为重点，将法治教育纳入到国民教育体系中。"张苏军说，这是党的十八届四中全会作出的《中共中央关于推进依法治国若干重大问题的决定》中明确提出的。

"我们说法律进课堂，提了多少年，虽然也做了很多工作、取得了很多实效，但是从全国范围来说，绕来绕去从来没有进过大纲，从来没有进过正式的教材。就算进课堂也是业余时间的课堂，课外活动的课堂。"张苏军说，这些主要是教育主管部门长期认为中小学教学的负担太重，"此前他们有一个不成文规定，中小学的教学大纲、教学内容是只减不增，所以一直挤不进去。在六五普法规划中，我们跟教育主管部门达成共识，说要有减有增，一定要将它写进大纲，安排课时。"

张苏军介绍，将中小学中属于智力开发和知识增加的数学、物理、化学、外语等内容适当减一些，将文化性质的、养成性质的、道德观念性质的内容从小就要纳入进去。数理化不是不重要，但是大学里还可以学，而养成教育的东西，小时候养不成，大了就晚了。

"教育部是第一牵头单位，会同司法部在年内制定青少年法治教育大纲，制定在中小学设立法治知识课程的方案。多年没有解决的问题，今年年内就要拿出方案。2016年要提出法治教育纳入国民教育体系的意见。"张苏军感慨地说，党的十八届四中全会解决了法治教育三十年来没有解决的老大难问题，也是一个关键问题。

——刘冠南、郑佳娜、李路等：《"将法治教育纳入中小学教学大纲"》，

载《南方日报》，2015-03-13

资源32：研究中国古代文明化历程，能给我们今天的社会发展带来许多有益启示。其一，在中国古代文明演进中，各个地方形成的模式并不一样，不同模式有不同前途。一种是突出神权的模式，如红山文化、良渚文化，把创造的大量社会财富都贡献给神灵，社会就没法持续运转，所以盛极一时后就垮了；另一种是突出军权、王权的模式，如仰韶文化、龙山文化，看似比较落后，但它们强调传宗接代，不会把创造的社会财富都贡献给神灵，所以能一直传承下来。其二，文明演进的道路不是一成不变的，中间可能发生改变。如良渚文化的前身叫崧泽文化，本来也是以军权、王权为主，但当它发展到良渚文化这个阶段时接受了崇尚神权的宗教观，结果越陷越深，最后就垮了。其三，文明演进的历程是不断实现民族文化融合、不断吸收异民族文化先进因素的历程。我们现在是56个民族，但文献记载古时万国，到周文王、周武王伐商时还有八百诸侯，即使秦帝国出现后周边还有很多不同民族。汉代及以后，以汉族为主导的民族文化融合也从来没有停止过。其四，重视血缘关系和祖先崇拜是中华文明绵延不绝的重要原因。从在青铜器上铸造铭文开始，尤其是商周时期，族徽和一些铭文末尾常见"子子孙孙永宝用"字样的现象，是当时重视血缘关系和祖先崇拜的明证，而这正是中原地区能够持续发展的重要原因。其五，在中国古代文明演进过程中，共同的信仰和文字体系是维护统一的重要纽带。共同的信仰，是指建立在血缘关系基础上的祖先崇拜；共同的文字体系，是指从甲骨文到籀文、小篆、隶书、楷书、草书的文字体系。其六，中国古代文明演进的过程，也是阶级形成以及统治阶级与被统治阶级不断斗争、妥协、再斗争的过程。国家要

把统治阶级和被统治阶级的矛盾斗争控制在一定范围，不使其达到两败俱伤、俱亡的程度。其七，中央集权政治制度对保证大型工程兴建和国家统一发挥了重大作用，但其过度运用也会束缚人们的思想和创造性，需要找到恰当的平衡点。其八，"天人合一""和而不同"等理念及在其指导下正确处理人与自然、人与人、国与国等关系的实践，是中华文明发展比较顺利的重要保证。这些理念在长期实践中形成和发展，成为中华传统文化的核心。这些启示尽管是从中国古代文明化历程中得出的，但对今天的社会发展仍有借鉴意义。

——李伯谦：《中国古代文明化历程的启示》，载《人民日报》，2015-03-06

资源33：从文明复兴层面可将中国模式内涵概括为"四个统一"：传承与复兴有机统一，作为文明国家，中国的发展模式、治理模式也是文明复兴模式，是文明传承与复兴的统一；开放与包容有机统一，中国模式是开放模式，中国开放是全方位开放，中国模式是在吸收借鉴人类优秀文明成果基础上的产物；转型与创新有机统一，既实现古老文明转型，又创新发展传统文明，不断释放文明活力；追赶与超越有机统一，中华文明不以追赶西方文明为目标，而以创新人类文明为己任，它既超越中国中心论，又超越西方中心论。

——王义桅：《中国模式既发展中国又造福世界》，载《人民日报》，2014-11-11

资源34：从国家治理层面可将中国模式内涵概括为"四个统一"：民主与集中有机统一，各地区、各部门适度分权，发扬民主和调动积极性，但全局和整体上适度集中权力，确保整体、长远和根本利益；分与合有机统一，在社会治理各领域按照不同问题性质和规律，实施分工协作，既强调担当精神又强调集体领导；摸着石头过河与顶层设计有机统一，通过试点、推广，总结经验，形成若干小模式，最终推动顶层设计，成就大模式，并通过进一步实践检验和完善已有模式、创造新模式；循序渐进与跨越式发展有机统一，简政放权、基层民主、法制建设等都强调循序渐进，同时鼓励大胆地试、大胆地闯，敢于并善于打破常规，实现跨越式发展。

——王义桅：《中国模式既发展中国又造福世界》，载《人民日报》，2014-11-11

资源35：法国启蒙运动领袖伏尔泰曾将中国描绘为"世界上治理得最好和最智慧的国家"，这大概是从国家治理层面对中国模式的最早肯定。近年来，一些西方有识之士开始抛开意识形态偏见，客观看待中国治理模式，肯定中国的治理水平和治理成效。《纽约时报》专栏作家弗里德曼在文章中指出："当现实有需要的时候，中国领导人可以修订法律法规、制定新的标准，改进基础设施，促进国家的长期战略发展。这些议题在西方国家的讨论和执行，需要花几年甚至几十年的时间。"弗里德曼的这段文字，从高效角度对中国国家治理模式进行了肯定。

——王义桅：《中国模式既发展中国又造福世界》，载《人民日报》，2014-11-11

资源36：西方法治思想，或者说法治传统，起源于古代希腊雅典城邦国家的政治法律实践以及古代希腊伟大思想家亚里士多德对这一实践的理论总结和提炼。亚氏认为，"法治应包含两重意义：已成立的法律获得普遍的服从，而大家所服从的法律又应该本身是制订得良好的法律"。这段话，包含了他关于法治理论的两层重要含义：

第一，作为法治基础的法律，应当是一种好的法律。在亚氏的老师柏拉图那里，曾强调法律应当是正当的，应为全体人民的利益而制定，是实施正义的手段。而亚里士多德则更明确地指出，作为法治基础的法律，必须是一种良法："相应于城邦政体的好坏，法律也有好坏，或者是合乎正义或者是不合乎正义。"亚里士多德[①]强调："法律的实际意义却应该是促成全邦人民都能进于正义和善德"。只有制定出一种好的法律，并将其作为治理国家的基础，才能达到实施法治的目的。

第二，法律制定后，应当为全社会所普遍遵守。柏拉图在《法律篇》中认为，人类必须遵守法律，否则他们就像最野蛮的兽类一样。亚里士多德发展了这种思想，进一步指出："邦国虽有良法，要是人民不能全都遵循，仍然不能实现法治。"他还说，"法律所以能见成效，全靠民众的服从"。但是，民众的守法精神不能全部仰赖于自发的形成，而"须经长期的培养"。为此，就要求国家在这方面付出巨大的努力，尤其不能有任何有碍于民众守法精神的举措。

——何勤华：《法治是人类法律文明进步的结晶》，载《人民法院报》，2014-12-24

资源37：西方现在的主流话语称：西方一直致力于推动"自由、民主、人权"这些价值观。不少人也以为当年欧洲的启蒙运动、美国的《独立宣言》和法国的《人权与公民权利宣言》确立了"自由、民主、人权"这些价值观，这是有悖于历史事实的。1789年的法国《人权与公民权利宣言》，法文叫Declaration des Droits de l'Homme et du Citoyen，其中的"人"和"公民"（l'Homme和Citoyen）在法文里，指的就是男

---

① 亚里士多德（Aristotle，公元前384—前322），又译亚里斯多德，古希腊哲学家、科学家、教育家、思想家，希腊哲学的集大成者。他是柏拉图的学生、亚历山大的老师。

人和男性公民，更确切地说是男性白种人，不包括妇女，不包括有色人种，不包括华人，不包括穷人。在这个《宣言》通过两年之后的1791年，一位名叫奥林匹·德古吉（Olympe de Gouges）的法国女性，骇世惊俗地起草了一份《女人和女性公民权利宣言》（*Declaration des Droits de la Femme et de la Citoyenne*），但她却被送上了断头台，她所希望的妇女投票权直到她死后一个半世纪才在法国实现。

——张维为：《澄清关于"自由、民主、人权"的认知盲点》，

载《北京日报》，2014-07-07

资源38：美国的国父们有令人尊敬的一面，但他们同时也都是欧裔男性富人，都拥有黑奴。美国《独立宣言》中的"人人生而平等"指的是有地位的男性白人之间的平等，其中的"人人"不包括妇女、奴隶、华人，也不包括白人中的穷人，保留奴隶制也是美国国父们经过辩论后作出的选择。西方谈的自由，在相当长的时间内，包括了贩卖奴隶的自由，包括了对印第安人进行种族灭绝的自由，包括了向中国倾销鸦片的自由。美国的南北战争（1861—1865）废除了奴隶制，值得肯定，但战后双方还是作了政治妥协，认为美国"统一"的价值高于黑人"自由"的价值。美国不久又颁布了法律，建立了一整套种族隔离的制度。这套践踏人权的制度在美国又持续了近一个世纪。

这套制度也包括美国国会于1882年通过的"排华法案"。尽管华工是当年美国跨大陆铁路建设的主力军，为美国的工业化做出了重大牺牲，但种族主义占主导的美国社会大规模地排斥华人，各种针对华人的暴行频发，种族主义学者也论证华人属于劣等民族。在当时的国会辩论中，有一些议员提出这个法案似乎有悖于美国"自由、平等"的立国原则，但"排华法案"还是获得了多数通过。这个法案禁止华工入境十年，驱逐了一大批华人，禁止华人归化为美国公民。这也是美国通过的第一部针对特定族群的移民法。这个法案某种意义上开启了西方针对东方黄种人的体制化的种族歧视。1895年德皇威廉二世又公开提出了"黄祸"的概念，"黄祸论"也随之广为传播。（"排华法案"于1943年被废除，主要是二次大战使德国纳粹宣传的"种族主义"臭名昭著。此外，美国也需要联合中国抗击日本。在美国华人社会的压力下，直到2012年，也就是这个法案通过后130年，美国国会才通过了一个表示歉意的决议。）

——张维为：《澄清关于"自由、民主、人权"的认知盲点》，

载《北京日报》，2014-07-07

资源39：……现代意义上的"自由、民主、人权"观念在西方得到确认的时间并不长，在实践中存在的问题更多。如果以1965年美国开始允许黑人和白人享受一样的民权开始，那么也只有近50年时间，比我们改革开放只多十来年。所以在这个意义上"自由、民主、人权"观念还是新鲜事物，需要我们共同呵护并作出自己的贡献。

……西方对自己的政治文化传统采取了一分为二的态度，放弃糟粕的东西，继承优秀的东西。比方说，西方已被迫放弃了殖民主义、种族主义等在西方曾经非常风光的"普世价值"，又对"自由、民主、人权"作了对自己有利的解释，虽不完美，但还是包含了值得肯定的进步。相比之下，我们不少国人对中国自己的传统还是持一概否定的态度，认为整个中国数千年的历史就是一部专制史，一切要推倒重来。实际上今天西方已罕有学者否认在过去2000多年的历史长河中，中国至少在1500年内，在政治、经济、文化、科技等方面都全面领先当时的西方的事实。西方整个文官制度是从中国借鉴来的。欧洲启蒙运动的一个主要思想来源就是伏尔泰、莱布尼茨、斯宾诺莎等欧洲思想家对中国文化和哲学的诠释。比如，这些思想家特别赞赏中国人的理性和宗教观：中国历史上几乎没有宗教战争，而欧洲历史上宗教战争打了上千年。我们今天完全可以在一个与世界良性互动的基础上，用今天的眼光来认识和发掘我们源远流长的文化传统资源，这是一个尚未充分开发的巨大智慧宝库，对重塑中国社会的核心价值观，对解决中国和世界面临的许多挑战，都会产生巨大而深远的影响。

——张维为：《澄清关于"自由、民主、人权"的认知盲点》，

载《北京日报》，2014-07-07

资源40：中外法治格言

◎法者，治之端也。

——荀况：《荀子·君道》

◎法令者，民之命也，为治之本也。

——商鞅：《商君书·定分》

◎国无常强，无常弱。奉法者强则国强，奉法者弱则国弱。

——韩非：《韩非子·有度》

◎法律是一切人类智慧聪明的结晶，包括一切社会思想和道德。

——［古希腊］柏拉图

◎真想解除一国的内忧应该依靠良好的立法，不能依靠偶然的机会。

——［古希腊］亚里士多德

◎带来安定的是两种力量：法律和礼貌。

——［德］歌德

——中共中央宣传部理论局：《法治热点面对面：理论热点面对面·2015》，2页，

北京：学习出版社、人民出版社，2015

后 记

　　本书是教育部基础教育课程教材发展中心何成刚主持编写的"史学阅读与微课设计"丛书中的一册。具体分工如下：

　　霍建山（江苏省昆山中学）撰写"开国大典""走向国际舞台""经济特区的创办"；周振华（昆山市费俊龙中学）撰写"第一个五年计划的实施""中国重返联合国"；沈为慧（江苏省昆山中学）何成刚（教育部基础教育课程教材发展中心）撰写"人民代表大会制度的确立""艰苦创业的英雄模范"；孙亮（昆山市第一中学）撰写"对资本主义工商业的社会主义改造""中美关系走向正常化""家庭联产承包责任制的实施"；庞玲（江苏省昆山中学）撰写"'大跃进'运动""城市经济体制改革"；陈亚千（江苏省昆山中学）撰写"人民公社化运动"；代宁华（苏州文昌实验中学校）撰写"改革开放决策的出台"；徐永琴（江苏省昆山中学）"香港、澳门回归祖国"；沈克学（江苏省昆山中学）撰写"'两弹一星'工程"；赵海明（昆山市葛江中学）撰写"依法治国"。

　　徐永琴、沈为慧、何成刚提出了本书的写作思路，参与了全书的修改完善和统稿定稿工作。

　　感谢苏州市历史学科名师发展共同体、昆山市名师发展联谊会、昆山市中学历史名师工作室、苏州高新区仲尧明中学历史名师工作室对写作的大力支持。感谢为本书间接提供大量史学研究成果的专家学者。感谢《中学历史教学参考》《历史教学》《历史教学问题》《中学历史教学》等刊物为部分研究成果发表提供的专业支持。感谢北京师范大学出版社唐正才老师为本书所付出的努力和智慧。